날마다 가슴을 뛰게하는
묵상 365

날마다 가슴을 뛰게하는 묵상 365

초판 1쇄 발행 | 2010년 8월 31일

지 은 이 | 박응순
펴 낸 이 | 채주희
펴 낸 곳 | 엘맨

등   록 | 제10-1562호(1985.10.29)
주   소 | 서울특별시 마포구 신수동 448-6
전   화 | 02-323-4060, 322-4477
팩   스 | 02-323-6416
메   일 | elman1985@hanmail.net

ⓒ 박응순 2010

디 자 인 | 책공방
마 케 팅 | 김연범(010.3767.5616)
마케팅지원 | 정수복 (017-211-0690)

ISBN 978-89-5515-382-8   03230

정가 12,000원

날마다 체험하는 하나님의 거룩한 은혜

날•마•다•가•슴•을•뛰•게•하•는 묵상
365

박응순 지음

엘맨

조용한 시간은
인생의 혁명을 잉태하는 시간

경건의 시간은 묵상기도, 혹은 QT라는 이름으로 이어져왔다. 이는 영어 Quiet Time의 첫 글자를 따서 지은 이름이다. 한글로 번역하면 조용한 시간이지만, 경건의 시간, 명상의 시간, 묵상의 시간 등으로 불리기도 한다. 그러나 오해의 소지가 있어 성경을 보고 생각해야 함을 분명히 하기 위해서 성경묵상의 시간이라는 말로 쓰기도 한다. 예수 그리스도로부터 기원을 찾기도 하지만(마가복음 1:35) 역사적으로는 1882년 '경건의 시간을 기억하라'는 슬로건을 걸고, 하루 중에 기도와 성경을 읽기로 한 캠브리지 대학의 후퍼, 서튼 등이 시작했다고 할 수 있다.

성경적 묵상을 돕는 좋은 경건한 서적들을 곁들이면 성경 묵상의 시간은 참으로 보배로운 시간이라 아니할 수 없다. 성경을 독서를 통하여 깊이 생각하는 시간은 가히 인생혁명을 준비하는 시간이라고 생각할 수 있다. 하지만, 더욱 중요한 것은 성경을 통하여 하나님과의 만남이 이루어지는 것이다. 아침마다 매일 성경과 경건한 글들을 묵상하는 것은 성경을 통하여 하나님과 만나 교제하는 것에 있지 단순한 교훈 몇 개를 찾고 적용하는 것에 있는 것이 아니다.

경건한 묵상의 시간을 갖는 방법은 맨 먼저 짧은 기도(먼저 말하기), 성경 읽기와 경건서적읽기(듣기), 묵상하기(생각하기), 긴 기도(다시 말하기), 실천(행하기), 나누기의 순서로 진행한다. 그리스도인으로서 묵상의 시간을 가져야 하는 이유는 하나님과 개인적인 교제를 위해서, 하나님의 인도와 보호를 받기 위해서, 하나님의 성품, 인격, 생활을 닮기 위해서(고린도후서 3:18), 하나님의 사역을 감당하기 위해서(누가복음 5:15-16, 마가복음 1:35)이다. 규칙적이고 지속적인 경건한 시간은 신앙의 견고함과 성숙을 가져다준다.

경건의 시간을 갖는 이유는 영성적 성숙을 위해서다. 그러면 영성을 추구한다는 것은 무엇을 의미하는가? 영성을 추구하는 것이 현대에 일어난 운동은 아니다. 영성 생활은 예수님으로부터 시작된 2000년이라는 긴 역사를 지니고 있다. 영성의 뿌리는 예수님이시다. 사도 바울은 골로새 성도들에게 깊은 영성으로 인도하는 길을 가르쳐 주고 있다. "그러므로 너희가 그리스도 예수를 주로 받았으니 그 안에서 행하되 그 안에 뿌리를 박으며 세움을 입어 교훈을 받은 대로 믿음에 굳게 서서 감사함을 넘치게 하라"(골2:6).

뿌리가 깊을 때 안정감이 있다. 뿌리가 깊을 때 견고하게 선다. 영성을 추구한다는 것은 깊은 세계로 뛰어드는 것이다. 능력의 원천이신 예수님께 뿌리를 내리고, 거기서 주님의 생명을 공급받는 것이다. 주님의 성품을 닮아가는 것이다.

영성의 깊이가 삶의 깊이다. 조용한 혁명을 일으키시는 성령님은 흐르는 강물처럼 우리에게 침묵을 때론 요구하신다. 그분이 우리에게 말씀하실 순간을 찾기 위한 침묵인 영성의 깊이는 곧 깨달음의 깊이이며 이는 성령의 말하심을 들을 수 있는 귀를 여는 깊이이다. 하나님의 사람은 성령의 인도를 따라야 하며 그 성령은 우리를 철저히 낮추기를 원하신다. 주님의 임재에 조용히 반응할 수 있어야 하며 우리의 인격이 그리스도의 모습으로 바뀌어 가는 게 사역의 시작이라는 것이다. 바다가 모든 강들 가운데 왕이 되는 것은 바다가 가장 낮은 곳에 있기 때문이다.

섬기는 자로의 시작, 그것이 바로 하나님 앞에서 서는 사역자의 진정한 모습이다.

영성에 있어 인생의 두 가지를 깨닫는 것이 중요하다.

첫째, 하나님 없는 자신의 가치는 참으로 형편없는 것이라는 인식과, 둘째, 하나님 안에 살아가게 될 때 무한한 가능성을 지닌 하나님의 사람으로 다시 태어날 수 있다는 것이다.

바울의 고백에서도 볼 수 있듯이 연약한 우리와 강한 우리의 양 모습의 끊임없는 발견과 싸움의 길이 인생이 아닌가 싶다. 영성의 시작부터 연단의 과정까지, 그리고 탁월한 영성을 쌓은 후 유지하는 방법까지 영성에 관해 헨리 나우엔이 사색적인 추구를 한다. 그리고 강준민 목사는 '학습'과 '열정'의 병행을 추구하는 것, 영성이 필요하다고 말한다.

시편에 시냇가에 심기운 나무는 뿌리가 마르지 아니하고 늘 물을 공급받아 푸르게 살아간다. 결국은 크리스천의 생명이란 뿌리 깊은 나무처럼 하나님께로 깊게 중심을 내리고 있지 않으면 안 되는 것이다. 뿌리 깊은 영성이 필요하다는 말이다.

경건이든 영성의 추구든 결국 우리는 하나님의 말씀에 깊이 뿌리내리지 않는다면 우리 모두 제 갈 길로 갈 수밖에 없는 연약한 존재이다. 그러므로 더욱 말씀을 가까이 하고 우리의 영원하신 모델 예수님을 향해 자라가야 한다.

이 책은 성경을 바탕으로 오랜 시간 묵상에 성공한 이들의 경건한 글들을 모아 묵상에 도움을 주기 위해 편집되었다. 필자 역시 오랜 시간 강단에서 기도하고 묵상하며 삶에 있어서나 목회에 있어서 많은 도움을 받은 글들이다. 부디 이 글을 통하여 여러분들이 주님과 좀 더 가까워지고 이 세상에서 능력 있는 성도들도 바로 세워지기를 주님의 이름으로 기대해본다.

2010. 8.17
십정동 서재에서
저자 박응순 배상

사 · 랑 · 의 · 향 · 기

내 · 마 · 음 · 의
노 · 래 · 하 · 는 · 새

4월

인·생·의
이·삭·줍·기

성 · 스 · 러 · 운 · 겨 · 울

성공은 실패안에 담겨 있고
실패는 성공안에 담겨 있다

하나님은 우리 안에 마음을 주셨다. 마음은 사람에게만 주어진 하나님의 선물로 마음 안에 성령님이 내주하신다. 그래서 거듭난 사람은 마음에 성령님의 음성을 듣는 영적인 귀가 있다. 우리는 다 마음의 인도를 받는 대로 길을 가기 때문에 마음은 인생의 나침반, 마음의 내비게이션이다. 마음이란 무엇인가? 히브리어로 "레브" 혹은 "레바브"로 쓴다. 이 "레브"는 마음이란 뜻 외에 중심, 내부, 핵심이라는 의미를 내포하고 있다. 이 "레브"는 육체적으로는 생명의 중심인 가슴, 심장을 의미하고 정신적으로는 감정의 공간이며 영적으로는 인식, 기억, 사고의 근거지라고 말할 수 있다. 따라서 마음을 뜻하는 히브리어 '레브'는 마음의 나침반이란 뜻을 담고 있다.

사람의 마음이란 매우 중요하다. 암 발생의 원인을 조사한 "레반스"박사는 암이 발생하는 몇 가지 원인을 지적했다. 첫째, 자기와 진실로 가까웠던 사람을 잃어버린 처절한 상실감이 생길 때, 둘째, 인생을 살다가 갑자기 그 의존대상이 없어져서 심한 충격을 받을 때, 셋째, 미해결된 문제로 인한 심한 스트레스다. 우리 육체 가운데는 하나님이 만드신 천연물질 두 가지가 있다. "엔돌핀"과 "아드레날린"이다. 아무리 힘든 상황에서도 기쁨을 유지하고 근심을 물리치면 "엔돌핀"이 나오지만 견디지 못하고 원망과 불평 속에 살면 엔돌핀 대신 "아드레날린"이 나온다.

"레브"는 하나님이 지으신 것이다. 그런데 문제는 이 마음 안에 누가 주인이 되느냐에 따라 마음의 상태가 달라진다는 것이다. 하나님의 성령을 모신 사람이라 할지라도 날마다 말씀을 통하여 영적인 업그레이드를 하지 않으면 엉뚱한 방향, 엉뚱한 길로 가게 되는 것이다. 그래서 성도는 날마다 마음의 양식을 받아먹어야 한다. 하나님의 말씀으로 영의 양식을 섭취하지 아니하면 우리 마음은 어느새 사탄의 통로가 되어 의심, 불안, 걱정, 근심, 염려로 얼룩져 버린다. 마음이 강하면 아무리 어려움과 고난에 빠져도 이기게 된다.

성공은 실패 안에 담겨 있고 실패는 성공 안에 담겨있다는 진리를 모르기 때문에 작은 실패로 인생자체를 중도하차하여 자살하는 사람들이 너무 많다.

성패(成敗)의 수학은 고차방정식이다. 따라서 내가 가진 몇 개의 변수가 초라하다고 해서 쉽게 좌절할 필요는 없다. 그런데 이 변수를 좌우하는 결정적인 요인이 마음의 주인을 누구로 삼느냐는 문제이다. 마음이 내 자신의 중심이지만 사람의 마음에 사람이 주인이 되면 결국 좌절하거나 무너진다. 마음의 주인은 오직 주님이시다. 그래서 우리는 마음에 주님을 영접해야하고 아침마다 새롭게 주님의 말씀을 받아야 한다. 업그레이드되지 않은 구형 내비게이션을 쓰면 전혀 엉뚱한 길로 가듯이 어제 받은 은혜로 오늘을 살 수는 없다. 오늘은 오늘의 새로운 은혜가 필요한 것이다.

이 책은 점점 더 어려워지는 인생의 길을 가는 우리에게 하나님의 말씀을 전달해주는 귀중한 책이다. 늘 평소 성경과 책을 가까이하는 박응순 목사님이 새벽마다 주님과 동행하고 많은 독서를 통해 뽑아낸 주옥같은 글들이다. 이 글들이 삶의 방향을 잡는 데 큰 도움이 될 것이다. 나는 평소 박응순 목사님을 사랑하고 아끼는 마음으로 기도하고 있다. 이번에 나온 이 책을 통하여 많은 분들이 하나님의 은혜와 도우심을 체험하며 살아가는 역사가 나타나기를 기도한다.

2010. 8. 10.
명성교회 김삼환 목사

매일의 묵상은
우리 삶의 양식이니다

비움은 영성의 시작이다. 주님의 영성은 비움에서 시작되었다. 하나님과 동등 됨을 취하지 아니하시고, 자신을 비워 종의 형체를 가지셨다(빌 2 :7). 주님은 은혜와 진리로 충만하시기 전에 비우는 일을 먼저 하셨다. 채우기 전에 먼저 해야 할 일은 비우는 일이다. 무엇인가 가득 차 있는 그릇에는 어떤 것도 담을 수 없다. 하나님은 인간을 그릇에 비유하셨다. 영성도 그릇과 같은 것이다. 하나님이 주신 것들로 채우기 전에 해야 할 일은 비우는 일이다. 때문에 영성을 추구하는 사람들은 채우려고 하기 전에 비우는 일부터 해야 한다.

비움이 영성의 최우선 순위라면 비운다는 것은 무엇을 의미할까? 성경에 나오는 인물들은 이 비움을 떠남으로 이해했다. 아브라함은 갈대아 우르를 떠났다. 이것은 공간적 떠남 이상의 문제였다. 떠나지 않고는 새로운 세계 속에 들어갈 수 없다. 아브라함에게 있어서 떠나는 것은 자신의 삶의 터전, 자신이 의지하는 삶의 줄을 끊어 버리는 것이었다. 심지어 아비 친척집을 떠나라는 것이 하나님의 명령이었다. 떠남은 아픔이며, 고통이며, 두려움이다. 그렇게 익숙해 있고, 의지하며 살았던 터전을 버리고 떠난다는 것은 두려운 일이다. 떠남이 그토록 힘든 이유는 변화에 대한 두려움 때문이다. 인간은 그토록 변화를 갈망하면서도 가장 변화를 싫어하는 존재이다. 그러나 아브라함은 떠남을 통해서 비움을 실천했던 사람이다.

그의 생애에 있어서 가장 큰 비움은 아들 이삭을 제물로 드려야 했을 때였다. 아브라함이 하나님으로 가득 차 있던 어느 날 그의 가슴에 이삭이 스며들기 시작했다. 이삭은 하나님의 약속이었다. 하나님의 약속이 실현된 실체였다. 이삭은 그의 소망이었고 그의 관심이었고 그의 사랑이었다. 이삭이 태어난 이후로 하나님께 고정되었던 아브라함의 눈길이 이삭에게 고정되기 시작했다. 하나님보다 이삭이 아브라함의 가슴에 가득 찬 어느 날 하나님은 그를 부르셨다. 그리고 그의 사랑하는 독자 이삭을 제물로 바치라고 명령하셨다. 아브라함은 자신의 품에 가득 차 있던 이삭을 비워야 했다. 그러나 비움은 축복이 되었다. 비움을 통해서 아브라함은 하나님의 벗이 되었다. 2000년 후 하나님 자신의 품에 있는 독생자를 비우셔 서 십자가에 희생해야 하는 아버지의 마음을 이 세상에서 가장 먼저 경험한 사람이 아브라함이었기 때문이다.

　비움은 영성의 시작이다. 주님의 영성은 비움에서 시작되었다는 것을 다시 한 번 음미해본다. 영원한 것을 위해 영원하지 않은 것을 버리고, 영원한 것을 위해 영원하지 않은 것을 비우는 일은 결코 어리석은 행동이 아니다. 두 손을 꽉 쥐고 있는 한 어떤 것도 받을 수 없다. 은혜를 사모하는 사람은 두 손을 펴야 한다. 빈 손 위에 은총이 임하기 때문이다.

이번에 참으로 아끼고 사랑하는 박응순 목사님이 목회 틈틈이 정리한 글들을 모아 묵상집을 낸다는 소식을 듣고 원고를 받아 읽어보았다. 정말 어디서 이런 글들을 발췌했나 싶을 정도로 주옥같은 글들이 섬섬옥수처럼 엮여져 있다. 우선 그의 독서력에 감탄하고 이 많은 글들을 정리해낸 그의 성실과 부지런함에 존경과 사랑을 보낸다.

현대의 이 바쁜 사회 속에서 한줄기 맑은 샘물과 같은 그의 묵상집의 글들을 통해 더 채우기 위해 아낌없이 비우는 비밀을 발견해 내는 촉매제가 되리라 믿으며 추천의 말씀을 전한다.

2010. 8. 12

강남교회, 강남금식기도원 원장 김성광 목사

"눈물을 흘리며 씨를 뿌리는 자는

기쁨으로 거두리로다"

(시편 126:5)

사 · 랑 · 의 · 향 · 기

"하나님은 찢겨진 가슴을 받아 주신다.
그러나 찢긴 조각들이 다 제자리에 있어야 한다."고 누군가가 말했다.
하나님이 그 부서진 조각들을 꿰매어 원상으로 회복시킬 때,
눈에서 눈물이 흘러
치유의 튼튼한 실이 지나가는 자리를 촉촉이 적셔서
부드럽게 하고 또 유연하게 하는 것이다.

인생의 풍부한 경험에는 하염없이 떨어지는 굵은 눈물방울도 포함 된다.
우는 것을 부끄러워하지 않는 사람이야 말로 온
마음과 혼을 다하여 삶을 사랑하며
살아가는 사람들이다.

0101
잘 가꿔진 정원

"우리 구원의 하나님이시여 … 주께서 의를 따라 엄위하신 일
로 우리에게 응답하시리이다"(시편 65:5)

나의 정원에 봄이 오고 있다.

대부분의 화초들은 아직 꽃피울 채비를 하지 않았고 구근
들만이 이제 막 흙을 밀어 올리기 시작한다. 겨우내 내린 비
로 무성하게 자라난 키 큰 잡초들… 나는 웅크리고 앉아서
한 번에 풀 한 포기씩 잡아당긴다. 뿌리째 뽑아낼 수 있도록
조심스레 밑동을 더듬으면서. 움켜쥐고, 느껴 보고, 뽑아내
고. 움켜쥐고, 느껴 보고, 뽑아내고….

정원은 상처받은 가슴들을 어루만지며, 감각들을 새롭게
하며, 우리를 자라게 한다. 정원은 우리가 뛰놀고 안식을 취
하는 제 2의 낙원이다. 이사야를 비롯한 성경의 저자들은
정원을 치유와 즐거움의 장소로 여겼다. 이사야 58:11의 말
씀은 곤경에 처한 이웃들에게 사랑을 베푸는 하나님의 백성
들이 얻게 되는 치유와 변화를 약속하신다. 주님은 폭염으
로 타버린 황량하고 황폐한 대지로부터 그의 백성들을 치유
하며 힘을 주시고, 그들을 잘 가꿔진 정원, 생명의 근원, 그
리고 그들을 필요로 하는 모든 사람들을 위한 자양분이 되
게 하신다. 하나님은 우리의 모든 고통과 슬픔을 통해서 우
리 안에 희망과 치유의 정원을 창조하신다.

저당 잡힌 집, 말썽을 일으키는 자녀들, 직업문제 등 우리
가 살면서 겪게 되는 온갖 근심과 걱정 한가운데서고 하나
님은 우리를 정원으로 이끄시며 한 송이 백합꽃을 보여 주
신다.

_ 해리엇 크로스비 「가정이라 불리는 곳」

기도는 말하는 것이 아니
라 하는 것이다.

0102
산산조각이 난 유리에 쏟아져 내린 햇빛

"여호와께서 네가 행한 일을 보답하시기를 원하며 이스라엘의 하나님 여호와께서 그의 날개 아래 보호를 받으러 온 네게 온전한 상주시기를 원하노라"(룻기 2:12)

내 화실은 절반쯤 못쓰게 된 파스텔 연필들,

오래된 그림물감 튜브들, 파일 서랍 밖으로 비어져 나온 삽화 더미들로 마구 어지럽혀 있었다. 최근에 화실 청소를 하던 중, 나는 유리창 옆 작업대 위에 있는 깨진 유리 조각들을 우연히 발견하였다.

산산조각이 난 파편 위로 햇빛이 쏟아져 내리자, 눈이 부시도록 다채로운 색색의 광선들이 사방으로 흩어지는 찬란한 광경을 보게 되었다.

산산이 부서진 유리 조각들은 수천가지의 다른 각도를 이루고서 저마다 한줄기의 빛을 받아 무수히 다른 방향으로 반사시키고 있었다. 이런 현상은 유리병과 같은 매끈한 표면에서는 일어나지 않는다. 유리가 반드시 조각조각 깨진 상태에서만 가능한 것이다.

빛을 받는 것은 사물의 속성이다. 빛은 산산조각이 난 것들을 통해서 그 다채롭고도 현란한 아름다움을 가장 잘 드러내는 법이다.

_ 죠니 이렉슨 타다 「흙 속의 다이아몬드」

27

0103
충실한 며느리가 택한 어려운 길

"내가 네 갈 길을 가르쳐 보이고 너를 주목하여 훈계하리로다"(시편 32:8)

Note.

기도란 외로운 독백이 아니요. 다정한 대화이다.

룻이 나오미를 따라 베들레헴으로 돌아가기로 결정한 것은 잘못된 것이었을까? 당시 룻은 선택의 기로에서 여러 가지 생각을 했을 것이다. 모압에서의 삶이 그녀에겐 확실히 더 쉬웠을 것이다. 적어도 거기엔 친구들과 가족들이 있었을 테니까. 그러나 그녀는 친숙한 모든 것을 버리고 가난과 역경의 삶을 택했다.

룻은 자기 앞에 정해진 길을 성실하게 따라갔다. 자신의 결정에 끝까지 충실했고, 두 번 다시 하나님을 의심하지 않았다. 그런 그녀에게 제 2의 삶을 위한 기회를 주신 것이다.

이스라엘의 하나님은 룻에게 자신의 앞날에 대해 다시금 곰곰이 생각해 본 후 고향으로 되돌아갈 수 있는 제 2의 기회가 아니라, 그의 신실하신 역사가 그녀의 장래에 넘치도록 충만하게 나타나게 될 것을 보게 되는 기회를 주셨다. 신의를 저버리지 않고 어려운 길을 따르기로 결심했을 때, 룻은 이런 기회가 오리라는 것을 전혀 예측하지 못했으나, 베들레헴에는 매우 중요한 일이 그녀를 기다리고 있었다. 그녀를 사랑하신 하나님, 남편, 그리고 새로운 삶이.

_페넬로피 j. 스토욱스 「믿음, 보이지 않는 것들의 실상」

0104
하나님의 손을 잡고

"사랑은 오래 참고 사랑은 온유하며 시기하지 아니하며 사랑은 자랑하지 아니하며 교만하지 아니하며" (고린도전서 13:4)

Note.

기도란 하나님의 영향권 안으로 들어가는 것이다.

에콰도르의 삼림 속에서 살 때 나는 주로 걸어 다녔다. 단 한번 혼자서 외출했던 때를 제외하고는 밖에 나갈 때는 언제나 길을 잘 알고 있거나 적어도 나보다는 길을 더 잘 찾을 줄 아는 안내인을 동반 했다. 숲 사이로 길게 뻗어 있는 오솔길을 따라 가노라면 종종 개울물이나 강이 나오곤 했다. 이따금 통나무 다리가 강물 위로 높이 놓여 있기도 했는데 그때마다 우리는 그 통나무를 밟고서 강을 건너야 했다. 나는 통나무 다리를 건널 때는 늘 겁이 났다. 그래서 가파르고 험한 계곡을 따라 내려가서 건너편으로 가고 싶은 충동을 느꼈다. 그러나 인디언들은, "선생님, 그냥 건너가시면 돼요." 라고 말하고는 자신만만하게 가벼운 발걸음으로 통나무 위를 걸어가곤 했다. 나도 그들과 같이 맨발이었지만, 그것만으로는 충분하지 못했다. 통나무 위에 서기만 하면 그 밑으로 흘러가는 강물을 내려다보지 않을 수 없었기 때문이다. 그 때마다 안내자는 나를 향해 한 손을 뻗어 주었고 나는 그 손을 잡기만 하면 되는 것이다. 인디언들은 내게 가르쳐 준 교훈은 바로 '신뢰'였다. 내가 진정으로 필요했던 유일한 것은 그들이 한결같이 내미는 손을 잡는 것이었기에…

성경을 통해서 나는 하나님께서 그의 백성을 인도하신 수많은 증거들을 발견했다. 또한 하나님께서 나를 기꺼이 인도하시리라는 확신도 가지고 있다. 하나님은 이미 오랫동안 그렇게 하고 계신다. 그는 지금도 나를 향해 손을 뻗고 계시며 나는 단지 그 손을 잡기만 하면 되는 것이다.

_ 엘리자베스 엘리엇 「우리를 인도하시는 하나님」

0105
아주 조그만 사랑

"네 길을 주께 맡기라 그를 의지하면 그가 이루시고 네 의를
빛 같이 나타내시며 네 공의를 정오의 빛 같이 하시리로다"(시
편 37:5-6)

사랑은 언제나 제철을 만난 과일과 같기에 거기에는 한계
가 없다. 누구나 이런 사랑을 얻을 수 있는 것이다.

당신은 우리를 위한 그리스도의 사랑과 그를 위한 우리의
사랑에 대한 확신이 있는가? 이 확신은 햇빛과 같아서 생명
의 수액을 흐르게 하고 거룩한 꽃들을 활짝 피게 한다. 이 확
신은 거룩한 삶의 토대를 이루는 반석이다.

우리가 그리스도에게 하듯 가난한 사람들을 돕고 그들에
게 아낌없이 베풂으로서 이루어지는 거룩한 삶의 토대가 되
는 바위 말이다.

우리가 이렇게 살 때 믿음과 확신이 자란다. 그리고 매일
의 일과는 우리의 삶을 거룩하게 승화시키고자 하는 노력으
로 가득 차게 될 것이다.

단 한 번의 미소, 사소한 방문, 누군가를 위해 불을 피워주
기, 맹인을 위한 편지 대필, 연료 운반하기, 분실한 구두 찾
아 주기, 책 읽어주기… 이런 사소한 작은 행위들.

그렇다. 정말 매우 조그만 일들에 지나지 않는다. 그러나
바로 이러한 작은 행동들이 하나님 사랑을 실천하는 방식이
될 것이다.

_ 테레사 수녀 「그리스도의 사랑」

기도의 목적은 하나님이
인생을 보시는 것처럼
우리도 인생을 보는데 있
다.

0106
구름 저 너머

"여호와 하나님은 해요 방패이시라 여호와께서 은혜와 영화를 주시며 정직하게 행하는 자에게 좋은 것을 아끼지 아니하실 것임이니이다"(시편 84:11)

Note.

기도하는 것은 바꾸는 것이다.

우리 집은 높이가 거의 4000피트나 되는 산꼭대기에 있다. 그래서 종종 골짜기의 구름들이 우리 발밑에서 떠다닌다. 어떤 날은 아침에 눈을 뜨면, 우리가 있는 곳은 햇살이 환히 비춰고 있는데, 골짜기 저 아래는 구름으로 잔뜩 덮여 있기도 하다. 우리 가족이 맑고 화창한 날씨를 만끽하고 있는 순간에, 천둥이 몰려와서 번갯불이 번쩍이며 골짜기로 퍼지는 천둥소리를 듣기도 한다.

나는 자주 낡은 현관 앞에 앉아서 발아래의 구름을 보곤 했는데, 그때마다 하나님의 사랑의 햇빛을 잠시 가려버리는 낙담과 고통의 구름들에 대하여 생각했다. 많은 사람들이 구름에 덮인 채 살고 있지 않은가. 어떤 이들은 병상에 누워 있으며, 또 다른 이들은 낙담과 상실감으로 고통을 당하고 있는 것이다.

성경은 구름에 대해서 많은 것을 이야기 해준다. 구름은 때때로 하나님의 얼굴을 흐리게 하는 영적인 힘을 상징하기 때문이다. 그러나 성경은, 우리가 구름에 덮일 때는 분명한 목적이 있다는 것과 구름 저 너머에 영광이 있다는 것, 그리고 모든 구름의 안쪽은 은빛으로 빛나고 있다는 것 또한 우리에게 일러주고 있는 것이다.

_ 빌리 그레이엄 「동산에 이르기까지」

31

0107 마 25:14-30
착하고 충성 된 종이 되라

할렐루야

사랑하는 성도 여러분!

우리교회와 여러분은 새로운 마음과 기대로 한해를 시작 했습니다. 저와 여러분들에게 잘되고 행복한 일이 많아지는 한해가 되시기를 축원합니다.

어떤 주인이 세 종들에게 다섯 달란트와 두 달란트, 한 달란트를 맡기고 타국으로 여행을 떠났습니다. 이들은 각각 받았으나 관리하는 방법은 달랐습니다. 최선을 다해 노력한 종과 그렇지 못한 종을 주님은 착하고 충성 된 종과 악하고 게으른 종으로 구별하셨습니다.

그러므로 첫째, 착한 청지기가 되어야 합니다.

주님께서 인정한 착한 종은 주인의 것을 구별 할 줄 아는 사람입니다. 자기 자신이 청지기임을 알고 모든 것을 다 주인의 것으로 알고 소중히 여기는 것입니다. 착한 종들은 장사해서 이익이 될지 손해가 될지 잘 모르지만 마음만은 주인의 것을 주인에게 돌려드리겠다는 간절한 일념을 가진 종들입니다. 여기서 착한 종은 긍정적인 청지기의 자세를 가지고 사는 사람입니다.

두 번째, 충성 된 청지기가 되어야 합니다.

충성 된 청지기는 어떤 사람일까요?

먼저 주님은 이 종에 대하여 작은 일에 충성하였다고 칭찬했습니다. 청지기는 작은 일에 충성해야 합니다. 교회 봉사도 작은 일에서부터 성실히 봉사해야하는 것입니다. 충성 된 청지기는 말없이 충성하는 사람입니다.

셋째, 충성 된 청지기는 자기 맡은 은사대로 봉사합니다. 하나님은 각 사람에게 은사를 주셨습니다. 오직 하나님께서 각 사람에게 나눠주신 믿음의 분량대로 지혜롭게 섬기고 생각해야 합니다.

네 번째, 충성된 청지기는 주인이 올 때까지 변함없이 일하는 사람입니다. 한 결 같이 충성하는 사람입니다. 변함없이 오래오래 교회를 섬기는 사람들은 자랑스런 청지기요 주의 종의 기쁨입니다. 종은 주인이 올 때까지 충성하는 것입니다. 오늘 우리는 착하고 충성 된 종으로 충성할 수 있기를 주의 이름으로 축원합니다.

0108

불평일까, 만족일까?

"내는 비천에 처할 줄도 알고 풍부에 처할 줄도 알아 모든 일 곧 배부름과 배고픔과 풍부와 궁핍에도 처할 줄 아는 일체의 비결을 배웠노라"(빌립보서 4:12)

Note.

나는 '험덧전'(humdudgeon) 이라는 단어를 새로 알게 되었는데 그 발음이 매우 재미있다는 생각을 했다. 이 단어는 '사소한 일에 대해 큰 소리로 늘어놓는 불평'이라는 뜻을 갖고 있다. 당신은 혹시 최근에 주변에서 이러한 불평을 들어본 적이 있는가? 어떤 어머니는 이럴 때 아주 잘 듣는 해독제를 하나 알고 있었다. 즉, 모든 불평, 불만을 말로 터뜨리는 대신에 글로 쓰는 것이다. 실제로 이렇게 해보자. 놀라울 정도로 갑작스럽게 불평이 줄어들었던 예가 있었다.

부모는 부지불식간에 자신의 행동을 통해서 자녀들에게 불평하는 것을 가르치고 있다. 사실 그런 행동을 하지 않기란 너무도 어렵다! 엘리베이터 속이나 미장원 그리고 식당의 옆자리에서 이루어지는 대화를 들어 보라.

모든 사람들이 날씨, 건강, 대통령, 세금, 보험, 교통, 아이들 문제 등 모든 것들에 대하여 불평과 불만을 늘어놓는다. 두통, 모욕, 계산대 앞에 늘어선 긴 줄, 누군가의 거친 행동, 그리고 무례함, 오해, 실망, 방해 등… 우리가 불평불만을 터뜨리는 원일를 제공하는 이 모든 것들은 어쩌면 토기장이인 하나님께서 진흙과 같은 우리를 그의 아들의 형상으로 빚기 위해서 꼭 필요한 도구들인지도 모른다.

우리가 불평을 일삼는 대신에 스스로 만족해한다면, 자녀들도 그 모습을 보고 신실함을 배우지 않겠는가? 거역하는 대신에 수용하고 좌절하는 대신에 평화스럽게 사는 우리의 모습을 통해서 말이다.

_ 엘리자베쓰 엘리엇 「고요한 마음을 지녀라」

기도는 하나님이 우리를 변화시키는 중앙 진입로에 들어가는 것이다.

0109
하나님의 패턴에 깃든 아름다움

"네 손이 일을 얻는 대로 힘을 다하여 할지어다" (전도서 9:10)

기도가 없는 사람은 뿌리가 없는 나무와 같다.

하나님께서는 만물을 창조하셨다. 지금도 살아 계신 인격적인 하나님은 언제나 창조적이시다. 우리는 날마다 주변의 모든 현상들을 통해서 그의 은혜로운 창조의 손길을 발견할 수 있다. 숲이나 밀림 속, 호숫가, 산골짜기로 흘러내리는 물가에서 지저귀는 각양각색의 새들의 아름다운 노래를 떠올려 보라. 이 노래 소리들을 관현악으로 묘사하면 또 얼마나 청아하고도 경쾌한 음악이 되겠는가.

성경에서 아름다움을 창조하는 행위 자체를 영적인 세계와는 무관한 것으로 도외시하고 있는가? 하나님께서는 이스라엘 민족에게 성막과 성전을 아름답게 장식하기 위해서 만들라고 명령하신 모든 놀라운 것들을 생각해보라. 모세의 성막과 솔로몬의 성전 건축에 즈음하여, 하나님께서는 그들에게 분부하신 세밀한 지시사항 가운데는 절묘한 예술품 제작에 관한 것도 포함되어 있었다. 그분의 뜻에 충실하기 위해서는 솜씨가 뛰어난 장인들의 독창적인 재능과 기술이 필요했었다.

예루살렘 성전을 화려하게 장식했던 온갖 것들, 즉 자수 세공품, 은 세공품, 순금 촛대들, 아몬드 모양을 본뜬 은그릇과 순금 그릇들, 그 그릇들 가장자리에 새겨 넣은 꽃과 나무 문양들에 관한 성경 말씀을 읽을 때, 아리송하게 여겨야 할 이유가 전혀 없다. 어떤 사람들은 '정교하게' 수를 놓아야 했다. 하나님께서는 영적인 의미와 아름다움을 모두 갖춘 완벽한 패턴을 주셨던 것이다.

_ 에디트 쉐퍼 「가족이란 무엇인가」

0110
우리가 가는 길

"하나님이 우리에게 주신 것은 두려워하는 마음이 아니요 오직 능력과 사랑과 절제하는 마음이니" (디모데후서 1:7)

우리의 삶은 하나님이 지으신 소설책의 줄거리와 같다. 크리스천을 주인공으로 하는 이야기에 비극은 없다고 하는 말을 들은 적이 있다. 주인공에게 비극적인 일들이 일어날 수는 있겠지만, 그의 삶은 언제나 하나님의 품안에 돌아와 끝나기 때문이다.

기도는 언어로 얻을 수 있는 최고의 성취다.

'죽음'이 마지막 말은 아니다. 크리스천에게 재앙이 닥치면, 오히려 그것으로 인해 하나님께 더 가까이 다가갈 수 있는 것이다. 인생의 줄거리가 갑자기 엉뚱한 방향으로 흘러 엉망이 되거나 고약하게 얽힌다고 해도 우리가 가는 길을 막을 수는 없다.

우리는 무수한 세속의 정글이나 사막이나 정원이나 도시들을 지나가게 되겠지만, 궁극적으로는 천상으로 향하는 길을 따라가고 있는 것이며, 어느 길로 가든지 언제나 하나님 안에서 여행을 마치기 때문이다. 지금의 시점에서 바라볼 때 우리의 미래는 두렵거나, 흥분되기도 하고, 따분하게 여겨질 수도 있을 것이다.

하지만 미래를 그리스도에게 온전히 맡기기만 한다면 우리의 손보다 더 나은 손이 우리를 인도한다는 확신으로 안식 할 수 있는 것이다.

_ 레슬리 윌리엄스 「한 밤의 고투」

0111
어린아이 같은 믿음

"여호와를 경외하는 자에게는 견고한 의뢰가 있나니 그 자녀들에게 피난처가 있으리라"(잠언 14:26)

Note.

진실한 기도는 상처 난 가슴에서 나온다.

예수님께서 말씀하셨다.

"진실로 너희에게 이르노니 너희가 돌이켜 어린아이들과 같이 되지 아니하면 결단코 천국에 들어가지 못하리라" (마태복음 18:3)

이 말씀은 위협이 아니라, 우리가 따라야 할 원칙이다. 어린아이들은 쉽게 상대방을 신뢰한다. 아이들은 마음이 열려 있고 누구든지 흔쾌히 받아들인다. 어린아이들은 자연스럽게 사랑하는 마음을 가지고 있다. 아이들은 자기들이 존경하고 사랑하는 사람들에게 무조건적으로 자신들을 내어 준다. 어린아이들은 의외로 현명하다. 어린아이들은 직감적으로 한 순간에 거짓을 알아차린다. 그럼에도 불구하고 여전히 천진스러운 경탄의 마음과 경외감, 믿음을 마지막까지 잃지 않는다.

예수께서 우리가 천국에 들어가는 자격조건으로서 '어린아이 같은 믿음'을 언급했을 때 어른들의 행동 방식에 균형을 잡아주는 어린아이 같은 특성들을 염두에 두셨으리라 믿는다. 즉 끊임없이 질문을 하되 빈정대지 않는 진솔함, 외모에는 관심이 없고 매사에 열정적으로 반응하는 경향, 두려움 없는 탐험정신, 그리고 실패하되 후회하지 않는 태도들…

_ 페넬로피 J. 스트로웃스 「믿음 보이지 않는 것들의 실상」

0112
오늘 하루는 하나님의 선물이다

"너희 관용을 모든 사람에게 알게 하라 주께서 가까우시니라"
(빌립보서 4:5)

Note.

기도를 쉽게 정의한다면 하나님께로 향한 원함이다.

눈부신 태양이 장엄하게 서서히 하늘을 가로지를 때면 한낮의 순간들이 빛으로 흘러넘치고 기쁨으로 따뜻해진다. 그러나 곧 어스름이 천천히 내려와 대지를 덮으면 이글거리는 둥근 불덩어리조차 마치 밤을 위해 조용히 자리를 잡듯 차분히 바다 속으로 가라앉는다.

짙은 붉은색, 장미 빛, 그리고 심장에서 막 뿜어져 나온 선홍색 피 빛으로 물든 채 형형색색의 깃발과도 같이 하늘 가득 흩날리는 구름조각들이 오늘 하루도 다 지나갔음을 알려준다. 이미 지나간 것은 지나간 것이다!

오늘을 되돌이킬 수 있는 방법이란 없다. 쏜살같이 달려가는 추억 속에서나 가능할 뿐, 오늘이라는 순간 속에 깊이 새겨진 글귀들을 다시 쓸 수 있는 방법도 전혀 없다. 오늘이라는 시간의 종이 위에 어떤 가치 있는 일이 혹은 어떤 헛된 일이 결코 지워지지 않을 영원의 잉크로 한 자 한 자 뚜렷이 새겨져 버린 것이다.

나의 하루를 하나님의 선물로 여긴다면 나는 어떻게 달라질까? 어떻게 내 삶의 태도를 바꾸고, 내 생각을 깨우칠 수 있을까? 오, 주님. 당신 앞에서 '흠 없이' 살아갈 수 있게 도와주십시오.

_ W. 피립 켈러 「내 영혼의 노래」

0113
하나님은 신뢰와 자발적인 순종을 원하신다

"게으르지 아니하고 믿음과 오래 참음으로 말미암아 약속들을 기업으로 받는 자들을 본받는 자 되게 하려는 것이니라" (히브리서 6:12)

어제 황혼 무렵, 안개 속을 헤치며 정렬하여 케틀 섬을 향해 날아가는 갈매기 떼의 희미한 모습이 내 시야에 들어왔다. 갈매기들은 '본능'이라는 힘에 이끌려 안개 속으로 날아가고 있었다. 그러나 본능이란 그 실체가 무엇인지 모르는 과학자들이 붙인 이름에 지나지 않는다. 새들을 이끄는 분은 하나님이다. 새들과 우리 사이에는 현격한 차이가 있다. 우리는 흔히 '새처럼 자유롭게'라는 표현을 쓰지만, 하나님께서 새보다 우리를 더 자유롭게 만드셨다. 그는 자신의 형상을 본 따 우리를 만드셨는데, 이는 하나님께서 새에게는 허락하지 않은 이성과 자유 의지와 선택할 수 있는 능력을 우리에게 주셨음을 뜻한다.

하나님께서 나를 부르시고 계신다. 이 땅의 다른 어떤 피조물보다도 더 깊은 의미에서 나는 부름을 받았다. 또한 더 깊은 의미에서 나는 자유롭다. 나는 그 부름을 무시할 수도 있기 때문이다. 하나님께서 나를 창조하셨으며, 불순종할 수 있는 능력 또한 내게 주셨다. 불순종을 택하는 자유가 없다면, 순종을 택하는 자유마저 아무런 의미를 갖지 못한다. 나는 "예"라고 대답할 수도 있고, "아니요"라고 대답할 수도 있다. 한 인간으로서의 나의 삶의 실현은 나의 대답에 달려 있다. 세상의 자욱한 안개 속을 뚫고 그의 평화의 섬으로 나를 부르시는 분은 바로 나를 애타게 기다리고 계시는 하나님이기 때문이다. 내가 그분을 신뢰한다면, 기꺼이 그분께 순종할 수 있을 것이다.

_ 엘리자 벳스 엘리엇 「훈련, 그 즐거운 포기」

0114 출 12:21-22
우리를 인도하시는 하나님

사랑하는 성도 여러분

올해도 주님의 인도를 받는 복된 한해가 되시기를 축원합니다. 오늘 본문에는 이스라엘 백성들이 숙곳에 장막을 쳤는데 그 때 여호와께서 그들 앞에 행하시며 낮에는 구름 기둥으로 밤에는 불기둥으로 그들을 인도하시며 이스라엘 백성들 앞에서 떠나지 아니했다고 했습니다. 이스라엘 백성들 뿐 아니라 독자 여러분 모두에게도 하나님이 함께 하시고 인도해주시는 축복이 임하시기를 축원합니다.

첫째, 하나님께서 낮에는 구름기둥으로 이스라엘 민족을 인도해주셨습니다. 건강을 잃어버린 자에게는 건강을, 무능한 자에게는 능력을, 새 힘을, 부요를 주실 것입니다. 주님이 주시는 능력을 받아 승리하며 축복 속에 사는 한 해가 되시기를 축원합니다.

둘째, 밤에는 불기둥으로 인도하십니다. 갈 바를 모르는 이스라엘 백성들을 불기둥으로 인도하셨습니다. 그러므로 우리 모두는 성령을 불을 받아야 합니다. 성령의 불이 없으면 캄캄하고 암담한 것처럼 성령의 불이 맹렬히 타는 은혜가 넘치는 새해가 되기 바랍니다.

셋째, 이스라엘 백성들은 광야생활에서 하나님의 인도를 따라갔습니다. 광야생활은 정말 고달픈 길이요 실망이 거듭되는 긴 세월입니다. 하나님을 온전히 믿지 못하는 사람은 인생 광야에서 모두 실패의 쓴잔을 마실 것입니다. 그러나 하나님을 온전히 믿는 자는 만사형통하여 승리하실 것입니다.

그러므로, 오늘 우리는 한해를 인도하시는 하나님을 믿어야 합니다. 흔들림 없이 굳건히 믿어야 합니다. 하나님은 자기 백성을 절대로 떠나거나 버리지 않으십니다. 왜냐하면 자기 백성들이기 때문입니다.

넷째, 한 해 동안 하나님은 어떻게 우리를 돌보시고 인도하십니까? 하나님은 우리들이 걸어 갈 한해의 인생길을 인도하실 것입니다. 올해는 우리 앞에 있는 문제와 고난을 제거해 주실 것입니다. 하나님은 우리들의 원수를 제거해 주실 것입니다.

사랑하는 성도 여러분, 광야 같은 인생길에서 주의 인도하심을 받아 은혜와 축복의 가나안 땅에 들어가는 축복이 임하시기를 축원합니다.

0115
그리스도를 위한 일

"(주는) 손을 펴사 모든 생물의 소원을 만족하게 하시나이다"
(시편 145:16)

다른 일과 본질적으로 구별되는 크리스천의 일이란 없다. 이 세상에 기독교적인 일 자체가 따로 있는 것이 아니기 때문이다. 시궁창을 청소하는 일에서부터 설교하는 일에 이르기까지 크리스천에 의해서 행해지고 하나님께 봉헌하기만 하면 이 모든 일들이 다 크리스천의 일이기 때문이다.

이 말은 어떤 사람도 하나님께 봉사하는 일에서 제외될 수 없다는 것을 뜻한다. 어떠한 직업도 크리스천의 '품위를 손상시키지' 않는다. 또한 이 세상에는 따분하거나 쓸모없는 일도 없다. 크리스천은 어떤 특정한 직업이 아니라, 일을 수행하는 방식을 통해서 충족감을 맛본다. 언제든지 그리스도를 위해서 하는 일이면 모두 '전 시간 크리스천 일'이 되는 것이다.

하나님을 위해서 하는 일이라면 어떤 일에서든지 언제나 흥미와 도전을 발견할 수 있다. 만약 우리가 하는 일이 우리의 품위를 손상시키는 것처럼 여겨진다거나, 따분하고 무의미하고, 성가시고 귀찮게만 생각된다면, 그 일이 삶의 방편은 될 수 있을지언정, 우리를 살아있게 하지는 못한다. 그것은 하나님의 제자로서 우리가 마땅히 지향해야 할 자유롭고 풍성한 삶이 아니다.

하나님께서는 우리에게 품위를 떨어뜨리는 일을 하도록 요청하시는가? 수건을 두르고 제자들의 발을 씻기시는 하늘의 주님을 생각한다면, 이 질문은 두 번 다시 결코 우리를 곤혹스럽게 하지 않을 것이다.

— 엘리자베쓰 엘리엇 「훈련, 그 즐거운 포기」

기도 중에 하나님을 제한하지 말라

0116
뚝뚝 떨어지는 굵은 눈물방울들

"눈물을 흘리며 씨를 뿌리는 자는 기쁨으로 거두리로다"(시편 126:5)

기도는 원기 회복의 시간이다

당신에게 다음과 같은 일들이 벌어지는 날은 필경 재수 없는 날이 될 것이다. 당신이 자살방지 센터에 전화했는데 하염없이 기다리게 한다거나, 상대방이 누군지 모르는 채 나갔던 데이트에서 과거의 남자친구를 파트너로 만나게 되는 경우 말이다. 하지만 기억해야 할 것이 있다. 이제까지 피었던 어떠한 꽃도 반드시 딱딱한 흙을 뚫고 나와야 했다는 사실이다! 흙과 함께 물을 주는 행위 또한 필요했었다.

아픔을 겪을 때, 아무렇지 않은 듯 싱긋 웃고 이를 악물면서 억지로 참아낼 필요는 없다. 눈물은 약한 사람이나 믿음이 부족한 사람들만이 흘리는 것이라고 단정하고, 힘겹게 '신령한' 표정을 지으면서 당신의 현재의 모습 이상으로 더 거룩한 척 할 필요가 없다는 말이다. 눈물은 하나님께서 그의 소중한 자녀들에게 주신 선물이다. 울고 싶을 땐 울어야 한다. 그래야 우리 몸의 긴장을 풀어주기 위해서 하나님께서 배려하신 특권을 누리는 것이다.

"하나님은 찢겨진 가슴을 받아 주신다. 그러나 찢긴 조각들이 다 제자리에 있어야 한다."고 누군가가 말했다. 하나님이 그 부서진 조각들을 꿰매어 원상으로 회복시킬 때, 눈에서 눈물이 흘러 치유의 튼튼한 실이 지나가는 자리를 촉촉이 적셔서 부드럽게 하고 또 유연하게 하는 것이다. 인생의 풍부한 경험에는 하염없이 떨어지는 굵은 눈물방울도 포함된다. 우는 것을 부끄러워하지 않는 사람이야 말로 온 마음과 혼을 다하여 삶을 사랑하며 살아가는 사람들이다.

— 바바라 존슨 「터져나오는 기쁨」

0117
적절히 사용된 한마디 말

"나의 반석이시요 나의 구속자이신 여호와여 내 입의 말과 마음의 묵상이 주님 앞에 열납 되기를 원하나이다"(시편 19:14)

Note.

지혜로운 솔로몬은 "경우에 합당한 말은 아로새긴 은쟁반에 금사과니라"(잠언 25:11)고 하였다. 젤리를 만들 때 사용하는 틀처럼, 단어의 뜻은 그 단어를 부어 모양을 만들어 내는 주형에 버금간다. 누군가가 잘못 내뱉은 한마디의 말, 돌고 돌아 와전된 말들 때문에 마음 깊이 상처를 입어보지 않은 사람이 얼마나 있을까? 이와는 반대로 꼭 필요할 때 듣게 된 위로의 한마디로 인해 평안을 되찾지 않은 사람이 있을까? 악의적인 한마디로 중압감에 눌려 심한 타격을 받아 보지 않은 사람이 어디 있으며, 자신감을 잃고서 짙은 안개 속을 헤매던 중 희망의 말 한마디로 인해 용기를 되찾지 않은 사람이 또한 어디 있을까? 한 글자로 이루어진 모든 말들 중에서 가장 힘 있는 말은 바로 '말'이라는 단어다.

아름다운 색깔들은 곧 바래고,
해안선은 침식되고,
성전들은 파괴되고,
제국들도 무너지지만,
'적절하게 사용된 한마디의 말'은 영원하다.

_ 찰스 스윈돌 「단순한 믿음」

기도는 하나님께 이야기
하는 것으로 시작하지만
더 들어가 보면 결국에
기도는 듣는 것이다

0118
어둠속에서 하나님의 손을 잡고

"여호와는 나의 산업과 나의 잔의 소득이시니 나의 분깃을 지키시나이다" (시편 16:5)

하나님의 뜻을 구현시키는 삶에 대하여 생각할 때면, 언제나 산골짜기나 들판으로 힘차게 콸콸 흘러가는 강물을 돌 징검다리로 건너가는 내 모습이 떠오른다. 문제는 돌의 크기가 발 한 짝을 겨우 올려놓을 수 있을 만큼 작다는 것이다. 하나님의 징검다리를 단번에 모아 놓아 주시는 것이 아니라, 발 하나만 디딜 수 있을만한 돌을 한 번에 하나씩만 놓아 주시는 것 같다. 강물은 소용돌이치며 흘러가는데 나는 돌 하나에 발 한 짝을 올려놓은 채 다음 돌이 놓여 질 때까지 기다려야 하는 것이다. 내 속도로 달려 나가다간 참변을 면하지 못할 테니까……

이것은 우리가 어떤 일을 이루고자 할 때 인내하지 못하고 서두르는 것에 대한 경고이다. 앞으로 어떤 일이 발생할지 전혀 알 수 없고, 안개 속을 헤매는 것과 같은 암담한 상황에서 우리가 해야 할 일은 하나님께서 길을 보여 주시기를 기다리면서 그분을 신뢰하고 그분의 손을 잡는 것임을 깨우쳐 주는 것이다.

우리 모두 '앞으로 어떤 상황이 벌어지는지' 알고 싶어 하는 것은 당연하다. 그렇지만 하나님께서 오직 '나를 믿으라'고 말씀하신다. 그리고 또 말씀하신다. "내가 네게 여러 다양한 방법으로, 다음에 일어날 일을 보여 줄 때까지 네가 지금 있는 곳에 머물러라. 어둠 속에서 내손을 잡고서 기다리는 사람은 복 받은 사람이다."

_ 에디쓰 쉐퍼 「정상적인 크리스찬의 삶」

0119
사랑의 선택

"만일 우리가 성령으로 살면 또한 성령으로 행할지니…" (갈라
디아서 5:25)

이른 새벽, 온 세상이 잠들어 있는 고요한 이 시각. 커피는
뜨겁고, 하늘은 검다. 날이 밝아온다. 이제 곧 낮이 당도할
테고, 태양이 떠오르면 낮은 길게 뻗은 한길을 따라 요란하
게 질주할 것이다. 그러면 이 새벽의 정적은 한낮의 소음으
로 바뀌고, 이적막한 고요함 대신 사람들의 움직임이 천지
를 뒤덮겠지. 이른 아침의 나만의 아늑한 공간이 오늘 내려
야 할 결정들과 처리해야만 하는 일들로 꽉 차게 되겠지. 이
제 열두 시간 동안은 낮의 요청에 따르게 될 것이다. 지금 선
택을 해야만 한다. 갈보리의 십자가 사건으로 인해 나는 자
유로이 선택할 수 있게 되었다.

그래서 나는 '사랑'을 선택한다. 어떠한 경우도 미움은
정당화 될 수 없고, 불의한 일을 당했다고 해서 꼭 적개심을
품어야 하는 것은 아니다.

나는 '기쁨'을 택한다. 하나님이 나의 모든 상황의 주인
이 되시도록 할 것이다.

나는 '평화'를 택한다. 나는 용서받으며 살 것이며 진정
한 삶을 위해서 남을 용서할 것이다.

사랑, 기쁨, 평화, 오래 참음, 친절, 양보, 충성, 온유함, 그
리고 절제. 이러한 미덕들에게 나의 하루를 맡기련다. 만일
성공하면 감사드릴 것이고, 실패하면 그의 은총을 구할 것
이다. 그리고 나서, 오늘 하루가 다하면, 머리를 베개에 뉘이
고 편히 쉴 것이다.

_ 맥쓰 루카도 「하나님께서 당신의 이름을 부르실 때」

Note 영역:
기도란 사람이 만들어낼
수 있는 가장 강력한 에
너지다

0120

언제나 나를 반기는 친구

"너희에게 아버지가 되고 너희는 내게 자녀가 되리라 전능하신 주의 말씀이니라"(고린도후서 6:18)

Note.

기도란 라듐과 같은 것이다. 반짝반짝 빛나면서 스스로 에너지를 만들어 낸다

보통 사람들에게 있어서 진리가 충만하고 완벽한 절대 정직의 표상이신 그리스도를 영접하는 사건은 참으로 놀라운 경험이다. 그것은 마치 불의가 팽배하여 소름끼치도록 황폐하고 광대한 사막 한가운데서 맑고 투명한 물줄기가 샘솟은 오아시스를 갑자기 발견하는 것과도 흡사한 일이다.

가련한 창녀들, 지친 어부들, 평범한 아이들, 교활한 세리들이 그리스도에게 사로잡혀 그분을 그들의 가장 가까운 친구로 여겼다는 사실이 놀랍지 않은가? 그러나 더욱 놀라운 일은 그들이 그리스도를 깊이 사랑하는 법을 배웠다는 사실이다.

그 때 일어났던 일이 지금도 일어날 수 있다. 누구든지 거짓이나 꾸밈이 없이 진정으로 열린 마음과 겸손한 자세로 그리스도께 나아가면 그분을 친구로 삼을 수 있다. 우리 내면 깊숙한 곳에 자리 잡은 영이 예수 그리스도 안에 내재한 진리의 영에 즉각적인 반응을 나타내는 것이다. 우리가 최대의 자신감과 신뢰를 내보일만한 상대를 발견할 때 비롯되는, 우리를 끌어당기는 힘이 그분께 있기 때문이다. 살아가는 동안 언제 어떤 상황에서나 우리가 믿고 가까이 다가갈 수 있는 친구가 있다는 것만큼 위안이 되고 든든한 것이 또 있을까.

_ W.필립 켈러 「긴장 완화시키기」

0121 시 42:1-11
인생의 승리자가 되라

사랑하는 성도 여러분!

쏜살같이 날아가는 이 세상에서 세월을 아끼며, 믿음에 굳게 서서 승리하며 살아가는 성도 여러분들이 되시기를 축원합니다.

우리가 살아가는 이 세상은 늘 고난과 슬픔이 떠나지 않습니다. 인생을 살면서 여러 가지 문제를 만나서 그때마다 낙심하고 실망할 때가 많습니다.

이런 세상에서 실의를 극복하고 당당하게 살 수 있는 방법은?

첫 번째, 우리는 자신을 바라보지 말고 전능하신 하나님을 바라봐야 합니다.

인생을 살고 신앙생활을 하는 데 있어서 우리가 실패하는 이유는 자꾸 낙심하고 자기중심적인 생활, 자신만을 의지하는 신앙생활을 하기 때문입니다. 하나님만 바라보고 의지해야 하는데 자꾸만 자신의 능력과 경험, 지혜를 의지하기 때문에 실패하는 것입니다.

두 번째, 과거를 보지 말고 미래를 바라봐야 합니다.

과거 내가 잘 살 때를 기억하고 낙심하면 안 됩니다. 이런 모습은 자신을 망칠 뿐 아니라 나와 관계있는 모든 사람들까지도 망치게 합니다. 그러므로 우리는 과거를 보지 말고 미래를 보고 나가야 합니다. 실패한 인생을 돌아보지 말고 미래를 바라보고 전진하는 인생 승리자들이 다 되시기를 주의 이름으로 축원합니다.

세 번째, 인생의 승리자는 하나님의 도우심을 바라봐야 합니다.
이제 시인은 도우시는 하나님을 만나고 힘을 얻었습니다. 그리고 그 하나님을 찬송합니다. 낙심하고 절망상태에 있었던 사람이 이제는 승리의 노래를 부릅니다. 누구를 도와주십니까? 하나님의 도우심을 간절히 기다리는 백성들을 도와주시는 것입니다.

사랑하는 성도 여러분, 무슨 일로 불안해 하십니까? 무슨 일로 낙심이 되십니까? 기도합시다. 하나님의 도우심을 구하십시오. 하나님께서 도와주시고, 우리의 앞길을 열어주실 것입니다. 그러므로 힘들고 어려울수록 하나님을 의지하고 바라봄으로 인생의 승리자들이 다 되시기를 주의 이름으로 축원합니다.

0122
주님의 비포장도로

"너는 마음을 다하여 여호와를 신뢰하고 네 명철을 의지하지
말라"(잠언 3:5)

Note.

기도란 인간의 영을 내뿜
고 하나님의 영을 들이키
는 것이다

메릴랜드의 우리 농장에 비가 내리면 고랑이 잘 파인 들
판에는 더할 나위 없이 좋지만, 고속도로에서 빠져 나와 농
장까지 이르는 비포장도로는 엉망진창이 되곤 한다. 우리가
탄 트럭은 자갈을 사방으로 튀기면서 젖은 땅에서 헛바퀴만
돌리기가 일쑤다. 이 길은 농장에서 고속도로까지 곧바로
뻗어 있어서 평상시에는 운전하기가 쉽다. 그러나 비만 오
면 길은 여전히 곧게 뻗어 있건만 운전하는 데 애를 먹는다.

우리의 인생여정도 이 시골길과 같다. 우리가 주님을 신
뢰하면 곧게 뻗은 길을 따라서 그분이 계획하신 목적지까지
곧장 갈 수 있다. 그가 우리의 길을 곧게 하실 것이며, 가장
적절한 시기에 그곳에 도착하게 할 것이기 때문이다. 그러
나 우리가 나아갈 길은 곧은 길이기는 하나 평탄하지만은
않을 것이며, 때로는 폭풍우도 수반하게 될 것이다.

출애굽 당시, 빈번히 하나님을 저버린 탓으로 40년 동안
광야를 헤맸던 이스라엘 사람들처럼 되어선 안 된다. 하나
님의 약속의 땅으로 가는 그들의 길은 결코 순탄한 길이 아
니었다. 하나님을 신뢰하라. 그러면 그분이 원하시는 올바
른 길은 우리를 곧장 인도하실 것이다. 도중에 삐죽이 튀어
나온 돌출부분이나 깊이 패인 곳, 험난한 곳을 만난다고 해
도 그 길은 따라갈 가치가 넘쳐나는 길이기 때문이다.

_ 죠니 이렉슨 타다 「흙속의 다이아몬드」

0123
선택받은 우리

"내가 그들에게 영생을 주노니 영원히 멸망하지 아니할 것이요 또 그들을 내 손에서 빼앗을 자가 없느니라"(요한복음 10:28)

Note.

기도란 밀려오는 하나님의 조수에 생애의 갯벌이 해변에 모두 노출되는 것이다

각기 다른 두 식물의 접붙이기는 기적에 가까운 일이라고 할 수 있다. 한 포도나무에서 가지 하나를 잘라내 다른 포도나무에 접붙이고 고정시켜 준다. '상처'가 아물면 접붙여진 새 가지가 나무의 뿌리로부터 수액을 빨아들이게 되면서 두 포도나무는 하나가 된다.

예수께서는 일찍이 제자들에게 "너희가 나를 택한 것이 아니라 내가 너희를 택하였다"고 말씀하셨다. 선택을 받는다는 것. 이 말은 우리를 겸허하게 만듦과 동시에 위로가 되는 말이다. 운동경기를 위한 팀을 선발하는 자리에서 조마조마하게 마음을 졸이다가, 제일 마지막 선수로 선발되어 본 적이 있는 사람이라면 아무도 자기를 원하지 않을 때의 굴욕감이 얼마나 끔찍한 것 인지를 너무나 잘 알 수 있을 것이다. 우리가 그리스도께 접목되면, 그와 같은 굴욕감을 다시는 맛보지 않아도 된다. 예수님께서 우리를 그에게 접붙이기 위해서 선택하셨다는 사실을 아는 것보다 더 확신을 가져다주는 일은 이 세상에 없다. 그분은 어느 한 사람도 배제하지 않고 우리 모두를 택하셨다. 이 포도나무는 세상사람 모두를 접붙이고도 남을 만큼 거대하기 때문이다.

지난날 우리가 얼마나 사랑 받지 못했다고 느꼈든지, 죄 때문에 얼마나 철저히 버림 받았다고 느꼈든지, 전혀 문제가 되지 않는다. 우리를 택하셨을 때 하나님은 이 모든 것을 다 알고 계셨기 때문이다. 그럼에도 불구하고 그는 우리를 원하시는 것이다.

_ 웨인 제이 콥슨 「내 아버지의 포도원에서」

51

0124
여러분에게 달렸다

"우리가 하나님을 의지하고 용감하게 행하리니 그는 우리의
대적을 밟으실 이심이로다"(시편 60:12)

여러분은 강의 상류지역에 살았던 세 여인에 관한 이야기
를 들어본 적이 있는가? 언제나 생각이 부정적이었던 그들
은 매일 불평만 늘어놓곤 했다. "우리는 이런 외딴 곳에서
살기 때문에 잘살 수가 없어요. 여기에선 아무런 기회를 잡
을 수가 없단 말입니다. 다른 사람들은 무제한의 기회가 주
어지는 도시에 살고 있는데 여기 사는 우리들은 할 일이 아
무것도 없다고요." 이렇게 매일 불평과 불만 속에 살아가던
그들에게 하루는 한 긍정적인 여인이 나타났다. 그들의 이
야기를 다 듣고 나서 여인은 다음과 같이 말했다. 기회요?
기회를 원하신다고요? 기회가 있고말고요. 여러분은 지금
상류에 살고 계시죠. 이 개울을 따라가면 강이 나오고, 강은
만으로 이어지고, 만은 대양을 향해 열려 있지 않습니까. 당
신들은 지금 계신 곳으로부터 어디든지 가실 수 있습니다!"

여러분은 힘들고 어려운 시대에 살고 있다. 그러나 어려
움을 헤쳐 나갈 의지만 있다면 그 성패는 여러분에게 달렸
다.

자, 준비되었는가?

여러분의 꿈을 실현시킬 준비 말이다!

_로버트 슐러 「힘든 시기에는 끝이 있다」

Note.

기도란 갓 태어난 영혼의
숨결 같으며 그것 없이
그리스도인의 생애는 존
재할 수 없다

0125
영원히 고갈되지 않는 하나님의 능력

"세상에서는 너희가 환난을 당하나 담대하라 내가 세상을 이기었노라"(요한복음 16:33)

때때로 우리는 아무 구속도 방해도 받지 않고 환경을 초월하여 높이 날아올라 독수리의 비상을 능가하기도 한다. 우리가 하늘 높이 솟아올라 하나님의 관점으로 사물을 보게 되는 때가 있다는 말이다. 그렇지만, 제자리 하나 지키기 위해서 혼신의 힘을 기울여야 할 때도 있다. 내 어머니께서 언제나 책상머리에 걸어두곤 하셨던 나무 액자에는 이런 구절이 적혀 있었다. '서두르면 서두를수록 더 늦어진다.' 힘든 시기가 닥쳐오면 우리는 영원히 고갈되지 않는 하나님의 능력에 의지하며 침착하게 평정을 잃지 말고 인내해야 한다.

또 다른 한편으로는 일상의 나날이 있다. 책상에는 재미없는 일들이 산더미처럼 쌓이고, 개수대는 치워야 할 접시들로 가득 차서 지루하고 따분한 기계적인 날도 있다. 룻 벨 그레이엄 여사의 표현대로 '허무의식, 무기력, 바람 한 점 없는 잿빛하늘만 무겁게 짓누를 뿐 태양도, 비도, 고통의 통렬한 아픔도, 가슴을 쥐어뜯게 만드는 회한도, 미래에 대한 희망도, 눈물도, 웃음도, 캄캄한 절망도, 축복도 없는' 날들이 있다는 말이다.

하나님은 이런 날에도 우리를 인도하신다. 신선함이 다 사라지고, 영광이 다 퇴색하고, 용솟음치는 젊음의 힘이 다 사라진 후에도 우리는 걸을 수 있다. 이것이 하나님의 능력이다.

_ 데이비드 로우퍼 「시편 23편」

0126
보통사람들을 택하여 쓰시는 하나님

"하나님께서 세상의 미련한 것들을 택하사 지혜 있는 자들을 부끄럽게 하려 하시고"(고린도전서 1:27)

성경에는 보잘 것 없고, 약하고, 평범한 한 사람이 세상에 엄청난 영향을 끼친 예가 수없이 많다. 성서는 하나님께서 인류역사 한 가운데 그분의 원대한 목적을 성취하기 위해 선택하신 사람들의 기록이다. 하나님께서는 소수의 사람들을 통하여 세상 사람들에게 감동을 주는 방법을 즐겨 사용하시는 것 같다.

아이를 갖기 위하여 성전을 떠나지 않고 밤낮으로 너무나 열심히 기도한 나머지 급기야 술에 취한 사람으로 오인 받기에 이르렀던 한나의 비통한 처지를 생각해 보라. 또한 그렇게도 눈물겹게 기도해서 얻게 된 독자를 성전에 바치고 그 아이의 양육을 늙고 힘없는 제사장의 손에 맡기기로 결심했을 때의 그녀의 고통을 생각해 보라. 자신의 아이와 떨어져 살아야만 하는 어머니로서의 그녀의 아픔을 말이다. 그 당시 한나는 하나님께서 장차 자녀를 다섯이나 더 주실 것이라든가, 자신이 '포기한' 아들이 이스라엘 역사상 가장 신령하고도 영향력 있는 판관이 될 것이라는 사실을 도저히 알 수 없었을 것이다. 한 사람의 삶이 얼마나 놀라운 힘을 발휘할 수 있는 것인가!

하나님께서는 어리석은 자, 약한 자, 신분이 천한 자, 그리고 멸시받는 자들을 택하시어 그의 위업을 완성하신다. (고린도전서 1:26-29). 하나님께서는 무능력한 사람들을 택하시어 능력 있는 신의 종으로 바꾸시는 일에 있어서는 전문가이시다.

_ 스테이시 & 폴라 라인하트「영원한 빛 속에 사는 삶?」

Note.

기도는 영혼의 방패요, 하나님께 드리는 제물이며, 사탄을 향한 채찍이다

0127
등불은 어디에?

"너희 빛이 사람 앞에 비취게 하여 그들로 너희 착한 행실을 보고 하늘에 계신 너희 아버지께 영광을 돌리게 하라"(마태복음 5:16)

(전해지는 바에 의하면) 수세기 전 유럽의 어느 산촌에 살았던 한 신사가 그 마을 주민에게 어떤 유산을 남길까 고심하던 중 마침내 교회를 하나 지어주기로 했다고 한다.

그런데 그 교회가 다 지어지기까지 아무도 그의 깊은 뜻을 알 수가 없었다. 마침내 교회가 완공되었을 때 교회로 모여든 사람들은 아름다운 건축물에 대하여 저마다 감탄했으나 단 한 사람만이 거기에 무엇인가가 빠져있음을 알아차렸다. "등은 어디에 있습니까? 이 교회는 어떻게 불을 밝히지요?"라고 그가 물었다.

그러자 그 신사는 미소를 지었다. 그러고 나서 마을 주민들에게 한 가족 당 램프를 한 개씩 주면서 말했다. "여러분이 이곳에 오실 때마다 앉으신 곳이 환하게 밝아질 것입니다. 하지만 못 오시는 날은 하나님의 집의 한구석이 어둡겠지요."

오늘날 우리는 소위 전문적인 해결사들도 문제들을 다 해결하지 못하는 어두운 세상에 살고 있다. '사회적 양심'을 수없이 강조함에도 불구하고 우리주변은 무지와 문맹과 어두운 상상으로 가득하다.

세상은 너무 크다. 그리고 우리의 등불은 너무 작다. 정말 그렇다. 하지만 우리는 이 작은 등불로 어두운 세상을 매일 조금씩 밝혀나갈 수 있다.

_ 쥼 매스터스 배쳐「평온한 마음」

0128 욥 22:21-30

하나님과 화목하라

할렐루야

사랑하는 성도 여러분

오늘도 하나님의 은혜가 사랑하는 성도 여러분에게 충만하기를
축원합니다.

오늘 본문에 보면 욥은 아브라함과 같은 시대의 사람으로 하나님
을 경외하여 악에서 떠난 의인이었고, 하나님의 축복을 받아 많은
재물과 재산을 소유하고 10명의 자녀를 둔 그 지역에서 가장 큰 복
을 받은 행복한 사람이었습니다. 그러나 어느날 사단으로부터 공격
을 받아 가족과 재산은 물론 자신의 몸까지 재앙을 받는 비참한 처
지에 이르게 됩니다. 이런 상황속에서 욥의 친구 엘리바스는 욥에게
"욥 당신의 죄악 때문에 이 고통이 임했으니 속히 회개하고 돌아와
하나님과 화목하라"고 말합니다.

사실 욥이 하나님께 죄를 지은 것은 아니지만 엘리바스의 이 말은
우리들에게 큰 교훈을 줍니다. 우리가 범죄했을 때, 철저히 회개하
고 하나님과 화목할 때, 하나님께서 다시 은혜와 축복을 베풀어 주
신다는 사실을 믿으시기 바랍니다.

첫째, 그러면 어떻게 하나님과 화목할 수 있겠습니까?

하나님 말씀에 순종해야 합니다. 회개하고 하나님께 돌아와야 합니다. 재물에 대한 욕심을 버려야 합니다.

그렇습니다. 우리는 우리가 가진 모든 재산, 재능, 축복에 대해 감사할 줄 알고, 보답할 줄 아는 사람이 되어야 합니다. 하나님께서는 가진 재물을 선한 일에 함께 나누는 사람을 기뻐하시고, 더 크게 채워 주신다는 사실을 믿으시기를 축원합니다.

둘째, 하나님과 화목하는 사람이 받는 복이 무엇입니까?

기도하면 응답을 주십니다. 하나님과 화목한 사람은 계획을 이루고 성공하게 됩니다. 하나님과 화목한 사람은 하나님께서 높여주십니다. 하나님과 화목한 사람은 구원을 받습니다.

비록 우리가 죄를 지었다 할 지라도 하나님께 돌아오면 하나님은 우리를 건지시고 구원해 주십니다. 불의와 죄악을 버리고, 회개하는 마음으로 하나님과 화목하시기 바랍니다. 그러면 반드시 하나님께서 응답하시고 은혜와 축복을 풍성하게 베풀어 주실 것입니다. 하나님과 화목하고 하나님을 가까이 하므로 만사형통하는 복된 성도들이 다 되시기를 주의 이름으로 축원합니다.

0129
마음의 정원

"주의 법을 사랑하는 자에게는 큰 평안이 있으니 그들에게 장애물이 없으리이다"(시편 119:165)

Note.

기도를 게을리 한 자는
결코 승자가 될 수 없다

나는 대단히 결과지향적인 사람이었다. 나는 매사를 잘 통제하고 또한 무슨 일이든지 신속히 이루는 것을 좋아했다. 처음에 허브 정원을 시작했을 때 허브의 성장을 매일 점검했다. 신속한 성장과 그에 따른 신속한 결과를 바랬기 때문이다. 하지만 나의 만족을 바라면 바랄수록 식물은 더욱더 더디게 자라는 것처럼 여겨질 수밖에 없었다. 하루에 두 번씩 매 포기마다 면밀히 살펴보면서 지나치게 결과에 집착하는 동안 진정한 성장을 볼 수가 없었던 것이다!

허브 정원은 내게 인내심을 가지고 식물의 성장을 지켜보아야 하는 긴 안목을 가르쳐 주었다. 오랜 시간동안 천천히 그리고 꾸준히 이루어지는 생명의 성장을 보여 주었다. 집착하는 것과 충실히 이행하는 것 사이에는 커다란 차이가 있다. 정원에 충실하다는 것은 그 일을 사랑하는 것이다.

바울처럼 다만 심고 물을 줄 뿐, 식물의 성장 자체에 관한 한 내가 할 수 있는 것은 아무 것도 없다. 오직 하나님만이 생명체를 성장시키는 것이다.

마음의 정원도 이와 마찬가지라는 것을 알게 되었다. 나는 기도와 성경공부와 예배로써 영적 성장에 필요한 조건들을 제공하면서 하나님께 충실하기만 하면 된다. 오직 하나님만이 깊고도 꾸준한 영적 성장을 가능하게 하기 때문이다. 그리고 그것을 위해서는 오랜 기간, 종종 평생이라는 긴 기간이 필요하다.

_ 해리엇 크로스비 「잘 가꿔진 정원」

0130
하나님의 위대한 선물

"나의 구원과 영광이 하나님께 있음이여 내 힘의 반석과 피난처도 하나님께 있도다"(시편 62:7)

Note.

기도는 습득하는 것이 아니라 생성되는 것이다

밝고 따스한 햇빛을 열렬히 기쁘게 반기지 않는 사람이 있을까. 지루하고 건조하고 추운 겨울날들이 지나고, 봄이 다가와 우리의 가슴 속 깊이 파고들어 온통 휘젓는 햇빛.

어디 이뿐이랴. 동물과 식물들, 나무와 새들도 햇빛의 접촉을 느끼고 생명을 주는 그 빛을 향한다. 찬란한 햇빛이 온 누리를 비춰면 세상은 한층 밝아지고 더 살기 좋은 곳으로 여겨진다. 이것이야말로 하나님께서 이 땅에 태어난 모든 피조물들에게 주신 많은 선물들 가운데 하나이다. 햇빛이 없으면 지구상의 모든 생명체는 즉시 종말을 맞이할 것이다. 수백 마일에 달하는 영하의 우주공간을 뚫고 나와서 지상에 광합성작용을 가능하게 해 주는 이 황금빛의 에너지. 이것이 모든 생명체의 기초인 것이다.

우리는 이 같은 현상을 당연시하고 살아가지만 사실상 이 과정은 너무도 복잡하여 가장 우수한 과학자들조차 충분히 납득하지 못하고 있다. 하나님의 자녀인 우리들은 다만 위를 쳐다보고 가슴을 활짝 펴고 그와 같이 위대한 선물을 주신 하나님께 감사드릴 따름이다. 이것은 하나님 아버지께서 그의 자녀인 우리를 돌보시고 우리에게 필요한 것들을 공급하는 분이심을 보여주는 또 다른 증거일 뿐이다.

_ W. 필립 켈러 「선하신 목자와 그의 양」

0131
우리의 스승인 성령

"내가 그들 가운데 거하며 두루 행하여 나는 그들의 하나님이 되고 그들은 나의 백성이 되리라"(고린도후서 6:16)

초등학교 저학년 시절, 나는 산수를 잘하지 못했다. 학교에서도 열심히 노력하고, 매일 집에서는 모르는 문제를 아빠에게 배워가며 숙제도 부지런히 했지만 산수는 너무도 어려워서 낙제할까봐 겁이 나서 밤마다 울곤 했었다. 그러던 어느 날 선생님께서 "잘 모르는 문제가 있으면 나한테 물어보렴. 그걸 위해서 선생님이 있잖아, 그렇지?"라고 말씀하셨다.

기도는 생명의 맥박이다

그 한마디로 인해서 내가 얼마나큰 위로와 해방감을 맛보았던가. 아마 나는 그 때의 감격을 평생 잊지 못할 것이다. 선생님의 그 말씀을 듣기 전까지 나는 그 생각을 미처 못 하고 있었던 것이다. 선생님 입장에서는 모르는 학생이 질문하는 일은 당연한 것이니까 그 때까지도 그 말씀을 하시지 않았던 것이리라. 어쨌든 그 한마디는 나를 감동시키기에 충분했다. 그렇다. 그것 때문에 선생님이 계셨던 것이다. 그렇지 않으면 선생님을 왜 "교사"라고 부르겠는가? 선생님께서는 나를 가르치기 위해서 계셨던 것이다.

하나님은 우리에게 교사를 주셨다. 성령이 우리와 함께 계시는 이유가 바로 그것이다.

"진리의 성령이 오시면 그가 너희를 모든 진리 가운데로 인도하시나라" (요한복음 16:13) "너희 중에 누구든지 지혜가 부족하거든 모든 사람에게 후히 주시고 꾸짖지 아니하시는 하나님께 구하라" (야고보서 1:5)

_ 엘리자베쓰 엘리엇 「우리를 인도하시는 하나님」

0201
기도하는 생활

"내가 그들로 나 여호와를 의지하여 견고하게 하리니 그들이 내 이름으로 행하리라"(스가랴 10:12)

Note.

기도의 사람이 아니면 아무도 하나님을 위해 위대한 일을 할수 없다

주 예수님, 마구간에서 태어나 구유에 누우셨고, 흙먼지 가득한 길을 걸어 다니며 갈증에 시달리셨기에 목 줄기를 타고 흐르는 시원한 냉수의 맛을 누구보다 잘 아셨으며, 사람들과 더불어 웃으시고 울기도 하셨던 예수님, 주님께서 저를 이 세상으로 다시 부르셨습니다. 제가 고귀한 영성인 양 간주했던 모든 것들이 당신의 눈에는 거짓이고 엉터리였음을 이제야 깨닫게 되었습니다. 때로는 그것들이 제 기도가 응답을 받지 못할지도 모른다는 두려움을 감추기 위한 허울이기도 했음을 이제야 알았습니다.

제 자신보다 더 생생하게 살아 계시는 주님, 주님께서는 지금 저와 함께 거리로 나가시고, 주차장을 찾는 저를 도와주시며, 전화번호를 적은 쪽지를 어디에 두었는지 기억나게 하십니다. 또한 제 아내가 단잠을 자고, 제 이웃의 관절염이 치유되고, 존이 곧 직장을 얻기를 원하십니다. 주님이 하나님인 동시에 사람 되심을 생각할 때, 제 마음은 기쁨으로 넘칩니다. 제가 이 세상에서 겪는 어떠한 어려움보다도 더 큰 고통의 진수를 주님은 저보다 먼저 체험하셨습니다.

그러므로 주님께서는 제가 필요로 하는 모든 것들을 기도로써 구하라고 명령하십니다. 그리고 아름다운 선물들과 기쁨이 저를 기다리고 있음을 일깨워 주십니다.

_ 캐더린 마샬 「기도라는 모험」

61

0202
영광의 면류관

"주의 눈은 의인을 향하시고 그의 귀는 의인의 간구에 기울이
시되…" (베드로전서 3:12)

Note.

기도하는 사람은 하나님
의 은혜를 담을 수 있을
만큼 마음이 넓어진다

켄과 내가 러시아에 있을 때 우리가 묵고 있던 호텔 현관
바닥을 매일 청소하던 할머니 한 분을 알게 되었다. 하루는
통역을 통해서 그녀의 노고에 감사의 뜻을 전하게 되었다.
청소부 할머니는 둥글고 불그스레한 뺨을 알록달록한 스카
프로 꼭 싸매고 있었다. 그녀의 늙고 주름진 얼굴은 우리
를 바라보는 순간 푸른 눈과 환한 미소로 밝게 빛났다. 층층
이 주름 잡힌 스커트를 입고, 각반을 하고, 부츠를 신고, 손
에는 빗자루를 들고 서 있는 노인은 호텔 로비에 전혀 어울
리지 않는 차림새를 하고 있었다. 어쩌면 바로 이점 때문에
우리의 시선이 그녀에게 끌렸는지도 모른다.

그녀 외에도 우리는 러시아인 '바브슈카'들을 많이 만났
었다. '기도하는 할머니'라고 불리우는 그들. 그들이 바로
스탈린이 "이 늙은 할머니들만 제거할 수 있다면, 젊은이들
을 쉽사리 손아귀에 넣을 수 있을 텐데."라고 잔인하게 언급
했던, 타협할 줄 모르는 성자들이었던 것이다.

스탈린은 패했다. 무신론에 빠져서 헤매던 한 세대의 공
백을 메워주고, 예수님에 관해 열린 마음으로 정직하게 묻
고 있는 새로운 젊은 세대들에게 신앙의 전통을 이어주는
교량 역할을 담당해 온 '기도하는 할머니'들을 허락하신 하
나님께 감사드릴 일이다.

기도를 필생의 소명으로 여기며 살아온 지혜로운 성자들
에게 어떻게 감사드릴 수 있을까.

_ 죠니 이렉슨 타다 「흙 속의 다이아몬드」

0203
영원한 삶

"믿음은 들음에서 나며 들음은 그리스도의 말씀으로 말미암 았느니라"(로마서 10:17)

이반 투르게네프는 명저 『아버지와 아들』의 말미에서 러시아의 한 벽촌에 있는 마름 공동지를 묘사하였다.

많은 방치된 무덤들 가운데 사람은커녕 짐승의 자취조차 찾아 볼 수 없는 외로운 무덤이 하나 있었다. 먼동이 틀 무렵, 새들만이 그곳에 와서 지저귈 뿐이었다. 그런데 인근 마을에 사는 지치고 쇠약해진 노부부가 서로를 부축하고 무거운 발걸음을 옮기며 이따금 이 무덤을 찾아오는 것이었다. 바로 아들의 무덤이었다. 노부부는 난간에 의지하여 무릎을 꿇었다. 아들이 잠들어 누운 땅에 세워진 비석을 뚫어져라 응시하면서 아들을 추모하며 울었다. 그들은 비석의 먼지를 닦아내고는 전나무 가지를 하나 곧게 세우고 나서 기도하기 시작했다. 이곳에서 그들은 아들과 또 그 아들에 얽힌 추억들과 더 가까이 있는 듯 여겨졌다. 여기서 작가는 우리에게 말한다.

"오늘의 기도와 눈물이 아무런 소용이 없는 것일까? 신성하고도 헌신적인 사랑이 정말 아무 힘도 없는 것일까? 결단코 그럴 수는 없다. 아무리 격정적이고, 죄악에 물들고, 반항적인 젊은 심장이 무덤 속에 잠들어 있다 해도, 그 위에 피어난 꽃들은 고개를 내밀고 청순한 눈으로 평온하게 우리를 쳐다본다. 그 꽃들은 영원한 화해, 그리고 영원히 지속되는 삶 또한 이야기해 주는 것이다."

_ 빌리 그레이엄 「동산에 이르기까지」

0204 잠 14:4
소 같은 성도가 됩시다

할렐루야

사랑하는 성도 여러분, 소에 대해 한 번 생각해 봤습니다. 들판에서 일하는 소나, 묵묵히 짐을 나르는 소를 볼 때마다 우리는 부끄러움을 느낄 때가 많습니다. 사람으로 태어나서 자신이 어디에서 와서 어디로 가는지, 무엇 때문에 사는지 알지 못한다면 그 사람은 멸망하는 짐승과 다를 바가 없습니다. 우리는 오늘 소에게서 많은 것을 배웁니다. 저는 교회에서 가장 이상적인 교인상을 소에게서 발견합니다.

첫째, 소는 그 주인을 압니다.

소는 임자를 아는데 어째서 인간은 주인 되신 하나님을 몰라보는 건지 모르겠습니다. 나귀는 주인이 만들어준 구유를 알고, 제 구유를 찾아 먹습니다. 진실한 성도는 주님의 구유를 알고 구유에 담긴 양식을 먹어야 합니다.

둘째, 소는 주인을 위해서 모든 것을 주는 유익한 동물입니다.

소는 아무거나 잘 먹고, 아무데서나 잘 잡니다. 그러면서도 가장 큰 재산이 됩니다. 소는 모든 것을 오직 주인을 위해 살고 죽습니다.

소 같이 주인을 위해 헌신하는 큰 일꾼들이 다 되시기를 축원합니다.

셋째, 소는 충성스런 동물입니다.

소는 충성의 상징적인 존재입니다. 충성하되 죽을 때까지 충성합니다. 우리 성도는 어떠한 일이 있어도 믿음을 지키고, 살아도, 죽어도 주를 위해 충성합시다.

넷째, 소는 성별 된 동물입니다.

그럼 어떤 성도가 소처럼 강한 힘을 내고 크게 일할 수 있습니까?

소처럼 소화를 잘 시킬 줄 아는 성도입니다. 소가 밭을 갈고, 짐을 나르는 힘을 낼 수 있는 것은 굽이 있기 때문입니다.

마지막으로 소는 하나님 앞에 번제물로 바치는 제물로 쓰여 집니다. 소는 성도의 상징입니다. 소는 주인을 알아보고 열심히 일하다가 주인에게 유익을 주며, 죽어서까지 충성합니다. 성도는 이 땅에서 충성을 다하다가 하나님의 영광을 위해 죽는 것입니다. 소 같은 목사, 교역자, 장로, 안수집사, 권사, 집사, 권찰, 성도가 다 되시기를 주의 이름으로 축원합니다.

0205
고요한 찬미

"기다리는 자에게나 구하는 영혼들에게 여호와는 선하시도
다"(예레미야애가 3:25)

들판이나 야외에 나갈 때는 언제나 하나님 아버지의 오묘
한 솜씨가 빚은 걸작품들을 도처에서 만난다. 황홀한 느낌
은 어느 사이에 강렬하게 나를 사로잡는다. 마치 모든 나무,
바위, 강, 꽃, 산, 새, 그리고 심지어 풀잎 하나에 이르기까지
'하나님 제품'이라는 지울 수 없는 이름표가 붙어 있는 것
같다. 일찍이 생명이 있는 모든 것에 대하여 단순하지만 숭
고한 헌신과 존경과 경외심을 보였던 그리스도.

그 예수께서 하나님 아버지의 이름이 이 땅에서 거룩하게
여겨지기를 간절히 바라셨다는 것이 이상한 일일까. 결국
이 땅도 그분의 영역인 것을….

이 글을 쓰고 있는 지금, 브리티쉬 콜롬비아의 아름다운
호반은 반짝이는 햇빛으로 눈부시게 빛난다. 호수 저편의
높은 언덕들은 특유의 검푸른 그늘을 짙게 드리우고, 야생
기러기 떼가 날아가는 소리는 미풍에 실려와 호숫가 절벽
위에 머문다. 주위를 둘러보면 대지는 온통 4월의 햇빛으로
따뜻해진 토양을 뚫고 뾰족뾰족 고개를 내밀고 있는 연녹색
풀들로 뒤덮여 있다.

인간 자신, 인간이 만든 어떤 것도 대자연의 향연이 불러
일으키는 황홀한 느낌을 대신하지 못한다. 이 모두는 하늘
에 계신 창조주 우리 아버지의 위대한 손에 의해 직접 만들
어졌다. 나는 종종 "당신은 참으로 위대하십니다!"라고 속
삭이면서 가슴 속 깊은 곳으로부터 흘러나오는 고요한 찬양
과 감사를 그분께 드린다.

_ W. 필립 켈러 「선하신 목자와 그의 양」

0206

아름다움 것은 힘들다

"여호와께서 너를 실족하지 아니하게 하시며 너를 지키시는 이가 졸지 아니하시고 주무시지도 아니하시리로다" (시편 121:3)

Note.

나는 곤란한 일을 기도한 다. 고난 없이 성취되는 것은 없다

블록버스터 코메디 「그들만의 리그」에서 인기 있는 캐처이자 타자인 도티는 제2차 세계대전에 참전했던 남편이 귀향하자 팀을 떠나기로 결심한다. 그녀는 코치에게 "너무 힘들어서 더 이상 경기를 할 수 없다"고 탈퇴 의사를 말했다. 그러자 코치는, "물론 힘이 듭니다. 이 일은 원래 힘든 일입니다. 쉽다면 누구나 할 수 있겠지요. 힘들기 때문에 그만큼 더 보람있는 것이 아니겠습니까." 라고 대답한다.

여러분 자신의 영적, 직업적, 개인적 삶을 생각해 보라. 여러분의 삶에서 기억에 남는 때, 자신에게 성장과 발전을 가져왔던 때는 사실상 어려운 도전을 받아들이고 그것을 극복했던 때가 아니었던가. 심사숙고한 끝에 더 이상 전망이 없는 직장을 떠나서 더 의미 있는 일을 찾기 위해 여러 달, 아니 여러 해 동안 애쓰는 것. 반항적인 십대 자녀가 말썽을 피워도 끝까지 인내하면서 그 자녀가 정상적인 생활을 되찾을 때까지 기다려 주는 것.

이러한 모든 어려움, 스트레스, 투쟁, 고통들이 마침내 극복되는 순간들이야 말로 바로 영광스런 순간들이다. 그 때, 힘들게 얻은 것만이 진정 가치로운 것임을 깨닫게 된다.

_ 페넬로피 J. 스트로욱스 「믿음, 보이지 않는 것들의 실상」

0207
언제나 깨어 있는 하나님의 사랑

"아버지께서 나를 사랑하신 것 같이 나도 너희를 사랑하였으니 나의 사랑 안에 거하라"(요한복음 15:9)

지금 이 글을 쓰고 있는 동안 창문 밖에서는 아름다운 광경이 펼쳐지고 있다. 아기 토끼 한 마리가 덤불숲에서 쏜살같이 달려 나오자, 어미 토끼가 재빠르게 그 뒤를 쫓고 있다. 두 마리의 토끼가 잠시 원을 그리면서 달리는데, 너무 빨라서 누가 누구를 쫓고 있는지 모를 지경이다. 그러더니 갑자기 둘 다 덤불숲으로 사라져 버렸다. 잠시 후, 이번엔 어린 우드척(북미산 옹다람쥐과의 일종)이 어기적어기적 걸어 나와서 새까만 주둥이로 느릿느릿 풀밭을 청소하고는 다시 어기적거리며 돌아가는 것이다.

인간은 수많은 참새나 토끼, 우드척보다 훨씬 더 가치 있는 존재가 아닌가? 우리 모두의 삶과 죽음이 한 분의 손에 달려 있다. 우리는 항상 보이지 않는 존재들에 의해 둘러싸여 있는데 그 중에는 특별히 우리를 지켜주는 사명을 띤 천사들도 있다. 우리를 돌보시는 자는 졸지도 주무시지도 않는다. 그의 사랑은 언제나 깨어 있고, 우리를 인식하며, 둘러싸고, 지탱하며, 보호한다. 누군가의 창이나 총알이 그의 종들 중 하나를 겨냥한다면, 그것은 우리를 돌보시는 이가 부주의하기 때문이 아니다. 그것은 그의 사랑 때문이다.

_ 엘리자베쓰 엘리엇 「외로운 길」

기도는 무력함이 전능함에 기대는 것이다

0208

추억의 화랑

"주는 나의 하나님이시니 나를 가르쳐 주의 뜻을 행하게 하소서 주의 영은 선하시니"(시편 143:10)

Note.

기도란 심령의 가장 큰 에너지다

우리의 지나간 시절은 화랑과 같다. 추억의 복도를 따라 걸어가는 것은 화랑을 천천히 돌며 예술품들을 감상하는 것과도 흡사하다. 벽에는 어제의 모든 그림들, 즉 우리가 철없이 방탕하게 살아온 순간들 뿐 아니라 우리 집, 자녀, 부모, 우리가 기르던 동물, 두통거리들, 어려운 문제들, 기쁨과 성공의 순간들이 차례로 전시되어 있다.

우리 주 예수 그리스도는 어제나 오늘이나 영원히 변함없으시기에 오늘의 그리스도를 모시고 어제로 되돌아가서 나쁘거나 가슴 아픈 추억을 불러일으키는 그림들을 제거해 달라고 요청할 수도 있는 것이다.

다시 말해서 크리스천들은 예수님께 우리의 어제로 들어가서 '메뚜기들이 먹어치운'(요엘 2:25-26) 사건과 같은 고통의 시간들을 정리하고, 그 순간들을 우리 인생의 화랑으로부터 제거해 주시도록 요청할 수 있는 것이다.

우리 모두 그와 같은 장면들을 갖고 있다. 우리는 그리스도로 하여금 기쁨과 승리를 가져다주는 벽화들은 그대로 두고, 절망과 패배를 가져오는 것들은 벽에서 떼어놓아 주시도록 요청할 필요가 있는 것이다.

_ 찰스 스윈돌 「열정과 숙명의 사람, 다윗」

0209
드러난 상처들과 닫혀버린 마음들

"하나님은 우리의 피난처시오 힘이시니 환난 중에 만날 큰 도움이시라"(시편 46:1)

기도는 인간의 호소가 하나님께로 올라가는 사다리다

캔사스 공항에서 집으로 가는 비행기를 기다리던 날의 일이다. 내 옆에는 한 가족이 앉아 있었는데 어린 소년과 소녀, 어머니, 할아버지, 할머니 이렇게 모두 5명이었다. 아이들이 아버지와 함께 여름을 나기 위해서 아버지 집에 가는 길이라고 내게 말했다. 이 아이들은 보호 관리계약에 따라서 엄마와 아버지 사이를 오가며 살고 있었던 것이다.

아이들의 어머니는 내내 그들의 스웨터며 가방 매무새를 고쳐 주는가 싶더니 등을 돌려 눈물을 훔치고 있었다. 남루한 차림의 할아버지는 고된 노동을 한 듯 못이 박인 거친 손을 이따금씩 들어 올려 턱을 쓰다듬고 계셨고….

드러난 상처들. 그러나 닫혀버린 마음의 문들. 갈라진 가족사랑. 이 상황에서 그들 모두가 깊이 상처받고 있음은 너무도 당연하다. 도저히 수습할 수 없는 최악의 상태에서도 여전히 해야 할 일이 우리 앞에 남아 있다거나, 때로는 아무런 예고조차 없이 길이 갑자기 끝나버리는 상황들. 예수님은 우리 앞에 이러한 일들이 일어날 수도 있다는 것을 잘 알고 계셨다. 인생살이에서 슬픔의 잔으로부터 건강을 지켜주는 쓴 약을 한 모금씩 마셔야 할 때가 종종 오리라는 것을 그는 아셨던 것이다.

예수께서 '간고를 많이 겪었으며 질고를 아는 자'(이사야 53:3)였음이 우리에게 얼마나 다행한 일인가. 이별이 얼마나 고통스러운 것인지 그분께서 친히 아신다는 것은 우리에게 큰 위안이 되는 것이다.

_ 쟈넷 파스칼 「선한 길」

0210
우리를 감찰하시는 하나님

"하갈이 자기에게 이르신 여호와의 이름을 나를 살피시는 하나님을 뵈었는고 함이라"(창세기 16:13)

Note.

기도해보지 않은 사람은
기도의 맛을 모른다

사라의 하녀인 하갈은 임신한 몸으로 광야로 도망갔다. 그녀는 정말 죽고 싶었다. 그러나 하나님께서는 천사를 보내어 그녀가 집으로 돌아가도록 권유했다. 그 집이 하갈에게는 가장 힘든 장소였는데도 말이다. 하나님의 사자는 하갈의 아이가 거칠고 사나운 남자로 성장하여 누구와도 잘 지내지 못할 것이라는 예언을 했다.

여러분의 생각은 어떤지 모르겠으나, 내가 만약 하갈의 입장이라면 아마 그런 예언을 절대로 듣고 싶지 않았을 것이다. 그러나 하갈은 이제까지 아무도 사용하지 않은, 즉 '감찰하시는 하나님'이라는 이름으로 하나님을 불렀고, 그의 말씀을 받아들였다.

그렇다. 하나님께서는 상처와 비밀과 힘을 감찰하시는 전지전능한 분이다. 그는 우리의 상처와 부끄러움을 친히 담당하시며 고통의 한계도 아신다. 우리는 삶의 감추어진 의미를 잘 모르지만, 분명한 것은 하나님께서 우리를 너무도 잘 아신다는 사실이며, 우리가 이 사실을 인정할 때 삶의 의미가 달라진다는 것이다. 역사의 흐름에는 방향이 있으며, 우리 각자의 삶은 보다 큰 그림의 일부라는 것을 알게 된다. 그분께서 우리를 감찰하신다는 사실이 황야와 같은 인생에서 삶을 지속해 나갈 수 있는 근거를 제공하는 것이다. 이제 우리는 더 이상 이름 없는, 외로운, 길 잃은 존재가 아니다.

_ 바비라 존슨 「터져 나오는 기쁨」

0211 딛 3:14
좋은 축복을 받는 사람

할렐루야

사랑하는 성도 여러분, 오늘 여러분에게 좋은 일들이 일어나는 축복 받는 성도들이 다 되시기를 축원합니다. 식물이나 동물, 사람, 모두가 다 동일한 원칙 아래 자신과 닮은꼴을 생산하고 번식한다는 것은 진리입니다. 하나님의 자녀 역시 하나님의 형상을 닮게 마련입니다. 그러므로 하나님은 좋으신 분이시므로 자녀인 우리도 좋은 사람이 되어야 좋은 축복을 받는 다는 것을 믿으시기 바랍니다. 그러면 좋은 축복 받는 사람이 되려면 어떻게 해야 합니까?

첫째, 주님처럼 좋은 생각을 해야 합니다.

가난했던 과거, 병들고 실패했던 과거, 나약하고 무능했던 지난 과거의 생각이랑 송두리째, 뽑아버리고 씻어버려야 합니다. 왜냐하면 성공은 환경에 있는 것이 아니요 자기 생각에서 비롯되기 때문입니다. 언제나 감사할 것을 생각하는 사람은 성공하고 행복해 집니다. 그러므로 주님처럼 좋은 생각을 가지고 살기를 축원합니다.

둘째, 주님처럼 좋은 말을 해야 합니다.

하나님은 천하 만물을 창조하실 때, 맨 처음 좋은 말만 골라서 하셨습니다. <빛이 있으라> <좋았더라> 등의 좋은 말씀만 골라서 하셨습니다. 또, 주님께서 가는 곳마다 <네 소원대로 될 찌어다>라고 말씀하셨습니다. 우리가 인생을 승리하고 성공하려면 주님처럼 좋은 말만 하시기를 축원합니다.

셋째, 주님처럼 좋은 일을 해야 합니다.
주님께서는 태어날 때부터 가난한 부모를 도와 일하셨고, 교회에서는 성경공부를 하셨고, 가는 곳마다 굶주린 백성들에게 먹을 것을 주셨고, 병든 사람을 치료해 주시는 등 좋은 일만 하셨습니다. 그럼 어떤 일이 좋은 일일까요?
1) 주를 믿는 일이 하나님의 일이며, 좋은 일입니다.
2) 좋은 소식을 전하는 것이 하나님의 일이며, 좋은 일입니다.
3) 나눠주기를 좋아하는 것이 하나님의 일이며, 좋은 일입니다.
4) 주님께 순종하는 것이 하나님의 일이며, 좋은 일입니다.
그러므로 주님처럼 좋은 생각을 품고, 좋은 말만 하며, 주님처럼 좋은 일을 많이 하므로 좋은 축복을 많이 받아 누리시는 복된 성도들이 다 되시기를 축원합니다.

0212
순결을 상징하는 백합꽃

"진실로 진실로 너희에게 이르노니 믿는 자는 영생을 가졌나니…" (요한복음 6:47)

Note.

기도는 하나님을 변화시키지 않고, 기도하는 사람을 변화시킨다

　'은방울꽃'은 봄의 전령사다. 크로커스처럼 은방울꽃도 딱딱한 대지를 뚫고 나와 얼어붙은 땅을 부드럽게 녹이며 눈 속에서 향기로운 머리를 뾰족이 내밀고는 속삭인다. "겨울은 가고 봄이 왔다"고! 우유 빛 하얀 꽃송이들은 순결함을 전해 주고, 빛나는 녹색 잎사귀들은 생명을 상징한다.

　나리꽃과에서 가장 잘 알려진 종류인 흰나리는 약 3,000년 전부터 존속해 왔다. 일찍이 고대 이집트의 미이라가 안치된 석관들에서 흰 나리의 둥근 뿌리들이 발견되었다. 오늘날 우리가 결혼식이나 장례식에서 사용하는 백합은 예수의 어머니, 마리아를 상징하는 꽃으로서 잘 알려져 있다. 백합은 마리아와 예수 그리스도를 기리는 꽃으로서 기독교 미술에 등장하기 시작했던 것이고, 또한 이로써 그 연관성이 점차 깊어지게 되었다.

　예수님께서 친히 아름다운 백합이 가득 핀 벌판을 바라보며 "솔로몬의 모든 영광으로도 입은 것이 이 꽃 하나만 같지 못하였느니라"(마 6:29)고 말씀하시지 않았던가.

　은방울꽃의 작은 꽃망울 하나 마저 구세주를 상기시켜 준다. 그 또한 순결과 생명과 향기로운 희생을 상징하며, 차디찬 죽음 이후의 새 생명을 가져오는 전령사이기 때문이다.

_ 리즈 커티스 힉스 「하나님의 형상을 나타내며」

0213
우정의 조각 이불

"너희는 내가 명하는 대로 행하면 곧 나의 친구라"(요한복음 15:14)

　새 도시로 이사온 지 얼마 되지 않아 나는 독감에 걸려 자리에 눕게 되었다. 증조 할머니께서 자투리 천으로 누벼서 손수 만드신 조각 이불을 덮고 누워 자기 연민에 빠져 옛 친구들을 그리워하였다. 그러나 곰곰이 생각해 보니, 내가 외로움에 시달리고 있는 이유는 새 친구를 사귀려는 노력을 하지 않은 내 책임이었다. 사실 몇몇 사람들이 나와 가까워지고 싶어했지만, 내 쪽에서 주저하고 있었던 것이다.

　증조 할머니의 조각 이불을 조심스레 살펴보며 지금까지의 친구들을 떠올려 보았다. 그 중 어떤 사람은 딱딱한 나무 조각처럼 거칠고 뻣뻣했으나, 시간이 지남에 따라 부드러워졌다. 어떤 사람들은 실크처럼 섬세해서 조심스럽게 지내야 했고, 또 어떤 사람은 다채롭고 유쾌하여 함께 지내는 것 자체로도 즐거웠다.

　그런데 많은 친구들이 잠깐씩만 내 주변에 있었다. 내가 그들을 떠나야 했거나, 그들이 나를 떠났기 때문이다. 그럼에도 불구하고 가슴속 깊이 나는 그들을 일생의 친구들로 여기고 있는 것이다. 그것은 하나님께서 그들을 내 가슴 속에 심어 주셨기 때문이다. 추억에 잠겨 위안을 얻는 동안 마음이 따뜻해짐을 느끼면서 오래된 조각이불을 가만히 끌어당겨보았다. 확실한 것은 내가 정성스레 한 명 한 명과의 우정을 조각조각 붙여서 만들어 온 걸작품인 이 우정의 조각 이불은 아직 완성되지 않았다는 것이다. 이 도시에서도 또 새 친구들을 사귀게 될 것이기 때문이다.

　_ 멜로디 칼슨 「사랑의 조각 이불」

0214
쓰디쓴 트로이 목마

"너희는 모든 악독과 노함과 분냄과 떠드는 것과 비방하는 것을 모든 악의와 함께 버리고"(에베소서 4:31)

트로이 목마가 바로 여러분의 마음 문 밖에서 서 있다. 그 이름은 '쓰라림'이다. 이 목마는 여러분이 다른 사람들의 모든 공격을 잘 견디어 낸 결과 주어진 기념물이다.

여러분에게 잘못을 저지른 사람들이 남겨놓은 선물이며, 그들이 초래한 고통과 슬픔과 파괴의 기념비인 것이다. 또한 이 목마는 그들이 정의의 심판을 받게 되는 날까지 짊어지게 될 빚을 상징하는 것으로서 여러분의 정당한 몫이다.

그러나 이 선물을 받아들이는 즉시 여러분은 파국을 맞게 된다. 이 목마는 눈에는 보이지 않는 어떤 것을 그 안에 숨기고 있기 때문이다.

정당한 대가라는 느낌이 솜씨 좋은 장인의 속임수인 것이다. 이 목마가 여러분을 지켜 주리라는 약속으로 포장되어 있기는 하지만, 그것은 단지 유혹일 뿐이다. 축하의 순간은 매우 짧다. 일단 여러분의 마음의 벽 안으로 들어오기만 하면, 목마에서는 여러분을 파멸시킬 군사들이 나오게 되어 있다. 그 음모가 조용히 안으로부터 서서히 드러나게 된다.

현명한 사람이 되려면, 쓰디쓴 트로이 목마의 정체를 간파할 수 있어야 한다. 더 중요한 것은 그것을 '절대' 안으로 들여놓지 않아야 한다는 것이다.

― 앤디 스탠리 「바위처럼」

Note.

기도는 쓸데없는 오락이 아니다. 기도를 이해하고 적용하면 가장 강력한 행동의 도구가 된다

0215
시련의 된서리

"고난당한 것이 내게 유익이라 이로 말미암아 내가 주의 율례들을 배우게 되었나이다"(시편 119:71)

남캘리포니아 주의 건조하고 따뜻한 기후에도 불구하고, 우리 집 뒤뜰에 핀 크로커스는 매우 아름답고 향기도 진하다. 지난 1월. 두어 주간 된서리가 내리고 난 후, 크로커스가 이토록 탐스럽게 피었는데, 도저히 그 이유를 설명할 수가 없다. 나는 단지 아마추어 정원사이지만, 아무래도 그 혹독한 추위가 크로커스 내부의 아름다움을 발산하게 한 원인임에 틀림이 없는 것 같다.

정원 가꾸기에 조예가 있는 한 신학자가 나의 생각을 확고히 해주었다. "하나님의 꽃나무들이 성장하기 위해서는 시련과 고난의 된서리가 가끔 필요합니다. 그것들이 소생하고 꽃 봉우리가 맺히려면 추위도 필요하거든요." 사람들의 경우도 크로커스와 마찬가지이다.

시편의 저자인 다윗의 경우를 보면 더욱 이해가 간다. 그는 억지로 떠밀려야만 겨우 앞으로 나가는 고집불통은 결코 아니었다. 하나님께 나아가기 위한 방편으로서 약간의 고통이라도 겪어야 했던 그런 유형 또한 아니었다. 오히려 그는 하나님의 마음에 흡족한 사람이었다. 다윗의 고난과 시련은 그를 형성하기 위한 것이 아니라, 그의 삶 가운데 아름다운 것들을 창조하기 위한 하나님의 섭리였다.

_ 죠니 이렉슨 타다 「흙 속의 다이아몬드」

77

0216
고향 가는 길

"너희는 … 너희 하나님 여호와께로 돌아올지어다 그는 은혜로우시며 자비로우시며 노하기를 더디하시며 인애가 크시니라"(요엘 2:13)

캐롤라이나 특유의 산들바람이 불어오던 어느 따뜻한 토요일 오후, 나는 한 작은 모퉁이에 위치한 나의 고향집으로 돌아가고 있었다. 소나무와 채소밭으로 경계를 하고, 아직도 음식을 만들어서 서로 나누곤 하는 인심 좋은 이웃들과 인접해 있는 모퉁이 땅의 질박한 농촌 집으로 돌아가고 있었다. 내가 도착하면, 십중팔구 새로 도색한 트랙터 꼭대기에 앉아 계실 아버지께서는 방금 깎은 잔디밭을 가로질러 달려 나오시겠지. 그리고 서둘러 나를 데리고 안으로 들어가셔서는 문이 쾅하고 닫힐 때까지 한참동안 나를 꼭 끌어안으시겠지. 어머니께서는 얼굴 가득 미소를 머금고 내게 오셔서 "아이스 티를 방금 만들었는데, 한 잔 마시겠니?"라고 권하실테고….

고향은 인생에서 정말 중요한 곳이다. 고향은 오늘의 나를 형성한 뿌리이기 때문이다. 우리는 모두 고향을 향해서 가고 있다. 하나님께서는 참을성 있게 우리의 길을 계획하시고 위험한 고비마다 우리를 보살피신다. 우리가 고의적으로 우회하거나 험난한 곳을 통과할 때는 묵묵히 지켜보시며, 이따금 길을 잃었다가 되돌아오는 경우에는 우리를 저버리지 않으신다. 하나님께서는 언제나 우리를 기다리신다. 그분께서는 오래 전에 길을 닦아 놓으셨고, 우리가 길을 잃지 않도록 그분께 가는 방향을 표시해 두셨다. 또한 우리가 도저히 상상할 수 없을 만큼 놀라운 안식처, 따뜻한 환영의 집을 손수 지어 놓으셨던 것이다.

_ 쟈넷 파스칼 「선한 길」

Note.

기도는 일이나, 생각하는 것, 고통당하는 것을 위한 대체물이 아니다. 기도는 다른 모든 노력을 위한 후원이다

0217
시험의 터널

"여호와께서 비굴한 자들을 일으키시며 여호와께서 의인들을
사랑하신다"(시편 146:8)

Note.

기도는 하늘의 차, 노동
은 땅의 차 이 둘은 당신
의 집에 행복을 실어다
준다

어떤 사람이 실패만 거듭하고 있다면, 그 성공은 다른 사
람에게 주어지는 법이라고 누군가가 내게 말했다. 이와는
반대로 그가 만약 고통을 겪지 않고 성공한다면, 이것은 다
른 사람이 그 고통을 대신 겪었기 때문이라는 것이다.

아프리카 대륙에서 16년 동안 선교사로서 험난한 세월을
보낸 데이빗 리빙스턴이 고국 스코틀랜드로 돌아왔다. 어느
날, 그는 글라스고우 대학교에서 강연을 하게 되었다. 아프
리카에서 봉사하는 동안 그의 몸의 동맥을 타고 온몸을 샅
샅이 후비며 강타했던 무려 27가지나 되는 열병 탓에 그의
몸은 수척해 있었고, 한쪽 팔은 사자의 공격을 받아 못쓰게
된 채 아무 소용없이 어깨에 매달려 있었다. 그럼에도 불구
하고 그는 젊은 학생들에게 다음과 같은 요지의 연설을 남
겼다. "내가 아프리카에 있을 때 고통과 역경과 외로움의 한
가운데서 나를 지탱해준 힘이 무엇이었는지 아십니까? 그
건 바로 '보라, 내가 이 세상 끝날 때까지 항상 너와 함께 하
리라'는 그리스도의 약속의 말씀이었습니다."

우리도 리빙스턴처럼 우리 주님이요 구주이신 예수님의
동일한 약속을 믿을 수 있을 것이다. 우리가 고통을 겪을 때
예수님은 우리와 함께 하신다. 또한 우리가 길고 긴 시험의
터널을 통과한 후 마침내 터널 저편으로 나아갈 때, 예수님
께서는 영원토록 그와 함께 거하기 위하여 그의 영광스런
찬란한 빛 속으로 들어갈 우리를 기다리고 계시는 것이다.

_ 빌리 그레이엄 「동산에 이르기까지」

0218 롬 8:5-8
영적인 생각을 가지고 살라

할렐루야

사랑하는 성도 여러분, 이제 완연한 봄 날씨처럼 따스한 봄기운이 온 몸에 느껴지는 계절이 왔습니다. 오늘 여러분의 삶에도 따뜻한 봄날 인생이 펼쳐지시기를 축원합니다. 그동안 잘 안 되고 힘들었던 분들에게는 좋은 소식이 넘쳐나시기 바라고, 세상의 모든 성도들에게 하늘 문이 열리기를 주의 이름으로 축원합니다.

우리가 어떤 생각을 갖느냐에 따라 어떤 인생을 사느냐가 결정이 됩니다. 그러므로 사람은 좋은 생각을 지닐수록 생활이 복되고 보람된 삶을 살 수 있습니다. 왜냐하면 무슨 생각을 마음에 심느냐에 따라 열매가 달라지기 때문입니다. 생각은 씨앗과 같아서 행동으로 싹이 나고 습관으로 뿌리가 내려지고 품성으로 자라서 인격이라는 열매를 맺고 운명이라는 결실을 맺기 때문입니다. 그러므로 우리는 어떤 생각을 가지고 살아야 합니까?

첫째, 우리는 육신의 생각을 버려야 합니다.

육신의 생각은 곧 사망을 가져오기 때문입니다. 우리 육체에서 나오는 생각은 우리를 죄와 악의 길로 인도하여 결국 죽음으로 인도할 뿐입니다. 우리의 마음이 청결치 못하면 우리의 보는 것도, 생각하는 것도 올바르지 못합니다. 육신의 생각은 하나님과 원수요 하나님의 나라를 유업으로 받을 수 없습니다. 마귀는 사람의 생각을 나쁘게 만듭니다.

둘째, 그러므로 우리 성도들은 영의 생각을 가지고 살아야 합니다. 하나님은 우리의 생각을 선하게 만듭니다. 영의 생각은 성령께서 우리의 생각을 바르게 해 주십니다. 그러므로 우리 안에 예수 그리스도의 마음을 품어야 합니다. 그러므로 항상 불평, 섭섭, 미움, 분한 마음을 버리고 감사의 마음을 가지고 살기를 바랍니다. 그러면 하나님이 여러분의 삶의 환경을 바꿔주실 것입니다.

마지막으로 우리는 성령의 감동하심을 받아 하나님의 생각을 가져야 합니다.

성령은 살리는 영입니다. 주님을 만나는 사람마다 살려 놓으셨습니다. 우리의 인격도, 육체도, 인생도 모두 살아날 것입니다. 그러므로 사랑하는 성도 여러분, 육신의 생각을 버리고 영의 생각을 받아들이십시오. 우리가 영의 일을 생각하고 더 나아가서 성령의 감동하심으로 하나님의 생각을 가지고 살면 그로 인해 우리의 삶이 더욱 멋지고 복된 삶이 된다는 것을 믿으시기를 축원합니다.

0219
새롭게 피어나는 삶

"가만히 서서 하나님의 오묘한 일을 깨달으라"(욥기 37:14)

아몬드 나무가 다시 봄을 맞이했다. 가지마다 깃털 같은 분홍 꽃들이 소담스러이 피었고, 대기는 벌들이 윙윙거리며 날아다니는 소리로 가득하다. 달콤하고도 은은한 봄의 향기가 새봄을 반기어 하늘로 피어오르고, 태고의 신선함마저 간직한 봄의 들판이 풍요로운 결실에의 약속을 실어온다. 이 광경을 나의 할머니께서 보셨다면 아마도 '풍성한 봄'이라고 부르셨을 것이다.

나는 지금 저 해묵은 아몬드 나무들을 보면서 생각에 잠긴다. 누가 저 나무의 씨앗을 맨 처음에 심었으며, 누가 저 쓰디쓴 나무둥치에 향기로운 가지를 접붙여 놓았을까?

어렸을 적에는 봄이 어느 날 갑자기 오는 줄 알았었다. 그러나 봄은 마치 새벽처럼 신선하게, 또 해마다 천천히 온다는 것을 이제는 잘 안다. 우리 가슴 속에도 새롭게 피어나는 생명, 그리고 오래된 약속이 있다. 창조주로 하여금 우리의 둥치에 달콤하고 향기로운 믿음의 가지를 접붙이시도록 우리를 내맡기기만 한다면, 우리도 나무처럼 우람하게 자라날 것이다.

_ 쥰 매스터스 배쳐 「평온한 마음」

기도에 들인 시간은 어떤 약보다도 심장이나 신경 고통에 잘 듣는다

0220
다른 길은 없다

"사람보다 하나님께 순종하는 것이 마땅하다" (사도행전 5:29)

죄악에 맞서 싸우는 가장
최선의 길은 무릎으로 싸
우는 길이다

텍사스의 '레이티 럿시'에 가려면, 강바닥으로 차를 운전하고 가야 한다. 자동차 길을 따라서 한참 가다 보면 가파르고 바위투성이인 언덕이 나오는데, 이 언덕이 곧장 협곡으로 이어지면서 길이 물속으로 들어가 버리기 때문이다. 물가에는 "맞습니다. 차를 탄 채 물 속으로 들어가야 합니다"라는 안내판이 세워져 있다.

하나님과 동행하기로 결심한 사람은, 차를 타고 강바닥으로 가야 하는 경우처럼, 예기치 못한 장소나 불가능해 보이는 상황에 맞닥뜨리게 되는 경우가 있다. 그러한 때 우리는 다른 길을 찾느라고 두리번거리기도 한다. 그의 백성들에게 약속하신 하나님의 축복을 정말로 받기 원한다면, 위험 속으로 곧바로 들어가야 한다. 다른 길을 없기 때문이다. 표지판의 안내대로 해야만 한다. 그 지시를 믿고 따라야 한다. 물속으로 자동차를 몰아 마침내 레이티 럿시에 당도해야 하기 때문이다.

순종하기로 결심하는 바로 그 순간, 우리는 발밑에 견고한 바위가 놓여 있음을 알게 된다. 누군가가 우리보다 먼저 이 길을 따라갔음을 알려 주는 표시들을 발견하게 된다.

"네 하나님 여호와께서 너보다 먼저 건너가사… 너와 함께 하사 너를 떠나지 아니하시며 버리지 아니하시리니 너는 두려워 말고 놀라지 말라" (신명기 31:3,8)

_ 엘리자베쓰 엘리엇 「고요한 마음을 지녀라」

0221

너무 작은 것은 없다

"나의 하나님이 그리스도 예수 안에서 영광 가운데 그 풍성한 대로 너희 모든 쓸 것을 채우시리라"(빌립보서 4:19)

하나님께서는 눈꽃을 창조하셨는데, 그 중에 똑같은 것은 하나도 없다. 딱따구리의 머리와 부리 사이에는 스펀지 같은 패드가 붙어 있어서 새가 부리로 나무를 톡톡 칠 때의 충격을 흡수하도록 만드셨다. 또 모든 새의 깃털에는 깃털 한 개당 백만 개나 되는 작은 깃가지들이 붙어 있도록 만드셨다. 그 깃가지들은 마치 지퍼처럼 깃털들을 닫을 수 있게 함으로써 새가 물에 젖지 않고 날개 아래로 공기를 모아 날 수 있도록 창조하신 것이다. 하나님께서는 또한 인체에 75,000마일이나 되는 긴 혈관을 창조하시어 60조가 넘는 세포마다 혈액을 공급하도록 하셨다. 이 중에서 백만 개가 넘는 세포들이 바로 백혈구로써 각각의 혈구가 한 가지 종류의 세포나 바이러스를 격퇴하도록 창조된 것이다.

하나님께서는 우주에서, 지구에서, 우리의 몸속에서, 그리고 우리의 삶에서 작은 것들을 통해서 일하신다. 너무도 작아서 하나님께서 알아차릴 수 없을 만큼 작은 것이 이 세상에 있을까?

작은 눈물방울 하나?

상처받은 작은 느낌 한 조각?

작은 친절? 작은 모욕? 작은 죄?

우리의 기쁨을 빼앗아 가는 작은 근심?

하나님께서 지극한 관심을 가지고 활동하시기에 너무 작은 것은 아무 것도 없다.

_ 앤 그레이엄 러츠 「하나님 이야기의 영광스런 새벽」

0222

거미줄처럼

"우리가 잠시 받는 환난의 경한 것이 지극히 크고 영원한 영광의 중한 것을 우리에게 이루게 함이니"(고린도후서 4:17)

농장에서의 어린 시절은 내게 크나큰 모험이었다. 나는 누이들과 함께 헛간의 서까래 사이로 뛰어 다녔고, 건초더미에 우리의 성채를 만들었으며, 곡물과 과일 저장소에 몰래 기어 들어가곤 했다. 또 거미줄 뭉치가 마치 솜사탕처럼 기둥 여기저기에 매달려 있는 공간을 헤집으면서, 사다리가 반들반들 윤이 나도록 빈번하게 건초 다락으로 기어오르곤 했었다. 거미 따위는 아랑곳 않던 그 때는 거미줄을 헤치고 나아가는 데 식은 죽 먹기였다. 가느다란 거미줄이 내 몸에 성가시게 달라붙었지만, 그 정도는 가볍게 넘겨버렸다. 손으로 한 번 쓱 훑기만 하면 거미줄은 다 없어져 버렸으니까.

누군가가 한번은 "주님, 우리에게 쇠사슬처럼 붙어 있는 문제들을 거미줄같이 제거할 수 있는 힘을 주십시오."라고 기도했다. 아, 우리는 얼마나 자주 힘든 문제들로 묶여 있다고 생각하는가. 그 모든 어려운 문제들을 거미줄처럼 가볍고 찰나적인 것들로 여길 수 있다면 얼마나 좋을까. 충분히 그럴 수 있지 않은가! 의심이나 염려, 불안이나 두려움, 그 밖의 어떠한 힘겨운 문제들이 우리를 내리 누른다고 해도 그것들이 쇠사슬은 아니다. 우리가 장차 경험하게 될 영광스러운 미래에 비하면 그것들은 깃털만큼이나 가벼운 것이다. 기도로 한 번 훑고, 어린아이와 같은 천진한 마음으로 하나님을 찬양하기만 하면, 그분께서는 우리 인생의 어떠한 거미줄도 없애 주실 수 있다.

_ 죠니 이렉슨 타나 「흙 속의 다이아몬드」

85

0223
계속 페달을 밟아라

"우리 주는 위대하시며 능력이 많으시며 그의 지혜가 무궁하시도다"(시편 147:5)

Note.
아무것도 염려하지 말라, 모든 일에 기도하며 감사하라

자전거를 처음 배울 때 나는 내 또래 아이들에 비해 형편없이 못 탔다. 자전거를 탈 때마다 비틀거리거나 굴러 넘어지기 일쑤였고, 심하게 흔들리곤 해서 연습을 마칠 때면 언제나 무릎과 정강이에 긁힌 상처 자국이 남았었다.

그러던 어느 날, 한 친구가 자전거 타는 법을 가르쳐 주겠다고 나섰다. "이거 간단해. 문제는 네가 균형을 잡을 정도까지 힘껏 달리지 않아서 그래. 일단 충분히 빠른 속도로 한참동안 달리기만 하면 돼. 그러면 될 거야…"

하나님 나라도 마찬가지다. 때때로 우리에게 닥친 상황이 너무 압도적이어서 우리가 도저히 아무것도 배울 수 없을 것처럼 느껴질 때가 있다. 어려운 상황을 기회가 아니라 위협으로 간주하기 때문이다. 이런 때 우리는 상처를 받게 되리라고 지레 겁을 먹고, 또 실제로 상처를 입기도 한다. 우리도 다른 사람들처럼 흥미진진한 일을 하고 싶은데, 단지 무릎과 정강이를 다치고 싶지 않은 것이다.

바로 그 때 성령은 우리에게 속삭이신다. "자, 이리 와. 내가 가르쳐 주마. 하나님께서 네게 원하시는 인생길을 갈 수 있도록 여세를 몰아가는 법을 보여 주마." 누군가가 뒤에서 살짝 밀어주기만 하면 그 다음부터는 우리가 곧장 앞으로 나아갈 수 있다는 것을 성령은 알고 계시기 때문이다. 그렇다. 우리가 길을 가는 동안에는 비틀거리기도 하고, 적지 않은 위험에 직면하기도 한다. 그러나 계속 페달을 밟기만 한다면, 곧 그 모든 상황을 제어하는 법을 배우게 될 것이다.

_ 바바라 존슨「터져 나오는 기쁨」

0224
우리의 아버지, 하나님

"여호와여 주의 긍휼하심과 인자하심이 영원부터 있었사오니
주여 이것들을 기억하옵소서"(시편 25:6)

기도 없이 사는 것은 가
장 저주스러운 일이요,
말할 수 없이 어리석은
것이다

최근에 내 딸 제나와 함께 예루살렘의 구도시에서 며칠간
지낼 기회가 있었다. 어느 날 오후였다. 우리가 이스라엘 서
부의 항구 도시인 야파의 관문을 막 빠져 나오고 있을 때 우
리 바로 앞에 한 유태인 남자가 어린 세 딸을 데리고 걸어가
고 있었다.

그런데 네 살이나 다섯 살쯤 되어 보이는 딸 하나가 다른
가족들로부터 몇 걸음 처져 있어서 아빠의 모습을 볼 수 없
게 되었다. "아빠!" 그 아이는 아빠를 불렀다. 그 소리에 그
가 걸음을 멈추고 뒤돌아보았고, 그제야 딸이 저만치 떨어
져 있는 것을 보게 되었다. "아빠!" 아이는 다시 한 번 아빠
를 불렀고, 아빠는 즉시 딸이 있는 쪽으로 손을 뻗었다.

비탈길을 내려오는 동안 아빠는 딸의 손을 꼭 잡고 있었
다. 교통 신호가 바뀌자, 그는 아이들을 안전하게 교차로까
지 데리고 갔다. 그리고 나서, 거리 한 가운데서 허리를 굽혀
그 아이를 번쩍 들어 안고서 길을 계속 가는 것이었다.

이것이 바로 우리 모두에게 필요한 것이 아닐까? 우리가
부를 때 즉시 들으시는 '아빠' 말이다. 우리가 약할 때 손을
잡아 주시고, 혼잡한 인생의 교차로를 건널 때 인도하시는
그런 분. 우리 모두 번쩍 안아서 집까지 데려다 주실 아빠가
필요한 것이 아닐까? 우리는 모두 아버지가 필요하다.

_ 맥쓰 루카도 「위대한 하나님의 집」

0225 암 4:12
하나님 만나기를 예비하라

할렐루야 사랑하는 성도 여러분, 오늘도 예배를 통해 승리하는 여러분 되시기를 축원합니다. 오늘 본문에 "하나님 만나기를 예비하라"는 말씀이 있습니다. 이 말씀은 어느 날엔가 우리 인생은 하나님을 만나야 한다는 것이요, 그 만남을 위해 준비해야 한다는 깊은 의미를 담고 있습니다. 그렇다면 우리는 어떻게 하나님을 만나야 합니까?

첫째, 하나님을 믿지 않는 불신 상태 그대로 하나님을 만나서는 안 됩니다. 성경은 우리에게 인간은 다 죄 중에 잉태되고, 죄악 가운데 태어나서 범죄하면서 하나님을 떠나 방황하는 인생이기 때문에 하나님의 영광에 이를 수 없다고 하였습니다. 그러므로 우리 인간이 하나님 만날 준비를 하지 않으면 안 됩니다. 사랑하는 성도 여러분, 지금 여러분은 준비가 되어 있습니까?

둘째, 이 세상의 삶에서도 하나님을 만나야 합니다. 인생이 이 세상에 사는 동안 어떻게 살았느냐에 대해서도 하나님 앞에서 결산 할 때가옵니다. 인간이 행한 대로 반드시 갚으시는 하나님을 기억하시기 바랍니다.

셋째, 우리의 삶에 대한 책임에 대해서도 하나님을 만나야 합니다. 하나님께서는 우리 각 사람에게 어떤 특권과 책임을 주셨는데 그 책임을 이행하지 않을 때는 거기에 대한 댓가를 받게 하십니다.

넷째, 타인에 끼친 영향에 대해서도 하나님 앞에서 결산할 때가옵니다. 베드로가 지나 갈 때, 병든 자가 그림자라도 한 번 스치려고 따라 왔습니다. 베드로의 영향력이 얼마나 컸으면 그림자 안에 까지 들어가려고 했겠습니까? 우리 모든 사람은 좋든, 싫든 영향을 끼치고 사는데 특별히 자신의 가족들에게 끼치는 영향력에 대해 주님께서는 눅23:28에 너희 자녀를 위해 울라고 말씀하셨습니다.

다섯째, 우리는 반드시 죽음 앞에서 하나님을 만나야 합니다. 인간의 생명은 언제까지나 지속되는 것이 아닙니다. 우리의 생명이 언제 끝날지 아무도 모르기 때문입니다. 그러므로 우리는 오늘이 마지막 날이라는 생각으로 하루하루를 하나님 앞에서 뜻있게 살아야 하는 것입니다.

여섯째, 우리는 심판대 앞에서 하나님을 만나야 합니다. 우리 인간은 전능하신 하나님의 심판대 앞에서 절대 피할 수 없습니다. 하나님은 우리의 모든 것을 알고 계신다는 사실을 절대로 잊지 마시기 바랍니다.

일곱째, 어떻게 하나님을 만날 준비를 해야 합니까? 회개해야 합니다. 예수그리스도를 믿어야 합니다. 이 세상에 살아 있을 때 신앙고백을 해야 합니다.

마지막으로 그러면 우리는 언제 하나님 만날 준비를 해야 합니까?

누군가 내일은 마귀의 말이요, 오늘은 하나님의 날이라고 했습니다. 오늘 하루 동안에 무슨 일이 일어날지 모르는 것이 인생입니다. "하나님 만나기를 예비하십시오." 하나님을 만나지 못하는 어리석은 인생이 되지 말기를 축원합니다.

0226
봄의 찬가

"너희에게 놀라운 일을 행하신 너희 하나님 여호와의 이름을 찬송할 것이라"(요엘 2:26)

주님, 여기 봄을 찬미하는 작은 노래가 하나 있습니다. 그리고 이 봄에 저의 삶에 일어난 경이로운 일들을 기뻐하는 노래가 있습니다. 봄을 맞이하여 제가 어떻게 집과 정원, 그리고 저 자신을 새로이 정돈하고, 깨끗하게 하고, 아름답게 장식하였는지 들어보십시오.

긴 겨울잠에서 막 깨어나는 대지 위로 가득 흘러넘치는 당신의 햇빛이 한 여성의 영혼에도 가득 넘치는 듯합니다. 그렇지 않다면 제가 왜 욕실을 개나리 색깔로 노랗게 칠하고, 옷장과 찬장을 정돈하고, 드라이브 웨이에는 지면으로 기어가는 자주 빛 플럭스를 좀 더 심어 푹신푹신하게 만들고 싶은, 이렇듯 걷잡을 수 없는 충동을 마음 속 깊이 느끼겠습니까?

게다가, 봄이 되면 그 동안 미루어 두었던 집안 청소도 하고 제 기분 또한 새롭게 바꾸고 싶어집니다. 자기 연민, 묵은 불만, 후회들을 다 털어내고, 자아 존중의 태도를 불러들입니다. 제 자신의 내면세계를 용서와 이해로 새롭게 단장하고, 새 목표의 기쁨과 꿈으로 가득 채우고 싶습니다. 이러한 것들을 씨앗처럼 제 마음의 토양에 뿌려 그것들이 싹을 틔우고 자라는 모습을 느껴 보고 싶습니다.

주님, 한 여성의 마음을 따뜻하게 비춰주는 이 모든 것들, 그리고 봄을 느끼고 찬양할 수 있는 마음을 주셔서 감사합니다.

— 마저리 홀룸스 「주님, 사랑하게 하소서」

기도를 하지 않는 자는 하나님을 속이는 자가 아니라 이는 자신을 기만하는 것이다

0227
죽음을 이긴 삶

"그의 이름은 임마누엘이라 하리라 하셨으니 이를 번역한즉
하나님이 우리와 함께 계시다 함이라" (마태복음 1:23)

십자가 사건 후에 부활이 있었고, 부활 후에 승천이 있었
다. 예수님께서 이 땅에서 가시관을 쓰셨기 때문에 지금은
영광의 면류관을 쓰고 계신다.

그가 가난하셨기에 지금은 왕좌에 앉아 계시고, 자신의
명예를 구하지 않으셨기에 지금은 모든 이름 위에 뛰어난
이름을 갖고 계신다.

또한 자신을 낮추시어 종의 자리에 계셨기에 만물의 주인
이 되셨으며, 죽기까지 순종하셨기에 지금은 생명의 주가
되시어 지옥과 사망의 열쇠를 갖고 계신다. 그가 자신의 명
성을 구하지 않으셨기에 장차 모든 사람들이 그 앞에 무릎
을 꿇게 될 것이며, 그가 이 땅에서 받으셨던 모든 굴욕적인
일들이 지금 그를 영광의 자리로 인도한 것이다.

하나님께서는, 예수의 삶과 죽음이라는 역설적인 사건들
을 통해서, 죽음을 이기는 영광스런 진리를 가장 충분하고
도 분명하게 나타내셨다. 갈보리의 희생은 비극이 아니라
생명과 능력의 해방이었다는 사실이 너무도 명백하지 않은
가?

우리는 이것을 믿는가? 하나님을 향한 우리의 헌신도 이
와 같아야 한다는 점을 수용하기가 얼마나 어려운가. 게다
가, 우리 대부분이 믿음 없는 사람처럼 살아가기가 얼마나
쉬운가.

_ 엘리자베쓰 엘리엇 「외로운 길」

0228
당신을 위해서였다

"만물이 그로 말미암아 지은 바 되었으니 지은 것이 하나도 그가 없이는 된 것이 없느니라"(요한복음 1:3)

Note.

하나님께서는 왜 이렇게 만드신 걸까? 헛간으로도 족했을 우리에게 저택을 주신 것이다. 새들에게는 노래를 주시고, 얼룩말에게는 줄무늬를, 낙타에겐 봉우리를 꼭 만들어 주셨어야 했을까? 왜 하나님께서는 세상을 이토록 아름답고 경이롭게 만드셨을까? 왜 이토록 아름다운 선물을 주시려고 그토록 애쓰셨을까?

당신은 왜 그렇게 하는가? 당신도 똑같은 행동을 하고 있다. 선물을 고르기 위해서 노심초사하는 당신의 마음을 나는 안다. 상대방의 마음에 흡족한 선물을 선사하기 위해서 상점을 수도 없이 헤매는 당신의 모습이 눈에 선하다. 의무감에 어쩔 수 없이 사는 선물을 말하고 있는 게 아니다.

당신이 매우 특별한 사람을 위해 특별하게 신경을 써서 준비하는 선물에 대해 말하고 있는 것이다. 왜 당신은 그렇게 하는가? 상대방의 눈이 휘둥그레지고, 심장이 멎을 정도로 그를 기쁘게 해 주기 위해서 그렇게 하는 것이 아닌가.

그렇다. 그것이 당신이 정성을 다하는 이유다. 그것이 바로 하나님께서 이 세상을 아름답게 창조하신 이유인 것이다. 숨이 멎을 것 같은 장엄한 일출을 바라본다거나, 형용할 수 없이 아름다운 꽃들이 만발한 들판을 보게 된다면, 그냥 그렇게 잠시 서서 바라보라. 아무 말도 하지 말고, "네 마음에 드느냐? 바로 너를 위해서 이렇게 만들었다"는 하늘의 속삭임에 귀기울이면서….

_ 맥쓰 루카도 「위대한 하나님의 집」

어떤 생각은 기도하는 것과 같다. 몸은 어떤 상태이건, 영혼은 무릎을 꿇고 있을 때가 있다

0301
하나님 나라의 스타들

"지혜 있는 자는 궁창의 빛과 같이 빛날 것이요 많은 사람을 옳은 데로 돌아오게 한 자는 별과 같이 영원토록 빛나리라"(다니엘 12:3)

Note.

경이감은 예배의 기본 요소이다

여러분은 미국인들이 스타들에 대하여 얼마나 열광하는지 아는가? 부자나 유명 인사들의 삶에 대하여 조금이라도 더 알고자 하는 왕성한 호기심은 날이 갈수록 점점 심해지고 있다. 사람들은 영화배우들의 얼굴에 집착하고 그들의 사생활에 대하여 끊임없이 알고자 하기 때문이다. TV 토크쇼나 뉴스, 여성잡지, 심지어 시사 잡지마저도 본래의 저널리즘 정신에서 일탈하여 점점 더 유명 인사들의 꽁무니 쫓기에 급급한 실정이다.

지금 도대체 우리는 무얼 하고 있는 것인가? 혹시 유명 인사들의 주변을 어지러이 맴도는 동안 우리의 진정한 삶을 놓쳐 버린 것은 아닐까? 내가 보기에는 우리 모두 스타가 되었으면 하고 바라는 것 같다.

정말로 스타가 된다면 어떨지 한 번 생각해 본 적이 있는가? 하지만, 여러분은 벌써 스타가 되지 않았는가! 하나님 나라의 스타 말이다. 여러분이 혹시 체중이 많이 나가거나, 나이가 들어 얼굴에 반점이 생기거나, 이마에 주름살이 조금씩 늘어갈지도 모른다. 그러나 이 모든 것들은 전혀 문제가 되지 않는다. 진정한 아름다움을 내면으로부터 뿜어져 나오는 것이기 때문이다.

_ 바바라 존슨「터져 나오는 기쁨」

0302
이따금 베푸는 친절한 행위들

"내 계명은 곧 내가 너희를 사랑한 것 같이 너희도 서로 사랑하라 하는 이것이니라"(요한복음 15:12)

Note.

하나님께 기도하는 것만으로도 사람들을 움직이는 것이 가능하다

다른 사람들을 따뜻하고 친절하게 대해주는 일은, 식사 초대와 같이 단순히 사람들을 즐겁게 해 주는 것과는 다르다. 남을 기쁘게 해 주는 일은 친절하고 따뜻한 환대의 일부에 지나지 않는다. 예수님의 발에 향유를 붓고 입을 맞추었던 여인은 단순히 그를 기쁘게 해드리는 차원을 뛰어넘어서 마음 속 깊은 곳으로부터의 애정과 관심을 그렇게 나타냈던 것이다. 그 여인은 자신의 소유를 아낌없이 바칠 수 있었던 그 위대한 사랑 때문에 칭찬을 받지 않았던가. 이 여인처럼 우리도 친구들, 가족들, 낯선 이들, 그리고 적대적인 사람들에게까지 우리 자신을 기꺼이 내어줄 수 있는 것이다. 우리에게 그들을 환대하려는 마음만 있다면 말이다.

때로 나는 사람들이 조건 없는 아가페적 사랑을 조금이라도 실천할 수 있다면, 그 사랑에 가장 가까이 다가가는 방법은 단순한 친절한 행위들이 아닐까 하고 생각한다.

진정한 환대는 우리가 이따금 베푸는 친절한 행위로 이루어지는 것이며, 이로써 하나님께서 삶의 여정에서 우리에게 허락하신 모든 사람들에게 예수의 은총과 사랑을 나타내 보일 수 있는 것이다.

아무도 친절을 '소유'할 수 없다. 예수님의 사랑처럼, 거기에는 아무 끈도 달려 있지 않다. 아무리 작고 보잘 것 없는 친절한 행위라 할지라도 하나님의 손으로 흘러 들어가지 않는 것은 없다. 그분의 의지대로 행동하기 전에 먼저 우리의 허락을 받으실 필요가 없는 하나님의 손으로 말이다.

_ 해리엇 크로스비 「가정이라 불리는 곳」

0303
오늘은 내 것이다

"믿음의 주요 또 온전하게 하시는 이인 예수를 바라보자" (히브리서 12:2)

Note.

밤에 하는 기도는 낮 동안의 원기의 샘물이다

남녘 어느 섬의 고요하고 화창한 오후, 자그마한 교회에 앉아 있던 나는 누군가가 교회 안으로 들어오는 기척을 느꼈다. 사방을 둘러보니 젊은 여인 하나가 숨죽이며 울고 있었다. 잠시 시간이 흐른 뒤 그녀에게 다가가서 내가 도울 수 있는 일이 있는지 물어 보았다. 그러자 그녀는 남편이 죽으면 어떻게 하나? 자녀가 죽으면? 돈이 다 떨어지면 또 어떻게 살아갈지? 등등 미래에 대한 불안을 털어놓는 것이다.

우리가 경험하는 모든 두려움은 그것이 어떤 형태이든 종국엔 죽음에 대한 두려움을 나타내는 것인지도 모른다. 우리 모두가 맞이하게 될 죽음 말이다. 하지만, 불확실한 내일의 일들에 대하여 억측하는 것이 우리가 해야 할 일일까? 이것은 대단히 힘들고도 고통스러운 일로서 '오늘의' 시간과 힘을 다 빼앗아 가는 것이다. 일단 자신을 하나님께 내어 맡긴 이상, 아직은 우리의 것이 아닌 내일을 움켜잡으려고 조바심할 필요가 있을까? 우리의 삶은 하나님의 것이다. 우리의 시간은 그의 손에 달려 있고, 그 분이 바로 내일 '일어날' 일들의 주인이시다. '일어날지도 모르는' 일에 대하여는 염려할 필요가 없다.

오늘은 내 것이다. 내일은 내가 관여할 바가 아니다. 안개 속과 같은 미래를 근심스럽게 응시한다면, 결국 영적인 눈이 피로하게 되어 지금 내가 해야 할 것들을 분명히 볼 수 없게 될 뿐이다.

_ 엘리자베쓰 엘리엇 「고요한 마음을 지녀라」

0304 출14:10-20

인생의 위기가 올 때

사랑하는 성도 여러분, 여러분에게 좋은 일들이 넘쳐나시기를 축원합니다. 인생을 살면서 부정적인 사람은 대개 위기가 다가오면 원망하고, 낙심합니다. 그러나 적극적인 신앙의 자세를 가진 사람은 끊임없는 희망을 잃지 않고 하나님을 의지합니다. 우리 인생에도 위기가 다가올 때, 기억해야 할 것이 있습니다

오늘 본문의 말씀은 모세가 이스라엘 민족을 이끌고 약속의 땅 가나안을 향해 갈 때, 가장 큰 벽은 홍해 바다였습니다. 앞으로도 뒤로도 갈 수 없는 진퇴양란의 큰 위기에 처하게 되었습니다. 그들 앞에는 홍해바다가, 그들 옆에는 끝도 없는 사막이 있고, 그들의 뒤에는 애굽의 군대가 쫓아오고 있는 실정이었습니다. 인생을 살면서 부정적인 사람은 대개 위기가 다가오면 원망하고, 낙심합니다. 그러나 적극적인 신앙의 자세를 가진 사람은 끊임없이 희망을 잃지 않고 하나님을 의지합니다. 우리 인생에도 위기가 다가올 때, 기억해야 할 것이 있습니다.

첫째, 우리 인생의 위기는 하나님이 주신 기회임을 기억하십시오.

여러분의 인생의 밤이 올 때, 그것도 하나님이 주셨다고 믿어야 합니다. 그럴 때마다 밝은 희망의 아침이 오는 것입니다. 밤을 보내신 하나님이 반드시 사랑하는 여러분에게 희망의 아침을 보내실 줄 믿습니다.

둘째, 인생의 위기가 올 때, 하나님은 기적을 행하십니다. 우리가 인생을 살면서 어떤 위기가 다가올 때, 이 위기를 통해서 하나님은 기적을 행하십니다. 두려워 마십시오. 하나님의 기적을 보게 될 것

입니다. 홍해 바다 속에도 길을 만드신 하나님을 믿고 모세처럼 무릎 꿇고, 기도함으로 하나님의 기적을 체험하는 복된 성도들이 다 되시기를 축원합니다.

셋째, 인생의 위기가 올 때, 두려워하지 마시고 하나님을 의지하십시오. 모세가 이스라엘 백성에게 "두려워하지 말라"고 한 이 말은 홍해가 가로막혀 있지만 홍해까지 하나님께서 의로운 오른 손으로 붙들고 계시다는 말입니다. 여러분도 이것을 믿으시고 두려울 때마다 하나님을 의지하시기를 축원합니다.

넷째, 인생의 위기를 만날 때, 잠잠히 하나님의 구원을 보라는 것입니다. 왜 성도들이 하나님께서 함께하신다는 것을 느끼지 못합니까? 그 이유는 너무 결과에 서두르기 때문입니다. 우리가 너무 앞서 나가면 하나님의 인도가 보이지 않는 것처럼, 인생의 위기를 만날 때, 잠잠히 하나님의 구원을 바라보는 복된 성도들이 다 되시기를 축원합니다.

다섯째, 인생의 위기를 만날 때, 우리는 하나님의 음성을 들어야 합니다. 기적은 모세가 행한 것이 아니라 하나님의 말씀이 행하신 것입니다. 우리 앞에 놓여있는 홍해 같은 문제들이 우리를 가로 막을 때마다, 갈라지는 역사가 일어나기를 축원합니다.

여섯째, 하나님의 구원은 새벽에 일어납니다. 홍해를 가를 때도 새벽이었고 애굽에서 나온 때도 새벽이었습니다. 살다보면 너무나도 많은 애굽이 우리를 쫓아 올 때가 있습니다. 그러나 그 위기의 순간이 전능하신 하나님께서 우리와 함께 하실 때입니다. 예수 그리스도를 모심으로 말미암아 어둠의 저주가 사라지고 여러분 생애에 많은 기적의 역사들이 일어나기를 축원합니다.

0305
생수의 샘

"그가 그의 도를 가지고 우리에게 가르치실 것이니라 우리가 그의 길로 행하리라"(미가 4:2)

내가 어린 시절을 보냈던, 산기슭의 마을에는 시원한 물이 솟구치는 샘터가 하나 있었다. 어머니께서는 그 샘을 파서, 돌로 가장자리를 두르고, 파이프를 그 속에 박아 낡은 상수리나무 통에 연결해 놓으셨다. 나무통은 항상 신선한 샘물로 가득 차 있었다.

이따금 조약돌이나 나뭇잎, 또는 불도마뱀이 파이프 안에 들어가곤 했는데, 그 때는 나무통으로 흘러 들어가는 물줄기가 약해지거나 파이프가 아예 막혀버리곤 했었다. 그러면 어머니께서는 가느다란 막대기를 파이프 속으로 집어넣어 막힌 곳을 뚫으셨고, 이렇게 해서 샘물은 다시 졸졸졸 흐르게 되었다.

우리의 삶도 이 상수리나무 통과 같다. 우리는 예수 그리스도에 대한 믿음을 통하여 하나님과 인격적인 관계를 맺음으로써 성령의 생수에 연결되어 살아간다. 성령이 우리 안에 거하시고 그 분을 전적으로 의지하면 삶은 생수로 가득 넘치고, 나아가서 주변의 다른 사람들의 삶으로까지 흘러 들어갈 수 있게 된다.

그러나 무엇인가가 하나님과 우리의 관계를 방해하면, 우리의 삶을 가득 채우고 삶을 통해서 흐르는 성령의 물길이 막혀 버린다. 파이프를 막았던 나뭇잎이나 조약돌처럼 우리의 죄 또한 제거되어야 한다. 성령이 다시금 우리의 삶에 차고 넘치도록 하기 위하여 죄를 구체적으로 고백하고 회개해야만 한다.

_ 앤 그레이엄 러츠「하나님의 영광을 바라보며」

기도는 말 이상의 것이다, 이는 듣는 것이요 보는 것이요, 느끼는 것이다

0306
하나님의 아이들

"자랑하는 자는 주 안에서 자랑할지니라" (고린도후서 10:17)

모든 사람이 매일 아침
15분 동안만 기도하면
실패하는 법이 없다

유년기가 죽으면, 그 시체를 성년이라고 부른다고 누군가가 말했다. 연구 조사에 의하면, 어린아이들은 하루에 약 400번 웃는다고 한다. 어른들은 하루에 몇 번이나 웃을까? 어린이들의 절반정도? 아니면 3분의 1정도? 아니다. 성인들은 하루에 겨우 15번 가량 웃는다고 한다. 다시 말해서 어른들은 아이들이 26번 즐겁게 웃는 동안 겨우 한 번 웃는 것이다. 유년기와 성년기 사이의 어디쯤에서 일들이 더 이상 즐거워 보이지 않게 되는 것 같다.

왜 그럴까? 성인들이 위기와 실망을 거듭 경험하고 스트레스를 받는 동안, '왜 하늘은 푸르고, 왜 새들은 노래를 부를까?' 와 같은 즐겁기만 했던 유년기의 호기심 어린 질문들이 '왜 나에게 이런 어려움이 닥쳤을까?' 라는 근심으로 바뀌어 성인들에게서 웃음과 기쁨을 빼앗아 가기 때문일까?

예수님께서는 우리에게 과거의 모든 죄를 용서받고 내일에 대하여 염려하지 말라고 하셨다. 그렇게 함으로써, 우리는 현재의 순간에 충실하게 살아가는 동시에 웃음과 기쁨으로 활짝 열린 마음을 가진 어린아이처럼 될 수 있는 것이다.

_ 바바라 존슨 「터져 나오는 기쁨」

99

0307
마음의 토양을 고르기 위하여

"동이 서에서 먼 것 같이 우리의 죄과를 우리에게서 멀리 옮기셨으며"(시편 103:12)

농사를 잘 짓기 위해서는 먼저 논밭을 잘 갈아야 하듯, 영혼의 결실을 위해서는 죄의 고백이 선행되어야 한다. 농부는 씨를 뿌리기에 앞서 경작지에서 돌을 골라내고 묵은 그루터기를 뽑아내어 땅을 고르는 작업을 한다. 땅이 준비되어야 싹이 잘 자란다는 것을 알기 때문이다.

죄의 고백은 하나님을 우리의 마음 밭으로 초대하는 행위이다. "아버지, 이쪽에는 탐욕의 돌이 있는데, 제 힘으로는 아무리 세게 들어보아도 꿈쩍도 하지 않습니다. 그리고 저쪽 담장 옆에 죄의 나무가 있는 것이 보이시지요? 그 뿌리가 너무 길고도 깊습니다. 또 여기 이 토양은 너무 건조해서 씨가 싹틀 수 있을 것 같지 않습니다." 마음의 토양이 잘 준비된다면 하나님의 씨앗이 더 잘 자라게 된다.

그래서 하나님 아버지와 그의 아들 예수께서는 우리가 열매를 잘 맺도록 깊이 파고 불순물을 뽑아내면서 마음 밭을 고르는 작업을 하신다. 죄의 고백은 영혼의 토양을 잘 준비하기 위해서 하나님을 우리 마음에 모셔 들이는 일이다.

_ 맥쓰 루카도 「은총에 사로잡혀서」

영적인 나침반인 하나님 말씀과 기도, 성령의 인도 없이 인생의 바다를 항해 할 수 없다

0308
적도 무풍대 기상

"하나님이 능히 모든 은혜를 너희에게 넘치게 하시나니 이는
너희로 모든 일에 항상 모든 것이 넉넉하여 모든 착한 일을 넘
치게 하려 하심이라"(고린도후서 9:8)

올해도 어김없이 3월의 바람 한 점 없는 따뜻한 날씨가
찾아왔다. 아직은 제철이 아니건만 몹시도 성급하게 봄이
서둘러 나뭇가지에 싹을 틔우는 때이기도 하다. 그러나 곧
광포하고 한랭한 북풍이 다시 돌아와, 이제 막 터지기 시작
한 복숭아 꽃송이들을 사정없이 떨어뜨려 풍성한 결실에의
꿈을 송두리째 앗아가 버리기도 한다. 라마 콩에서는 아예
싹도 트지 않고, 교구 목사님들이 난로용 장작을 더 이상 구
입하지 않아서 기도회에 참석한 성도들은 추위에 불평을 늘
어놓는다. 나의 할머니께서는 이럴 때 외출을 하지 않으셨
고, 불평을 하는 대신 새 모자를 하나 사셨다. 아무리 불평을
늘어놓아 보았자, 삿사프라스의 나무숲에서 재물이 자라는
것도 아니었고, 게다가 할머니께서는 챙이 넓은 모자를 매
우 좋아하셨기 때문이다. 현명하게 자신만의 처방을 갖고
계셨던 할머니께서는, "날씨 탓만 하지 말고 뭔가 신나는 일
을 꾸며보자"고 말씀하셨었다. 지금 나는 그 시절로 되돌아
가서 할머니와 더불어 했던 일들을 떠올려 본다. 그 일들이
야말로 내가 다시금 하려고 계획하는 것들이기 때문이다.
1)아직 답장할 차례가 아니지만 편지를 쓸 것 2)오랫동안
연락없던 친구에게 전화를 할 것. 3)손수 과자를 준비하여
이웃의 환자나 노인을 찾아갈 것 4)이웃의 낯선 사람들에게
미소를 보낼 것. 이러한 일을 하는 데는 돈이 전혀 들지 않지
만, 내가 이와 같은 행동을 하는 것이 얼마나 오랜만인가.
자, 이제 다시 시작해 보자!

— 쥰 매스터스 배쳐 「여성을 위한 고요한 순간들」

0309
하나님과 함께 부엌에서

"네 손이 일을 얻는 대로 힘을 다하여 할지어다"(전도서 9:10)

Note.

마귀는 기도없는 학문,
기도없는 작정, 기도없는
종교, 기도없는 성전에서
비웃는다

부엌에는 근심과 염려로 얽힌 팽팽한 줄을 풀어주는 무엇인가가 있다. 온 집안을 진동하는 구수한 음식 냄새와 허둥지둥 바삐 움직이는 주부의 손길— 이와 같은 것들이 우리에게 만족감을 주며 기도하고 싶은 마음을 불러일으킨다.

부엌을 진정 '사랑의 실험실'로 여기는 자만이 부엌이 제공하는 즐거움을 만끽할 자격이 있다. 내게 있어서 부엌은 하나님과 나, 둘만의 가장 좋은 시간을 가질 수 있는 비밀의 공간이다. 나는 요리할 때 늘 '예부터 듣던 말씀 또 들려주시오'라는 찬송가를 부르면서 손뼉을 치며 깔깔거리는데 그것을 아무도 모른다.

부엌은 하나님에 대한 수많은 비유들로 가득 차 있다. 당신은 하나님을 부풀어 오르는 빵 속의 이스트나 베이킹파우더와 같다고 생각해 본 적이 있는가? 우리가 준비한 고기 요리에 하나님이 손수 'A학점'이라고 도장을 찍는 광경을 상상해 볼 수 있는가? 그가 일찍이 모세에게 하셨던 것처럼 말이다. 부엌 창가를 따라 피어나는 일년생 화초들을 통해서 해마다 새로운 생명이 약동하는 것을 지켜볼 수 있는가?

예수님께서 베드로에게 거듭 당부하셨듯이, 바로 당신이 그의 양을 먹이고 있다고 생각하는가? 만약 그렇다면, 당신은 대단히 축복받은 사람이다. 당신은 지금 하나님과 당신 가족을 섬기고 있기 때문이다. 우리가 사랑의 수고를 하는 동안은 기도하는 일이 참으로 쉽고, 편안하고, 또 자연스러운 일이 되는 것이다!

— 쥰 매스터스 배쳐 「여성을 위한 고요한 순간들」

0310
쓸모 있는 사람이 되게 하소서

"여호와께서는 모든 것을 선대하시며 그 지으신 모든 것에 긍휼을 베푸시는도다"(시편 145:9)

예수님은 하루 8시간을 꽉 채우고도 남을 만큼 수많은 자질구레한 것들로 짜여진 '직업'을 갖지 않으셨다. 그는 또한 자동차를 타고 일터에 나갈 필요도 없으셨다. 자녀를 키우지도 않았으므로 학부모 간담회에 참석해야 할 의무도 없었고, 의사와의 진료 약속도 없었고, 자녀들을 자동차로 실어 나르며 또 그 아이들의 순서가 다 끝날 때까지 지루하게 기다리고 앉아 있어야 할 축구 경기나 피아노 레슨도 없었고, 수리할 자동차나 가재도구들도 없었다.

하지만, 예수님께서 이런 일들을 모두 하셔야 했다면 나와는 전혀 다른 방식으로 하셨을 것이다. 길게 늘어선 줄이나 대합실에서 차례를 기다려야 할 때, 조바심 내며 시계를 자주 들여다보는 대신에 옆에 있는 사람과 대화를 나누고 계신 예수님의 모습이 쉽사리 상상이 된다. 그가 만약 경기장의 사이드라인에 서 있게 되는 경우에는 틀림없이 새 친구들을 사귀거나 아는 사람들과의 친분을 더욱 굳게 다질 것이다. 그가 자녀들을 차로 실어 날라야 할 경우에는, 자기 자녀들 뿐 아니라 그 아이들의 친구들의 일과에도 관심을 가지고 그들과 더불어 즐거운 시간을 가지는 등 그 기회를 백분 선용하여 스스로를 쓸모 있는 사람으로 만들 것이다.

우리의 스케줄이 너무도 꽉 차 있기 때문에 마음의 여유를 가질 수 없고, 예기치 않게 발생하는 일을 오로지 우리 삶의 방해 요소로만 여긴다면, 우리는 예수님처럼 쓸모 있는 사람이 될 수 없을 것이다.

_ 제임스 맥기니스 「남을 위해 사신 예수」

0311

행12:1~16

사단의 권세를 묶는 중보기도의 능력

할렐루야 사랑하는 성도여러분!

20세기 위대한 부흥사 빌리 그레함 목사는 자신의 성공적인 사역의 비밀에 대해 질문을 받은 적이 있습니다. 그때 그는 "글쎄요, 성공에 특별한 인간적인 비밀은 없습니다. 다만, 일만 오천 명의 성도들이 하루도 빠지지 않고 저를 위해 기도하고 있기 때문이 아닐까요?"라고 대답했습니다. 이처럼 중보기도는 크고 비밀한 능력을 지니고 있습니다. 여러분의 인생 가운데도 큰 기적의 능력을 필요로 한다면 중보기도 능력의 도움을 받아야합니다. 그럼 중보기도는 무엇입니까? 중보기도는 다른 사람을 위해 하나님께 기도하는 것입니다.

여러분이 만약 중보기도의 능력을 힘입는다면 여러분의 일생은 기적을 일으키고 다니는 능력의 사람이 될 것입니다. 이렇듯 중보기도는 큰 힘이 있기 때문에 마귀는 어떻게 해서든 기도를 방해합니다. 그래서 중보기도와 영적 전쟁은 떼려야 뗄 수 없는 관계입니다.

그러면 우리가 영적 전쟁에서 승리하는 중보기도를 하기 위해서는 어떻게 해야 합니까?

첫째, 하나님과의 관계를 올바로 해야 합니다. 영적전쟁에서 중요한 것은 능력보다 관계입니다. 영적전쟁은 우리 인간이 싸우는 것이 아니라 우리를 통하여 하나님이 싸우시는 것이기 때문입니다. 그러므로 하나님과의 올바른 관계가 중요합니다. 그 관계는 주님의 보혈을 통한 관계입니다.

둘째, 전투적인 기도를 해야 합니다. 여호수아가 여리고성을 공격할 때처럼 적극적으로 행동하고 외치는 기도입니다. 영혼을 붙잡고 있는 사단의 진을 훼파하고 구원해 내는 기도입니다. 이 전투적인 기도는 마귀를 대적하고 쫓아내는 명령형 기도입니다.

셋째, 성령 안에서 기도해야 됩니다. 사도바울은 하나님의 전신갑주를 입으라고 말했습니다. 만약 갑옷에 조그만 틈만 있으면 그 틈을 비집고 적군의 화살이 날아 올 것입니다. 그러므로 우리가 원수 마귀 사단과 싸워 이기기 위해 성령의 능력이 절대적으로 필요하므로 성령 안에서 기도하는 법을 배워야 합니다. 성령을 의지해 기도할 때, 영적 전쟁에서 승리한다는 사실을 믿으시기 바랍니다.

넷째, 영적 전쟁과 사단에 대해서 알아야 합니다. 영적전쟁에서 가장 큰 장애물은 무지입니다. 또한 인간의 무지는 사단의 가장 효과적인 무기입니다. 사람들이 몰라서 죄를 짓기도 하지만 몰라서 하나님의 능력과 축복을 받지 못하고 실패하기도 합니다.

다섯째, 동역자들과 함께 연합해서 기도해야 합니다. 함께 드리는 기도는 하나님의 놀라운 역사가 일어납니다.

살아계셔서 역사하시는 전능하신 하나님께 부르짖어 기도함으로 응답받고, 문제 해결 받고, 기적을 체험하는 여러분 다 되시기를 주의 이름으로 축원합니다.

0312
노래하고 싶은 마음

"여호와께 피하는 모든 사람은 다 복이 있도다" (시편 2:12)

봄은 어쩌다 우연히 찾아오는 것이 아니다. 봄은 어느 해엔 돌아오고, 어느 해엔 오지 않는 변덕스러운 것도 아니다. 봄이 오는 것은 너무도 확실한 자연의 법칙에 의한 것이며, 또한 봄은 엄청난 변화를 가져와, 이 땅 위의 만물을 소생시키는 것이다.

환경의 변화에 민감한 영혼의 소유자들에게 봄은 자유와 자극의 계절이다. 삼라만상을 일깨우는 신선한 기운이 우리에게도 스며들어 우리 역시 새 생명으로 부풀어 오른다. 야외로 나가서 무엇인가를 탐색하고, 하이킹을 하고, 가파른 절벽을 기어오르고, 여기저기 마음대로 돌아다니고, 바람 속을 자유로이 떠돌고 싶은 충동을 억제하기는 참으로 힘들다. 이럴 때 우리의 마음은 노래를 부르고 싶고, 눈빛은 가벼운 흥분을 반짝인다. 근육이 불끈 솟아오르고, 온 몸이 활기차게 용솟음친다.

비록 잘 알아차리지는 못하지만, 부지불식간에 우리 자신도 부활의 생명으로 다시 태어나고, 기운을 차리고, 심기일전하게 된다. 겨울이 지나고, 어둠도 사라지고, 대지를 따뜻하게 비춰주는 태양 아래서 추위도 녹아 버렸다. 마침내 우리는 자유, 자유, 자유를 되찾았다.

_ W. 필립 켈러 「내 영혼의 노래」

Note.

진실한 기도는 즉흥적 충동에서 얻을 수 없고 생애의 자세로부터 얻어진다

0313
하나님의 은총을 구하며

"만일 우리가 우리 죄를 자백하면 그는 미쁘시고 의로우사 우리 죄를 사하시며 우리를 모든 불의에서 우리를 깨끗하게 하실 것이요"(요한1서 1:9)

기도 없이 사는 것은 가장 저주스러운 일이요, 말할 수 없이 어리석은 것이다

훈련이라면 어떤 것이든 잘 견디어낼 자신이 있는 나는 적절하게 훈련을 조정할 수 있는 능력이 있다. 하나님의 은총에 관한 한 내가 조정할 수 있는 것이 과연 있을까? 그렇지 못하다. 구체적인 사례들이 있어야 내 말을 믿겠는가? 숱한 예화들을 다 들을 수 있을 만큼 당신은 시간이 충분한가?

시편 저자인 다윗은 밧세바가 목욕하는 광경을 훔쳐보는 관음증 환자가 되었으나, 하나님의 은총으로 다시금 이전의 신실한 자신으로 되돌아갔다.

예수의 수제자인 베드로는 한 때 스승을 배반하였으나, 은총의 힘에 의해 예수를 증거하는 자가 되었다. 세리였던 삭개오는 도둑이나 다름없었다. 그의 삶에서 깨끗한 부분이라면, 그가 세탁한 돈뿐이었다. 그러나 예수께서는 그에게도 은총을 구할 시간을 허락하셨다.

십자가 위의 강도는 또 어떠했는가? 잠시 후에 처형당하여 지옥으로 떨어질 운명에 처한 그였지만, 예수님께서 은총을 간구함으로써 다음 순간에 천국을 보장 받고 미소 지으며 죽을 수 있지 않았던가.

이같은 이야기는 얼마든지 있다. 기도의 예는 끝이 없고, 기도의 응답으로 주어진 놀라운 사건들도 끝이 없다. 하나님은 우리를 집밖으로 쫓아내는 방법보다는 집으로 데려갈 방법을 더 많이 찾고 계신 것이다. 은총을 찾아 하나님께 나아간 자 가운데서 그 은총을 받지 못한 사람이 과연 있을까?

_ 맥쓰 루카도 「하나님께서 당신의 이름을 부르실 때」

0314
영광의 끝자락

"너희가 먹든지 마시든지 무엇을 하든지 다 하나님의 영광을 위하여 하라"(고린도전서 10:31)

Note.

백년을 살 것처럼 일하고 내일 죽을 것처럼 기도하라

내 서재에는 액자가 하나 걸려 있다. 그것은 지금으로부터 수세기 전의 옷차림을 한 켈트족 여인을 소재로 한 목판화다. 그림 속의 여인은 마룻바닥을 닦다가 잠시 멈추고서, 촛불을 켜들고 몸을 굽힌 채 바닥을 열심히 살펴보고 있다. 이 그림은 예수께서 말씀하신 '잃어버린 동전'의 비유를 형상화한 작품이다. 그림 바로 옆에는 에스더 드 왈의 말이 적혀 있다: '이 여인은 세속적인 일을 하나님의 영광의 끝자락으로 변화시켰다.'

초창기의 켈트족 기독교도들은 삶의 모든 국면들이 하나로 연결된다고 믿었다. '성'과 '속'을 구분하지 않았던 그들은 모든 활동들을 위해서 밤낮으로 기도했으며, 그들의 일상은 하나님의 영광의 빛으로 늘 충만했었다. 이 그림은 하나님의 거룩함을 바라보며, 그의 영광 가운데 안식하기 위한 것은 오직 하나, 기도뿐이라는 사실을 상기시켜준다.

"아무것도 염려하지 말고 오직 모든 일에 기도와 간구로 너희 구할 것을 감사함으로 하나님께 아뢰라. 그리하면 모든 지각에 뛰어난 하나님의 평강이 그리스도 예수 안에서 너희 마음과 생각을 지키시리라." (빌립보서 4:6-7)

_ 해리엇 크로스비 「가정이라 불리는 곳」

0315
하나님의 뜨거운 물

"평안을 너희에게 끼치노니 곧 나의 평안을 너희에게 주노라
내가 너희에게 주는 것은 세상이 주는 것과 같지 아니하니라"
(요한복음 14:27)

Note.

지나친 사랑이 없는 것처
럼 지나친 기도란 없다

나는 최근에 전 세계적으로 유명한 건포도 도시, 캘리포
니아 주 디뉴버에서 열린 건포도 축제에서 연설을 하게 되
었다. 그 덕분에 건포도에 대하여 몰랐던 상식을 알게 되었
을 뿐만 아니라, 수분이 적당하고 달콤한 건포도를 만드는
전 과정을 지켜 볼 수 있었다.

좋은 건포도를 만들기 위해서 제일 먼저 할 일은 캘리포
니아 산 최우량 포도만을 선택하는 일이다. 그 다음에는 포
도를 '스파 요법'으로 처리하는데, 이것은 포도를 뜨거운
물에 푹 담그고 나서 24시간 동안 따뜻한 공기를 쏘이며 건
조시키는 과정이다. 마지막으로 건포도를 식힌 후, 다시 한
번 따뜻한 물로 조심스럽게 씻는다. 그 후에 적당한 크기로
포장되는 것이다. 수분이 적당하고 통통한 건포도를 만들기
위해서는 맨 처음 과정부터 서서히 식히기, 그리고 다시 한
번 가열하는 이 모든 공정을 매우 정성스럽게 해야만 한다.

당신은 어떤지 잘 모르겠지만, 나로서는 쭈글쭈글한 자두
같이 인생을 마감하고 싶은 생각은 추호도 없다. 이따금 상
자 밑바닥에서 발견되곤 하는, 말라 비틀어지고 딱딱하게
굳어버린 건포도 같이 끝내고 싶지도 않다. 나는 하나님께
서 주시는 것이면 뜨거운 물이라도 기꺼이 받을 것이다. 하
나님께서는 내게 그것이 필요하다는 것을 아시고 주시는 것
이기 때문이다. 그 물에 나를 담그고 난 후 나 자신조차 미처
알지 못했던 아름다운 성품들, 예컨대 용기, 위엄, 남을 불쌍
히 여기는 마음 같은 것들을 끄집어내게 되는 것이다.

_ 바바라 존슨 「터져 나오는 기쁨」

0316
지속적인 기도

"너희가 기도할 때에 무엇이든지 믿고 구하는 것은 다 받으리라"(마태복음 21:22)

하나님께서는 우리의 환경을 바꿀 수도 있지만 때때로 하나님에 대한 믿음과 더불어 변화를 바라는 간절한 욕구를 나타내 보일 때까지 기다리신다. 어떻게 하면 하나님께서 약속하신 모든 것들을 받기 원하는 간절한 마음을 나타내 보일 수 있겠는가? 유일한 길은 끊임없이 기도하는 일뿐이다. 우리가 진정으로 변화를 바랄 때 그것을 하나님께 아뢰고, 그 변화에 대한 하나님의 뜻을 묻고, 그리고 나서는 기도가 응답될 때까지 지속적으로 진지하게 기도하는 것이다.

한국 교회는 전 세계적으로 기도하는 교회로 잘 알려져 있다. 한국 기독교인들은 특별한 장소를 정해서 여러 날, 여러 주, 심지어는 여러 달 동안 집중적으로 금식하고 기도한다. 문자 그대로 수백 명 또는 수천 명이 매일 이른 아침 새벽기도에 참석하는 것이다. 한 번은 어떤 한국 여인이 매일 새벽기도를 나올 때마다 남편의 구두를 한 켤레 가져다가 신도석 앞에 놓고 기도를 드리는 것이었다. "주님, 여기 제 남편의 구두가 있습니다. 언젠가는 남편이 이곳에 반드시 나와서 이 구두를 신게 되리라 믿습니다." 그녀가 이렇게 기도 모임에 구두를 가져오는 용감한 행동을 하기 시작한 때로부터 일 년 후, 그 구두는 신겨졌다. 그녀의 남편이 교회에 나와서 예수 그리스도를 주님과 구세주로 믿게 되었기 때문이다.

당신은 오늘 주님 앞에 누구의 '구두'를 들고 나왔는가?

_ 앤 그레이엄 러츠「하나님 이야기의 영광스런 새벽」

> **Note.**
>
> 하나님은 그대가 원하는 것을 주시든지 아니면 더 나은 것을 주시든지 둘 중 하나를 택하실 것이다

0317
안식일의 주인

"새 노래 곧 우리 하나님께 올릴 찬송을 내 입에 두셨으니"
(시편 40:3)

Note.

하나님과 교제하지 않으
면 그 자리에 종교 행위
가 대신 자리 잡는다

또 한 주일이 정신없이 지나갔다. 집안도 말끔히 청소해야 하고, 가족들에게는 언제나 영양가 풍부한 맛있는 음식을 제공해야 하고…. 직장 생활을 하거나 전업 주부이거나 여성의 일이란 참으로 고달프다. 가끔 일상을 떠나 여행이라도 한 번 훌쩍 가보고 싶을 것이다.

"이 많은 일들을 혼자서 어떻게 다 하냐구!" 샤워를 하는 동안 '나만의' 행복을 절반쯤 맛보면서 아마도 물소리보다 더 크게 이렇게 외친 적이 한두 번이 아닐 것이다.

물론 다 할 수는 없다. 하나님께서 이미 그것을 알고 계셨다고 생각하지 않는가? 하나님은 바로 그 때문에 안식일을 창조하셨다. 월요일이 되면 또다시 허둥지둥 이리 뛰고 저리 뛰어야 하는 분주한 삶이 되풀이 된다. 그러나 단 하루 동안만이라도 하나님 앞에서 심호흡을 하며 지혜롭게 보낸다면, 한 번에 하루씩은 충분히 감당해낼 수 있을 것이다.

하나님께 이르는 통로가 막히는 경우, 우리는 마음 속 조그만 교회에서 무릎을 꿇어야 한다. 성서에서는 안식일의 의미를 다음과 같이 규정한다. 1)복되고 거룩한 휴식의 날('행복하고' '구별된' 날을 뜻함). 2)구원의 날(우리 모두 이 날이 필요하다!). 3)기쁨의 날(당신은 속박으로부터 벗어나지 않았는가?). 4)우리를 위해 준비된 날. 그리스도는 안식일의 주인이시다. 그분께서는 이 날이 휴식과 평화와 치유의 날이 되기를 바라신다.

_ 쥰 매스터스 배쳐 「평온한 마음」

0318

호 10:12

묵은 땅을 기경하라

할렐루야

사랑하는 성도여러분! 이제 농부들이 바쁜 농사철이 다가왔습니다. 농부들이 정성을 다해 농사를 지어 가을에 많은 곡식을 추수하듯이 여러분의 삶 속에도 추수의 결실들이 많이 맺어지기를 주의 이름으로 축원합니다. 농사짓는 농부들의 말에 의하면 농사를 잘 짓기 위해서는 몇 가지 조건이 있다고 합니다. 종자가 좋아야 하고, 정성어린 수고가 있어야 하고, 적당한 물과 바람, 햇빛이 있어야 한다고 합니다. 그러나 무엇보다도 중요한 것은 땅이라고 합니다. 공기가 잘 통하는 좋은 땅이라야 많고 좋은 열매를 거둘 수 있다는 것입니다. 영적인 것도 마찬가지입니다. 영적인 좋은 땅, 곧 심령의 밭이 좋아야 영적인 축복을 받을 수 있는 것입니다. 그러므로 여러분의 묵은 땅, 묵은 심령을 기경하시기 바랍니다. 여러분의 잘못된 습관들, 교만하고, 게으른 여러분의 심령을 성령이 잘 통하는 좋은 땅으로 기경하셔야 합니다.

첫째, 우리의 묵은 땅을 기경해야 합니다. 심령을 기경할 가장 좋은 때는 바로 지금입니다. 우리의 심령 속에 우거진 가시덤불을 걷어내고, 심령의 밭을 갈아 눕혀, 의를 심고, 복음의 씨를 심을 때가, 바로 이때라는 것입니다. 그래서 찬송가에도 "내가 주께로 가오니"

라고 했습니다. 신앙은 과거가 중요한 것이 아니라 오늘이 중요합니다. 여러분의 심령을 갈아 눕혀 의의 씨를 뿌리고, 은혜를 받아야 할 때가 바로 지금인 것을 믿으시고 지금 회개하고, 은혜 받고 성령 충만하시기를 축원합니다.

둘째, 지금이 씨를 뿌려야 할 때라는 것입니다. 씨는 봄에 뿌려야 하는 것처럼 영적인 씨앗을 뿌리는 것은 지금 영혼의 봄날에 뿌려야 한다는 것입니다. 지금 많이 심으면 많이 거둘 것이지만 적게 심으면 적게 거둘 것입니다. 주님 없는 인생은 성공한 것 같으나, 실패의 인생입니다. 이제부터 인생의 묵은 땅을 주님과 함께 갈아엎고 씨를 뿌림으로 성공자들이 다 되시기를 축원합니다.

셋째, 마침내 여호와께서 임하사 의를 비처럼 너희에게 내려주신다고 했습니다. 사랑하는 성도 여러분, 우리가 주님을 찾으면 주님은 우리를 만나 주십니다. 여러분이 하나님 앞에 가까이 나가면 하나님께서 의를 비처럼 내려주시겠다고 하셨습니다. 여러분이 최선을 다하면 하나님께서 여러분 인생을 반드시 보상하시고 축복해 주실 것입니다. 은총을 베푸시되 최소한 30배, 60배, 100배로 축복 주시겠다고 말씀하셨습니다. 여러분, 모두 하나님 앞에서 100배의 열매를 맺는 믿음을 가지시기를 주의 이름으로 축원합니다

0319
나의 정원

"오직 나는 여호와를 우러러보며 나를 구원하시는 하나님을 바라보나니 나의 하나님이 나에게 귀를 기울이시리로다"(미가 7:7)

하나님, 여기가 저의 정원입니다. 당신께서 만들어 주신 저만의 조그맣고 소중한 땅입니다. 이제 그 땅을 파고 괭이질하고 고를 것이며, 봄의 향기 그윽하고 촉촉한 흙의 시원한 감촉을 느껴 보렵니다. 정원의 흙덩어리들을 잘게 부술 때마다, 그리고 이 조그만 씨앗들을 검은 흙 속 깊이 밀어 넣을 때마다 하나님, 당신을 발견하게 될 것입니다.

말없는 토양의 감촉이 저를 얼마나 기쁘게 하는지 아십니까? 토양은 보이지 않는 무언의 장엄함을 그 속에 품은 채, 저의 작은 제물들(이 조그만 식물들, 꽃꽂이 하려고 잘라놓은 나무 가지들, 정말 조그만 씨앗들)을 받아줍니다. 그 앞에서 제 마음은 경건해지고, 즐거움과 겸손함으로 가득 넘칩니다. 머지않아 토양이 가져올 기적에 비하면, 저의 능력이란 것이 정말로 보잘 것 없습니다. 제가 보탤 수 있는 것은 정말 미미하기 짝이 없습니다. 땅은 저의 근심 어린 노력도, 어리석은 희망도 다 거절할 것입니다. 그러나 저도 한 가지는 할 수 있습니다. 행복한 인내입니다. 오직 주께 의지하고 기다리라고 성경에서 말씀하셨듯이 기다리는 일입니다.

언제나 그랬습니다. 인내하는 동안 창조의 은밀하고도 힘있는 작업이 시작되었으며, 머지않아 식탁에 올릴 양파와 상추며, 손질을 기다리는 관목 숲, 그리고 각양각색의 향기로운 꽃들의 향연과 같은 기적들이 눈앞에 펼쳐지곤 했었습니다.

_ 마져리 훌름스 「주님, 사랑하게 하소서」

0320
근심이라는 역병

"여호와께서 이르시되 내가 친히 가리라 내가 너를 쉬게 하리라"(출애굽기 33:14)

"근심은 흔들의자에 앉는 것과 같아서 우리에게 무엇인가 할 일은 주지만, 우리를 아무 곳에도 데려가지 못한다"고 밴스 해브너는 말한다. 인류의 역사가 시작된 이래 근심과 걱정은 인간을 따라 다녔으며, 현대인 역시 모든 첨단 기술을 갖고서도 근심이라는 역병의 치료법을 아직 찾아내지 못했다.

내과 의사들의 보고서에 의하면, 모든 질병의 70%는 마음의 병이며, 근심이나 낙담들이 그 원인이고, 정신과 의사들은 근심이 신경쇠약과 정신병의 원인이 될 수 있음을 경고한다.

그렇다면 이 문제의 해답은 어디에서 찾을 수 있을까? 찬송가 작사자인 에드워드 헨리 비커스테쓰는, "죄로 물든 어두운 이 세상에서 평화, 완전한 평화를 바라는가? 예수의 피가 우리의 마음속에서 평화를 속삭인다."라고 하였다.

그 날, 바다에서는 산더미 같은 파도가 일어 바위들을 사정없이 강타하고, 하늘에서는 번개가 번쩍이고, 천둥이 포효하고, 바람은 거세게 불어오고 있었다. 그런데 조그만 새 한 마리가 바위의 후미진 곳에서 머리를 날개 밑에 편안히 넣은 채 곤히 잠자고 있었다. 평화란 바로 그런 것이다. 폭풍 속에서도 잠들 수 있는 것! 그리스도 안에 있으면, 우리는 이 세상의 어떠한 혼란과 당혹스러운 난국 가운데서도 편안할 수 있고, 평화를 간직할 수 있게 된다. 폭풍우는 휘몰아치지만, 마음은 안식을 누리는 것이다.

_ 빌리 그레이엄 「동산에 이르기까지」

0321
사랑의 향기

"선을 행하는 자는 하나님께 속하고 악을 행하는 자는 하나님을 뵈옵지 못하였느니라"(요한3서:11)

Note.

   내가 소중하게 여기고 아끼는 친구들 중에 혼자되신 할머니 한 분이 계신다. 그 분은 시내의 아주 초라한 양로원에서 사신다. 그 주변은 하루 종일 자동차와 보행자들로 혼잡을 이루어 잠시도 소음이 끊이지 않는다. 할머니가 걸어 다니는 복도는 희미하고 너무도 어두워서 희망이라고는 한 가닥도 남아 있지 않은 것 같다. 할머니의 조그만 방은 좁은 감방과도 흡사하다.

   그러나 이처럼 황폐한 곳에 살면서도 이 자애로운 할머니는 만나는 모든 이들에게 향기를 풍기며 살아간다. 할머니는 매일 즐거운 마음으로 양로원을 나와 길가에 버려진 꽃이며 나뭇가지들, 심지어 방안을 꾸밀 잡초까지 줍는다. 이것들을 모아서 할머니는 병원에 입원한 환자들이나 무의탁 노인들을 찾아 나선다. 할머니의 자그마한 체구는 언제나 웃음과 즐거움, 그리고 하늘에 계신 아버지를 사랑하며 그와 동행하는 자만이 지닐 수 있는 유쾌한 낙천주의로 가득 넘친다. 이 조그만 성자의 영혼과 정신에서 뿜겨져 나오는 인자한 사랑은 하늘의 빛나는 태양 빛, 별들의 경이로움, 꽃들의 향기, 긴장을 완화시켜 마음을 치유하는 나무와 풀을 닮았다.

   할머니가 가는 곳이면 어디서나 희망과 유쾌함과 미소를 발견하게 된다. 그의 소박한 삶을 통해서 주변에 언제나 그리스도의 인격과 하나님의 영광이 밝게 빛나는 것이다.

   _ W. 필립 켈러 「내 영혼의 노래」

어려울 때의 기도가 최고의 기도다

0322
한 번에 하루씩

"구하기 전에 너희에게 있어야할 것을 하나님 너희 아버지께서 아시느니라" (마태복음 6:8)

여러분은 미래를 알 수 없도록 감추신 하나님께 감사드린 것이 언제인가? 하나님이 우리에게 해 주신 많은 일들 중 가장 좋은 것 하나는 우리가 미래를 알지 못하도록 하신 것이라고 나는 확신한다. 우리에게 닥쳐오리라는 것을 미리 알았더라면 염려하지 않을 수 없었을 수많은 것들, 그러나 실제로는 우리가 알지 못했기 때문에 염려에서 벗어날 수 있었던 많은 일들을 생각해 보라.

분명한 사실은 하나님은 결코 변하지 않으신다는 것이다. 그러나 우리는 확실히 변한다. 우리가 사는 곳도, 사람들도 변한다. 친구들도, 직업도 변한다.

여러분의 가정에서도 온갖 것들이 변한다. 전혀 뜻하지 않게 아이들이 태어나는가 하면, 부모들은 다 자란 자녀들이 하나님과 동행하지 않기 때문에 마음이 상하기도 한다. 또 부모나 자녀의 죽음에 엄청난 슬픔을 겪기도 한다. 우리의 건강도 변한다. 삶에 수반되는 여러 시험들은 또 어떤가? 지난 5년간 여러분이 겪었던 일들을 한 번 돌이켜 보라. 그 일들을 하나님께서 미리 알려 주시지 않은 것이 기쁘지 않은가? 하나님께서 여러분의 삶을 미리 외상으로 주시지 않은 것이 기쁘지 않은가? 그 대신 우리는 한 번에 하루씩 삶을 얻게 된다. 그것이 하나님께서 삶을 분배하는 방식이다. 그는 결코 변하지 않으시며, 모든 일이 협력하여 선을 이루는 것을 아시기 때문이다. 그러나 여러분과 나는 모른다.

_ 찰스 스윈돌 「열정과 숙명의 사람, 다윗」

117

0323
죄의 얼룩

"주의 백성의 죄악을 사하시고 그들의 모든 죄를 덮으셨나이다"(시편 85:2)

Note.

매일의 양식을 위해 감사 기도를 해야 할 뿐 아니라 날마다 시련을 위해서도 동일한 기도를 해야 한다

최근에 생산되는 자동차의 새 모델에는 대부분 자동 경보 장치가 부착되어 있다. 성능이 좋은 것일수록 우리를 더 성가시게 할 수 있다. 행인들이 차에 가까이 접근하거나 약간 스치기만 해도 고막을 찢을 듯한 경보가 울리고 불빛이 번쩍이기 때문이다. 하지만 혐오스러울 정도로 민감한 경보장치는 도난 방지용으로 일부러 그렇게 만들어진 것이다.

하나님은 우리의 삶에 죄가 들어오지 못하게 막기 위해서 우리 안에도 그 장치를 설치하셨다. 그 경보 장치는 '죄의식'이라고 불린다. 죄의식은 우리의 친구인 셈이다. 그것이 없다면 우리가 계속 죄를 범하여 죄에 의해서 완전히 지배당하고 파멸하는 지경에 이를지도 모르기 때문이다.

끝없이 쾌락을 추구하고, 어떤 일도 저지를 수 있고, 내 기분만 좋으면 그만인 우리 사회에서 죄의식은 배척받아 마땅한 골칫거리일 뿐이다. 사람들은 도피의 방법으로 광란의 축제를 벌이고, 술을 마시거나 마약의 힘을 빌리고, 대중오락에 빠지고, 심리치료사에게 호소하는 등 온갖 방법을 다 동원해 보지만, 결코 죄의식으로부터 해방될 수는 없다.

죄의식은 마치 아무리 여러 번 세탁기를 돌리고 아무리 좋은 세제를 사용해서 지우려고 해도 조금도 지워지지 않는 옷의 얼룩과도 같은 것이다. 하나님 앞에서 우리의 죄와 죄의식을 '씻어 버리는' 유일한 방법은 예수 그리스도의 보배로운 피 뿐이다.

_ 앤 그레이엄 러츠 「하나님 이야기의 영광스런 새벽」

0324
정원 속의 고독

"하나님이여 나를 살피사 내 마음을 아시며 나를 시험하사 내 뜻을 아옵소서"(시편 139:23)

Note.

내 비결은 간단하다. 기도하는 것이다

내 친구 중 한 명은 이따금 지나간 날들을 돌이켜 본다. 특별히 중요했던 순간들을 기억해 내고는 잠시 그 순간들을 음미해 보곤 하는데, 이처럼 지나간 일들을 되돌아보는 것이 정신 건강에 도움이 된다고 한다. 낮에 시간이 허락하지 않다면 밤에라도 틈을 낸다는 것이다.

그리스도께서 삶 전체를 맡기고, 주님 안에서 삶을 깊이 있게 살아가려는 사람들에게 있어서 명상의 시간은 정말 필요하다. 말하자면, 우리는 종종 주님과 단 둘이 고요한 정원에 앉아서 일상의 장면들을 그분께 보여 드리고, 이야기를 나누어야 한다는 말이다. 그 하나하나의 의미가 무엇이며 그것을 통해서 주님께서 우리에게 전하고자 한 메시지는 어떠한 것인지를 알아보아야 하기 때문이다.

내 말의 요지는 이것이다. 우리가 야단법석을 떨며 소란을 피우며 정신없이 복잡한 일상 속에서 반성의 시간을 갖지 않고, 따라서 하나님의 음성을 듣지 못하고 살아간다면, 우리는 그 자체만으로도 크나큰 선물인 하나님이 임재하심, 그리고 우리가 이 땅에 살아 있기 때문에 주어지는 그분의 또 다른 선물들을 놓치게 된다는 것이다. 하나님과 나만의 고요한 시간을 갖지 않는 한 우리는 참으로 피폐해질 수밖에 없는 존재이다.

_ 레슬리 윌리엄스 「한 밤의 고루」

0325 고전 15:54~58
부활의 신앙의 승리

할렐루야

사랑하는 성도 여러분,

모든 성도들에게 하나님은 함께하실 것이며, 오늘도 승리한 여러분은 하나님의 도우심을 약속 받은 줄 믿으시기 바랍니다. 임마누엘의 축복이 여러분의 모든 인생가운데 충만하시기를 주의 이름으로 축원합니다.

우리의 구주 예수님께서 이천 년 전에 우리를 위해 부활하시고 그부활의 능력을 우리에게 허락하셨습니다. 누구든지 예수님의 부활의 신앙을 믿고 의지한다면 이 세상에서 승리의 삶을 살 수 있을 것입니다.

예수님은 죽어 장사 지낸지 사흘 만에 사망 권세를 이기시고 승리한 줄 믿으시기 바랍니다. 무덤 문을 박차고 승리하셨습니다. 여러 가지 면에서 예수님의 부활은 위대한 승리요, 역사상 가장 통쾌한 승리입니다.

그러므로 부활은 기독교의 중심이 되며 교회의 중심 사건이 됩니다. 그러므로 부활의 확실한 신앙을 가지면 어떤 환경이나 역경 속에서도 능히 승리할 수 있는 줄 믿으시기 바랍니다.

첫째, 부활 신앙은 마귀를 이기는 능력입니다.

둘째, 부활신앙은 선이 악을 이긴 승리입니다.

셋째, 부활신앙은 진실이 거짓을 이기는 승리입니다.

넷째, 부활신앙은 사랑이 미움을 이기는 승리입니다.

다섯째, 부활신앙은 고난을 이기는 능력이 있습니다.

여섯째, 부활신앙은 생명이 사망을 이기는 승리입니다.

주님께서 사망 권세를 이기시고 부활하심으로 부활하신 주님을 믿는 모든 성도들도 영생을 얻고 장차 부활하게 될 줄 믿으시기 바랍니다. 또한 예수를 믿고 구원받아 부활 신앙을 가진 사람은 죽음이 두렵지 않습니다. 주님의 부활 신앙이 이번 다니엘 기도를 통해 모든 문제와, 흑암의 권세로부터 승리하는 역사가 충만하시기 바랍니다.

사랑하는 성도 여러분,

우리들도 예수님께서 죽음을 이기시고 부활하여 승리하신 것처럼 여러분은 부활 신앙을 가져 가정과, 직장과, 사업과 모든 인생과 삶에 승리하기를 주님의 이름으로 축원합니다.

0326
삶의 양탄자

"주는 나의 은신처요 방패이시라 내가 주의 말씀을 바라나이다"(시편 119:114)

내 삶에는 행복만이 아니라 슬픔도 깃들여 있다. 달콤하고도 슬픈 추억 어린 감정의 순간들로 밝고도 다채로운 인생의 양탄자가 탄탄하게 짜여져 있다.

행복한 순간들은 영혼을 따뜻하게 비춰주는 햇빛을 받아 반짝이는 금실로 짜여져 있다. 밝고도 아름다운 그 무늬는 우리 자녀들과 손자들이 만든 것인데, 그 반짝이는 금실 때문에 양탄자가 돋보인다. 양탄자의 현란한 아름다움을 다소 누그러뜨리는 검고 암울한 뻣뻣한 실 부분은 우리가 역경을 견디는 동안 짜여진 것이다.

이 양탄자의 어떤 부분은 벌써 해져서 실이 풀리기도 하고 더러는 아예 실이 끊긴 곳도 있다. 그렇지만 양탄자는 멀쩡하다. 사랑처럼 우리 눈에는 보이지 않지만, 영원한 팔과도 같이 튼튼한 실들이 약한 실 사이에 끼어 있어 그 부분들을 지탱해 주기 때문이다.

지나간 시절을 회고하자면, 우리 가족이 어떻게 기쁨과 슬픔, 그리고 좋았던 때와 힘들었던 때를 함께 수놓아 왔는지, 어떻게 성공을 기리고 어려울 때는 또 어떻게 서로 격려했었는지 생생하게 떠오른다. 그리고 우리가 삶의 양탄자에 코를 새로 만들거나 매듭을 지을 때는 언제나 하나님의 손길이 우리와 함께 하셨음을 보는 것이다.

_ 바바라 존슨 「여성으로 살아가며」

Note.

우리들이 기도할 때 쏟는 정성만큼 삶에서도 그렇게 노력하지 않는다면 헛수고에 그칠 뿐이다

0327
내면의 아름다움

"주는 나의 은신처요 방패이시라 내가 주의 말씀을 바라나이다"(시편 119:114)

위대한 도공이신 하나님께서는 그의 목적에 맞도록 우리를 빚으신다. 이는 우리로 하여금 스스로의 아름다움, 지적인 능력, 학력과 업적 등을 자랑하지 못하게 하기 위해서다. 우리의 모습이 세상에 드러날 때 그것을 지켜보는 이들로 하여금 우리 자신보다는 우리를 통해서 일하시는 하나님의 능력을 보고 그에게 찬양을 드리게 하기 위해서인 것이다.

제2차 세계대전 당시에 나는 마음이 올바르기만 하다면, 외양이라는 것이 얼마나 대수롭지 않은가 하는 것에 대하여 큰 경험을 하였다. 시카고에서 캘리포니아로 가는 비행기에서 내 옆에 루즈벨트 대통령의 부인인 엘리노어 루즈벨트 여사가 자리하게 되었다. 헐리우드의 영향을 너무 많이 받은 탓에 그녀를 처음 보자, 너무 못생겼다는 생각을 했다. 나와 그녀는 대화를 시작했고 그녀는 내게 여러 가지 궁금한 것들에 관하여 묻기 시작했다. 우리가 대화하는 동안 나를 응시하던 그녀의 눈빛이 너무도 따사롭고 관심 어린 애정으로 가득 차 있어서 나는 나도 모르는 사이에 그 눈빛에 압도당했다. 그녀의 부드러움과 타인에 대한 진정한 관심이 그대로 나에게 전해졌기 때문이다. 이제 그녀는 더 이상 "매력 없는 못 생긴 여자"가 아니었다.

그 때 마침 나는 기도서를 읽고 있었기에 그 책 속표지에 그녀의 싸인을 요청했다. 이렇게 해서 그녀는 내가 평생 싸인을 요청했던 두 사람 중의 하나가 되었다.

_ 데일 에반스 로저스 「도공의 손에」

123

0328
왜곡된 진리

"여호와를 의뢰하여 선을 행하라 땅에 머무는 동안 그의 성실을 먹을거리로 삼을 지어다"(시편 37:3)

Note.

기도가 틀림없이 실현될 것이라는 굳은 믿음으로 기도할 때에야 긍정적 결과를 기대할 수 있다

단 하루도 빠짐없이 매일 거짓말을 하는 세상에 우리는 살고 있다. 우리는 진리의 원천에 등을 돌린 세상에 살고 있기 때문이다. 매일 여성들은 사랑 받기 위해서는 아름다워야 한다는 말을 귀가 따갑도록 들으면서 살아간다. 외적인 용모야말로 지속적이고도 만족스러운 인간관계를 가능하게 하는 매체라는 것이다. 또한 그러한 견해가 옳지 않다고 생각하면서도 그 말에 영향을 받지 않고 살아갈 수 있는 여성은 극히 드물다.

세상의 거짓말이 거듭되는 동안 우리는 차츰 지치게 되고, 어느 사이에 거짓말들이 우리의 생각을 조금씩 좀먹게 되는 것이다. 게다가 거짓말에 노출되어 살아간다는 사실을 항상 의식하고 있는 것도 아니다. 오히려 우리의 의사결정과 태도의 바탕을 이루는 사회적 편견들을 의식하지 못하면서 살아가는 편이다. 그럼에도 불구하고 거짓말들이 점차 확고부동한 위치를 점하게 되어 급기야 가치판단의 기준이 되기까지 한다.

진리가 왜곡되는 문제의 심각성은 그것이 결국 우리의 행동에 영향을 끼친다는 데 있다. 이러한 때 우리의 행동을 바꿀 수 있는 것은 신앙 밖에 없다. 믿음이 행동을 지배하기 때문이다.

— 앤디 스랜리 「바위처럼」

0329
기도는 간청이다

"너희가 내 이름으로 무엇을 구하든지 내가 행하리니 이는 아버지로 하여금 아들로 말미암아 영광을 받으시게 하려 함이라"(요한복음 14:13)

얼마나 자주 예수께서는 덩치가 우람하고 건장한 제자들에게 "애들아, 내 말을 들어 보렴"이라는 애정 어린 말투로 가르침을 시작하셨던가. 예수는 제자들을 어린아이들처럼 대하셨는데 어린아이들의 특성 중 하나는 '단순히 요구하는 것'이다.

어린아이는 필요한 것이 있으면 망설이지 않고 선뜻 부모에게 요구함으로써 아버지와 어머니에 대한 자연스럽고도 정당한 신뢰뿐만 아니라 스스로의 무능함까지도 무의식적으로 드러낸다. 우리 역시 하나님께 필요한 것들을 즉시 요청함으로써 그와 올바른 관계를 맺게 된다.

이것은 하나님께서 우리가 필요로 하는 모든 부와 자원들을 소유한 창조주이시며 우리는 도움이 필요한 피조물임을 고백하는 행위를 나타낸다. 이럴 때에는 간절하고도 공손히 요청하는 자세여야 함에도 불구하고 우리는 그렇지가 못하다. 자존심이 상하게 되고, 하나님 앞에서나 다른 사람 앞에서나 우리의 존재가치와 품격이 저하된다고 여기는 하찮은 이유 때문이다.

하나님께서는 우리가 기도로 구하기를 강권하신다. 그분께서 우리의 형편과 처지를 아셔야 하기 때문이 아니라, 우리에게 기도라는 영적 훈련이 필요하기 때문이다.

_캐더린 마샬 「기도라는 모험」

0330
우리의 유익과 하나님의 영광을 위하여

"허물의 사함을 받고 자신의 죄가 가려진 자는 복이 있도다"
(시편 32:1)

Note.

기도는 하늘의 수레이며
근로는 지상의 수레이니
둘 다 행복을 가져온다

낚시를 즐겼던 한 무리의 스코틀랜드 남자들 사이에는 매우 잘 알려진 이야기가 하나 있다. 낚시를 끝낸 어느 날 저녁 그들은 조그만 찻집에서 차를 마시고 있었다. 낚시꾼 중 한 명이 자기가 낮에 놓쳐 버린 물고기의 크기에 대해 장황하게 설명을 늘어놓다가 차를 나르던 웨이트리스와 부딪쳤다. 그의 손이 찻잔에 부딪치는 순간 하얗게 단장된 벽에 다갈색 물이 마구 튀어 버렸다. 그러자 갈색 얼룩이 벽 전면으로 퍼져 나갔고, 그는 당황해서 거듭거듭 사과만 되풀이하고 있었다.

그 때 다른 테이블 손님 한 명이 자리에서 일어나, "걱정 마십시오."라고 말한 후 주머니에서 펜을 꺼내어 갈색 얼룩 주위에 그림을 그리기 시작했다. 잠시 후 벽에는 머리에 커다란 뿔을 단 멋진 숫 사슴이 나타났다. 그 화가는 영국에서 가장 으뜸가는 동물화가, 에드윈 랜씨 경이었던 것이다.

이 이야기를 통해서 나는 우리가 죄뿐만 아니라, 실수마저도 하나님께 고백하면 하나님은 그것들을 가지고 우리에게는 유익하고 하나님께는 영광이 되는 무엇인가를 만들어 내신다는 사실을 깨닫게 된다.

_ 빌리 그레이엄 「동산에 이르기까지」

0331
마음의 고향

"그리스도의 평강이 너희 마음을 주장하게 하라 너희는 평강을 위하여 한 몸으로 부르심을 받았나니 너희는 또한 감사하는 자가 되라"(골로새서 3:15)

영혼의 휴식을 위한 장소로서 위대하신 하나님의 집 만한 곳은 없다. 일찍이 다윗은 이렇게 노래했다.

"내가 여호와께 바라는 한 가지 일 곧 그것을 구하리니 곧 내가 내 평생에 여호와의 집에 살면서 여호와의 아름다움을 바라보며 그의 성전에서 사모하는 그것이라

여호와께서 환난 날에 나를 그의 초막 속에 비밀히 지키시고 그의 장막 은밀한 곳에 나를 숨기시며 높은 바위 위에 두시리로다."(시편 27:4-5)

하나님께 무엇이든 단 하나만 구할 수 있다면 여러분은 무엇을 요청하겠는가? 다윗은 그 한 가지에 대하여 말한다. 그것은 즉 하나님의 집에서 '사는 것'이다. 나는 '산다'는 단어를 강조했는데 그 이유는 그 단어가 정말 중요하기 때문이다. 다윗이 원했던 것은 잡담이나, 뒤뜰에서 마시는 커피 한 잔이 아니다. 그는 또한 하나님의 집에서 식사를 한 번 한다거나 하루 저녁을 보내는 것을 구하지도 않았다. 그 대신 하나님의 집으로 이사하여 영원히 거기서 살기를 원한다. 하나님의 집에서 영구적인 자기의 방을 갖기를 바라는 것이다. 하나님의 집에 임시로 거주하는 것이 아니라 그곳에서 은퇴하기를 바라며, 일시적인 피난처가 아니라 평생의 안식처를 구하는 것이다.

_ 맥쓰 루카도 「위대한 하나님의 집」

"마음의 즐거움은 얼굴을 빛나게 하여도
마음의 근심은 심령을 상하게 하느니라"

(잠언 15:13)

내·마·음·의
노·래·하·는·새

마음속에 예수님을 모시고 산다면,
당신의 얼굴은 미소로 가득 하게 된다.
그것은 너무도 당연한 일이다.
우리의 기쁨이 되시는 그분께서 마음속에 계시는 한,
괴로운 일을 당하거나 슬픔 가운데서도 미소 짓고,
무거운 짐을 지고도 웃을 수 있다.
심지어 고통의 자리에 부름을 받는다고 해도
슬퍼하거나 괴로워할 이유가 없다.
우리는
구원의 기쁨을 노래할 수 있기 때문이다.

0401

시 55편 1-8

신앙인의 날개

할렐루야

사랑하는 성도 여러분, 지난 날들을 돌이켜보면 하나님은 은혜가 아닌 게 없고, 하나님이 지켜주시지 않으면 오늘 내가 있을까 돌아보는 주간이었습니다. 그래서 성도는 믿음으로 살아야 합니다. 사람들은 이 세상을 살아가면서 인생 항로가 평탄하기를 원합니다. 순풍에 돛단 듯 풍요롭고 기름진 삶을 갈망합니다. 그러나 우리 인생이 그리 순탄치 만은 않습니다. 이럴 때 답답한 환경 가운데 새처럼 훨훨 날아버리고 싶은 생각이 들 때가 있습니다. 여러분 지금 훨훨 날 수 있습니까? 하나님께서는 우리 믿음의 사람들에게 믿음의 날개를 주셨는데 이것을 사용할 줄 모른다면 이 날개는 붙이고 끌고 다니는 거추장스런 짐이 될 뿐입니다.

첫째, 믿음의 날개를 움직이는 능력이 무엇입니까?
· 기도입니다. 기도는 신앙인의 날개입니다. 하나님이 주신 이 엄청난 믿음의 날개를 기도로 움직이며 사시기 바랍니다.
· 주를 섬김으로 신앙의 날개를 움직일 수 있습니다.
· 신뢰와 순종으로 날개를 움직이십시오.

둘째, 그러면 왜 신앙의 날개를 움직이지 못합니까?
- 신앙의 날개를 움직이지 않기 때문입니다.
- 신앙의 날개를 쓰지 않아 퇴화하면 날지 못합니다.
- 거미줄에 걸리면 날아 갈 수 없습니다.
- 새 덫에 걸리지 말아야 합니다.

셋째, 하나님은 성도들에게 신앙의 날개를 움직여 잘 날아 갈 수 있게 하십니다.
- 성령을 통하여 역사하십니다.
- 하나님은 보다 잘 날 수 있도록 보금자리를 흩으십니다.

우리는 우리에게 닥치는 시련이 나로 하여금 신앙의 날개를 움직이지 않을 수 없게 만드십니다. 이런 점에서 모든 시련을 감사함으로 받아들이시기 바랍니다.

사랑하는 성도 여러분 인생에 힘든 일이 있습니까? 감당할 수 없는 문제가 있습니까? 신앙의 날개를 펴고 주께 날아가 비둘기처럼 슬피 울며 부르짖는 것으로 응답받고, 문제 해결을 받는 복된 성도들이 다 되시기를 축원합니다.

0402
여름철의 연습

"내 마음이 좋은 말로 왕을 위하여 지은 것을 말하리니 내 혀는 필객의 붓과 같도다"(시편 45:1)

일 년 중 가장 축복 받은 계절은 곧 다가올 우리의 모든 수고가 소담스런 결실을 맺는 늦여름이 아닐까… 나는 지금 내 어머니께서 당신 자신을 취한 축복의 노래라고 말씀하셨던 찬송가, '세상 모든 풍파 너를 흔들어…'를 흥얼거리고 있다. 어머니께서 먹음직스런 레몬파이를 만드느라 분주하실 때, 그리고 나란히 심은 양파와 페츄니아가 사이좋게 자라고 있는 정원을 손질하실 때면 늘 그 찬송가를 흥얼거리곤 하셨던 것이다.

"받은 복을 세어 보아라. 크신 복을 네가 알리라. 받은 복을 세어 보아라. 주의 크신 복을 네가 알리라."

여러분은 받은 복을 날마다 세어 보는가? 만약 그렇지 않으면, 이 일이 우리가 할 수 있는 가장 좋은 연습임을 명심하여야 한다. 받은 복을 세어 본다면 얼마나 셀 수 있을까? 주님께서 매일 우리를 위해서 하시는 일들을 헤아리다 보면, 우리는 놀라움을 금치 못한다. 그 때 우리는 세상의 다른 어떤 사람보다도 많은 복을 누리고 있음을 깨닫게 될 것이다.

_ 쥰 매스터스 배쳐, 「여성을 위한 고요한 순간들」

기도하기 전에 반드시 기도가 절실할 것인가 자신에게 물어보라. 습관적인 기도는 참되지 못하다

0403
오지항아리와 장미

"너희는 택하신 족속이요 왕 같은 제사장들이요 거룩한 나라요 그가 소유가 된 백성이니" (베드로전서 2:9)

Note.

기도 그것은 하늘 문은 아니라도 우리를 성령과 기쁨으로 인도하는 열쇠다

우리 집에는 꽃꽂이용 그릇이 두 개 있다. 오래된 오지항아리와 유리를 멋지게 깎아서 만든 예쁜 화병이 그것이다. 가끔씩 장미 꽃 다발을 선물로 받을 때 그 꽃다발을 유리 화병에 꽂으면 꽃과 화병이 모두 화려해서 어느 쪽이 더 예쁜지 잘 모르게 된다. 하지만 오지항아리에 꽂으면 장미꽃의 아름다움이 훨씬 돋보이기 때문에, 보는 이마다 "장미꽃이 정말 아름답군요!"라는 감탄사를 연발하곤 한다.

하나님께서 그의 영광을 더 잘 드러내기 위해서 종종 질 그릇들을 선택하신다. 사실상, 하나님께서는 누구와도 그의 영광을 나누어 갖지 않으리라는 점을 우리에게 분명히 하셨다. 만물 위에 뛰어나신 그분의 이름에 합당한 영예를 받아야 한다는 점을 거듭 강조하신 것이다.

때때로 나는 예쁜 유리 화병이 되어서 사람들의 찬사를 받고 싶을 때가 있다. 하지만 나의 존재가 중요하다면 그것은 하나님께서 나를 선택하셨다는 기적과 같은 사실 때문임을 잊어서는 안 될 것이다. 하나님께서 그의 장미꽃을 나의 꽃병에 담으셨다. 나의 가치는 여기에 있는 것이다. 꽃이 없다면 꽃병은 무슨 쓸모가 있겠는가?

_ 질 브리스코우, 「하나님과 나만의 시간」

0404
너무 많이 들어간 밀가루

"내가 그리스도와 그 부활의 권능과 그 고난에 참여함을 알고
자하여 그의 죽으심을 본받아" (빌립보서 3:10)

우리의 인격이 형성되는 과정을 파이 만드는 과정에 비유
할 수 있다. 파이를 만들 때 우리는 필요한 재료들을 알맞게
섞었다고 생각하지만 사실은 그렇지 못한 경우처럼, 우리의
성품을 결정하는 다양한 특징들이 서로 적절하게 균형을 이
루지 못하는 경우가 있다. 어쩌면 아직 해결되지 못한 문제
로 짓눌린 무의식이 균형 잡힌 인격형성에 방해가 될지도
모른다. 너무 많이 들어간 밀가루가 파이를 망치는 것처럼,
우리의 희망과 꿈과 자아는 파이 재료처럼 커다란 그릇에
담겨져서 마구 뒤섞이고 휘저어진다.

우리가 제대로 된 파이가 되기 위해서는 잘 저어질 필요
가 있다. 그리고 잘 익어야 한다. 또 하나님의 사랑에 해당하
는 오븐의 뜨거운 열기로써 여러 성분이 잘 혼합되어야만
하나님께서 원하시는 사람으로 다시 태어날 수 있다.

하나님이 우리가 세파에 휘둘리고, '뜨거운 열기를 참아
내도록' 내버려두지 않으셨다면, 우리는 제대로 섞이지 않
아 한 데 엉겨 붙어버린 커다란 반죽 덩어리로 남게 될 것이
다. 우리의 이해를 초월하는 평화란, 우리가 걸작품으로서
접시에 담겨지기 바로 직전에 오븐으로부터 조심스럽게 꺼
내어질 때 갖게 되는 느낌 같은 것은 아닐까. 이제 우리는 온
전한 작품이 되었다. 우리 삶의 모든 재료들이 잘 혼합되었
다. 이 때 비로소 우리는 타인을 위해서 사용될 수 있는 준비
를 마치게 되는 셈이다.

_ 레슬리 윌리엄스, 「한 밤의 고투」

기도하고자 하는 불타는
열망이 있어도 스스로 기
꺼이 훈련하지 않으면 곧
기도할 수 없게 된다

0405
기꺼이 하나님의 뜻을 따르는 삶

"마음으로 뜨겁게 서로 사랑하라" (베드로전서 1:22)

Note.

하나님을 경배하는 우리
는 그분의 신비를 껴안아
야 한다

하나님께서는 이 세상의 모든 일을 스스로 하시는 편을
택했을 수고 있었을 것이다. 그렇지만 새는 둥우리를 짓고
알을 낳으며, 벌은 벌집을 만들고, 사람은 반드시 뜻을 세우
고 일을 하도록 창조하셨다.

여기서 우리가 유념해야 할 것은 '기꺼운 자세'이다. 우
리는 "주의 뜻이 하늘에서 이룬 것 같이 땅에서도 이루어지
이다"라고 기도한다. 하나님의 뜻은 하늘에서 언제나 기꺼
이, 기쁘게 이루어진다. 자발적인 순종은 강제적인 행동과
는 매우 다르다. 한 번은 모 대학의 학장이 대학에서 가장 행
복한 학생들은 음악과와 체육과 학생들이라고 말한 적이 있
다. "왜 그렇지요?"라는 나의 물음에, 그는 "그 학생들은 훈
련이 잘 되어 있고, 또 훈련받을 각오가 되어 있으니까요."
라고 대답했다. 필수과목을 수강하는 학생들은 마지못해 강
의실에 앉아 있기 마련이다. 휴게실에 앉아 있는 학생들이
자율적인 행동을 하는 것이라면, 운동선수들이나 음악가 지
망생들은 자신들을 가르칠 코치나 레슨 선생님들의 지시를
따르게 되어 있다. 그들은 기꺼이 지도자의 뜻을 따르며, 또
즐겁게 배우는 것이다.

하나님께서는 우리에게 그를 따르도록 강요하지 않으신
다. 그분은 다만 우리를 초대하실 뿐이다.

_ 엘리자베쓰 엘리엇, 「훈련, 그 즐거운 포기」

0406
단 한 발짝만 더

"우리가 참된 자 곧 그의 아들 예수그리스도 안에 있는 것이라" (요한1서 5:20)

아무리 절망적인 상황일지라도 하나님의 선물인 믿음과 그 능력은 우리에게는 언제나 적절하고 충분하다. 기진맥진함, 좌절감, 그리고 불운한 일들로 종종 우리는 다시는 헤어날 수 없을 것 같은 절망상태에 빠지곤 한다. 때때로 고통이 너무도 가혹하고, 손실이 엄청나며, 홀로 크나큰 어려움을 겪어내야 하는 외로움이 뼛속 깊이 처절하게 파고들기도 한다. 그러나 하나님의 능력은 우리의 가장 깊은 절망까지도 남김없이 다 치유할 수 있을 만큼 위대하다.

우리는 이전처럼 회복될 수 있다. 깨어진 조각들을 모아서 다시 시작할 수 있다. 두려움에 직면할 수도 있고, 파편더미 한 가운데서도 평화를 누릴 수 있으며, 용기를 가질 수 있는 것이다. 우리의 영혼이 치유될 수 있기 때문이다.

내가 다니는 교회의 목사님께 신앙에 대한 다음과 같은 예화를 들은 적이 있다. 우리는 두 팔로 짐을 가득 안고서 닫혀 진 문 앞에 서서, 어떻게 하면 문을 열 수 있을까 생각한다. 문을 정말 어떻게 열 것인가? 이 때 우리가 해야 할 일은 오직 한 발짝만 더 내딛는 것이다. 그러면 문은 자동적으로 열리게 되어 있으므로….

바로 이것이다. 단 한 발짝만 더 내디디면 믿음에 도달할 수 있고, 그 다음 걸음, 또 그 다음 걸음을 차례로 옮길 수 있는 힘을 얻게 되는 것이다.

_ 수잔데일 에젤, 「하나님의 풍요 속에 소박하게 사는 삶」

Note.

나는 가벼운 짐을 달라고 기도하기보다는 더욱 튼튼한 어깨를 달라고 기도한다

0407
안식과 기분전환

"하나님이 그가 하시던 일을 일곱째 날에 마치시니 그가 하시던 모든 일을 그치고 일곱째 날에 안식하시니라" (창세기 2:2)

하나님께서는 엿새 동안 매우 열심히 일하셨다. 그리고는 행하신 일들을 음미하며 안식하기 위해서 일을 멈추셨다.

안식일을 지켰던 이스라엘 사람들은 하나님을 본받았던 것이다. 하나님께서 그들을 위하여 이미 모든 일을 하셨고, 더 이상 할 일이 남아 있지 않았기에 그들은 안식할 수 있었다.

이스라엘의 안식일은 본질적으로 하나님의 공급을 믿는 신앙의 시험이었다. 일 년 중 가장 바쁜 계절에, 평소보다 훨씬 더 열심히 일해야만 했던 분주한 때, 하나님은 그들이 하루도 쉬지 않고 매일 일을 하도록 내버려두지 않으셨던 것이다. 그 대신 그들은 쉬어야 했고, 하나님의 활동에 의지했어야 했다. 그렇게 함으로써 그들은 자신들이 쉬고 있는 동안에도 일이 순탄하게 되어 감을 깨닫게 된 것이다.

할 일이 산적해 있을 때 쉰다는 것은 참으로 어려운 일이다. 그러나 하나님께서는 그의 백성들이 깨닫기를 원하셨다. 휴식은 인간이 할 수 있는 일 중에서 가장 중요한 일이라는 것을 말이다.

_ 데이빗 로우퍼, 「우리와 같은 사람, 엘리야」

0408　빌2:7, 마18:19~20, 롬8:28
一心, 合心, 合力

　　예수님의 공생애를 6자로 줄여 표현한다면 一心, 合心, 合力입니다.

　　가장 선결되고 우선적인 것은 一心(일심-One Spirit: 앤 헤니 프뉴마티)되어 하나님의 영(성령)으로 거듭난 자(물과 성령-요3:15)들이 合心(합심 : 쉼포네오)하는 것입니다.

　　즉 개인적인 이기주의를 버리고 성령의 의지로 하나 되고, 예수님의 생각에(같은 소리로)일치가 되며 조화를 이뤄 기도의 응답이 성취되기 위하여 같은 사랑, 같은 마음, 같은 목적으로 되어졌음에서 합력(合力, Work together, 같이 일한다.)하여 하나님의 뜻(선)을 이루게 되는 것입니다.

　　성경말씀 눅 5:17~20에 보면 한 중풍 병자를 4명이 들것에 메고 예수님 앞에(18,19절) 놓고자 하였습니다.

　　먼저는 중풍병자 자신이 예수님을 간절히 사모하였고 들것에 메고 갈 4명들도 똑같이 예수님께로 一心(일심)으로 서서 合心(합심)

되었을 때 합력하여 예수님으로 말미암아 중풍병자의 병을 고쳤는
데 예수님께서 "저희 믿음을 보시고"라고 하셨습니다.

이들을 가로막는 장벽은 다음과 같습니다.
· 사람의 장벽(19절)
· 물질의 장벽(19절)

모든 것의 초점은 예수님 "앞에"(18절—에노피온=눈속에(수단),
19절—엠프로스텐=결심(시간)에서 무너지고 해결 됩니다.

0409
인생의 '밧줄타기'

"하나님이 자기를 사랑하는 자들을 위하여 예비하신 모든 것은 눈으로 보지 못하고 귀로 듣지 못하고 … "(고린도전서 2:9)

내가 아는 사람 하나가 최근에 인근 대학의 평생교육과정인 '밧줄타기' 주말 강좌에 등록을 했다. 학생들은 아침에 목적지에 도착하여 단단히 무장한 후, 도저히 믿을 수 없는 높이까지 밧줄을 타고 오르는 일로 하루를 보내게 되는 것이다. 이 일이 내게는 굉장히 끔찍한 일로 여겨졌다. 그런데 그 사람은 그 순간을 학수고대하면서 다음과 같이 말했다.

"폐소 공포증이나 고소 공포증 같은 두려움이 생길 때 그 두려움을 회피하는 대신 직면해서 극복하고 나면 기분이 매우 좋아진답니다. 아주 멋진 경험이거든요… 정말이에요."

그 말이 별로 설득력은 없었지만, 적어도 그 이치만은 나도 잘 안다. 어려운 일이 닥칠 때 그 일을 피해서 돌아가는 것보다 정면 돌파가 훨씬 더 만족스럽다는 것 말이다.

힘든 일이 닥칠 때 그 일을 결코 해내지 못할 것 같은 두려움이 엄습하는 것은 지극히 당연하다. 그러나 일단 그 일의 저쪽 편에 있는 자신을 상상하면, 즉 일을 벌써 해낸 자기 모습을 그려보면, 새로운 시각으로 그 일을 바라볼 수 있게 된다. 우리는 이 때 다른 빛으로 보기 때문이다.

_ 페넬로피 J. 스토욱스, 「믿음, 보이지 않는 것들의 실상」

Note.

기도는 당신이 처해있는 특정한 순간에 쉽게 해결을 얻는 것이다

0410

오늘 몫의 선물

"누가 주의 마음을 알아서 주를 가르치겠느냐 그러나 우리가
그리스도의 마음을 가졌느니라" (고린도전서 2:16)

Note.

꿈과 이상의 연료는 칭찬
이다

하나님께서는 우리를 인간으로 만드셨다. 하나님께서 우
리에게 공급해 주시는 것들을 필요로 하도록 만드신 것이
다. 또 우리에게 그것들을 구하라고 말씀하신다. 빵이나 의
복 등은 인간에게 꼭 필요한 가장 기초적인 것들이다. 그러
나 우리는 생필품 이외에도 필요한 모든 것들을 하나님께
구할 수 있어야 한다. 하나님의 인도하심도 그 중 하나이다.

나는 매일 아침, 새 날이 시작될 때마다 하나님께서 내게
큰 접시를 하나 건네주시는 모습을 상상한다. 거기에는 일
용할 양식을 위한 내 기도의 응답과 함께 하나님께서 주신,
그 날에 가장 적합한 선물들이 담겨 있다. 내가 할 일은 오직
그가 주신 것을 받는 것이다. 다음 주까지 결정해야 할 문제
가 있을 때, 즉 아직은 시간적인 여유가 있을 때, 하나님은
오늘 그 문제가 다 해결되도록 도와주시지 않을 수도 있다.
오늘은 오늘 몫의 지혜를 주셔서 그 결정을 위해 필요한 행
동을 하도록 하신다. 그럴 때 나는 하나님께 끈질기게 졸라
대지 않고 선선히 하루 몫의 선물을 받아들인다. 하나님은
단지 때가 이르지 않아서 내게 필요한 모든 정보를 아직 주
시지 않으셨기 때문이다. 어쩌면 마음의 고요함이라든가
'인내'가 오늘 우리에게 주어진 하늘의 양식일 수도 있다.
혹은, 때가 무르익으면 하나님의 인도하심을 분명히 깨닫게
되리라는 확실한 믿음을 갖고 그의 사랑 안에 안식할 수 있
도록 우리를 도와주는 '불확실성' 그 자체가 오늘의 선물
일 수도 있다.

_ 엘리자베쓰 엘리엇, 「우리를 인도하시는 하나님」

141

0411
주님, 시간을 조금만 더 주세요

"그러므로 우리가 긍휼하심을 받고 때를 따라 돕는 은혜를 얻기 위하여 은혜의 보좌 앞에 담대히 나아갈 것이니라" (히브리서 4:16)

내 친구 앤은 할 일이 너무 많은 날에는 아예 노골적으로 시간을 더 달라고 하나님께 기도한다고 한다. 그런데 놀랍게도, 그리고 감사하게도 하나님께서 그녀의 기도를 뜻하지 않은 방법으로 응답해 주시곤 한다. 이를테면, 그녀가 식품점에서 물건을 잔뜩 실은 카트를 가지고 계산대 앞으로 길게 늘어서 있는 줄의 열 번째에 있다고 하자. 그 때 갑자기 새로운 계산대가 열리고 점원이 그녀부터 오라고 한다든가, 아니면 줄에 서서 기다리고 있는 동안 그 날 전화 걸어야 할 사람을 '우연히' 만나게 되어 시간을 아끼게 되는 것 등이다.

하나님께서는 우리의 일상적인 삶에 깊숙이 개입하기를 원하신다. 살아오면서 느낀 것이지만, 어떤 날은 확실히 평소보다 훨씬 더 바쁘다. 우리가 적극적으로 열심히 살아가고자 할 경우, 삶의 밀물과 썰물 같은 이 현상을 피할 수는 없다. 그러나 이 흐름 속에서 갑자기 긴급한 상황에 부딪친다거나, 너무도 많은 일들이 일시에 밀어닥쳐도 도저히 다 감당해낼 수 없을 것 같은 순간에는 우리도 앤처럼 시간을 더 달라고 기도할 수 있다. 그러면 하나님께서는 일의 조그만 구석들을 잘라 버려 질식할 것만 같은 상황에서 우리를 구해 주신다.

_ 레슬리 윌리엄스, 「보다 저급한 신들의 유혹」

Note.

꿈을 실현하려면 먼저 꿈이 있어야 한다

0412
근심을 통해 얻은 교훈

"너희 안에 계신 이가 세상에 있는 자보다 크심이라"(요한1서 4:4)

어렸을 적에 나는 신발이 갑자기 줄어들까봐 걱정을 했다. 선생님으로부터 어느 날엔가 내 샌들이 점점 작아진다는 말씀을 듣기는 했지만, 십대 소녀였을 적에는 데이트 신청을 한 번도 받지 못하게 될까봐 걱정했고, 약혼 때는 결혼식 전 날 밤에 교통사고가 생길까봐 염려했다. 또 첫아기를 낳았을 때는 아기가 자동 세탁기에 빠져 죽을까봐 걱정했고….

이제는 그런 버릇이 없어졌지만, 오랫동안 걱정과 근심에서 헤어나지 못했던 나는 근심을 통하여 정말 중요한 가르침을 얻게 되었다. 근심은 내일의 문제를 없애 주지 못한다. 근심은 단지 오늘의 에너지만을 고갈시킬 뿐이다.

그러나 그보다 더 중요한 교훈이 하나 있다. 그것은 근심이란 우리를 돌보시는 하나님에 대한 믿음의 결여를 드러내는 행위로서 결국 무의식적인 신성모독에 해당된다는 것이다. 근심의 모판, 즉 하나님에 대한 불신이야말로 죄다.

이제 내가 할 수 있는 것은 불신앙을 회개하고 더 이상 죄를 짓지 않기로 마음을 먹는 것이다. 하나님께서 내가 이렇게 할 수 있도록 기꺼이 그의 힘을 나누어 주신다. "나를 믿으라. 그리고 아무 일에 대해서도 염려하지 말라"고 주께서 말씀하신다.

_ 질 브리스코우, 「하나님과 나만의 시간」

0413
하얀 날개를 펼치는 백조의 계절, 여름

"여호와의 증거를 지키고 전심으로 여호와를 구하는 자가 복이 있도다"(시편 119:2)

　계절은 종종 우리가 전혀 예기치 못하는 사이에 오고 또 가 버리기 때문에 계절의 변화는 언제나 놀라움을 불러일으킨다. 지난해에 새 계절을 맞이한 곳에서 올해도 같은 계절을 맞이하는 일은 거의 불가능하다. 오늘은 참새가 지저귀는 봄날이라면, 그 다음 날은 벌써 하얀 날개의 백조가 우아한 자태를 보이는 여름이다.

　사월의 봄비가 대지를 촉촉이 적셔 주는가 싶으면, 어느 사이에 온 세상은 오월의 보랏빛 라일락으로 물들고, 아무도 모르게 슬그머니 유월의 장미꽃이 피어나기도 한다. 그러나 유월도 금세 무르익어 새벽은 신선하고도 달콤한 바람과 더불어 깨어나고, 한낮은 고요하게 빛나며, 황혼녘은 활짝 핀 꽃들이 가득 담긴 예쁜 바구니를 가져다준다. 우리는 여름이 언제 올 것인지 정확히 예측할 수는 없지만, 여름이 오리라는 것만은 확실히 알고 있다. 하나님께서 계절의 순환을 약속하셨기 때문이다. 우리가 현세와 내세에서 하나님의 약속이 모두 이루어질 것을 믿는 것처럼 이 약속도 믿는다. 우리가 하나님을 신뢰하기 때문이다.

_ 쥰 매스터스 배쳐, 「여성을 위한 고요한 순간들」

꿈은 우리에게 힘을 준다. 꿈은 세계를 확장한다

0414
하나님의 원대한 계획

"우리 구원의 하나님이시여 … 주께서 의를 따라 엄위하신 일로 우리에게 응답하시리이다"(시편65:5)

해변은 제 스스로 덮지 못하고 바다 물에 의해 덮어지며, 스스로 형태를 바꾸지 못하고 조류에 의해 그 모양이 변한다. 해안가는 제 스스로 영역을 축소시킬 수 없으며, 그 위를 휩쓰는 대양에 의해 그 넓이가 결정된다. 해안에서 끊임없이 일어나는 변화무쌍한 현상들은 영겁의 세월을 굽이쳐 흐르는 조류의 영원한 작품인 것이다.

삼라만상을 다스리시는 지존하신 하나님께 모든 것을 맡긴 채 열린 마음으로 살아가는 나에게 있어서도 궁극적인 완전한 계획에 따라서 나를 보호하시고 변화시켜 가시는 분은 바로 하나님이다. 그는 지금도 창조의 손길을 늦추지 않으시며, 쉬지도, 졸지도, 주무시지도 않으신다. 그의 원대한 계획에 따라 내가 살아갈 수 있도록 내 영혼을 소생시키시고 내 정신을 날마다 새롭게 하시는 이는 하나님이시다.

_ W.필립 켈러, 「내 영혼의 노래」

0415
마26:36-56

네 종류의 신자

할렐루야 사랑하는 성도 여러분,

이제는 정말 날씨가 포근함을 느낍니다. 그러면서도 쌀쌀한 아침 날씨에 이상기온을 실감하는 것 같습니다.

오늘날 주님을 믿고 따르는 신자를 네 가지 종류의 신자로 구분할 수가 있습니다.

첫째는 마귀중심의 신자가 있습니다. 이는 가룟 유다와 같은 신자를 말합니다. 본래 가룟 유다는 참 신자는 아니었습니다. 오늘날도 이와 같은 마귀 중심의 신자가 있는데 마귀 중심의 신자란 교회는 다니고, 헌금도 하는데 결국 마귀가 좋아하고, 기쁘게 하는 마귀중심의 신자를 말합니다. 우리는 행여나 우리의 신앙이 가룟 유다와 같은 신앙을 가졌다거나 설령 지금까지는 그렇게 살아 왔다 할지라도, 오늘 이 시간 돌이켜 회개하여 하나님이 기뻐하시고, 좋아하는, 신자가 될 수 있기를 축원합니다.

둘째, 환경 중심의 신자가 있습니다. 오늘 본문에 나오는 제자 중에 요한과 야고보 같은 신자는 환경 중심의 신자라고 할 수 있습니다. 이는 환경에 따라서 수시로 변동이 많은 유동적인 교인을 말합니다. 신앙은 인간의 행복과 불행, 성공과 실패가 잘 됐다 안 됐다 하는 사이에 쑥쑥 자라는 것을 믿으시기 바랍니다. 환경에 따라 좌우

되지 말고, 우리 주님을 꾸준히 믿음으로 성공하시는 성도들이 다 되시기를 축원합니다.

셋째, 자기 중심적인 신자가 있습니다. 오늘 본문에 나오는 베드로는 자기중심적인 신자의 모형입니다. 베드로는 열성도 있고, 또, 바른 신앙도 가졌으나 우리는 그것이 자기중심적이었다는 것을 알 수가 있습니다. 우리는 오늘 냉정히 나 중심의 신자가 아닌가 생각해 보고 하나님 중심의 신앙으로 성장하기를 축원합니다.

넷째, 하나님 중심의 신자가 있습니다. 주님이 바로 하나님 중심의 신자의 모형입니다. 주님은 겟세마네 동산에서 마귀의 유혹을 받은 자기 제자에게 배신을 당하셨고, 야고보와 요한 같은 환경 중심의 제자들에게도 외면당하시고 말았지만 주님은 아버지의 뜻대로 이루어지기를 원하나이다 라고 하시며 처음부터 끝까지 모두가 하나님 중심이셨습니다. 우리가 스포츠 신문이나 연애소설을 보고, 드라마나 영화를 보면 밤새 지루한줄 모르다가도 성경을 읽고 말씀을 들으면 얼마나 지루한지 모릅니다. 이게 우리들의 모습이 아닙니까?

사랑하는 성도 여러분 그러므로 우리는 사나 죽으나 어디에 있으나, 하나님 중심, 성령 중심으로 주님을 높이는 성도들이 다 되시기를 축원합니다.

0416
강인한 하나님의 여인들

"근심이 사람의 마음에 있으면 그것으로 번뇌하게 되나 선한 말은 그것을 즐겁게 하느니라"(잠언 12:25)

Note.

꿈을 실현 시키려면 꿈에서 깨어나야 한다

나는 강인한 여인들을 좋아한다. 그들이 가난한 이웃들을 돕기 위해서 자선단체를 조직하여 거대한 모금운동을 펼치는 것을 보는 것이 즐겁다. 그 여인들의 육아 능력은 감탄스러울 지경이다. 그들은 자녀들에게 어릴 적부터 권리와 책임을 부여하여 그 아이들이 강인하게 자랄 수 있도록 조심스럽고도 신중하게 배려한다. 민감하면서도 강인한 여인들로 인해 세상은 훨씬 살기 좋은 곳이 된다.

그러나 그 강인함이 오히려 약점이 될 때도 있다. 나는 중요한 결단의 순간에 선뜻 하나님께 문제를 맡기는 사람이 아니었다. 문제를 해결하기 위해서 본능적으로 나 자신을 들여다보곤 했었다.

지난 날 얼마나 자주 내 멋대로 계획을 세워 놓고는 거기에 축복을 내려 달라고 하나님께 졸라대곤 했던가! 그리고 나서 내 뜻이 하나님의 뜻이라고 성급하게 결론을 내렸던가! 그 결과, 거듭 거듭 문제의 핵심으로 되돌아가서 처음부터 다시 하나님의 지혜를 구해야 하지 않았는가.

하나님을 신뢰함으로써 내가 더 약해지는 것은 아니다. 강인한 여성으로서의 나의 정체성이 조금도 손상을 입은 것이 아니기 때문이다. 하나님께 의지함으로써 오히려 놀랍고도 기적적인 그의 선물을 마음껏 향유하게 되는 것이다. 하나님을 신뢰하는 것이 곧 나의 힘이다.

_ 수잔 데일 에젤, 「하나님의 풍요 속에 소박하게 사는 삶」

0417
짐을 지고도 웃을 수 있는 삶

"마음의 즐거움은 얼굴을 빛나게 하여도 마음의 근심은 심령을 상하게 하느니라"(잠언 15:13)

꿈을 꿀 수 있다면 꿈을
실현할 수도 있다

마음의 즐거움은 얼굴의 미소로 나타난다. 어떤 사람들은 특히 마음의 상태를 도저히 숨기지 못하고 그대로 얼굴에 드러낸다. 마음속에서 일어나는 것들을 밖으로 표출하는 것이다. 당신은 중학생인 딸에게 집안 일을 거들어 달라고 부탁해 본 적이 있는가? 딸아이의 얼굴만 보아도 답은 뻔하다. 그럴 마음이 전혀 없음을 얼굴에 고스란히 드러내고 있기 때문이다.

마음속에 예수님을 모시고 산다면, 당신의 얼굴은 미소로 가득 하게 된다. 그것은 너무도 당연한 일이다. 우리의 기쁨이 되시는 그분께서 마음속에 계시는 한, 괴로운 일을 당하거나 슬픔 가운데서도 미소 짓고, 무거운 짐을 지고도 웃을 수 있다. 심지어 고통의 자리에 부름을 받는다고 해도 슬퍼하거나 괴로워할 이유가 없다. 우리는 구원의 기쁨을 노래할 수 있기 때문이다.

당신은 내 이야기를 반박할 지도 모른다. "고통을 당하는 순간에 어떻게 미소 지을 수 있으며, 더구나 노래할 수 있겠느냐"고 그러나 예수님을 바라보라. 예수님을 바라보는 순간, 마음의 평정을 회복할 수 있지 않는가. 고통 가운데 있을 때, 나는 은밀한 곳에서 그를 만나게 된다. 그 때 그의 미소가 나를 치유해 주시기에 나 또한 다른 이들을 치유할 수 있게 되는 것이다. 예수님께서 내 마음을 노래로 채워 주시기 때문이다.

_ 질 브리스코우, 「하나님과 나만의 시간」

0418
강변의 집

"여호와께서 환난 날에 나를 그의 초막 속에 비밀히 지키시
고…" (시편 27:5)

남편이 변호사라는 안정된 직업을 버리고 신학교에 가기
로 결정해서 신혼 때부터 살고 있던 갈참나무 숲으로 둘러
싸인 오스틴의 보금자리를 떠나야 했을 때 나는 그에게 말
했었다. "큰집과 경제적으로 안정된 생활을 포기할 수 있지
만, 강변에서 살고 싶은 꿈만은 포기 할 수 없어요"라고.

모든 것이 불안정하고 불확실했던 십대 소녀 시절에 해마
다 여름철만 되면 향나무의 은은한 향기와 상큼한 풀내음이
가득하고, 줄지어 늘어선 사이프러스 나무들을 따라 강물이
굽이쳐 흐르던 아름다운 숲 속에 위치한 텍사스의 고향집으
로 달려가곤 했었다. 텍사스의 구릉에 위치한 강변의 그 고
향집은 성인이 된 이후에도 내 정신적 안정의 상징이었다.

스톡튼 시절 이후, 그리고 여러 교회들을 섬기기 위해 텍
사스의 여러 지역을 전전하는 동안, 강변의 집에 대한 끊임
없는 동경은 실제로는 하나님을 향한 그리움이었음을 깨닫
게 되었다. 그 텍사스의 구릉지대는 정말로 아름답고 또 내
게 특별한 장소이긴 했지만 결국엔 지도상의 조그만 점 하
나에 불과했던 것이다. 고향을 향한 갈망은 그보다 훨씬 더
깊은 것이다. 지구상에서 안정된 장소를 찾으려는 갈망을
통해서 하나님께서 우리를 그에게로 부르시는 것이다. 우리
가 고향이라 부를 수 있는 곳을 찾아서 이 세상 방방곡곡을
누비고 다닐 수 있을 것이다. 그러나 그 긴 여정동안 우리는
마음속에 고향을 지니고 다니는 셈이다. 기도를 통해서 언
제나 찾아갈 수 있는 고향을.

_ 레슬리 윌리엄스, 「보다 저급한 신들의 유혹」

0419
하나님의 교육과정

"이 율법 책을 네 입에서 떠나지 말게 하며 주야로 그것을 묵상하라"(여호수아 1:8)

꿈을 실현하는 비결을 알고 있는 사람이 정복할 수 없는 것은 없다

교육이론 가운데는 학생들이 자기가 듣고 싶은 과목들을 임의로 선정하여 각자의 교육과정을 짤 수 있도록 허용해야 한다는 학설이 있다. 하지만 막상 이런 능력을 갖춘 학생들은 거의 없다. 그들은 자기가 무엇을 얼마나 모르는지조차 잘 모르는 경우가 많기 때문이다. 그들이 정작 배워야 할 것이 무엇인지 잘 모를 뿐 아니라, 그에 대한 정보 또한 왜곡된 것일 경우가 흔하기 때문이다. 사실상 그들이 필요로 하는 것은 그들보다 더 많이 아는 사람들의 '도움'이다.

자비로우신 하나님께서는 감사하게도 우리가 스스로 잘못된 교육과정을 짜도록 내버려두지 않으신다. 우리의 내밀한 필요와 개개인의 능력을 소상히 아시는 그분께서 손수 우리를 위한 교육과정을 준비하시는 것이다. 우리가 할 일은 오직 간구하는 것이다. "오늘 우리에게 일용할 양식과 오늘의 교과목과 숙제를 주십시오"라고. 누군가가 나를 심하게 비난할 경우, 그것은 우리가 오래 참음과 용서 뿐 아니라 온유함과 부드러움을 배워야 하기 때문에 주어진 상황일 수도 있다. 우리가 타고난 자질이 아니라 성령에 의해서만 함양될 수 있는 성품 말이다.

_ 엘리자베쓰 엘리엇, 「고요한 마음을 지녀라」

0420
마음 가득 기쁨이 넘치게 하라

"즐겁게 소리칠 줄 아는 백성은 복이 있나니"(시편 89:15)

얼마나 되었는가?

· 좋은 책을 읽고, 시를 한 수 쓰고, 목청 높여 노래를 부른 적이?

· 그림 지도를 받거나 피아노를 친 적이?

· 노점상에서 사과를 한 개 사서 손바닥으로 쓱 문지른 후 한 입 베어 물어 본 적은?

· 전화 코드를 빼 놓고 욕조에 물을 가장자리까지 찰랑찰랑하게 받은 후, 물속에 몸을 푹 담그고 물이 다 식을 때까지 애송하는 성경 구절을 외우면서 거품 목욕을 즐겨 본 적이?

· 낯선 이에게 미소를 보내고, 모르는 어린아이에게 칭찬을 해준 적이?

요컨대, 하나님께서 모든 일들을 다 책임져 주신다는 느낌을 가져 본 적이 얼마나 되었는가? 그분은 우리 마음이 언제나 기쁨으로 가득 넘치기를 원하신다.

_ 줍 매스터스 배쳐, 「평온한 마음」

꿈을 이루기 위해서 현명하게 준비하고 꾸준히 노력하면 꿈은 이루어진다

0421
고요한 휴식의 공간

"평강의 주께서 친히 때마다 일마다 너희에게 평강을 주시기를 원하노라"(데살로니가후서 3:16)

유고슬라비아에서 펜실베이니아로 오는 긴급하도고 아슬아슬했던 비행 후, 무사히 셋째 아이를 출산하게 되었다. 그때 옛 찬송가 가사가 문득 뇌리에 떠올랐다. '예수 나의 구주되심 기뻐하며 쉬오니, 위대하신 주의 사랑 깨달아 아옵니다.'

휴식의 자세. 그렇다. 어느 누구에게 간청한다고 해도 결코 충분한 시간을 얻을 수 없을 만큼 분주한 날, 우리에게 필요한 것은 휴식의 자세이다. 휴식의 형태를 스스로 개발하는 것만이 시시때때로 엄습하는 스트레스와 구속감에서 벗어날 수 있는 유일한 방법인 것이다. 아무렇게나 행동해도 좋았던 어린 시절은 이미 다 지나갔다. 성인이 된 지금, 의무감, 책임감, 그리고 타인들의 기대, 이러한 것들이 언제나 숨막히게 죄어온다. 그러기에 단 하루도 이것들을 다 팽개치고 엄마에게 달려가 그 따뜻한 품에 덥석 안길 수 있는 무한한 특권을 더 이상 누릴 수가 없는 것이다.

객지 생활을 하다가 오래간만에 고향에 돌아온 다음 날 아침, 포근한 이부자리에 폭 파묻혀 잔뜩 게으름을 피울 수 있었던 그 시절도 다 가버렸다. 하지만 여기 우리를 부르시는 주님의 음성이 있다.

"수고하고 무거운 짐 진 자들아 다 내게로 오라 내가 너희를 쉬게 하리라".(마태복음 11:28)

_ 사라 웰저 쉥크, 「귀향」

0422

엡 6:1~3, 출 20:12

자녀들아 네 부모를 공경하라

할렐루야

사랑하는 성도 여러분! 신록이 깊어가는 계절입니다. 여러분의 생각과 인생에도 깊어가는 신록 만큼이나 화사하고 행복한 일이 넘쳐 나시기를 축원합니다. 하나님께서 자녀들에게 말씀하시는 최고의 명령이 무엇입니까? 지구가 존재하는 한, 사람이 생존하는 변치 않는 진리 '네 부모를 공경하라' 는 하나님의 명령일 것입니다.

1. 우리가 왜 부모를 공경해야 합니까?

부모님은 나에게 생명을 주신 분이기 때문이요, 부모님은 나를 키워 주신 분이기 때문이요, 그 부모님의 은혜를 보답하기 위해서이요, 살아계신 하나님 아버지의 명령이기 때문이요, 하나님을 기쁘시게 하는 비결이기 때문인 줄 믿으시기 바랍니다.

2. 그러면 어떻게 부모에게 효도해야 됩니까?

너희 부모를 주 안에서 순종하라고 했습니다. 에베소서 6:1에 "자녀들아 너희 부모를 주 안에서 순종하라. 이것이 옳으니라" 라고 했습니다.

3. 감사함으로 부모님을 공경하시기 바랍니다.

신, 구약 성경을 통해 볼 때 부모님에게 효도하면 장수하고 범사가 잘 된다고 약속했습니다. 다시 말씀드리면 부모에게 효도하면 건강,생명이나 물질, 명예가 길고 만사가 형통하는 복을 받습니다.

4. 그러면 효도하는 자가 받는 축복이 무엇입니까?

첫째로, 에베소서 6장 2절 말씀에 '네가 잘되고' 라고 했습니다.

둘째로, 부모를 공경하면 이 땅에서 장수한다고 했습니다.

사랑하는 성도 여러분,

우리 모두 하나님의 말씀에 순종하고 부모와 윗 어른들을 잘 공경하여 여러분의 부모가 장수하고 또 여러분 자신도 장수의 축복을 받고 이 땅에서 잘되시기를 주님의 이름으로 축원합니다.

0423
삶의 거룩한 순간들

"하나님이 자기의 독생자를 세상에 보내심은 그로 말미암아 우리를 살리려 하심이라"(요한 1서 4:9)

삶은 거룩한 것이다. 우리의 날들, 시간들, 순간들, 모두 거룩하다. 하나님께서 거룩하신 목적에 따라 창조하셨는지에 대하여 시적으로 아름답게 묘사하는 것으로 시작된다. 그분은 특별한 장소를 만드셨으며, 그 곳을 온갖 경이로운 것들로 가득 채우셨다. 그리고 나서 남자와 여자를 만들고 그 곳을 다스리게 하셨다.

하나님께서 이 세상의 모든 피조물들을 사랑하셨다. 그분은 세상을 너무도 사랑하셨기 때문에 이곳에 오셔서 우리와 함께 거하시기로 결심하셨다. 사람들과 더불어 걷고, 자연 속에 거하고, 호숫가를 거닐고, 산에 오르기로 하신 것이다. 하나님은 우리의 일상적인 삶을 통해서 자신을 드러내셨으며 인간의 삶 자체를 그의 거주지로 택하셨다. 그의 임재하심과 신성한 목적으로 인해 우리의 삶의 자리가 거룩하게 된 것이다.

이 말은 무엇을 뜻할까? 그것은 하나님께서 우리와 함께하신다는 것이다. 임박한 원고 마감일에도, 황홀한 경치에도, 새의 노래 소리에도, 하수구 파이프 공사 현장에도, 친구의 전화에도, 이 모든 것 안에 하나님께서 거하신다.

_ 수잔 데일 에젤, 「하나님의 풍요 속에 소박하게 사는 삶」

0424
어디론가 가고 있는 여성

"하나님을 가까이 하라. 그리하면 너희를 가까이 하시리라"
(야고보서 4:8)

Note.

꿈꾸기를 멈추는 순간 나
이가 든다

지금 어디론가 가고 있는 저 여성은 행복하다. 자신이 어디로 가고 있는지, 그리고 어떻게 그 곳에 도착할 수 있는지 정확히 알고 있기 때문이다. 그녀에겐 지도, 하나님의 법칙인 성경이 있다. 그녀는 자기가 가고자 하는 길을 정확히 알 때까지 지도를 펼쳐놓고 생각하고, 연구하고, 또 명상한다.

나는 지금 어떤 여행자가 길을 떠나기에 앞서 불필요한 상황을 피하고, 가장 안전하고도 좋은 길로 가기 위해서 지도를 꼼꼼히 들여다보고 있는 모습을 그려본다. 그녀는 위험지대나 휴게소의 위치를 잘 알기에 미리 대비할 수 있을 것이다. 또한 차를 몰고 가는 도중 어떠한 속도 표지판이나 안내 표지판도 놓치지 않을 것이다.

크리스천이 성경의 안내 없이 인생의 여행을 하는 것은 여행자가 지도 없이 여행을 하는 것만큼이나 어리석은 일이다.

_ 질 브리스코우, 「하나님과 나만의 시간」

0425
마음 밭에 씨 뿌리기

"우리 많은 사람이 그리스도 안에서 한 몸이 되어 서로 지체가 되었느니라" (로마서 12:5)

최근에 우리 집의 손바닥만한 정원에서 신기한 광경이 벌어지고 있다. 나팔 모양의 노란 꽃들로 온통 뒤덮인 호박 넝쿨이 무성하게 뻗어 옆집 마당까지 덮어 버렸다. 호박 넝쿨 하나가 이렇게 무성하게 뻗어 나가리라고는 꿈에도 몰랐었다. 그러나 이것이 어떤 호박인지는 분명히 안다. 내가 어떤 씨앗을 뿌렸는지 잘 알고 있기 때문이다.

우리의 행위도 이와 같지 않을까. 우리가 어떤 선한 씨앗을 뿌렸을 경우 그 씨앗이 얼마나 빠른 속도로 싹이 크고 성장하게 될지, 어떤 결실을 가져올 지는 잘 알 수가 없다. 이 기적이게도, 나는 내가 뿌린 씨앗의 결실을 한 아름 안고 싶다. 그러나 내 사명은 계속해서 씨를 뿌리는 것이다. 어쩌면 결실을 맺지 못할 수도 있지만, 내가 뿌린 씨앗이 언젠가는 많은 열매를 맺으리라는 것을 믿으면서 말이다.

알버트 아인슈타인 박사는 다음과 같이 말했다. "저는 여러분의 미래가 어떻게 전개될지 모릅니다. 그러나 한 가지에 대해서는 분명하게 말할 수 있습니다. 그것은 여러분 중 진정으로 행복한 사람은 남에게 봉사하는 방법을 찾아 나서고 마침내 그것을 발견한 사람이라는 것입니다." 그렇다. 이것은 씨 뿌리는 일과 마찬가지다. 하나님께서는 우리가 장차 무엇을 수확하게 될 것인지 말씀하신다. 그것은 바로 영원한 생명인 것이다.

_ 쥰 매스터스 배쳐, 「여성을 위한 고요한 순간들」

꿈을 행동에 옮길지도 모르며, 그 꿈을 가능하게 할지도 모르기 때문이다

0426
하나님의 사랑

"사랑하는 자들아 하나님이 이같이 우리를 사랑하셨은즉 우리도 서로 사랑하는 것이 마땅하도다"(요한 1서 4:11)

꿈은 반드시 실현된다

예수님께서 이 땅에서 사실 때 머리에 쓰셨던 유일한 관은 가시관이었다. 가시관은 하나님 아버지의 사랑에 대하여 무엇을 이야기해 주는가? 그 가르침은 무수히 많지만, 무엇보다도 먼저 하나님의 사랑은 감성적인 것이 아니라는 것이다. 그 사랑은 독생자를 상하게 할 만큼 강한 것이었기 때문이다. 하나님은 '천사의 군대를' 보내어 예수님을 구하실 수도 있었지만 그렇게 하지 않으셨다.

그 가시관은 하나님의 아들의 사랑에 대하여 무엇을 이야기해 주는가? 그것은 예수님이 몸소 고통을 당할 만큼, 자기를 부정할 만큼 강한 사랑이었다는 것을 말해준다. 그는 가시관도 십자가도 피하려면 얼마든지 피할 수 있었다. 그가 광야에서 사탄에게 시험을 당했을 때, 사탄의 편을 들어주었더라면 가시관과 십자가를 모두 피할 수 있었을 것이다. 그러나 예수님은 그렇게 하지 않으셨다. 말할 수 없는 굴욕과 훼방과 중압감과 실망과 박탈을 겪으며 단호히 그리고 의연히 십자가의 길을 따랐다. 그는 죽음이 기다리고 있는 예루살렘으로 곧장 나아갔으며, 그 걸음은 기쁨과 감사와 사랑의 걸음이었다.

_ 엘리자베쓰 엘리엇, 「외로운 길」

0427
안정된 삶의 근원이신 하나님

"너희가 부르심을 받은 일에 합당하게 행하여 모든 겸손과 온
유로 하고…"(에베소서 4:1-2)

Note.

부모는 자신의 자녀들이 하나님의 소중한 자녀들임을 가
르침으로써 그들을 안정된 삶의 원천으로 곧장 인도할 수
있다. 그러나 많은 부모들이 이 사실을 자녀들에게 제대로
가르치지 못한다. 부모 자신들이 이 신앙을 잃어버렸거나.
그들의 부모들로부터 이 귀중한 메시지를 듣지 못했기 때문
이다. 그래서 자녀들은 거짓 구명대를 진짜인줄 착각하고
그런 것들에 의지하며 불안정한 삶의 바다에서 허우적거린
다. 이를테면 외모, 지식, 가문, 돈, 스포츠, 또는 그 밖에 사회
적 인정이나 만족을 가져다주는 것이라면 어떤 것이든 가리
지 않고 그것에 매달리는 것이다.

나도 사춘기와 청년기의 많은 세월을 헛된 구명대에 의지
하면서 보내야 했다. 동행인 없이 혼자서 식당에 가서는 안
되고, 교실에서 너무 큰 소리로 당돌하게 발표하거나, 예배
시간에 찬송가를 부를 때 유난히 큰 목소리도 안 되고, 유행
이 지났거나 남의 눈에 거슬리는 특이한 옷을 입어도 안 된
다는 등 여러 사회적 관습에 매여 살았었다.

그러나 마침내 하나님은 우리가 남의 흉내를 내는 대신에
우리 자신이 되는 것을 원하신다는 것을 알게 되었다. 그는
우리 각자에게 독특한 성품과 재능을 주셨으며, 우리 모두
의 삶이 눈부시게 빛나기를 원하신다. 서로에게 부과하는
잘못된 중지 명령에서 벗어날 때, 우리는 비로소 서로를 사
랑하며, 각자에게 허락된 행복하고도 풍요로운 삶을 가꾸어
나갈 수 있다.

_ 레슬리 윌리엄스, 「보다 저급한 신들의 유혹」

꿈을 반드시 가지고 있으
면 언젠가는 반드시 그것
을 실현할 때가 온다

0428
뼛속 깊이 새겨진 정직

"우리 구원의 하나님이시여 … 주께서 의를 따라 엄위하신 일로 우리에게 응답하시리이다"(시편65:5)

Note.

믿음은 아는것이 아니라
삶이다

하나님은 이 세상에서 어떤 사람을 찾고 계시는지 아는가? 그는 마음이 하나님과 완전히 일치하는 사람들을 찾고 계신다. 거듭 강조하지만, '완전히' 일치하는 사람들 말이다. 하나님은 뛰어난 인간성의 표본을 찾고 계신 것이 아니라 영적으로 깊이 있고, 진정으로 겸손하며, 마음 속 깊이 정직한, 말하자면 '성실, 고결, 청렴하여 흠 없는' 하나님의 종들을 찾고 계신다.

이상과 같은 뜻을 내포하는 히브리어 "thamam"(영어의 "integrity"에 해당함)은 '완전한, 전인격적인, 순수한, 검소한, 건전한, 손상되지 않은' 들과 동의어로 사용된다. 이 단어들은 모두 아름다운 뜻을 나타내고 있다. 하나님 마음에 부합한 사람이 된다는 것은 다름 사람들이 보고 있지 않을 때도 뼛속 깊이 정직하게 산다는 것을 의미한다.

오늘 우리는 '남에게 어떻게 보일 것인가' 하는 데 급급한 시대에 살고 있다. 따라서 어디서나 "무엇보다도 중요한 건 인상이에요. 그러니 남에게 좋은 인상을 주도록 외모에 신경을 쓰세요."라는 말을 듣게 된다. 하지만 이러한 인생관에 따라 사는 한 우리는 결코 하나님의 사람이 될 수 없을 것이다. 결단코, 전능하신 하나님 앞에서는 아무것도 꾸밀 수 없다. 그분은 외모 따위에는 관심도 없으시다. 그분은 언제나 우리가 오랜 시간 훈련을 거쳐서 하나하나 가꾸어 나가야 할 내적 자질들에 초점을 맞추고 계시기 때문이다.

_ 찰스 R. 스윈돌, 「열정과 숙명의 사람, 다윗」

0429 엡 5:21-33
부부가 행복해 지려면

할렐루야 사랑하는 성도 여러분!

오늘 이 자리에서 예배하는 여러분은 부부관계가 축복 받는 부부 관계로 변화되시기를 주의 이름으로 축원합니다. 가정이 행복하고 축복 받으려면 어떻게 해야 합니까?

첫째, 부부가 행복한 관계를 만들어 가야 합니다.

1. 행복한 부부관계를 만들려면 먼저 아내들이 해야 할 일들이 있습니다. 아내들은 남편이 집에 돌아오면 가장 편하고 쉴만한 물가처럼 가정을 안식처로 만들어 줘야 합니다.

2. 행복한 부부관계를 만들려면 남편의 도리가 있습니다. 특별히 우리 남편의 도리가 있어요. 첫째 남편은 아내를 세상에서 가장 사랑해야 됩니다. 믿습니까?

두 번째, 서로 사랑을 주라는 것입니다.

물론 남편만 사랑하고 아내는 사랑하지 않아도 된다는 말은 절대로 아닙니다. 피차 복종하라고 했듯이 피차 서로 사랑해야 됩니다.

그럼 어떤 사랑을 주나요?

첫 번째, 사랑을 많이 주세요. 사랑은 주는 겁니다.

두 번째는 감싸주는 사랑을 하며 사세요.

세 번째, 부부의 사랑은 서로 위해 주는 사랑이 되어야 합니다.

네 번째, 서로 격려하는 사랑이 되어야 됩니다.

다섯 번째는 부부는 용서하는 사랑을 하며 사시기 바랍니다.

여섯 번째, 단점과 실수를 기억하지 말아야 합니다.

일곱 번째, 사랑을 표현하도록 노력하십시오.

남편은 아내에게, 아내는 남편에게, 부모는 자식에게 칭찬과 감사와 사랑을 표시해야 됩니다. 여러분, 행복을 만드는 사람은 부부입니다. 아내만 잘해도 안 되고 남편만 잘해도 안 됩니다. 내조와 외조가 조화를 이루어야 됩니다. 이런 가정은 주님을 모시고 찬송과 기도와 예배가 있을 때 이루어집니다.

사랑은 오래 참고 모든 것을 참으며 모든 것을 견딘다고 했습니다. 조금 어려워도 인내해야 됩니다. 그럴 때 하나님은 더 좋은 것을 주십니다. 이 축복이 여러분 가정에 넘치기를 주님의 이름으로 축원합니다.

0430
사방으로 튀는 내 삶의 파편들

"내가 주를 찬양할 때에 나의 입술이 기뻐 외치며 주께서 속량하신 내 영혼이 즐거워하리이다"(시편 71:23)

아빠께서 손잡이가 달린 수동 크림 분리기를 사 오셨던 날의 감격을 나는 지금도 잊지 못한다. 내 키보다 더 큰 거대한 우유 통에 우유를 퍼 담는 일을 내가 하겠다며 보조의자 위에 올라서서 떼를 썼었던 그 날의 추억을….

아빠는 온기가 채 가시지도 않은 방금 짠 우유를 축사에서 가져 오셨다. 나는 전류가 통하는 양동이를 새 기계에 연결하시는 아빠를 거들고 나서 곧바로 맡은 일을 시작했다. 그런데 그 일이 너무도 재미있어서 '여기까지만 채우시오' 라고 표시된 금을 못 보았다. 신바람이 나서 우유를 퍼 담는 일에만 열중한 나머지 우유 통을 끝까지 가득 채우고 말았다. 그 결과는 참담한 실패였다. 분리기의 손잡이를 한 번 돌리자마자 우유가 사방으로 튀었다. 내 에이프런, 아빠 얼굴, 엄마께서 깨끗이 빨아서 걸어 놓으신 커튼, 티 하나 없이 청결한 양탄자 등등.

그 일이 있은 뒤로 자주 생각해 보곤 한다. 짜증스럽고 자질구레한 것들, 그리고 생각할 가치조차 없는 쓸데없는 생각들로 위험 수위를 넘겨가는 내 삶을 채울 때 어떠한 일들이 벌어지겠는가를 말이다. 조만간 그것들은 내 주변의 모든 사람들에게 튀게 될 것이 뻔하지 않은가. 그래서 나는 녹초가 될 정도로 바삐 보냈던 날을 하루 택하여 거기에 햇빛을 들게 하고 새가 노래를 부르게 한다. 이제는 새로운 시각으로 그 날을 바라보는 것이다.

_ 쥼 매스터스 배쳐, 「평온한 마음」

Note.

믿음은 아는것이 아니라 실천이다

0501
작은 걸음을 옮기며

"형제를 사랑하며 불쌍히 여기며 겸손하며 … 이는 복을 이어
받게 하려 하심이라" (베드로전서 3:8-9)

Note.

**말씀과 삶이 일치할 때
승리할수있다**

하나님의 형상대로 지음 받은 우리가 그 형상을 조금씩
나타내며 살아갈 때 하나님은 기뻐하신다.

하나님은 우리가 창조적인 일을 할 때는 우리 손으로 만
든 작품들로 인해 기뻐하시며, 시간이나 물질로 이웃과 나
눌 때는 우리를 칭찬하신다. 우리를 상하게 한 자들을 자비
로운 마음으로 용서할 때는 우리에게 갈채를 보내시며, 그
의 뜻에 따른 의로운 일을 할 때는 확실히 그 행동을 사랑하
신다. 그는 지금도 우리를 자애로운 시선으로 지켜보시며,
그의 아들 예수 그리스도를 본받아 작은 걸음을 옮길 때마
다 우리를 격려 하신다. 이것이 바로 그의 큰 기쁨인 동시에
그 기쁨은 우리에게서 다시금 빛나게 되는 것이다.

_ 피터 윌리스, 「시편 저자가 오늘 당신에게 하는 말」

0502
용들이 출몰하는 곳

"마음을 살피시는 이가 성령의 생각을 아시나니 이는 성령이 하나님의 뜻대로 성도를 위하여 간구하심이니라"(로마서 8:27)

지구가 평평하게 생겼다고 굳게 믿었던 옛적에, 바다를 그린 해상도에는 종종 지구의 끝이 가파른 벼랑으로 그려져 있었다. 그 벼랑 위에서 대양의 폭포수가 바닥 모를 심연으로 영원히 떨어지는 것으로 묘사되어 있었고, 그 폭포의 가장자리에는 '용들이 출몰하는 곳'이라는 경고문이 적혀 있었다.

삶으로 은혜를 끼쳐라

이따금 나는 그 경고문, 혹은 그와 유사한 내용의 문구를 내 성경책의 속표지에 적어 놓아야 하지 않을까 생각해 본다. 용들의 실체, 다시 말해서 안전한 장소의 보호막으로부터 벗어나기만 하면 언제나 다가오는 생존경쟁의 힘겨운 현실은, 사랑의 하나님에 대한 믿음이 있음에도 불구하고 여전히 하나님의 약속에 대하여 분명히 해두어야 할 것이 있다. 하나님은 행복을 약속하시지 않았고 그 대신 우리가 성숙하도록 도와주신다는 것이다. 주님은 안일한 위로가 아닌 도전을, 도피가 아닌 강인함을 우리에게 약속하셨다.

_ 페넬로피 J. 스토욱스, 「믿음, 보이지 않는 것들의 실상」

0503
감사하는 마음을 축복하시는 하나님

"하나님의 사랑 안에서 자신을 지키며 영생에 이르도록 우리 주 예수 그리스도의 긍휼을 기다리라"(유다서 1:21)

아버지와 함께 차를 타고 가는 동안, 나는 잠시 아버지에 대한 경외심을 잊고 우리 가족이 사스카치완에 도착하여 닭장에서 지냈던 시절에 대하여 이야기를 나누었다. "아버지, 그 닭장 지금도 기억하시나요?" 우리가 함께 그 시절을 회상하는 동안 아버지의 커다란 웃음소리가 드넓은 평원을 가득 채우고 있었다.

사스카치완에 도착한 첫날 밤의 그 신기했던 소리들이 지금까지도 내 귀에 생생하게 들려오는 듯하다. 대평원을 가로지르던 바람 소리, 이 구석 저 구석을 돌아다니며 찍찍거리던 생쥐 소리, 천장에 대롱대롱 매달린 끈끈이에 붙어 윙윙거리던 파리소리, 그리고 외로운 코요테가 울부짖던 소리들이. "하지만 아버지." 나는 이제야 용기를 내어 여쭈어 보았다.

"그 때 그 농부 아저씨는 헛간이 꽉 차서 빈 공간이 없다고 했잖아요."

"그랬었지. 어쨌든 열쇠를 그의 부인이 갖고 있었으니까."

0504
여름철의 크리스마스

"여호와께서 네게 구하시는 것은 오직 정의를 행하며 인자를 사랑하며 겸손하게 네 하나님과 함께 행하는 것이 아니냐"(미가 6:8)

영적채널이 하나님께 맞 처져야능력있는 삶을 살 수 있다

어떤 사람들은 하루 온종일 무거운 근심에 질질 끌려 다닌다. 아침에 눈을 떠서 밤에 잠자리에 들 때까지 근심에서 벗어나지 못한다. 집안에서는 물론 외출할 때나, 심지어 친구들을 만난 때조차 근심을 달고 다닌다. 이런 사람들을 위한 처방을 하나 소개하겠다. 현재의 순간을 포착하고 웃을 수 있는 일을 한 번 찾아보라는 것이다. 잘 웃는 사람들은 장수하지 않는가.

오래오래 행복하게 살아갈 수 있는 또 하나의 비결은 일 년 내내 크리스마스처럼 사는 것이다. '성탄절의 그 특별한 기쁨을 여름철에도 누릴 수 있다면' 하고 바라지 않을 사람이 있을까? 우리가 다른 사람에게 진정한 관심을 갖기만 한다면 일 년 내내 성탄절과 같은 기쁨을 누리며 살 수 있을 것이다. 타인들이 잘하는 것이 무엇인지 발견하고 그 점에 대하여 칭찬을 아끼지 말라. 그들의 삶의 짐을 조금이라도 나누도록 하라. 항상 웃는 낮으로 남을 대하라. 누군가에게 차를 한 잔 대접하라. 중요한 일을 시작함에 있어서 너무 늦은 때란 결코 없다. 더구나 우리를 행복하게 하는 일을 하는 데 있어서 너무 늦은 때란 없는 것이다. 주변을 둘러보고 아름다운 행동을 할 시간은 언제나 있기 때문이다.

_ 바바라 존스, 「터져 나오는 기쁨」

0505
고요한 기다림

"하나님이여 내 속에 정한 마음을 창조하시고 내 안에 정직한 영을 새롭게 하소서"(시편 51:10)

순종의 삶은 축복의 통로이다

기도는 예배다. 기도에는 하나님에 대한 경배, 사랑, 그리고 하나님을 마냥 좋아하는 마음이 가득 담겨 있어야 한다. 기도는 우리가 세상에서 할 수 있는 하나님을 사랑하는 최선의 방법 중 하나이기 때문이다.

기도는 탄원이다. 우리는 무엇이든지, 가장 힘들고 어려운 것까지도 간구하여야 한다. 그리고 하나님께 그 기도를 들으신다는 것을 알아야 한다. 기도는 하나님의 뜻을 알기 위한 간청이다. 기도는 하나님께서 성경을 통해서 오늘 우리에게 하시는 말씀을 깨닫게 해 주는 수단이기 때문이다.

기도에는 지금까지 이야기한 모든 것이 다 포함되기도 한다. 그러나 기도는 그 이상이다. 기도는 우리가 하나님의 뜻에 부합되는 사람이 되도록 도와주는 수단이기 때문이다. 기도는 하나님께서 우리와 손을 잡으시고, 우리가 그와 혼연일체가 되어 살아갈 수 있도록 도와 주시는 방법이다.

이런 점만 보아도 기도는 다른 어떤 것보다도 우선 '귀 기울여 듣는 행위' 라고 할 수 있다. 우리가 할 일을 깨닫게 될 때까지 하나님 안에서 고요히 기다리는 행위 말이다.

_ 데이비드 로우퍼, 「우리와 같은 사람, 엘리야」

0506
창세기 2:18~25
행복한 가정을 만드는 비결

사랑하는 성도 여러분

오늘은 가정의 주일입니다. 오늘 여러분의 가정에 기쁨과 행복이 넘치는 하나님의 은혜가 충만하시기를 축원합니다. 하나님께서는 모든 사람들이 행복할 수 있도록 가정을 주셨습니다. 그러므로 우리는 이 세상에서 성공하지 못하고 명예를 얻지 못하고 출세하지 못한다 할지라도 가정에서는 행복하게 살아야 됩니다. 세상은 복을 얻는 곳이요 가정은 행복을 얻는 곳입니다. 그런데 많은 사람들이 이 소중한 가정은 소홀히 하고 일생 동안 얻지 못할 무지개를 잡으려고 뛰어다니다가 인생을 비참하게 끝내버리는 경우가 많습니다.

첫째, 가정은 천국의 모형입니다.

사업에 성공하기 위해서 가정을 저당 잡힌 사람들이 많이 있습니다. 그래서 사업이 무너지면 가정도 무너집니다. 우리의 가정이 천국이 되고 행복한 삶을 누리며 사는 복된 부부들이 다 되시기를 축원합니다.

둘째, 행복한 가정은 서로의 차이점을 용납하는 가정입니다.

건강한 가정, 행복한 가정은 서로의 차이를 통해서 오히려 시너지 효과가 나타납니다. 행복한 가정은 다르게 생각하고 행동할 수 있는 여유가 있고 그러한 다양성이 용납되어지는 곳이 행복한 가정이 될 수 있습니다.

셋째, 행복한 가정은 서로 헌신하는 가정입니다.

현대인들은 개인주의에 심취해서 평등과 자유를 부르짖다가 가정들을 깨는 경우가 많이 있습니다. 남편을 위해서, 아내를 위해서 변화를 주는 사람들, 서로 헌신하는 사람들이 많아질 때 그런 가정은 행복한 가정, 복된 가정이 된다는 걸 믿으시기 바랍니다.

넷째, 행복한 가정은 서로 신뢰할 수 있는 가정입니다.

신뢰할 수 있다는 것은 일관성이 있다는 겁니다. 가정에 있어서 남편이 아내를 믿을 수 있고 아내가 남편을 믿을 수 있다는 것은 가장 행복한 가정 중에 하나입니다.

다섯째로 행복한 가정을 만드는 말을 해야 합니다.

첫째, 가정에서는 칭찬의 말을 해야 합니다.

둘째, 가정에서는 긍정적인 말을 해야 합니다.

셋째, 가정에서는 감사의 말을 해야 합니다.

오늘 이 시간 우리 모든 가족이 함께 모여서 예배를 드리면서 믿음과 소망과 사랑으로 우리의 가정을 행복한 가정으로 세워나갈 수 있기를 주의 이름으로 축원합니다.

0507
경계를 정하시는 하나님

"내가 지혜로운 길로 네게 가르쳤으며 정직한 길로 너를 인도하였도다" (잠언 4:11)

Note.

꿈을 품어라. 꿈이 없는 사람은 아무런 생명력도 없는 인형과 같다

나는 바다를 좋아한다. 바다의 아름다움과 공포, 확실성과 불확실성, 엄청난 힘과 잔잔한 물결을 사랑한다. 바다를 보고 있노라면, 가능한 것만 믿는 식으로 내 믿음을 국한시켜서는 안 된다는 생각, 특히 하나님의 무한하신 능력을 우리 눈에 '가능해 보이는 것들'로 제한시키면 안 된다는 생각이 떠오른다. 하나님의 존재가 내 머리로 이해되고 설명될 수 있는 대상이라면, 그런 존재는 결코 하나님일 수가 없다는 인식을 바다로 인해서 하게 된다. 그런 존재는 단지 내 손으로 만든 우상이거나, 줄에 묶인 채 이리저리 끌려 다니는 애완동물에 지나지 않는다. 내가 우주의 창조자가 아니라는 사실과 내 멋대로 하나님의 형상을 그려서는 안 된다는 사실을 잊지 않기 위해서 가끔 바다를 바라보아야 할 것 같다. 하나님의 섭리와 방법은 내가 상상조차 할 수 없을 만큼 광활하고도 심오하다.

한때는 가깝다가 때로는 소원해지곤 하는 사람들과의 관계 때문에 울적해 질 때는 파도의 가르침, 즉 세상만사에는 밀물과 썰물의 시기가 있다는 것을 상기한다. 그리고 썰물은 시간이 지나기만 하면, 세상의 경계를 정하시고 만물을 다스리시는 하나님을 신뢰하며 기다리기만 하면 곧 다시 돌아온다는 것을 파도를 통해서 배우게 되는 것이다.

_글로리아 게이더, 「주는 살아 계시기에」

0508
하나님의 사랑의 둥지

"여호와가 너를 그의 깃으로 덮으시리니 네가 그의 날개 아래 피하리로다" (시편 91:4)

어미 새는 참으로 놀라운 날짐승이다. 어미 새는 한 편으로는 따뜻하고 조심스럽게, 다른 한 편으로는 무서우리만치 사나운 힘으로 새끼들을 보호하지 않는가.

어미 개가 새끼를 보호하는, 한 폭의 아름다운 그림과 같은 광경을 보면 하나님께서 어떻게 우리를 보호하시는지 알 수 있다. 하나님께서는 그의 날개로 우리를 포근하게 감싸 주시어 추위와 대기의 이물질로부터 막아 주신다. 그분의 품에서 우리는 다 자랄 때까지 성장할 수 있다. 모든 욕구가 충족되기에 단지 그분의 사랑 안에 둥지를 틀기만 하면 되는 것이다.

우리는 종종 하나님의 둥지를 벗어나 제 힘으로 날아 보려고 어설프게 시도하지만 곧 다시 그곳으로 되돌아가고 그의 날개 아래에서 은신처와 안식을 얻게 된다.

하나님께서는 우리가 성장한 후에는 세상살이에 꼭 필요한 힘과 방어 능력을 공급해 주신다. 우리가 어디를 가나 하나님의 진리를 방패로 삼아 적의 공격과 마음의 상처로부터 우리 자신을 안전하게 지킬 수 있게 되는 것이다.

_ 피터 윌리스, 「시편 저자가 오늘 당신에게 하는 말」

0509
사랑의 배움터

"수고하고 무거운 짐 진 자들아 다 내게로 오라 내가 너희를
쉬게 하리라"(마태복음 11:28)

날이 갈수록 증대되어 가는 물질적 풍요, 점차 짧아져 가
는 주당 근무 시간, 눈부시게 발달하는 과학 기술, 개선되어
가는 사회보장제도와 그 혜택, 이 모든 것들이 나아지고 있
는데도 현대인들은 어쩌면 과거 그 어느 때보다도 더 불안
하고, 불안정적이고, 불만족스러운 삶을 살아가고 있는지도
모른다. 대부분의 사람에게 있어서 삶은 긴장과 근심의 연
속이며, 현대인들은 점점 가속화되는 현실의 도도한 물결에
휩쓸려 속수무책으로 떠내려가는 듯하다.

이런 모든 것들은 우리를 정말로 지치게 한다. 그것들이
삶의 열정을 모두 삼켜버리기 때문이다. 뿐만 아니라 이러
한 삶은 사람들의 평온함과 자신감을 빼앗아 가고, 마침내
그들의 인생행로조차 모르게 만든다. 그러나 우리가 일단
그리스도를 영접하고 하나님의 자녀가 되는 그 영예와 특권
을 깨닫게 되는 순간 이 모든 현상들은 달라진다. 우리는 삶
이란 배움터, 즉 하나님을 날마다 더 잘 사랑하고, 이웃을 사
랑하며, 이 세상의 가치 있는 모든 것들을 사랑하는 법을 배
우는 곳임을 발견하게 되는 것이다.

_ W. 필립 켈러, 「긴장 완화시키기」

꿈이 없다면 인생은 쓰다

0510
밤하늘의 별

"하늘이 하나님의 영광을 선포하고 궁창이 그의 손으로 하신 일을 나타내는도다"(시편 19:1)

Note.

꿈을 품는 것으로 끝난 것이 아니라 인생을 살만 하게 만드는 것은 그 꿈을 좇는것, 추구하는 것이다

하늘의 별들을 관찰하기에 여름보다 더 좋은 계절이 있을까? 밤공기가 따스하고, 귀뚜라미가 노래하고, 인동 덩굴이 미풍에 나부끼며, 드넓은 캄캄한 하늘엔 별들이 총총한 여름 밤, 별을 잘 바라보기 위해서라면 잔디밭에 모포를 깔고 그 위에 누워도 좋고, 해변의 모래밭에 몸을 파묻어도 좋고, 등반 중이라면 어느 산정에서 슬리핑 백 속에 누워도 좋을 것이다. 게다가 우리가 각기 다른 장소에서 별을 본다고 해도 같은 날 밤하늘에서 바라본다는 것을 생각해 보라.

밤하늘의 별을 바라보고 있는 동안, 우리보다 훨씬 더 큰 어떤 존재, 이 아름다운 밤하늘의 금강석들을 움직이고 있는 존재에 대하여 한 번이라도 생각해 보지 않을 사람이 있을까? 나는 철학자 칸트의 다음과 같은 말을 좋아한다.

"우리 마음을 언제나 새롭게 하며 경이감과 경외심을 증대시키는 것이 두 가지 있다. 내 머리 위에 있는 별이 총총한 하늘과 내 마음 속에 있는 도덕률이 그것이다."

여러분이 가장 최근에 밤하늘을 바라보았을 때가 언제인가? 시편의 저자는 하늘이 하나님의 영광을 선포한다고 노래하는데⋯

＿ 버니 쉬핸, 「영혼 탐색」

0511
기쁨이 주는 힘

"감사하며 노래하며 제금을 치며 비파와 수금을 타며 즐거이 봉헌식을 행하려하매" (느헤미야 12:27)

우리 집 부엌 천장의 제일 밑 서랍에는 글랫 랩(GLAD Wrap)이라는 상표로 더 잘 알려진 투명한 폴리에틸렌 랩이 들어 있다. 랩은 참 편리한 물건이다. 그 겉포장에는 글랫 랩의 온갖 장점들이 열거되어 있다.(역자 주: 글쓴이는 랩의 상표인 'GLAD'라는 단어를 '기쁜', '즐거운' 등을 뜻하는 단어 본래의 뜻과 연관지어 재미있게 설명하고 있다.)

'글랫은 다루기가 쉽다.' 이 말은 정말 꼭 맞는 말이다. 나는 '즐거운' 사람들과는 언제라도 일할 준비가 되어 있다. 지나치게 민감하지도 않고 너무 까다롭지도 않고, 살아 있다는 것만으로도 즐거워하고, 함께 지내기 좋은 사람들 말이다. '글랫은 물건을 신선하게 보관해 준다.' 재미있게 살기 위해서 꼭 거창한 새로운 시각이 필요한 것은 아니다. '즐거운' 사람들과는 함께 있는 것 자체가 기쁨이며, 기분전환이 된다. '글랫은 모든 용기에 다 사용할 수 있다.' 여러분은 누군가에게 무슨 부탁을 했을 때 불공평하지 않고 선선히 그 부탁을 들어주고, 또 다른 사람에게 도움이 된다는 사실을 기뻐하는 여유로운 사람들을 좋아하지 않는가?

즐겁게 사는 것은 하나님 나라에 알맞은 삶의 방식이다. 즐겁게 사는 사람들은 작은 일에도 자주 감탄사를 연발하며 크게 기뻐한다. 감탄사를 특히 좋아하는 작가인 나는 성경을 읽다가 감탄사를 발견하면 그렇게 좋을 수가 없다. 지금 우리는 삶의 큰 행복을 이야기하고 있는 것이다. 여러분 모두 기쁘게 사시기를!

_ 리즈 커티스 히그스, 「하나님의 형상을 나타내며」

0512
불균형 속의 균형

"여호와의 교훈은 정직하여 마음을 기쁘게 하고 여호와의 계명은 순결하여 눈을 밝게 하도다"(시편 19:8)

Note.

꿈은 우리가 경험할 수 있는 가장 흥미진진한 모험이다. 현실이 어떻든 굳은 결의로 최선을 다하라

내 삶은 언제나 균형을 잃은 것처럼 보인다. 이따금 내 삶이 '푸코의 추'와 흡사하지 않을까 하는 생각이 들 때가 있다. 처음에 한 쪽으로 흔들렸다가 다시 중심부로 되돌아오긴 하지만 중심부에서 멈추는 것이 아니라 이번에는 처음과는 반대쪽으로 멀리 흔들리는 추 말이다. 아무리 애를 써 보아도 흔들림의 한 가운데서 멈출 수가 없다. 그러나 얄궂게도 양쪽으로 왔다 갔다 흔들리면서도 그러는 사이에 어느 정도 균형을 유지하기는 한다. 그래서 불균형 속의 균형이라는 것을 믿게 된 것이다. 푸코의 장치에서 흔들리는 추가 평형을 유지하는 비결은 바로 케이블이다. 추가 케이블에 의해서 둥근 천장 맨 꼭대기의 고정된 지점에 부착되었기 때문에 흔들리면서도 평형을 잃지 않는 것이다.

케이블에 의해서 천장 꼭대기에 고정되어 있는 추처럼, 우리도 고정된 지점에 연결되어 있기만 하면 앞뒤로 흔들리든지, 잘못 흔들리든지 또 그것을 바로잡든지, 일시적으로 균형을 잃든지, 여하한 경우에도 문제가 되지 않는다. 궁극적으로는 균형을 유지하기 때문이다. 이 비유를 통해서 안정성과 역동성이라는 삶의 양면적인 특성을 발견한다. 우리는 때때로 사람들과 일의 성격에 따라서 마구 흔들리며 살고 있다. 그러나 예수 그리스도를 삶의 중심에 모시고 있으므로 결코 균형을 잃지 않는 것이다.

_ 사라 웬저 쉥크, 「귀향」

0513

잠 22:4~6

하나님의 자녀로 키워라

할렐루야 사랑하는 성도 여러분,

여러분의 가정은 평안하고 행복하십니까? 오늘 본문의 성경은 자녀들이 잘되게 하려면 부모가 자녀들에게 해야 될 것이 무엇인가를 분명하게 말씀해 주고 있습니다.

첫째, 하나님께 나아가는 길을 가르쳐 주어야 합니다.

잠언서 22장 6절에 말합니다. '마땅히 행할 길을 아이에게 가르치라 그리하면 늙어도 그것을 떠나지 아니하리라' 우리는 우리의 자녀들이 세속에 물들기 전에 하나님 앞에 나아가는 길을 그들에게 가르쳐 주어야합니다.

둘째, 순종하는 자녀가 되도록 키우시기 바랍니다.

요즘 자녀들을 하나, 둘 낳다 보니까 오냐오냐하고 키워서 가장 중요한 순종을 가르치지 못하고 있습니다. 그런데 중요한 것은 자녀들이 말씀에 순종하도록 가르쳐야 한다는 것입니다.

셋째, 기도하는 자녀가 되도록 키우시기 바랍니다.

우리 기독교는 기도의 종교입니다. 기도를 뺀 기독교는 종교의식 밖에 남지 않습니다. 왜냐 하면 성령의 역사가 없기 때문입니다. 기도는 성령의 역사를 선물로 받습니다. 우리의 자녀들이 잘되도록 하나님과 교통하는 기도의 직통 전화기를 설치할 수 있도록 주의 이름으로 부탁을 드립니다.

넷째, 우리의 자녀들에게 주일성수를 철저히 가르쳐야 됩니다.

성수주일은 하나님을 구체적으로 믿고 경외하는 표현입니다. 또한 성수주일을 할 때 하나님 말씀으로 양육받을 수가 있습니다. 그러므로 주일 예배는 물론이요, 모든 예배에 모두 데리고 나오셔서 예배를 드릴 수 있기를 주의 이름으로 부탁을 드립니다.

다섯째, 마지막으로 여러분의 자녀들에게 지금부터 십일조를 가르쳐야 됩니다.

십일조는 중요합니다. 왜냐 하면 우리의 자녀들이 더 큰 축복을 받아야 하기 때문이며, 십일조는 물질 축복의 최선의 길입니다. 어려서부터 하나님의 것을 구별하고 드릴 줄 아는 신앙인으로 교육해야 됩니다.

사랑하는 성도 여러분,

신앙 생활의 우선 순위를 바로 가르쳐야 합니다. 여러분, 무엇을 물려주시렵니까? 신앙밖에 없습니다. 잠언서 22장 6절에 '마땅히 행할 길을 아이에게 가르치라 그리하면 늙어도 그것을 떠나지 아니 하리라'

0514
지도를 따라가는 여행의 즐거움

"네 뒤에서 말소리가 네 귀에 들려 이르기를 이것이 바른 길이니 너희는 이리로 가라 할 것이다" (이사야 30:21)

여행할 때 내가 가장 좋아하는 것은 언제나 목적지를 향해서 가는 과정 그 자체이다. 어렸을 적에 나는 언제나 자동차의 앞좌석에 앉으려고 법석을 떨곤 했다. 운전석 옆에 앉아서 무릎 위에 도로지도를 펴놓고 아빠를 거드는 일을 좋아했기 때문이다. 도로가 좁아지는 지점에서는 지도상에서 굵다란 붉은 선이 가느다란 검은 석으로 바뀌었다. 우리 차가 농장들과 마을들을 통과할 때마다 나는 언제나 지도상의 이정표들을 하나하나 지우곤 하였다.

나는 항상 지도 보기를 좋아했다. 내가 지금 어디로 가고 있는지 그리고 어떻게 그것에 당도할 수 있는지 알게 되면 기분이 매우 좋았다. 지도는 또한 지금 어디 쯤 왔는지, 또 목적지까지는 앞으로 얼마나 더 남았는지 하는 것들을 알수 있게 하였다.

그것이 바로 내가 예수님과 동행하기를 좋아하는 이유다. 그의 말씀은 내게 지도와도 같다. 아무 성경 구절이나 택하라. 그와 동시에 우리의 여행은 시작되고, 하나님께서는 우리의 걸음을 인도하시는 것이다. 그분은 넓은 길보다는 좁은 길을 가리키신다. '내가 곧 길이다' 라고 말씀하신 주님을 뒤따른 한, 우리는 결코 길을 잃지 않는다.

_ 죠니 이렉슨 타다, 「흙 속의 다이아먼드」

0515
새로운 시작

"상한 자를 내가 싸매 주며 병든 자를 내가 강하게 하려니와
…" (에스겔 34:16)

나는 그 때 땅 끝, 영국의 최남단에 있었다. 그 곳에는 집
이 한 채 있었는데, 그 집의 현관에는 '이 집이 영국에서 제
일 마지막집인 동시에 제일 처음 집입니다.'라고 씌어져 있
었다. 나는 그 문구에 대하여 한참동안 곰곰이 생각해 보았
다. 물론 그 집이 마지막 집이냐 처음 집이냐 하는 것은 보는
이의 시점에 따라 다르다. 우리가 만약 코온월을 등지고 프
랑스를 향해 서 있다면 그 집은 분명히 영국의 가장 끝 집이
되겠지만, 바다를 등지고 영국을 향해 서 있다면 그 집은 가
장 첫 번째 집이 되는 것이다.

가끔씩 지칠대로 지쳐서 더 이상 출구가 없을 것 같은 암
담한 심정으로 그리스도의 발 앞에 쓰러질 때가 있다. 그러
나 다음 순간, 이것이 끝이 아니라, 또 다른 시작임을 발견하
곤 한다. 나의 생각이나 자심감이나 능력을 기준으로 판단
한다면 그 순간은 끝일 수도 있다. 그러나 사실 나는 그 때
하나님의 말씀에 귀 기울이고, 그의 인도를 받으며, 그분의
품에서 안식하는 일들을 새롭게 시작하는 것이다.

_ 쉴라 월쉬, 「그대의 영혼을 위한 선물」

181

0516
우리를 살리는 능력

"주의 말씀은 내 발에 등이요 내 길에 빛이니이다"(시편 119:105)

아기를 하나 잃고, 다니던 교회에서 강제로 쫓겨나고, 친구 한명이 처형당하고, 집에 도둑이 들고…. 이런 엄청난 일들로 인해 내 인생에서 가장 험난한 시련기에 나를 지탱해 주었던 것은 하나님의 말씀이었다. 할 수 있는 일이라고는 고작 성경구절 몇 줄밖에 읽을 수 없었던 때도 있었다. 그러나 초자연적인 생명력을 지닌 하나님의 말씀이 나의 정신과 감정의 균형을 유지시켜 주었을 뿐 아니라 힘겹게 하루씩이나마 삶을 지속해 나갈 수 있도록 힘이 되어 주었던 것이다.

하나님의 말씀에는

힘이 있고,

평화가 있고,

희망이 있고,

능력이 있다.

하나님의 말씀을 읽자.

_ 앤 그레이엄 러츠, 「하나님의 영광을 바라보며」

Note.

실패를 마음에 두지 말라. 정말 불쌍한 것은 한번도 꿈을 꾸지 않았던 사람들이다

0517
뿌리가 깊으면

"주께서 우리가 너희를 사랑함과 같이 너희도 피차간과 모든 사람에 대한 사랑이 더욱 많아 넘치게 하사 …" (데살로니가전서 3:12)

어느 따스한 봄날, 나는 하이킹을 나갔다가 눈여겨 보아두었던 올랄라 관목 숲을 찾아 나섰다. 그 특별한 나무는 같은 수종의 다른 나무들로부터 멀리 떨어져서 가파르고 돌투성이인 언덕배기에 홀로 서 있었다. 그리고 유례없이 크고도 아름다운 열매들을 주렁주렁 달고 있었다.

열매를 따는 동안 어떤 나무도 제대로 성장하지 않을 척박한 땅에서 자랐고, 또 아무도 심지도 가꾸지도 않은 나무에서 그토록 풍성한 결실을 보았다는 사실이 그저 놀랍기만 할 뿐이었다. 게다가 이곳은 토양도 기름지지 못하고, 돌투성이며, 돌 때문에 여기저기에 구멍이 뚫려 있고, 폭염에 무방비로 노출된 땅이었다. 계절마다 매서운 바람이 불어와 나무를 사정없이 강타하고, 잔가지들을 세차게 때리곤 하는 그런 땅….

그러나 척박한 주변 환경, 사납고 거친 날씨, 불모한 토양이지만 올랄라 나무는 땅속 깊이 뿌리를 내리고 있었기에 황무지에서도 늠름하게 꽃을 피우고 열매를 맺을 수 있었던 것이다. 이 나무는 바로 '네가 심겨진 곳에서 꽃을 피워라!'라는 옛 격언의 생생하고도 살아있는 본보기였다. 이 말 자체는 참으로 단순하게 들린다. 듣기에 따라서는 낭만적이기까지 하다. 하지만 그렇게 하려면 뿌리를 깊이 내려야만 한다.

_ W. 필립 켈러, 「내 영혼의 노래」

0518
아름다움을 위한 시간

"우리 구원의 하나님이시여 … 주께서 의를 따라 엄위하신 일로 우리에게 응답하시리이다"(시편65:5)

주님, 아름다움을 위한 시간을 갖게 하소서.

테이블에 꽃이 가득 꽂힌 화병을 하나 놓거나, 정원의 꽃이 아직 피지 않았으면 화분이라도 하나 놓아서 방을 예쁘게 정돈하게 하소서. 단지 제가 너무 게으르기 때문에 저 자신이나 저희 집을 어수선하고, 누추하고 초라하게 내버려두지 않게 하소서.

주님이 참으로 아름답게 만드신 이 세상. 제가 그 아름다움을 충분히 감상할 수 있게 하소서. 허겁지겁 서둘러 장을 보러 갈 때나 아이들을 차에 태워 목적지에 데려갈 때조차도 푸르른 언덕과 숲, 그리고 반짝이며 흘러가는 강물의 아름다움과 영광을 잊지 않게 하소서. 교통신호등의 색깔이나 노란 스쿨버스들, 노점의 진열대를 예쁘게 장식하고 있는 과일들과 제재소에 산적해 있는 목재들, 미풍에 나부끼는 소녀들의 알록달록한 스카프들 …. 이 모든 것들에서 아름다움을 발견하게 하소서.

주님, 틈을 내어 집의 뒤뜰도 예쁘게 가꾸게 하소서.

설거지를 하다가도 이따금 눈을 들어 나뭇잎 사이로 부서지는 햇빛을 바라보게 하시고, 야트막한 나무 울타리의 빛바랜 판자 조각을 따라 쏜살같이 달음질 치는 다람쥐를 바라볼 여유를 주시고, 비온 후 빨랫줄에 수정구슬처럼 영롱하게 맺힌 빗방울의 신비스러운 아름다움을 놓치지 않게 하소서.

_ 마저리 홀름스, 「주님, 사랑하게 하소서」

오랫동안 꿈을 그리는 사람은 그 꿈을 닮아간다

0519
예수가 오신 이유

"내가 돌이켜 전심으로 지혜와 명철을 살피고 연구하여…"(전
도서 7:25)

Note.

긍정적 사고방식을 키우
는 가장 좋은 방법은 평
소 꾸는 꿈보다 한 단계
더 높은 꿈을 꾸는 것이
다

예수님 시대에 바리새인들은 삶의 금지조항들을 명백히
하였다. 십계명과 모세의 가르침을 토대로 오랜 세월동안
발전을 거듭해 온 방대한 율법 체계는, 안식일에 낳은 계란
을 먹느냐 마느냐 하는 문제로 논란을 벌일 정도로 그들의
삶에 깊숙이 관여하게 되었던 것이다. 그들은 안식일에는
여행도 하지 않았고, 모든 부정한 것들을 금했으며, 성전의
안 뜰에는 여자가 들어가지 못하게 했다. 특히 바리새인들
은 스스로 의롭다는 독선에 빠져서 그들이 정해 놓은 종교
적 계율을 어기는 모든 사람들을 배척했다.

예수님은 어떠하셨는가? 성서의 황금률이라고 일컬어지
는 두 계명 ─ 하나님을 사랑하고, 이웃을 사랑하라 ─ 을 통
해서 예수님은 삶의 금지조항 대신에 적극적인 자세에 대하
여 말씀하셨다. 그는 안식일에도 병든 사람을 고치셨고, 죄
는 미워하되 죄인을 용서하셨고, 누구든지 그의 도움을 필
요로 하는 사람들을 물리치지 않으셨다. 그는 단죄가 아니
라 사랑을 위해서 이 땅에 오신 것이다. 십자가에서 돌아가
셨을 때, 그는 우리 모두를 위해 고통을 짊어지신 것이다.

_ 시그먼드 브라우어, 「목수의 의복」

0520 욥23:8-10
믿음은 동굴이 아니라 터널입니다

할렐루야 사랑하는 성도 여러분!

어떤 인생이든지 동굴과 터널이 존재합니다. 동굴은 빠져 나갈 곳이 없는 곳이고, 터널은 언젠가는 반드시 길이 있는 곳을 말합니다. 욥을 보면 알 수 있습니다. 그는 동방에서 제일 의롭게 하나님을 잘 섬기며 살았습니다. 그러나 그는 인생 최대의 시련의 터널을 지나고 정반대의 인생이 되었습니다. 동굴은 어둡습니다. 그러나 터널은 밝습니다.

1. 욥의 아내는 욥이 동굴에 있다고 생각했습니다.
힘들고 어려울 때, 함께하는 것이 부부인데 욥의 아내는 욥이 절망의 동굴에 갇혀 있다고 생각했습니다.
· 하인들도 욥이 동굴에 갇혀 있다고 생각했습니다.
· 형제들과 친척들과 친구들과 동네 아이들도 모두 욥은 끝장났다고 조롱했습니다.
하나님을 믿지 않는 사람은 환란이나 고난이 올 때, 그것이 절망의 동굴이 됩니다. 그러나 하나님을 믿는 사람은 그 환란과 고난이 희망의 터널이 됩니다.

2. 욥이 만난 동굴은 무엇입니까?

· 욥은 물질적인 동굴에 갇혀 있습니다.

욥은 가지고 있던 재산을 다 빼앗겼습니다. 그러나 욥은 갑절의 축복을 받았습니다.

3. 욥은 건강의 동굴에 갇혀 있습니다.

우리 인생도 때로는 욥과 같이 건강적으로 절망의 동굴에 들어갈 수 있습니다. 그러나 우리가 하나님을 믿으면 살 길이 열린다는 것을 믿으시기 바랍니다.

4. 욥은 인간관계의 동굴에 갇혀 있습니다.

욥이 잘 나갈 때는 주위에 사람들이 많았지만 그가 건강의 동굴에 빠지자 종들까지도 욥을 깔보고 무시하였습니다. 그러나 욥은 결국 동굴을 빠져나오는 믿음의 능력을 발휘하였습니다.

주님을 만나고 난 인생은, 질병은 건강의 시작이 되고, 가난은 축복의 시작이 되고, 실패는 성공의 시작으로 바뀌게 될 것입니다. 그러므로 믿음은 동굴이 아니라 터널임을 믿으시기 바랍니다.

0521
조그만 믿음의 씨앗

"만일 너희에게 믿음이 겨자씨 한 알 만큼만 있어도 … 너희가
못할 것이 없으리라"(마태복음 17:20)

지금의 내 정원은 조그만 개박하 씨앗을 심는 일에서부터
시작되었다. 조그만 씨앗 한 개가 마침내 1미터가 넘는 키
에 직경이 약 90센티미터나 되는 큰 나무로 성장한 것이다.
지금은 그 나무의 잎 냄새를 좋아하는 동네의 모든 고양이
들이 그 가지에 보금자리를 짓는다.

겨자씨는 이 세상에서 가장 작은 씨앗 중의 하나다. 믿음
이 아주 조금만 있어도 커다란 기적이 일어날 수 있는 것이
다. 그러나, 특히 어려운 일이 닥치면, 자그마한 믿음을 갖는
것조차 이 세상에서 가장 힘든 일처럼 여겨진다. 최근에 나
는 가슴 아픈 일들을 계속해서 겪었다.

그래서 산을 옮기는 것은 차치하고 겨자씨만큼의 믿음을
갖는 것 자체가 기적임을 발견하게 된 것이다.

예수께서는 혹독한 시련과 박해를 받고 있던 교회를 향해
겨자씨의 비유를 말씀하셨다. 이 말씀은 고통 가운데 있는
우리를 위한 것으로서, 겨자씨만한 조그만 믿음의 씨앗을
배양하여 고통의 마음 밭에서 자라게 하라는 당부의 말씀인
것이다. 고통 가운데 뿌려지고 자란 믿음이야말로 산을 옮
길 만큼 커다란 기적이 되는 것이다.

_ 해리엇 크로스비, 「잘 가꿔진 정원」

Note.

생각하는 것이 인생의 소
금이라면 희망과 꿈은 인
생의 사탕이다. 꿈이 없
다면 인생은 쓰다

0522
하나님의 음성에 귀 기울이면

"네 하나님 여호와 그가 너와 함께 가시며 결코 너를 떠나지 아니하시며 버리지 아니하실 것임이라"(신명기 31:6)

"내 목소리가 들리는 데까지만 가야 한다." 장작을 마련하기 위해 아버지를 따라 숲에 가던 날 아버지께서 나에게 이렇게 당부하셨다. 하지만 숲에는 층층나무의 꽃이 만발했고, 숲 안쪽으로 들어가면 갈수록 꽃은 더 아름답게 피어 있었다. 그 아름다움에 취하여 그만 아버지의 경고도 잊은 채 마냥 숲 속으로 들어가던 나는 곧 길을 잃고 말았다.

더럭 겁에 질린 나는 마구 고함을 쳐댔지만, 사방에서 들려오는 메아리만이 나를 조롱하듯 고요한 숲에 울려 퍼지고 있었다. 마침내 목소리도 다리도 지칠 대로 지친 나는 조그만 개울가의 이끼 긴 둑에 주저앉아 있었다. 그런데 바로 그 고요한 순간에 너무도 반갑고 친근한 목소리가 들려왔다. 아버지께서 내 이름을 부르며 나를 찾고 계신 것이었다.

도대체 어떻게 된 것이었을까? 나도 계속 아버지를 불렀었는데 말이다. 문제는 내가 고함치는 것을 멈추었을 때 비로소 아버지의 음성이 들려왔다는 사실이다. 내가 아버지의 음성에 조용히, 그리고 다시금 확신에 차서 귀 기울였을 때, 아버지께서는 나를 안전한 곳으로 인도하신 것이다. 우리가 하나님을 잊고 멀리 방황하는 동안에도, 하늘에 계신 아버지께서는 우리가 그의 음성을 '들을 수 있을 거리' 안에 항상 계신다는 것을 안다는 것은 얼마나 위안이 되는 일인가! 우리가 그의 음성을 듣기만 하면 하나님께서 우리를 집으로 인도하실 수 있으며, 또 인도하실 것이다.

— 쥰 마가렛 배쳐, 「평온한 마음」

189

0523
하나님의 뜻을 아는 법

"부지런한 자의 경영은 풍부함에 이를 것이다" (잠언 21:5)

솔로몬은 '하나님의 인도를 받는' 우리의 걸음에 대하여 말한다. 그런데 이 말은 구체적으로 무엇을 뜻하는가? 그것은 우리가

하나님의 뜻을 분별하고,

매일 그의 계율을 지키고,

매일 그의 경고에 주목하고,

믿음으로 살며,

매일 그의 말씀에 순종하면,

하나님께서 우리의 판단과 행위에 대한 책임을 쳐 주신다는 것을 우리가 알게 된다는 뜻이다. 하나님께서 우리를 그의 목적에 맞게 인도하실 것이며, 적절한 때에 적절한 장소에서 적절한 사람을 만날 수 있도록 하실 것이다.

우리가 원하기만 하면 하나님의 뜻을 발견하기는 쉽다. 실제로 하나님의 뜻을 놓치는 사람들이란 그 뜻을 필요로 하지 않는 사람들이라고 할 수 있다. 혹시 우리가 오랜 세월 동안 '길을 잘못 들어서 엉뚱한 방향으로 가고 있지나 않을까' 하는 의구심이 들 수도 있지만, 우리의 중심만 바로 잡혀 있으면 길을 잃을 염려는 전혀 없다. 하나님께서 원하시는 것이 무엇인지 알 수 있기 때문이다.

_ 데이비드 로우퍼, 「우리와 같은 사람, 엘리야」

모든 것은 꿈에서 시작된다. 꿈 없이 가능한 일은 없다. 먼저 꿈을 가져라

0524
근심으로부터의 자유

"너희를 위하여 보물을 땅에 쌓아 두지 말라"(마태복음 6:19)

'평화를 구하는 기도'로 유명한 '아씨씨의 프란시스'가 젊은 시절, 그는 장차 '청빈이라는 이름의 아가씨'와 평생 살게 될 것을 믿음으로 알고 나서 그의 옷을 벗어서 발밑에 던졌다. 그리고 나서 주교의 궁전 앞뜰에 모여든 군중에게 "이제는 제 모든 것을 벗어버리고 육신의 아버지, 페테르 베르나르도네 대신에 하늘에 계신 아버지만을 부르면서 주님 앞으로 나아가고자 합니다."라고 하였다. 그러자 주교인 정원사가 프란시스에게 구멍이 숭숭 뚫린 겉옷을 하나 건네주었고, 그는 그 옷 위에 석회암으로 만든 십자가를 걸었다. 그리고 나서 가슴 속 깊은 곳에서부터 하나님을 찬양하는 노래를 부르면서 숲을 지나 그의 길을 떠났다.

물론 크리스천들이 누구나 프란시스처럼 세속의 모든 것을 다 벗어버리고 찬송을 부르며 숲으로 갈 수는 없다. 그러나 크리스천이라면 프란시스처럼 온갖 근심으로부터의 완전한 자유를 누릴 수 있어야 한다. 하나님께서 주시는 온갖 좋은 선물들을 기꺼이 받아들이지 못하는 마음은 그것들 중 어느 한 가지를 버리는 일에도 주저할 수밖에 없는 것이다.

_ 엘리자베쓰 엘리엇, 「훈련, 그 즐거운 포기」

0525
영혼을 위한 '부드러운' 시간들

"내가 오늘날 너를 명하여 네 하나님 여호와를 사랑하고 그 모든 길로 행하며 그의 명령과 규례와 법도를 지키라 하는 것이라"(신명기 30:16)

감사는 느낌이기 전에 우리의 의무다

아일랜드를 찍은 사진들을 보게 되면, 그 땅이 얼마나 녹색 천지인지 쉽게 알 수 있다. 나는 몇 년 전에 그곳을 방문해서야 비로소 그 이유를 알게 되었다. 그것은 여름에도 거의 매일 비가 내린다. 하지만 비가 억수로 쏟아지는 경우는 매우 드물고, 보슬비나 안개비가 자주 온다. 아일랜드 사람들은 이런 날을 일컬어 '부드러운' 날이라고 한다. 비에는 대기를 부드럽게 감싸주고 세상을 가라앉히는 힘이 있다. 태양은 소란스럽다. 쾌청한 날에는 소리를 지르고 싶은 충동이 인다. 하늘을 나는 새들을 보라. 비 내리는 날엔 새들도 조용해지지 않는가.

나는 어린아이들의 웃음소리, 새들의 지저귐, 심지어 자동차의 경적 소리마저 뒤섞인 시끌벅적한 여름날을 좋아하는 편이다. 그러나 이따금 비가 내리는 날이면 기분이 좋아진다. 그런 날은 잠시 조용해지고, 명상적이 되며, 마음의 여유를 갖기에 안성맞춤이다.

당신은 어떤가? 비오는 날을 성가시게 여기는가? 아니면 하나님께서 우리에게 잠시 쉬어 가라고 주신 날이라 여기는가? 비는 잔디에 물을 공급하고, 꽃이 피어나게 한다. 비가 당신의 영혼에도 생기를 가져다주는가?

_ 버니 쉬핸, 「영혼 탐색」

0526
하나님을 신뢰하라

"너희를 보호하사 거침이 없게 하시고 … 하나님께 우리 주 예수 그리스도로 말미암아 영광과 위엄과 권력과 권세가 영원 전부터 이제와 영원토록 있을지어다" (유다서 1:24-25)

Note.

감사하며 받는 자에게 수확이 있다

하나님을 기다리며 산다는 것은 '아무 것도 하지 않는 것'이 아니다. 시편 37편에는 이 숨겨진 활동의 주요 요소들, 즉 마음의 평화를 이루는 완벽한 공식이 적혀 있다.

· 여호와를 의뢰하여 선을 행하라.
· 땅에 거하라(가정을 이루고, 정착하며, 하나님이 정해 주신 곳에서 평화를 누리라).
· 여호와를 기뻐하라(여호와를 유일한 기쁨으로 여기라). 그리하면 그가 네 마음의 소원을 이루어 주실 것이다.
· 너의 길을 여호와께 맡기라. 저를 의지하면 저가 이루시리라. 여호와 앞에 고요히 거하라.
· 여호와를 참아 기다려라. 자기 길이 형통하며 악한 꾀를 이루는 자로 인하여 불평하지 말라.

우리가 주님 안에서 기쁨을 발견하고, 그에게 모든 것을 맡기며, 그를 신뢰하며, 고요히 거하는 것을 배우지 않는 한, 인내하며 기다린다는 것은 거의 불가능한 일이다.

_ 해리엇 크로스비 「가정이라 불리는 곳」

0527

빌4:13

능력 있는 성도

할렐루야 사랑하는 성도 여러분,

벌써 한 여름에 들어 온 것처럼 무더운 날씨가 되었습니다. 여러분의 심령에도 뜨거운 성령의 능력이 넘치는 성도들이 되시기 바랍니다. 벌써 5월도 다 가고 있는데 남은 날들을 성공으로 마무리하기 위해 능력 받는 성도가 되어야 하겠습니다.

어떤 성도는 능력 있는 성도가 있는가 하는 반면에 능력이 없는 성도가 있고, 능력을 잃어버린 성도도 있습니다. 우리가 주님을 믿고 성도가 되고 직분을 맡았어도 능력을 잃어버린 머리 깎인 삼손처럼 돼 버리면 참으로 불행한 일입니다. 그러면 우리가 능력 받는 성도가 되기 위해 어떻게 해야 하겠습니까?

첫째, 능력 있는 하나님의 말씀을 사용할 줄 알아야 합니다. 말씀은 살았고 운동력 있기 때문에 이 말씀이 사람의 심령 속에 들어가면 그 어떤 사람도 변하여 새사람이 되고, 능력이 임하여 마귀를 거꾸러뜨리고, 죄악과 질병이 떠나가는 하나님 말씀의 폭발적인 능력의 역사가 일어납니다.

둘째, 크게 역사하는 기도의 능력을 가진 성도가 되시기 바랍니다. 의인의 간구는 역사하는 힘이 강하다고 했습니다. 엘리야가 기도할 때, 하늘도 감동 받아 3년 6개월 동안 비가 내렸다가도 내리지 않고, 내리지 않다가도 내리는 기적을 일으키는 사람이 된 것을 우리가 압니다. 바울과 실라처럼, 모세처럼, 엘리야처럼, 우린 똑같은 성정을 가진 사람이지만 누가 부르짖든 기도는 부르짖는 대로 응답받는 역사가 일어납니다.

셋째, 기사와 이적을 나타내는 성령의 권능을 받는 능력 있는 성도가 되시기 바랍니다. 사도행전 1:8에 성령이 임하시면 권능을 받는다고 했습니다. 그러므로 자신을 새롭게 변화시키는 권능을 받으시기 바랍니다. 그리고 악을 물리치시는 성령의 권능을 받아야 합니다. 또한 주님을 증거하는 성령의 권능을 받아야 합니다. 그렇습니다. 베드로가 능력을 받아 전도하니까 하루에도 3,000, 혹 5,000명씩 구원시키는 엄청난 역사가 일어난 것입니다.

사랑하는 성도 여러분, 우리 모두 능력 있는 성도가 됩시다. 능력 있는 성도만이 복되고, 승리하는 삶을 삽니다. 그러므로 운동력 있고, 살아있는 하나님의 말씀을 붙들고, 기도하며, 성령의 권능을 받아 악한 마귀의 세력을 물리치고, 주님을 힘 있게 증거하는 능력 있는 성도들이 다 되시기를 주의 이름으로 축원합니다.

0528
하늘의 목록

"너희 아버지께서 허락하지 아니하시면 그(참새) 하나도 땅에 떨어지지 아니하리라"(마태복음 10:29)

나는 우편 판매를 애용하는 편이다. 물품 주문 양식. 이것은 마치 모든 정답이 주어진 크로스워드 퍼즐 같다. 빈칸을 모두 메울 수 있어서 우선 기분이 좋고, 또 내가 매우 총명하게 된 것 같은 우쭐함마저 맛보는 것이다. 작성된 주문서는 곧 우편으로 발송된다. 그리고는 다른 바쁜 일들 때문에 곧 내 뇌리에서 사라진다. 그러다가 어느 날 그 주문과는 상관없이 다른 일로 몹시 바쁠 때, 주문했던 물건이 불쑥 배달되는 것이다. 그 때의 기쁨이란!

기도의 응답도 이와 꼭 같다. 내 주문 명세가 낱낱이 그리고 조심스레 기록된 후 마감 날짜 안에 영원한 등기 우편으로 하나님께 발송된다. 그리고 나서 한참 후 내가 기도를 드렸다는 사실조차 잊고 있을 때, 여러 달 혹은 여러 해 전에 했었던 기도들이 응답을 받는다. 때로는 응답의 소포가 도착하든 말든 전혀 문제가 되지 않을 때도 있다! 그렇지만 기도는 결코 땅에 헛되이 떨어지는 법이 없다. 천사들이 우리의 기도를 받아서 그 요구사항들을 빠짐없이 기록해 두기 때문이다. 하나님은 얼마나 좋으신 분인지!

_ 질 브리스코우, 「하나님과 나만의 시간」

감사하는 마음은 삶을 풍요롭게 한다. 감사의 마음은 우리가 가진 것을 차고 넘치게 해준다

0529
리본으로 장식된 순간들

"아침에 주의 인자하심이 우리를 만족하게 하사 우리를 일생 동안 즐겁고 기쁘게 하소서"(시편 90:14)

감사의 태도로 살아가는 것은 의심할 여지없이 삶을 살아가는 최고의 길이다

만약 우리에게 볼 수 있는 눈과 들을 수 있는 귀, 매 순간을 느끼고 감싸 안을 수 있는 감각이 살아 있다면, 매일매일은 이 세상에서 가장 놀라운 날이 될 수 있다. 세상은 생각지 않았던 친절한 행위들, 진정한 우정과 동료애를 나누는 순간들, 깊은 고통의 상흔을 어루만져 주는 음악과 같은 경이로운 것들로 충만하기 때문이다. 그러나 대부분은 일상생활에 허겁지겁 정신없이 휘둘리는 동안 이 귀중한 사실을 놓치고 살아간다. 날마다 틈틈이 하나님께 예배드리지 않고, 주일 아침까지 미루어 두는 생활을 반복한다. 그러나 예배란 매일의 삶에서 매순간 드려져야 하는 행위이다. 예배는 마치 호흡과도 같은 것으로서, 우리는 호흡할 때마다 삶이 얼마나 소중한 선물인가를 깨달아 알게 된다. 매순간이 하나님의 임재라는 리본으로 장식되어 있기 때문이다.

그 밖의 어떤 것이 우리에게 '살아 있음'을 진정으로 축하하고 싶은 마음을 일깨워 주겠는가? 그 마음은 창조주와 우리의 사랑이 일깨워 주기 때문에 그 사랑에 반응하지 않고서는 견딜 수 없는 하나님의 사랑에서 비롯되는 것이다.

_ 사라 웰저 쉥크, 「귀향」

0530
진정한 마음의 고향

"우리가 여호와의 집에서 너희를 축복하였도다"(시편 118:26)

내가 주택 문제로 심각하게 고민하고 있을 때, 친구 하나가 다음과 같이 충고하였다. "글쎄, 집이란 은신처에 불과하다니까. 그 이상도 이하도 아니야. 집을 사려고 할 때는 그 점만 알고 있으면 돼." 다른 사람들은 집에 관해서 이렇게 간단히 생각하는지 모르지만, 나는 그렇지가 않았다. 집을 사는 일이 내게는 두뇌의 문제일 뿐만 아니라, 가슴의 문제이기도 하기 때문이다.

내게 있어서 집이란 삶 자체요, 창조적인 일을 하는 공간이다. 가정을 가꾸어 나가는 일은 정원 가꾸기를 포함하여 창조적인 노력을 요하는 일이기 때문이다. 그것은 단지 한 주일에 한 번 먼지를 털어내고, 욕실을 청소하고, 요리를 하는 일 그 이상이다. 또한 기계적으로 잡초를 뽑아내고, 물을 주고, 비료를 주는 것만이 아니다. 집 가꾸기란 집이라는 건물(house)을 가정(home)으로 바꾸며, 황무지로부터 정원을 일구어 내는 예술로서 자아 표현의 한 형태다. 따라서 집 가꾸기를 통해서 가정에 관한 우리만의 꿈과 정서와 기억들을 창조적으로 표출한다. 또한 진정한 마음의 고향인 그리스도에 관한 꿈을 이곳에서 표출시키는 것이다.

_ 해리엇 크로스비, 「가정이라 불리는 곳」

감사는 사철 내내 사용되는 조미료다

0531
사랑은 열심히 일 한다

"(사랑은) 모든 것을 참으며 모든 것을 믿으며 모든 것을 바라
며 모든 것을 견디느니라"(고린도전서 13:7)

감사의 역량에 따라 행복
의 크기가 달라진다

사랑이란 그저 감미로운 느낌 같은 것이 아니다. 유월의
밤, 달콤한 입맞춤의 순간 짜릿하게 코끝을 스치는 인동 덩
굴의 향기의 친밀한 관계 등 모든 것이 꿈같이 펼쳐지는 그
런 행복이 아니다. 사랑에는 의무가 수반되는 것이다!

부부간의 사랑, 부모와 자식 간의 사랑은 어느 한 편이 약
하거나 실패할 때, 용서를 구하고 해 주어야 할 때, 의혹이
사실로 드러날 때… 이 모든 경우에도 지속되어야 한다. 자
녀들은 사랑이란 결코 실패하는 법이 없으며, 아빠와 엄마
는 서로의 장점뿐만 아니라 약점에도 불구하고 언제나 함께
할 것이며, 집의 모든 문들은 그들을 향해 언제나 열릴 것이
며, '창가의 촛불'이 항상 꺼지지 않으리라는 것이라는 것
을 배우면서 성장해야 한다. 언제까지나 문을 열어 놓고 불
을 밝히고 식탁을 마련해 두는 것. 이것이 사랑이다.

_ 에디쓰 쉐퍼, 「가족이란 무엇인가」

199

0601
나란히 가는 믿음과 능력

"서로 대하든지 모든 사람을 대하든지 항상 선을 따르라"(데살로니가전서 5:15)

삶이 힘들고 불확실하다는 점에는 이견이 있을 수 없다. 눈 깜짝할 사이에 삶은 마치 유황 비처럼 쏟아져 내릴 수 있는 것이다. 이런 위기가 안방, 무덤가, 길가, 결혼 생활, 사람들과의 관계, 사무실, 교회 내 …, 어디에서 일어나든지 그 결과는 우리를 무참히 파멸시킬 수 있다.

믿음은 바로 이러한 순간들에 형성된다. 성경이 이를 증명해 준다. 뿐만 아니라 나 자신과 타인들의 삶을 통해서 빈번히 그러한 현상들을 발견할 수 있다. 우리에게 믿음이 필요하면 할수록 더 많은 믿음이 주어지며, 우리가 더 온전히 하나님을 의지하면 할수록 우리의 신뢰는 더 깊어지는 것이다. 믿음과 능력은 손에 손 잡고 가는 선물이며 모든 능력의 원천인 성령에서 비롯된다. 우리가 처한 상황이 아무리 필사적이어도 믿음과 능력이라는 하나님의 선물은 언제나 알맞게 주어지는 것이다.

_ 수잔 데일 에젤, 「하나님의 풍요 속에 소박하게 사는 삶」

Note.

감사는 축복을 두 번 즐기는 것이다. 받을 때 한 번, 회상하며 또 한번…

0602
필생의 과업

"그가 아들이시면서도 받으신 고난으로 순종함을 배웠도다"
(히브리서 5:8)

감사하는 마음은 삶을 긍
정적으로 대하는 태도를
끌어내는 촉매작용을 한
다

여러분이 만약 큰 포부를 가진 사람이 되고자 한다면 작은 일부터 성실하게 하는 습관을 길러야 한다. 그 때가 바로 하나님께서 여러분의 뇌리에 강인함을 부여하시는 때이다. 하나님께서는 우리가 주일날 교회에서 타인의 앞에서 충성을 다하는 모습을 통해서가 아니라, 월요일부터 토요일까지 다른 사람이 전혀 보지 않을 때, 우리가 얼마나 성실하고 헌신적으로 일하는지를 보시고서 우리를 판단하신다.

하나님께서 우리의 성품을 훌륭하게 변화시키고자 하실 때 그는 우리의 평생에 걸쳐서 그 작업을 하신다. 그분은 결코 서두르는 법이 없기 때문이다.

우리가 하나님의 사람들로 거듭나기를 배우는 곳은 바로 고독과 불확실성이라는 교실이며, '제왕 같은 위엄'을 배우는 일조차 단조로움과 실제적인 삶이라는 교사들을 통해서 이루어진다. 이것이 우리가 다윗처럼 하나님의 마음에 부합하는 남자들과 여자들이 되는 길이다.

_ 찰스 스윈돌, 「열정과 숙명의 사람, 다윗」

0603

잠 16:1-9

불타는 소원이 있어야 합니다

할렐루야 사랑하는 성도 여러분!

하나님께서 우리들에게 큰일을 계획하셨을지라도, 우리에게 불타는 소원이 없으면 결코 이뤄질 수 없습니다. 사모함이 없는 사람에게는 하나님의 역사가 이뤄지지 않는 것입니다. 예수의 계획과 우리의 소원이 뜨겁게 연합될 때만이 성령이 역사하셔서 소원이 이뤄지는 것입니다. 그러므로 소원이 있는 사람들은 결단이 있어야 합니다.

첫번 째, 솔로몬은 불타는 소원으로 지혜를 얻었습니다.

솔로몬이 응답받은 것처럼 우리도 간절히 구할 때 하나님으로부터 응답을 받을 수 있는 것입니다. 그저 교회만 왔다 갔다 하는 사람은 큰일을 할 수 없습니다. 그러므로 주님께 온전히 무릎 꿇고, 두 손 들고, 목이 터져라 부르짖고, 간구하다가 은혜와 승리의 사람이 되시기를 축원합니다.

두번 째, 중풍병자의 불타는 소원은 건강을 회복시켰습니다.

중풍 병자와 친구들이 지붕을 뚫는다는 것은 감히 생각할 수 없는 모험이었습니다. 남에게 큰 손해를 주고, 불편을 끼치는 일이기 때문입니다. 예수 믿는 사람들이 몰상식하다고 얼마나 비난했겠습니까? 우리도 기도응답을 받는 과정 중에 어떤 절망적인 사건이나 위기에 부딪칠지도 모릅니다. 그러나 이루고자 하는 열망이 강하다면 모든 악조건을 물리 칠 수 있는 것입니다. 그러므로 이런 능력 있는 인생, 축복 받는 인생으로 살아가시기를 주의 이름으로 축원합니다.

셋째, 야베스는 불타는 소원으로 축복을 받았습니다.

이 세상에 와서 살면서 가치 없는 존재, 값없는 인간이 되지 말고, 어디를 가든지 존경받는 사람, 가치 있는 귀한 사람으로 만들어 달라고 불타는 소원을 가지고 부르짖을 때, 응답을 받았습니다.

넷째, 엘리야의 불타는 소원은 불로 응답을 받았습니다.

엘리야 선지자는 하나님만이 참 신인 것과 하나님이 자기편이라는 것을 보여주기 위해 불타는 소원으로 제단을 쌓아 불로 응답을 받았습니다. 사랑하는 성도 여러분 불타는 소원이 있을 때 반드시 승리합니다.

우리도 솔로몬처럼 지혜를 구하고, 한나처럼 믿음의 자녀를 낳기를 사모하고, 중풍병자처럼 병 낫기를 사모하고, 야베스처럼 축복 받기를 사모하고, 엘리야처럼 불로 응답 받기를 간절히 사모하다가 이 모든 축복이 응답되는 복된 성도들이 다 되시기를 주의 이름으로 축원합니다.

0604
하나님의 교수법

"진리를 알지니 진리가 너희를 자유롭게 하리라" (요한복음 8:32)

하나님께서는 높은 산봉우리의 뾰족한 끝을 통해서 우리에게 하늘로 가는 방향을 보여 주신다. 그 봉우리는 제멋대로 흘러가는 검은 구름조차 잠시 머무는, 한 줄기 은빛을 뿜어내는 하늘가에 맞닿아 있다.

· 하나님께서는 부드럽게 노래하는 비를 내려 들판을 촉촉이 적셔 주심으로써 그가 창조하신 피조물에 대한 사랑을 드러내신다.
· 하나님께서는 그토록 밝게 빛나고 아름답고 향기로운 야생화를 들판 가득 피어나게 함으로써 우리의 근심과 걱정을 없애 주시는 그의 능력을 나타내신다.
· 하나님께서는 본능적으로 둥지와 은신처와 골짜기를 찾아가는 미물들을 통해서 인도하시고자 하는 그의 바람을 보여 주신다.
· 하나님께서는 서쪽으로 지는 태양, 서둘러 둥지로 날아가는 새들의 날개 위에서 고요히 빛나는 저녁노을과 황혼, 그리고 또 다시 어둠으로부터 부활하는 새아침을 통해 우리들에게 영원한 세계의 속삭임을 들려주신다.

_ 쥰 매스터스 배쳐, 「평온한 마음」

감사하는 마음 밭에는 실망의 씨가 자랄 수 없다

0605

창조적인 삶

"우리가 이와 같이 말함은 사람을 기쁘게 하려 함이 아니요 오직 우리 마음을 감찰하시는 하나님을 기쁘시게 하려 함이라" (데살로니가전서 2:4)

도로시 세이어스는 창조적인 일에 몰두할 때의 우리가 하나님과 가장 비슷하다고 말한 적이 있다. 예를 들어, 정원 가꾸기, 시 쓰기, 수놓기, 흔들의자 만들기 등 무엇인가를 창조하는 일에 종사할 때, 우리 속에 있는 하나님의 형상을 가장 분명하게 나타낸다는 것이다. 우리가 스스로 창의적인 사람이 될 때, 하나님의 영과 우리의 인간성이 협력하여 아름다움을 창조하게 된다. 그런데 창조적이라고 해서 반드시 재능이 있어야 하는 것은 아니다. 재능이 뛰어나서 바이올린을 멋지게 연주한다든가 그림을 훌륭하게 그릴 수 있다면 물론 더할 나위 없이 좋겠지만, 창조할 수 있는 능력이란 재능의 유무를 뛰어넘는 문제이다. 창조주 하나님께서는 모든 사람을 창조적인 존재로 지으셨다. 우리가 말하는 창조적인 사람이란 내면적인 필요성을 전제로 한다. 타고난 재능의 유무를 떠나서 우리가 어떻게 하나님과 일치할 수 있는가 하는 문제인 것이다.

크리스천들은 열과 성을 다하여 자신들의 창조적 열정과 예술, 그리고 재능을 꽃피워야 할뿐만 아니라 하나님께도 충실한 사람들이 되어야 한다. 창조적인 삶을 산다는 것은 믿음으로 진실하게 산다는 것이기도 하다. 하나님께서는 우리가 혼신의 힘을 기울여 찻잔을 빚고 정원을 가꾸듯, 그 창조적 열정을 그와 동행하는 삶, 즉 결코 끝나지 않을 영원한 삶에도 아낌없이 바치기를 요청하신다.

_ 해리엇 크로스비, 「가정이라 불리는 곳」

0606
두려워하지도 초조해 하지도 말라

"그가 친히 말씀하시기를 내가 결코 너희를 버리지 아니하고 너희를 떠나지 아니하리라 하셨느니라" (히브리서 13:5)

근심은 아무런 유익을 가져다주지 못한다. 당신은 단지 근심함으로써 1인치를 더 보태거나 빼는 일에 성공한 적이 있는가? 걱정이 그 일을 하는 데 아무런 도움이 되지 않았다면, 걱정함으로써 할 수 있는 다른 일이 있을까? 근심이란 '내일'과 같이 아직 주어지지도 않은 것을 가지는 행위다. 내일은 우리 것이 아니므로 내일에 대해서 염려한다는 것은 부질없는 일이다. 내일을 위한 계획을 세울 수는 있지만, 염려한 내일은 아직 우리에게 허락되지 않았다.

근심이란 또한 주어진 것을 거부하는 행위이다. 하나님의 지혜 안에서 우리 각자에게 알맞게 할당된 책임은 오늘의 보살핌이지, 내일의 걱정이 아니다. 근심은 신뢰의 반대다. 이 두 가지는 상호 배타적이기 때문에 동시에 할 수는 없다. 근심은 시간과 에너지를 낭비시키는 사악한 행동일 뿐이다.

_ 엘리자베쓰 엘리엇, 「훈련, 그 즐거운 포기」

Note.

결국 감사할 줄 아는 마음은 선물로 베풀어주신 세상에서 우리의 무한한 생명력이 될 것이다

0607

높이 보며 똑바로 걸어라

"나는 네 아버지 아브라함의 하나님이니 두려워하지 말라 내 종 아브라함을 위하여 내가 너와 함께 있어 네게 복을 주어 네 자손이 번성하게 하리라 하신지라"(창세기 26:24)

우리 집에는 빛을 향해서 또는 빛 가운데로 걸어가는 여인들을 그린 그림이 꽤 여러 장 있다. 그 중 하나는 북아프리카의 한 여인이 머리에 커다란 짐을 이고 걸어가고 있는 그림이다. 우리가 볼 수 있는 것은 큰 키에 앞을 향해 똑바로 걷고 있는 그녀의 뒷모습이다. 나는 머리에 짐을 이고 가는 아프리카 식 운반법을 좋아한다. 이 때 짐을 이고 가는 사람이 똑바로 걸으면 걸을수록 그 짐은 균형을 더 잘 유지하게 된다.

아프리카 여인들이 여러 가사 노동을 비롯하여 중요한 일을 위해 힘을 보존할 수 있는 것은 바로 짐을 운반하는 방법 덕분이다. 날이 아무리 어둡고 고통이 무겁다고 해도 그들은 희망을 간직한 채 균형을 유지하면서 계속 앞으로 나아가는 것이다.

이제 나는 삶의 무거운 짐을 어떻게 운반할 것인가에 대하여 생각해 본다. 어떻게 잡고, 어느 방향으로 나아가야 하는가. 답은 이것이다. 쉬지 말고 걸어라. 다가오는 새벽을 용감하게 맞이하면서 높이 보며 똑바로 ….

_ 잉그리드 트로비쉬, 「샘물을 지키는 자」

0608
나 혼자가 아니다

"사람으로는 할 수 없으나 하나님으로서는 다 할 수 있느니라"(마태복음 19:26)

Note.

새해에 어떤 알 수 없는 일들이 벌어져도 우리는 그것들을 홀로 겪지는 않을 것이다. 인생의 비극적인 순간들을 헤쳐 나간다거나 남들의 칭찬에 공손히 머리를 숙이는 등 어떠한 일을 한다고 해도 적어도 둘이 함께하는 것이다. 성가대를 인도하고 알콜 중독자를 위문할 때도 둘이서, 자만심을 근절시키고 동정심과 연민의 정을 고취시킬 때도 둘이서 함께하게 될 것이다. 혼자서가 아니라 둘이서 말이다. 때로는 더 많은 사람들이 함께할 수도 있겠지만, 둘보다는 적은 수가 될 수 없다. 그리스도와 우리, 그리스도와 내가 함께 하기 때문이다.

어느 날 우리에게 불행한 일이 닥친다면 곁에 계신 예수님도 놀라고 당황할 것이며, 응급실과 암센터에 들어오셔서 우리를 위로하실 것이다.

우리가 풀이 무성하게 우거진 언덕 위의 가족 묘역에 오를 때에도 그리스도는 우리와 함께 계실 것이며, 가슴이 찢어질 듯 고통스러운 절규 한 가운데서도 우리는 그의 부드러운 음성에 귀 기울일 수 있게 될 것이다. 우리는 때때로 우리를 위한 그리스도의 계획에 대하여 궁금하게 여긴다. 그러나 그의 진실함에 대하여는 추호도 의심하지 않는다. 그가 어떤 길로 인도하실 것인지를 몰라서 잠시 머뭇거리긴 하지만, 그의 지혜에 관한한 불신의 여지가 전혀 없기 때문이다.

— 쟈넷 파스칼, 「선할 길」

우리가 지금 가지고 있는 것에 감사할 줄 안다면 우리는 앞으로 감사하게 될 일을 더 많이 맞게 될 것이다

0609
안전하고 안정된 삶

"나를 안전히 살게 하시는 이는 오직 여호와이시니이다"(시편 4:8)

Note.

가장 감사해야 할 것은 신이 주신 능력을 제대로 이용하는 것이다

우리가 매일 밤 아기들처럼 편안히 잠들 수 있어야 한다. 우리가 주님의 자녀들임을 알기 때문이다. 그러나 실상은 어떠한가? 우리는 하나님만이 주실 수 있는 안정을 엉뚱하게도 세속적인 것들—증권, 사람들의 인기, 직업, 사회적 지위, 또는 그 밖의 다른 것들—에서 찾고 있다. 하나님께서 주시는 보다 더 심원한 내적 선물인 마음의 평화, 그리고 하나님 안에서 언제나 안전하다는 깊은 확신을 무시한 채, 끊임없이 크고 작은 정서적인 방공호를 건설하는 것이다.

하나님께서 주시는 진정한 안정 대신에 우리가 만든 신기루를 의지하는 것은 그것이 어떠한 것이라 할지라도 우상숭배에 지나지 않는다. 그런데 이 신기루가 얼마나 교묘히 우리를 유혹하는가 하는 것이 문제다. 하지만 매일같이 신문을 보면 삶이 얼마나 파괴되기 쉬운 것인지, 또한 우리 자신이 얼마나 나약한 존재인지를 분명하게 알 수 있지 않는가? 파국과 고통과 상실로부터 우리를 든든하게 지켜 줄 수 있는 요새가 필요하다. 우리는 하나님께서 부러지기 쉬운 뼈, 조그만 일에도 쉽게 상처를 입을 수 있는 감정, 의식주와 친구들과 심지어 고향 마을 등 육체적이고 정서적인 요구를 지닌, 우리와 똑같은 인간이 되셨다는 사실을 종종 잊어버린다. 그가 모든 인간의 존재의 허기를 충족시킬 수 있는 분이라는 사실을 잊고 사는 것이다.

_ 레슬리 윌리엄스, 「보다 저급한 신들의 유혹」

0610

출 34:21-24

맥추감사절을 지키는 자가 받은 축복

할렐루야 사랑하는 성도 여러분!

여러분은 매사에 감사가 넘치는 성도가 다 되시기 바랍니다. 우리가 신앙 생활하면서 감사절에만 감사하는 건 아닙니다. 우리의 삶이 감사가 되어야 합니다. 시편 50:23에 "감사로 제사를 드리는 자가 나를 영화롭게 하나니 그 행위를 옳게 하는 자에게 내가 하나님의 구원을 보이리라"고 말씀하고 있습니다. 다음 주엔 감사예배를 드리고 감사예물을 바쳐야 됩니다. 지난 6개월 동안 받은 하나님의 축복과 은혜를 생각하면서 감사하는 여러분 되시기를 바랍니다. 그래서 오늘은 감사절을 지키는 자에게 주시는 축복이 무엇인가를 생각해 보면서 함께 은혜를 나누고자 합니다.

첫째는 승리의 축복을 주신다고 약속했습니다.

여러분 모두는 맥추 감사절을 잘 드려서 여러분 인생이 승리로 충만한 복된 인생을 사시기를 축원합니다. 위기에 빠졌을 때 감사하지 못하고 슬퍼하고 절망한다면 우리 인생은 그것으로 끝날지도 모릅니다. 비참하게 생을 마감해 버리게 될 것입니다. 그러나 하나님 앞에 나와서 감사하며 믿음을 가지고 도움을 간구하면 하나님께서 이전보다 더 크게 역사하시고 축복과 은총을 베푸실 줄로 믿으시기 바랍니다.

둘째, 내 지경을 넓혀 주신다고 했습니다.

오늘 출애굽기 34:24에 보니까 '네 지경을 넓히리니' 라는 말은 번영과 번성의 축복을 주신다는 겁니다. 여러분의 인생에, 가정에, 사업장에, 직장에 지경이 넓혀지는 축복이 넘치시기를 주의 이름으로 축원합니다. 하나님께서 축복하시면 넓게 확장될 수 있습니다. 여러분의 사업도, 인생도, 가정도 크게 성공하기를 주님의 이름으로 축원합니다.

셋째, 하나님이 보호와 안전을 보장해 주신다고 했습니다.

여러분에게 승리와 지경이 넓혀짐은 물론, 하나님의 보호와 보장의 축복이 여러분에게 충만하시기를 주의 이름으로 축원합니다.

여러분, 하나님은 기적이십니다. 기도하면 하나님께서 오늘도 우리에게 기적을 베푸십니다. 기도하면 하나님께서 여러분에게 기적을 베푸십니다. 하나님께서 인정하시고 축복하시면 여러분의 기도와 여러분의 소원과 여러분의 뜻이, 여러분이 간구한 모든 것들이 반드시 응답된다는 걸 믿으시기를 주의 이름으로 축원합니다.

0611
일용할 양식에 내리신 축복

"예수를 너희가 보지 못하였으나 사랑하는도다 이제도 보지 못하나 믿고 말할 수 없는 영광스러운 즐거움으로 기뻐하니" (베드로전서 1:8)

Note.

닭고기, 브로콜리, 쌀밥. 나는 오늘 저녁에도 평소와 별로 다를 바 없는 음식들을 하나하나 식탁에 올려놓는다. 집안은 지금 매우 조용하다. 음식이 담긴 접시를 내려다보면서 '오늘도 혼자 저녁을 먹어야 하는구나' 하는 생각을 하니, 나 자신이 약간 처량하게 느껴졌다. 가만히 한숨을 내쉬며 감사기도를 하기 위해 주손을 모으고 머리를 숙인다.

어떤 상황에서도 감사하는 법을 훈련해 온 사람에게는 삶이 엄청난 보상들로 가득 찬 풍성한 것이 된다

"주님, 이 음식을 주신 것을 진심으로 감사하게 하소서. 아멘." 때마침 열려있는 창문으로 훈훈한 저녁 미풍이 불어온다. 숙였던 머리와 포크를 동시에 들어 올리는 순간, 깊고도 맑은 눈빛으로 나를 응시하시는 예수님이 보인다. 그의 앞에는 질그릇 접시가 하나 놓여 있고, 그 안에 누룩을 넣지 않은 빵이 담겨져 있다. 또 그 옆에는 검붉은 빛깔의 포도주가 담긴 자그마한 잔이 하나 놓여져 있다. 예수님은 아직은 못에 박히지 않은 두 손을 들어 올리셨다. 축복의 기도를 하시기 위해서.

이 여정이 끝나려면 아직도 멀었다는 것을 나는 알고 있다. 앞으로도 많은 일들이 벌어질 것이다. 지금보다 더 힘들고 어려운 때도 있을 것이고, 더 풍요로운 축복의 시간도 찾아올 것이다. 그러나 분명한 것은 지금, 오늘 저녁, 이 식탁에 주님이 나와 함께 계시다는 것이다. 그리고 우리는 함께 기도한다는 사실이다.

"우리에게 일용할 양식을 주소서, 아멘."

_ 해리엇 크로스비 「가정이라 불리는 곳」

0612
우리를 구하시는 목자

"여호와는 나의 목자시니 내게 부족함이 없으리로다"(시편 23:1)

나는 이번 주에 풀이 무성한 코츠월드 목장에 갔었다. 그곳에서 풍부한 먹이와 안전한 보호 속에 자라는 양들의 흡족한 모습을 지켜보았다. 시원하고 맑은 시냇물이 흐르고 목장 주위는 코츠월드 산 돌담과 키 큰 나무들이 자연의 울타리가 되어 양들의 길을 인도하고 맹수들의 침입도 막아 주는 이 목장은 양들에게는 더할 나위 없이 좋은 장소다.

그런데 우리 차가 사람들로 붐비는 좁은 길로 들어서서 커브를 막 돌아가려는 찰나 놀랍게도 양 두 마리가 자동차길 바로 옆에서 코를 들이대로 풀을 뜯고 있는 것이 아닌가. 그 양들은 위험을 아예 잊고 있는 듯했다. 이 양들이야말로 정말로 목자가 필요한 것이다!

우리 인간도 바로 이 양들과 같다. 우리의 한정된 생각으로는 만사가 순조로울 때가 사실은 가장 위험한 순간일 수도 있다. 너무도 자만한 나머지 우리는 자칫 목자의 필요성을 전혀 느끼지 못하기 때문이다.

차라리 어려운 문제들로 공포에 사로잡힐 때가 더 안전할 때인지도 모른다. 그 때 우리는 삶의 안내자, 보호자…, 우리가 간절히 바라지만 스스로의 힘으로는 도저히 이를 수 없는 목적지까지 가는 동안 우리를 안전하게 지켜 줄 존재에 대한 필요성을 더 잘 인식하게 되기 때문이다.

_ 글로리아 게이더, 「주는 살아 계시기에」

0613
마리아의 선물

"온갖 좋은 은사와 온전한 선물이 다 위로부터 빛들의 아버지
로부터 내려오나니…" (야고보서 1:17)

'마리아 이야기'의 교훈은 단순하며 이해하기 쉽다. 문제
의 향유를 담았던 병은 설화석고로 만들어진 것으로서 그
자체만으로도 매우 아름다운 물건이다. 마리아는 그 병을
깨뜨렸던 것이다.

인도산 나드는 매우 진귀한 향수로서 값이 싼 다른 향수
들과 절대로 섞이지 않도록 따로 보관되는 소중한 것이다.
그 향유를 팔아서 빵을 샀더라면 오천 명의 성인 남자들과
그 가족들을 충분히 먹일 수 있었을 것이다. 마리아는 그 값
비싼 향유를 예수님의 발에 모두 쏟아 부었다.

마리아는 이 위대한 스승을 사랑했다. 마리아는 예수께서
어린아이들과 대화하기 위해서 무릎을 꿇고 키를 낮추는 광
경이라든가 그의 미소, 그리고 사람들과 스스럼없이 농담을
주고받는 것을 지켜보았으며, 그가 병자들을 기적적으로 치
유했을 때는 말할 수 없는 경외심에 휩싸이기도 했고, 그의
말 한마디, 동작 하나 하나에 묻어 나오는 사람들에 대한 깊
은 연민을 보았다.

아내의 요리가 남편의 식성에 맞지 않는다는 사소한 이유
만으로도 아내를 버릴 수 있었던 가부장적 사회에서 예수께
서는 다른 남자들과 달랐다. 그는 여인들에게 말을 걸고, 그
들에게 귀를 기울이며, 여인들을 그의 비유에 포함시켰고,
그들을 가르쳤다. 당시 여인들을 이처럼 대우하는 것은 유
대의 성전에서는 금지된 사항이었다. 마리아가 이 사람을
어떻게 사랑하지 않을 수 있었겠는가?

    _ 시그먼드 브라우어, 「목수의 의복」

Note.

감사의 고백은 굴욕적인
환경에서 탈출할 수 있는
근거다

0614
하나님을 사랑하는 여성의 위엄

"주의 진리로 나를 지도하시고 교훈하소서 주는 내 구원의 하나님이시니 내가 종일 주를 기다리나이다"(시편 25:5)

Note.

소망은 가장 어두운 먹구름 속에서도 하늘을 볼 수 있게 해준다

하나님께서는 여성에게 다른 피조물과는 다른 고유한 특성들을 부여하셨다.

첫째, 하나님께서는 '특별한 직관'을 주셨다. 이것은 여섯 번째 감각을 뜻하는 것으로서, 표면을 덮고 있는 가장 딱딱한 껍질조차 꿰뚫고, 가장 두꺼운 가면 뒤의 진면목을 보며, 거짓과 실수 이면의 진실을 파악해 낼 수 있는 능력이 여성에게 주어졌다.

둘째, 하나님께서는 대부분의 남성들에게 허락되지 않은 '고통을 감내하는 능력'을 주셨다. 여성은 산고나 삶의 역경을 훌륭히 이겨낸다.

셋째, 하나님께서는 '민감한 반응력'을 주셨다. 남성은 여성에 비하면 훨씬 닫혀 있다. 하나님을 향해서 뿐만 아니라 서로에게도 닫혀 있다는 말이다. 그러나 여성에게는 열린 마음, 따뜻함, 하나님의 세계에 대하여 민감하게 반응하는 능력이 부여되었다.

넷째, 하나님께서는 여성에게 '약점을 노출하는 성향'을 주셨다. 내가 아는 대부분의 여성들은 자신들의 삶의 진실을 이야기하는 데 있어서 남성들보다 더 용감하다. 여성들은 필요하면 기꺼이 도움을 요청하며, 무장도 덜 되어 있고 또한 덜 방어적이다. 여성들은 심지어 두려움이나 불안감을 털어놓는 데 있어서도 거리낌이 없다.

하나님을 사랑하는 여성들에게는 신심이 돈독한 남성들에게서조차 발견할 수 없는 여성 특유의 힘과 위엄이 있다.

_ 찰스 스윈돌 「힘과 위엄을 갖춘 여인, 에스더」

0615
칠을 하든지, 사다리에서 내려오든지

"쉬지 말고 기도하라" (데살로니가전서 5:17)

어느 어머니가 십대의 아들에게 페인트 통, 페인트 솔, 그리고 사다리를 주면서 집을 칠하라고 시켰다. 소년은 그 일이 하기 싫었다. 그래서 사다리에 올라가긴 했지만 일은 전혀 하지 않고 무슨 생각을 하는지 우두커니 서서 시간을 허비하는 것이었다. 이 광경을 보다 못한 어머니가 드디어 소리를 질렀다. "칠하기 싫으면 사다리에서 내려와!"

내 모습이 바로 이 소년의 모습이라는 생각이 든다. 사다리는 하나님께 이르는 통로와 같고, 페인트는 세상살이에서 파손된 집을 말끔히 단장해 주는 예쁜 색깔의 물감에, 그리고 솔은 기도하는 행위에 각각 비유될 수 있다. 이따금 하나님께서 나를 향해 소리치고 싶어 하실 거라는 생각이 든다. "칠하기 싫으면 사다리에서 내려와!"라고.

크리스천들이 왜 기도하지 않는 것일까? 내가 보기에 이것은 의지의 문제인 것 같다. '할 수 없는' 것이 아니라 '할 뜻이 없는' 것이기에.

"어떻게 하면 기도하고 싶어집니까?" 당신은 이렇게 물을지도 모른다. 그런데 이것조차 기도로 해결해야 한다. 이 문제에 대해서도 기도할 필요가 있다는 것이다. 때로는 '하고 싶은 것을 할 수 있는 능력' 조차 우리에게 없고, 다른 사람들이 이 문제를 대신 해결할 수도 없다. 우리가 기도로 요청하면 하나님만이 "우리 마음의 소원을 이루어 주실 것이다." (시편 37:4).

_ 질 브리스코우, 「하나님과 나만의 시간」

소망은 꿈이 아니라 꿈을 실체화 하는 작업이다

0616
하나님은 언제나 응답하신다

"(여호와는) 아침마다 빠짐없이 자기의 공의를 비추시거늘 …"(스바냐 3:5)

소망은 두려움을 헤치고
나올 때가 가장 밝다

영적인 삶에 있어서 우리는 흔히 응답 받는 기도만을 하나님 사랑의 확증으로 여기는 경향이 있다. 그러나 사실 그의 응답에는 알았다, 안 된다, 글쎄, 아직은 안 돼, 또는 완전한 침묵 등 여러 가지 유형이 있다. 게다가 그 응답이 어떠하든지 하나님께서는 꾸준히 우리를 사랑하시는데 우리가 그것을 미처 깨닫지 못하는 것이다.

특히 직장을 구하거나, 질병으로부터 치유되기를 바라거나, 배우자나 아기를 얻기 위해서 기도했을 때, 현실적인 바람이 이루어지면 우리는 대단히 기뻐하며 하나님의 사랑을 확신하게 된다. 하지만 매일 밤 하나님의 침묵 혹은 거절과 씨름하며 존재의 심연에서 통절히 몸부림칠 때는 하나님의 지극하신 사랑과 축복을 느끼지 못한다.

수없이 많은 밤을 눈물로 지새운 경험이 있는 나는 감히 말할 수 있다. 그와 같이 참담한 순간에도 우리는 우리가 인식하는 것보다 훨씬 많은 축복을 받고 있는 것이라고.

우리의 간절한 요구가 충족되지 않았기에, 우리의 요청이 기각되었기에, 문제의 핵심을 파악하기 위해서 우리는 더욱이 깊이 자신의 내면을 들여다보게 되며 하나님과의 관계를 점검하지 않을 수 없기 때문이다. 하나님께서는 '거절'을 통해서 가장 강력하고도 귀중한 가르침을 주시는 것이다.

_ 레슬리 윌리엄스, 「한 밤의 고투」

217

0617 빌 4:13

긍정적인 사람이 성공합니다

성공은 적극적이고 긍정적인 사람에게 찾아오지만 부정적이고 소극적인 사람에게는 찾아오지 않습니다. 무서운 골리앗처럼 어려운 문제가 우리 앞에 나타날지라도 낙심하지 말고 물맷돌 하나 가지고 쓰러뜨릴 수 있는 하나님의 능력을 믿고 긍정적이고 적극적인 성도가 되시기 바랍니다.

1. 항상 긍정적인 말을 해야 합니다.

사람의 말이 긍정적이냐 부정적이냐에 따라 성공할 수도 있고 실패할 수도 있습니다. 생각에 따라 복 받는 것이 결정된다는 것입니다. 주님은 말씀 한 마디로 무화과 나무를 말라 죽게도 했습니다. 말씀 한 마디로 병자를 고치기도 하고 죽은 자를 살리기도 했습니다.

주님께서 막11:23에 "그 말하는 것이 이룰 줄 믿고 의심치 아니하면 그대로 되리라"고 했습니다. 우리의 하는 말로 우리의 생활 환경이 좋아지기도 하고 나빠지기도 합니다. 이에 따라서 성공과 실패가 갈리기도 합니다.

2. 항상 긍정적인 생각을 해야 합니다.

사람의 마음과 생각은 모든 것의 원동력이 된다고 할 수가 있습니다. 사람이 마음속에 생각하고 영상을 그린 것은 레이저 광선과 같이 위대한 힘이 있다고 노먼 빈센트 필 박사가 말했습니다.

사무엘 스마일즈는 "생각을 바꾸십시오. 행동을 바꿀 것입니다. 행동을 심으십시오. 습관을 거둘 것입니다. 습관을 심으십시오. 성격을 거둘 것입니다"라고 했습니다. 마음에 긍정적인 영상을 그리고 항상 긍정적인 생각으로 꽉 채우시기 바랍니다. 마귀가 갖다 주는 부정적인 생각을 쫓아 버릴 수 있기를 축원합니다.

3. 긍정적인 환경으로 해석해야 합니다.

우리 성도들은 어떤 어려운 환경에 처해도 그것을 믿음 안에서 긍정적으로 해석해야 됩니다. 우리 성도들은 어떤 역경과 환란이 다가와도 낙심하는 대신 '하나님, 무슨 축복을 주시렵니까? 하나님, 감사합니다' 하고 시험을 축복받을 징조로 보고 환경을 해석해야 합니다.

새로 초등학교에 입학한 어린이가 강단 뒤에 십자가를 쳐다보더니 "엄마 저기 더하기표가 있어요"라고 하자 엄마는 웃으면서 "그래, 십자가는 우리 인간에게 더하기표가 된단다"라고 대답해 주었듯이 주님의 십자가를 붙들고 나가는 우리 성도들에게는 영원히 긍정만 있을 뿐입니다.

0618
피클과 소금

"너희는 세상의 소금이니 …" (마태복음 5:13)

삶의 어두운 계곡에서도
아름다움이 있는데 그것
이 바로 소망이다

　어젯밤 나는 제이 누나의 안부를 묻기 위해서 매릴랜드에
있는 우리 가족 농장에 전화를 걸었다. 누나는 그 때 마침 피
클 만들기에 열중하고 있었다. 오이 농사가 풍작이어서 매
일밤 물을 펄펄 끓여서 오이에 붓고, 물을 걸러내고, 오이를
담은 용기에 진공 포장하는 일들을 하느라 분주했었다. 나
는 누나의 피클을 즐겨 먹는데, 그 맛의 비결은 '소금 간'에
있다. 누나는 피클을 만들 때 소금을 듬뿍 넣는다. 이렇게 해
야만 오이가 아작아작하면서도 감칠맛이 나고 또 그 맛이
오랫 동안 잘 보존된다고 설명을 해준다.

　'소금'과 '보존'이라는 두 단어는 서로 잘 어울리는 말이
라는 생각이 든다. 우리 크리스천들은 주변 사람들에게 하
나님 중심으로 사는 삶의 가치들을 전하면서 소금처럼 이
세상의 부패를 방지하는 역할을 하도록 부르심을 받았다.
악을 억제하고 선을 장려하는 삶을 살도록 부르심을 받은
것이다.

　하나님 나라를 소망하며 사는 우리는 소금이 음식의 맛을
내듯이, 우리가 하는 말에 '맛이 나도록 간을 맞출 수' 있다.

_ 죠니 이렉슨 타나, 「흙 속의 다이아먼드」

0619
내 몫과 내 잔

"주는 미쁘사 너희를 굳건하게 하시고 악한 자에게서 지키시리라"(데살로니가후서 3:3)

평온한 사람들은 하나님이 허락하시는 삶의 몫으로 만족한다. 주어진 것으로 족하며 모든 것이 은총의 결과임을 알고 있다. 어느 날 아침, 내 컴퓨터가 제대로 작동을 하지 않았다. 이미 작업 계획도 완성되었고, 예상 시간도 다 계산해 두었는데, 모든 준비가 다 끝났는데, 이 얼마나 짜증나는 일이었겠는가. 일은 불가피하게 지연되고, 시간 계산도 엉망진창이 되어 버리고, 머릿속이 온통 뒤죽박죽으로 되어 버려 이제 다 틀렸구나 하고 난감해 하고 있었다. 그런데 얼마 후 일이 그렇게 된 데에는 무슨 이유가 있으리라는 생각이 문득 스쳤다. 그것은 계획(내 계획이 아니라 하나님의)의 일부였던 것이다. "주님, 당신은 제 몫과 제 잔을 주셨습니다." 이것은 그 순간의 내 고백이었다.

내가 그 날 짜증스런 기계가 아니라 사람 때문에 방해를 받았더라면, 아마도 그 훼방의 의미를 깨닫는 것이 그토록 어렵지는 않았을 것이다. 하지만 어쨌든 '모든 것'이 내 아버지의 섭리 가운데 이루어지는 것이다. 다루기 어려운 컴퓨터라든가 전송이 잘못된 서류 등 모든 것이 하나님의 뜻 안에서 이루어지는 것이다. 나의 몫과 나의 잔. 나의 삶은 안전하고 마음은 평온하다. 하나님 아버지께서 책임을 져 주시기 때문이다. 이 얼마나 단순한 진리인가!

_ 엘리자베쓰 엘리엇, 「고요한 마음을 지녀라」

0620
단순한 고독

"너희도 그 안에서 충만하여졌으니 그는 모든 통치자와 권세의 머리시라"(골로새서2:10)

켄터키주의 플레젠트 동산에 위치한 퀘이커 교도들의 마을을 방문했던 날, 나는 아무런 장식도 없는 하얀 벽들로 둘러싸인 조그만 숙소에 짐을 풀었다. 그 방에 놓인 네모 반듯한 가구는 "직선도 아름답다는 것을 발견하게 해 주는 곳에 오신 것을 환영합니다."라고 말하고 있었고, 방안을 빙 둘러 가지런히 박혀있는 못들은 "질서가 있는 곳에 오신 것을 환영합니다."라고 말하고 있었고, 부드럽게 문이 닫히는 소리나 복도의 희미한 발걸음 소리가 이따금씩 들려오는 것을 제외하면 온통 정적뿐인 이곳의 고요한 분위기는 "고독한 장소에 오신 것을 환영합니다."라고 말하고 있었다.

그 때 갑자기 퀘이커 마을에 대한 궁금증이 한꺼번에 풀리는 것이었다. 이곳은 기도의 밀실이었다. 모든 방들은 조용히 기도하는 데 방해가 되는 요소들을 극소화시키는 구조로 되어 있었다. 누구든지 이 방에 들어와서 딱딱한 마루바닥에 무릎을 꿇는 순간 즉시 하나님을 발견하고, 고요히 우리를 기다리시며, "너를 진심으로 환영한다."고 말씀하시는 그의 음성을 들을 수 있도록 말이다.

_ 리즈 커티스 히그스, 「하나님의 형상을 나타내며」

0621
울퉁불퉁한 길

"나는 너희에게 아버지가 되고 너희는 내게 자녀가 되리라 전능하신 주의 말씀이니라" (고린도후서 6:18)

Note.

하나님은 모든 인간의 이마위에 소망이란 단어를 새겨 주셨다

하나님의 인도를 따르는 길은 종종 우리가 기대하는 방향에서 멀리 빗나가 있는 것 같이 보일 때가 있다. 우리가 자칫 방향 감각을 잃어버려 길을 잘못 들어선 것이 아닌가 하는 생각을 갖게 되는 그런 때 말이다. 그러나 이렇게 생각하는 것은 우리가 바른 길을 가면 하나님이 물질적인 축복을 내려 주셔서 현실의 모든 문제들이 순조롭게 해결되리라고 기대하는 그릇된 믿음 때문이다. 대부분의 사람들은, 하나님을 믿으면 그의 도우심으로 질병이나 고통에서 치유될 뿐 아니라 이것들로부터 영원히 면제되고, 경제적인 어려움에서 벗어나며, 자녀들이 모두 잘 되며, 좋은 의복이나 안락한 삶은 물론 여유 있는 은퇴생활마저 보장되리라는 믿음을 갖도록 배웠다. 하지만 이와 같은 그릇된 믿음은 성서에서 말하는 하나님의 진정한 모습을 왜곡시킨다. 사랑의 하나님께서는 우리에게 영원한 위로를 주시기 위해서 종종 우리를 물질적인 축복과는 거리가 먼 길을 인도하시기도 한다.

하나님은 우리를 언제나 평탄한 길로만 인도하시는 것이 아니고 때때로 울퉁불퉁한 길로도 이끄신다. F. B. 메이어가 말했듯, 울퉁불퉁한 길로 접어들게 되어 자동차가 방해물에 부딪쳐 덜컹거릴 때마다 우리가 올바른 길로 가고 있다는 확신만이 더 강화될 뿐이다.

_ 데이비드 로우퍼, 「시편 23」

0622
주님, 제게 끈기를 주십시오

"오직 사랑으로 서로 종노릇하라"(갈라디아서 5:13)

하나님, 당신이 제게 주신 재능들을 귀하게 여기게 하여 주십시오. 그것들을 얕잡아 보지도 값싸게 여기지도 않게 하시고, 주저함이나 비겁함 또는 게으름으로 인하여 그것들을 사장시키지 않도록 도와주십시오.

당신이 제게 허락하신 재능들을 아름답게 꽃피우고 열매 맺을 수 있도록 에너지와 힘과 의지력을 주십시오. 그것을 위해 끈기 있게 노력하게 해 주십시오.

친구들이 저를 비웃을 때도 끈기 있게 노력하게 하시고, 노력을 포기할 것을 집요하게 종용하는 사람들의 유혹에도 넘어가지 않고 끈기 있게 노력하게 하시고, 남들이 저의 결심을 조롱할 때도 그로 인해 낙담하지 않고, 끈기 있게 노력할 수 있도록 도와주십시오.

당신이 제게 맡겨 주신 그 소중한 선물들 외에는 아무것도 문제가 되지 않게 하여 주십시오. 다만 그 재능들을 위해서라면 기꺼이 그리고 자랑스럽게 다른 것들을 희생할 수 있게 도와주십시오.

저에게 끈기를 주십시오.

_ 마저리 홀름스, 「주님, 사랑하게 하소서」

죄에 대한 인식은 자신의 삶에 대한 책임감이다

0623
내면의 정원 가꾸기

"이제는 내가 산 것이 아니요 오직 내 안에 그리스도께서 사시는 것이다"(갈라디아서 2:20)

우리의 목표는 영적인 균형이 잡힌 삶이다. 이것은 끊임없는 기도를 통해서 내면의 정원을 가꾸며, 우리의 생각을 산만하게 흩어버리는 온갖 유혹들을 물리치지 않는 한 불가능하다. 이 세상에서 하나님의 일을 한다는 우리가 하나님과의 만남이나 명상의 시간을 갖지 않으면서 허둥댄다면 우리 자신 뿐 아니라 자녀들이나 타인들과의 관계도 그르치게 된다. 마음의 여유를 갖지 못한 채 산더미 같은 일에 파묻히다 보면 채점하는 것도 짜증스럽고, 잠시도 즐거운 시간을 내지 못하며, 저녁 식사를 즐길 여유조차 없이 허겁지겁 도시락을 먹고 마는 것이다. 창조주이신 하나님께 '안부'를 여쭐 시간조차 없다면, 그리고 하나님이 우리에게 보여 주시고자 하는 것들을 면밀히 숙고하고 그의 음성에 귀 기울이는 대신에 황급히 대충 훑어보는 것으로 그친다면, '주님의 일'을 한다는 사실이 우리에게 아무런 기쁨도 위안도 가져다주지 못하게 된다.

균형을 잃어버린 생활쯤은 별로 대수로운 것이 아니며, 더구나 삶 자체를 위협할 만큼 큰 문제는 결코 아니라고 생각하기가 쉽다. 하지만 이렇게 생각한다면 그것이야말로 정말 큰 오산이다.

_ 레슬리 윌리엄스, 「한 밤의 고투」

0624   시61:1-8
땅 끝에서 부르짖는 기도

할렐루야 사랑하는 성도 여러분

인간은 누구나 자신이 극복 할 수 없는 한계에 부딪칠 때가 있습니다. 권력을 가진 사람이 권력을 잃었을 때, 건강에 문제가 생겼을 때, 그 재산을 잃었을 때 등 여러 가지 인생의 문제를 만났을 때 하나님의 도움을 구하며 하나님께 부르짖으면 하나님께서 응답하시겠다는 말씀입니다. 그럼 오늘 본문의 다윗의 상황을 통해 우리에게 주신 교훈이 무엇인지 알아보도록 하겠습니다.

첫째, 인간은 누구나 땅 끝에 서 있을 때가 있다는 것입니다.

다윗은 아들 압살롬의 반역과 믿었던 충신들의 반란에 신발도 추스르지 못하고 경호원들과 함께 도망해야하는 땅 끝에 선 절박한 상황에 서 있게 됩니다. 거기에다 압살롬이 수많은 군대를 이끌고 아버지 다윗을 죽이려고 추격해 오고 있습니다. 이 때 다윗의 심정은 칼이라도 빼서 자살하고 싶은 그야말로 벼랑 끝 인생을 맞게 된 것입니다. 만약 여러분은 이런 벼랑 끝에 서는 경험 속에서 무엇을 할 수 있겠습니까? 오늘 본문에 다윗은 벼랑 끝 상황에서 전능하신 하나님께 기도하는 모습을 보게 됩니다. 이 모습이야말로 하나님이 찾으시는 모습이요, 해결의 실마리를 푸는 열쇠인 것입니다. 인생은 믿는 자나, 믿지 않는 자나 벼랑 끝이 있습니다.

둘째, 인간은 벼랑 끝에 섰을 때, 믿음과 불신앙이 나타납니다.

사랑하는 성도 여러분, 땅 끝에서도 결코 흔들리지 않는 믿음, 이것이 하나님께서 원하시는 믿음입니다. 우리가 이 벼랑 끝에서 부르짖으면 하나님께서 그 기도를 들으시고 응답하십니다. 이와 같이 흔들리지 않는 믿음을 달라고 부르짖어 기도하시기를 축원합니다.

셋째, 하나님은 땅 끝에서 부르짖는 기도에 반드시 응답하십니다.

땅끝은 절망의 자리가 아니라 다시 일어설 수 있는 기회의 자리입니다. 하나님은 우리가 벼랑 끝에 섰을지라도 부르짖어 기도하라고 말씀하고 계십니다. 벼랑 끝에서 기도하는 다윗의 기도에 응답하셨던 하나님께서는 지금도 살아계신 여러분의 하나님이십니다.

우리가 어느 벼랑 끝에 섰을 때, 흔들리거나 낙심하지 않고 부르짖어 기도하면 외면하지 않으시고 반드시 응답하신다는 믿음을 가지시기 바랍니다. 그 믿음으로 인하여 인생의 모든 문제가 해결 되는 놀라운 하나님의 은혜를 경험하는 저와 여러분들이 다 되시기를 주의 이름으로 축원합니다.

0625
마음속의 노래하는 새

"하나님이 능히 모든 은혜를 너희에게 넘치게 하시나니 이는
너희로 모든 일에 항상 모든 것이 넉넉하여 모든 착한 일을 넘
치게 하게하려 하심이라"(고린도후서 9:8)

   고대 중국 속담에 '만약 내 마음 속에 푸른 가지가 있다
면, 노래하는 새가 날아 올 것이다.' 라는 것이 있다. 만일 우
리 마음에 '환영' 의 표지를 내걸면 어떤 새들이 날아올까?

   아마도 첫 번째로 날아오는 새는 '친절' 이라는 새일 것이
다. 사랑이 가득 찬 마음으로부터 친절의 노래가 울려 퍼질
테니까. 친절의 새가 큰일을 하기 위해서 나뭇 가지가 반드
시 커야 할 필요는 없다. 새는 작지만 푸르른 가지 위에 앉아
서 친절의 노래를 부를 것이며, 이것이 바로 진정한 위대함
이 아니겠는가!

   다음의 새는 아마도 '열정' 의 새가 아닐까? 이 새는 어떤
일을 하든지 아무 불평도 하지 않고 더욱 더 많은 일들을 하
기 원하면서 반짝이는 눈빛으로 삶의 열정과 믿음과 희망과
선행을 노래할 것이다.

   마지막으로 '관용' 의 새가 있다! 재능이 있든 없든 상관
하지 않고 이웃과 함께 노래하는 이 새는 사랑을 하고 사랑
을 받는다. 행복한 마음을 전하기 때문이다. 이 새의 노래는
기꺼이 봉사하는 마음으로 울려 퍼지기 때문에 모든 문들이
그 노래를 듣기 위해 열리는 것이다.

_ 쥴 매스터스 배쳐, 「여성을 위한 고요한 순간들」

> 남의 도움을 기대하지 않
> 고, 남의 탓으로 돌리지
> 않게 되었을 때에 두려움
> 이 사라지면서 발 디딜
> 곳이 보이기 시작한다

0626
매일의 축복

"너희 모든 일을 사랑으로 행하라"(고린도전서 16:14)

Note.

자아를 버린 인간은 강하다. 자아를 버리자마자 그의 내부에서는 하나님이 활동하기 때문이다

매일, 매순간이 영원으로 너무도 충만하기 때문에 우리가 영원에 '주파수를 맞추기만' 하면 감당할 수조차 없을 만큼 크나큰 기쁨에 휩싸이게 된다. 모세가 호렙 산에서 떨기나무에 붙은 불꽃을 보았을 때의 느낌이 바로 이런 것이 아니었을까. 항상 그곳에 있지만 볼 수 없었던 것을 보게 하시려고 하나님께서 그 순간 레이저 광선으로 모세의 눈을 수술하셨던 것인지도 모른다. 그 때 모세는 하나님의 '영광'으로 철저히 압도당한 나머지 그가 서 있던 땅이 '거룩하게' 되고 오솔길을 따라 무성하게 자란 떨기나무가 하나님의 광채로 떠오르는 광경을 보게 된 것이다. 불붙는 떨기나무의 경험은 모세로 하여금 그의 백성들의 고통을 새로운 시각으로 보게 만드는 계기가 되었다. 그는 이제 하나님의 심정으로 그들의 고통을 바라보게 되었던 것이다.

고통과 기쁨, 웃음과 눈물 역시 우리 주변에 항상 있다. 우리가 그것들을 볼 수 있는 눈이 있고 또한 그것들을 외면하지만 않는다면 말이다.

하나님께서 우리에게 오늘을 주셨다. 나는 그 선물을 놓치고 싶지 않다. 오늘을 마음껏 즐기자!

_ 글로리아 게이더, 「주는 살아 계시기에」

229

0627
그리스도의 구원의 손길

"무엇이든지 전에 기록된 바는 우리의 교훈을 위하여 기록된 것이니 우리로 하여금 인내로 또는 성경의 위로로 소망을 가지게 함이니라"(로마서 15:4)

우리 자신을 그리스도께 드리면 그분은 삶의 온갖 어려움과 성가신 일들로부터 우리를 건져내어 주신다.

어려운 일이 생길 때 누군가에게 전화를 걸어서 도움을 요청하는 사람은 바로 우리이다. 가전제품의 수리비가 터무니없이 비싸다거나, 파이프 수리공이 4시간이나 늦게 도착했을 때, 또는 그 밖에 일상에서 부딪치는 자질구레한 일들로 인해 짜증스럽거나 좌절감을 느끼게 될 때, 이 모든 상황들에 대처해야 하는 장본인은 물론 우리 자신이다. 그러나 이러한 때 예수님은 우리의 내면을 바꿈으로써 우리를 도와주신다. 즉 우리에게 인내심을 주시고, 상처받은 마음을 달래 주시며, 우리가 할 수 있는 일을 발견하게 하시며, 이렇게 해서 결국 우리의 마음을 고쳐 주시는 것이다.

나는 이따금 예수님께서 일상생활에 소요되는 각종 잡동사니가 주렁주렁 매달려 있는 잡화점의 카운터 뒤에 작업복 차림으로 서 계신 모습을 그려본다. 수선을 전문으로 하는 이 상점의 출입문 바로 위에는 다음과 같은 글귀가 적혀 있다. '누구든지 환영함. 하루 24시간 영업함. 고장남. 세탁기로부터 상처 입은 마음에 이르기까지 모든 것을 치유할 수 있도록 인내심과 영감을 드림. 예상보다 약간 시간이 더 걸릴 수도 있음. 상황이 당초의 계획과는 다르게 보일 수도 있음. 하지만 어떤 방식으로든 어려운 문제의 해결을 보장함.'

_ 레슬리 윌리엄스, 「보다 저급한 신들의 유혹」

Note.

그대가 진실로 모든 불행에서 자유롭게 되기를 원한다면 무엇이 인간의 참다운 행복인가를 생각해 보아야 한다

0628

하나님의 마음의 거실에서

"만물이 주에게서 나오고 주로 말미암고 주에게로 돌아감이라 그에게 영광이 세세에 있을지어다 아멘"(로마서 11:36)

너무 오랫동안 우리는 먼 나라에 있었다. 혼잡한 군중과 소음과 서두름의 나라, 치열한 생존경쟁과 압박과 강요의 나라, 좌절과 두려움과 위협의 나라에 있었던 것이다. 이제 하나님께서 우리를 집으로 부르신다. 평온함과 평화와 기쁨의 집, 우정과 동료애와 열린 마음의 집, 친숙한 만남과 상대방에 대한 배려와 애정이 가득한 집으로 부르시는 것이다.

하나님의 집으로 초대받은 우리는 망설이거나 낯설어 할 필요가 없다. 하나님 마음의 거실에서 우리는 낡은 슬리퍼를 신어도 되고 무엇이든 자유로이 나눌 수 있다. 우정의 부엌에서는 잡담을 나누며 요리하는 즐거움을 누리고, 능력의 식당에서는 마음껏 축제를 즐길 수 있다. 지혜의 서재에서는 배우고 성장하며 지적 능력을 최대로 신장시키고, 알고 싶은 모든 것들에 대하여 질문할 수 있다.

창조의 작업실에서는 하나님과 더불어 일하고 좋은 결과를 얻기 위하여 함께 의논할 수 있다. 안식의 침실에서는 새로운 평화를 얻게 되고 자유롭게 행동하며, 상처 입기 쉬운 우리의 적나라한 모습을 있는 그대로 드러낼 수 있다. 그곳은 또한 하나님과 우리가 서로를 깊이 알 수 있는 가장 은밀한 장소인 것이다.

— 리챠드 J. 포스터, 「진정한 마음의 고향을 찾아서」

0629
평범한 길

"약속하신 이는 미쁘시니 우리가 믿는 도리의 소망을 움직이지 말며 굳게 잡자"(히브리서 10:23)

교회사를 살펴보면, 하나님의 사람들은 언제나 '미지의 세계'로 나아가도록 부르심을 받았던 것을 알 수 있다. 모세는 우여곡절 끝에 이스라엘 백성들을 약속의 땅이 바라보이는 곳까지 인도했지만, 바로 그때 '젖과 꿀이 흐르는 땅'이 거인들의 지배 아래에 있다는 것을 알게 되었다. 어거스틴은 하나님께 가까이 가기를 마음 속 깊이 원했으면서도 여전히 "주님, 저를 정결하게 하여 주시기 원합니다. 그러나 아직은 아닙니다."라고 기도했다. 십자가의 성 요한은 번민과 처절한 절규로 범벅된 영혼의 어두운 밤을 보내야 했다. 로렌스 신부는 하나님의 임재를 체험하는 순간에도 일상의 것들에 대한 집착을 버리지 못했다.

성자들이나 신비가들의 삶의 여정은 험난하지만, 보통 사람들에게는 평범한 길이 주어졌다. 우리 모두는 부르심을 받았으므로 그 부르심에 응해야 한다. 각자가 걸어가야 할 믿음의 길이 있는 것이다.

그 길을 가는 도중에 넘어지거나 어둠에 둘러싸여 방향을 잃고 헤매는 일도 종종 발생하지만, 잊어서는 안 되는 것이 있다. 그것은 하나님께로 향하는 길에는 '과정'이 다른 어떤 것보다도 중요하다는 점이다. 종교적인 가르침을 현실에 접목하고 실천해 나가는 과정이야말로 우리가 진정으로 하나님께 가까이 다가서는 방법이다.

_ 페넬로피 J. 스토욱스, 「믿음, 보이지 않는 것들의 실상」

0630

하나님의 사계절

"하나님께서 예수 그리스도의 얼굴에 있는 하나님의 영광을 아는 빛을 우리 마음에 비취셨느니라"(고린도후서 4:6)

Note.

인생은 모든 의미와 의의가 상실되었을 순간에 가장 의미 깊은 것이 된다

계절의 변화가 없다면 포도밭에서는 아무 수확도 거두지 못할 것이다. 사계절의 전부가 포노나무의 지속적인 성장에 꼭 필요한 것들을 공급한다. 봄은 비를 내리고 포도나무의 성장을 서서히 자극하기에 알맞은 온화한 날씨를 가져다준다. 이렇게 성장을 시작한 포도나무는 여름의 작열하는 태양 볕을 견디어 내고 잘 숙성된 포도를 생산하게 되는 것이다. 가을은 결실의 계절이고, 겨울은 이듬해의 재생산을 위한 충분한 휴식의 기간이다. 이 휴식이 없다면 포도나무는 다음 해에 또다시 반복되는 생산의 전 과정을 되풀이할 만큼 충분히 견실한 나무가 될 수 없다.

이와 마찬가지로 인간의 영적 성장에도 계절의 변화는 필수적이다. 하나님의 계획을 각 사람의 형편에 맞추는 시기도 필요하고, 삶을 성숙하게 하기 위해서 하나님의 자양분을 공급하는 시기도 있어야 한다. 기쁨과 도전, 근면한 노력과 회복을 위한 휴식 사이의 적절한 균형을 가져다주는 계절들이 필요한 것이다. 우리는 풍성한 열매를 가져다주고 도전정신을 일깨우는 계절을 즐기고 받아들일 뿐 아니라, 변화의 때가 이르면 그 계절을 보내는 것도 배워야 한다.

_ 웨인 제이콥슨, 「내 아버지의 포도원」

233

"여호와께 감사하라 그는 선하시며

그 인자하심은 영원함이로다"

(시편 106:1)

인·생·의
이·삭·줍·기

우리는 아무것도 잃을 것이 없는 우리 품성의 창고에다
한해한해 애써 거두어들인 우리네 삶의 이삭들을 주워 모은다.
우리는 지나가 버린 계절 동안
이렇게 안전한 곳에 어떤 것을 모아 놓았을까?
우리네 삶의 수확은
과연 마음에 건실함과 순수함과 즐거움을 남겨 줄 수 있을 것인가?
아니면 헛되고 모아 놓을 만한 가치도 없는 것일까?

0701 신30:19-20
선택의 기로에 섰을 때

할렐루야 사랑하는 성도 여러분

오늘도 행복하십니까? 여러분의 삶 속에 행복이 가득하고, 주님이 주시는 기쁨과 성령의 은혜가 충만하시기를 주의 이름으로 축원합니다. 사람은 늘 선택의 기로에 서 있습니다. 때로는 앞이 보이지 않는 캄캄한 어둠의 터널 가운데서 한 쪽을 택해야만 합니다.

사람은 선택을 하면서 일생을 살아갑니다. 우리 앞에는 크고 작은 여러 가지 선택해야 할 문제들이 항상 놓여 있습니다. 그런 상황에서 좋은 선택을 하는 사람이 성공적인 삶을 살아가게 됩니다.

첫째, 왜 선택이 중요합니까?

사람이 칼을 사용할 때도 누가 어떤 목적을 가지고 사용하느냐에 따라 그 결과가 달라지듯이 선택의 문제는 대단히 중요한 것입니다. 요리사가 사용하면 맛있는 음식이 나오고, 의사가 사용하면 죽을 사람이 살아나듯이 사랑하는 여러분은 올바른 선택을 하시기 바랍니다. 만약 여러분의 선택이 올바르지 않다고 판단이 되면 돌이켜 좋은 판단을 하시기 바랍니다.

둘째, 불행한 선택을 한 사람들이 있습니다.

아담은 하나님께서 에덴동산의 모든 것을 마음대로 하되 동산 중앙에 있는 선악과는 먹지 말라고 분명히 말씀하셨습니다. 그런데 아담은 죄악을 선택했고 그 결과 하나님의 말씀처럼 죽음에 이르는 형벌을 받게 된 것입니다. 아담뿐만 아니라 아합 왕, 가룟 유다, 그 외의 수많은 인물들이 잘못된 선택으로 불행하게 된 것을 우리는 성경 곳곳에서 보게 됩니다. 그러므로 여러분의 선택이 잘못되었다면 돌이키셔서 올바른 삶과 행복의 삶을 사시기를 축원합니다.

셋째, 그러므로 우리 모두 성공적인 선택을 해야 합니다.

히11:24에 보면 모세는 장성하여 바로의 공주의 아들이라 칭함을 거절하고 도리어 하나님의 백성과 함께 고난 받기를 잠시 죄악의 낙을 누리는 것보다 더 좋아 하였다고 말했습니다. 모세의 이런 선택이 사람이 보기에는 어리석은 것처럼 보이나 하나님 앞에는 인정받는 사람이 된 것입니다.

우리가 살다보면 여러 가지 선택의 기로에 설 때가 많이 있습니다. 여러분 모두가 올바른 선택을 통해 복되고 승리하는 삶을 사시기를 주의 이름으로 축원합니다.

0702
인생의 이삭줍기

"여호와께 감사하라 그는 선하시며 그 인자하심은 영원함이로다"(시편 106:1)

우리는 가을철 노고의 결실들을 헛간과 창고 속으로 거두어들인다. 1년 동안 수고해서 거둔 풍성한 수확은 우리의 마음과 영혼과 정신 속에도 저장된다. 한 해 동안 노력하여 눈에 보이는 결실들을 추수하는 이때는 이보다 더 중요한 보이지 않는 수확을 생각게 하는 가장 적절한 시기이다.

우리는 아무것도 잃을 것이 없는 우리 품성의 창고에다 한해한해 애써 거두어들인 우리네 삶의 이삭들을 주워 모은다. 우리는 지나가 버린 계절 동안 이렇게 안전한 곳에 어떤 것을 모아 놓았을까? 우리네 삶의 수확은 과연 마음에 건실함과 순수함과 즐거움을 남겨 줄 수 있을 것인가? 아니면 헛되고 모아 놓을 만한 가치도 없는 것일까?

_ 로라 잉걸스 와일러 「구원의 은총」

Note.

긍휼이란 타락한 피조물들의 비참함을 덜어 주려는 하나님의 마음이다

0703
삶의 조각보

"지금은 내가 부분적으로 아나 그 때에는 주께서 나를 아신 것 같이 내가 온전히 알리라"(고린도전서 13:12)

Note.

감사는 위대한 교양의 결실이다. 그렇기에 천하고 상스러운 사람 중에서는 얻기 어려운 것이다

내가 할머니를 가장 생생하게 기억하고 있는 것은 할머니께서 햇빛 비치는 창가에 앉아서 커다란 고리에 단단히 매어진 이불을 꿰매고 계셨던 모습이다. 그녀는 18명이나 되는 손자들에게 자신의 사랑의 표현으로써 이불을 만들어 주기로 결심하셨던 것이다. 할머니께서는 우리가 무심코 버린 자투리를 모아 이불을 만드셨다. 내가 처음 바느질했을 때 베어 놓은 조각들, 아기 옷을 만들려고 오려낸 뒤 남은 조각들도 있었고, 드레스, 셔츠, 앞치마를 만들고 난 자투리들이 있었다. 할머니께서는 숙련된 솜씨로 자투리를 연결해 통나무집, 쌍가락지, 할머니 부채, 그리고 나는 거위 등등의 친근한 무늬의 이불을 만드셨다.

우리의 삶도 조각보 이불 같은 것이다. 우리네 삶을 기쁨, 슬픔, 건강, 병, 결혼, 착한 아이들, 고집 센 아이들 등으로 따로 따로 나누어 놓고 본다면, 우리는 종종 삶의 전체를 볼 수가 없다. 우리가 지금 당장 주변에서 벌어지고 있는 일들에 너무나 가까이 있으면, 전체를 바라볼 수가 없다. 그러나 대명장(大名匠)이시고, 궁극적인 이불보를 만드시는 아버지 하나님께서는 늘 역사하신다. 우리의 눈으로는 하나님께서 무언가 아름다운 것을 창조하시고 계시는 것을 볼 수는 없지만 그 분의 존재는 변함이 없다.

_ 구웬 엘리스 「주님을 본받아」

0704
아버지의 품속으로 날아오르라

"주의 진리로 나를 지도하시고 교훈하소서 주는 내 구원의 하나님이시니"(시편 25:5)

Note.

기차를 타고 영국을 여행하던 꼬마 계집애가 있었다. 승객들은 이 귀여운 아이 때문에 모두들 즐거워했고, 아이는 객실 안의 승객들과 친숙한 듯이 보였다. 그러자, 승객들은 누구와도 스스럼 없이 대하는 이 아이의 아버지와 어머니가 누굴까 궁금해 하기 시작했다. 기차가 날카로운 기적소리를 내며 어둡고 긴 터널로 들어가자, 아이는 불안한 모습을 보였다. 아이는 통로를 따라 기차의 뒤편에 있는 젊은 남자의 품안에 안겼다. 사람들은 미소를 머금었다. 이제야 그 아이가 누구의 아이인지 알게 된 것이다. 아이의 기쁨은 확연하게 흘러넘쳤다. 아이가 탄 기차는 아직도 어두운 터널 속에 있었다. 아이의 바깥세상은 아무것도 변한 것이 없었지만, 아이의 내면의 삶은 완전히 변해 있었다.

인생이라는 기차 길을 따라 고통의 터널로 들어설 때 우리를 불안하게 만드는 상황에는 좋은 점도 있다. 우리는 어쩔 수 없이 아버지의 품속에 안김으로써 주변 사람들뿐만 아니라 우리가 바로 누구의 자녀인지, 우리가 누구를 사랑하는지, 이 인생의 여정에서 우리에게 기쁨을 주는 이는 바로 누구인지 증명하게 된다. — 비록 우리가 칠흙 같은 어두운 터널 속에 있는 동안만이라도.

_ 질 브리스코우 「심금을 울리는 이야기」

인생이 충분한 기쁨을 가져오지 않는다면, 그것은 오직 당신이 삶에 만족하지 못하고 있기 때문이다

0705
위대하고 훌륭한 정원사

"하나님의 모든 충만하신 것으로 너희에게 충만하게 하시기를 구하노라" (에베소서 3:19)

'정원사가 가꾸는 땅의 가장 훌륭한 비료는 정원사 자신의 발자국' 이라는 농사에 얽힌 옛 속담이 있다.

세심하고 열정적인 정원사는 보통 사람들처럼 길로 다니지 않는다. 그는 사뿐히 걸어서 같은 장소를 계속 지나다녀도 땅을 훼손하지 않는다. 오히려 그는 정원의 곳곳을 세심하고 부드럽게 조용히 밟으며 지나간다. 자신의 정원에서 자라는 나무, 풀, 관목, 꽃 하나하나를 모두 기억한다.

그는 진실로 그것들을 사랑하여 풍성하고 풍요로운 결실들을 가꾸어낸다. 그 누가 내 삶의 정원을 밟고 지나간다면, 나를 돌보고 보살펴 주시며 나에 대한 모든 것을 알고 계시며 내 삶의 정원을 가꾸기를 갈망하시는 바로 그분일 것이다. 그는 다름 아닌 하나님 자신인 것이다. 그는 위대하고 훌륭한 정원사이며 나를 사랑하는 큰 농부이시다.

이것이 바로 예수 그리스도의 모습이다. 은혜롭고 인자하신 성령으로 자기 자신의 삶을 우리와 나누며, 우리의 삶 안에서 움직이신다. 그는 우리에게 은혜와 축복을 쏟아 부으며 우리를 원숙하게 하여, 하나님 자신의 훌륭한 씨앗을 받아들일 수 있도록 우리의 영혼 깊숙한 텃밭에서 일하고 계신다.

_ 필립 켈러 「큰 정원사이신 주님은 영혼의 열매를 보신다」

0706
하나님의 영광을 위한 헌신

"사역은 여러 가지나 모든 것을 모든 사람 가운데서 이루시는 하나님은 같으니"(고린도전서 12:6)

우리가 행하는 일에 따라 오직 한 분이신 하나님께 마땅한 영광을 돌릴 수 있는 기회가 제공된다.

근대 사전편찬의 아버지인 사무엘 존슨은 9년 여의 수고 끝에 18세기 영국 문학의 금자탑을 이루어낸 최초의 포괄적인 사전을 편찬했다. 거의 사용되지 않는 단어의 의미와 파생어를 꼼꼼하게 매일 매일 찾게 한 동기는 무엇이었을까? 사전의 서두에서 그는 자신의 작업이 탁월해야 하는 의무감을 피력했다. 그는 이러한 노력을 '하나님의 영광에 대한 헌신'이라고 설명했다. 그의 작업은 하나님께 명예를 가져다 줄 수도 있고 불명예를 가져다 줄 수도 있는 것으로, 자신의 삶을 하나님께로 확장한 것이다.

실제로 '하나님의 은총에 대한 헌신'을 우리가 수리하는 텔레비전 수상기나 우리가 가르치는 음악수업에 각인시킬 수가 있다면, 우리의 일이 우리 안에서 하나님이 역사하시는 증거가 됨을 보다 강력하게 상기시켜 줄 것이다.

_ 스테이시 & 폴라 라인하트 「영원한 빛 속에 사는 삶」

어머니는 어린 자식의 입과 마음에서는 하나님과 같은 이름이다

0707
아픔을 달래기 위한 흐느낌

"그(하나님)의 영광의 힘을 따라 모든 능력으로 능하게 하시며 기쁨으로 모든 견딤과 오래 참음에 이르게 하시고"(골로새서 1:11)

Note.

많은 욕구를 가질수록 많은 것에 예속되고, 점점 더 자신의 자유를 막아버린다

나는 성경에서 복음서를 제일 좋아하고 그 다음으로 시편을 좋아한다. 그 이유는 시편의 작가가 너무나 인간적이기 때문이다. 그는 고통스러울 때 신음하며, 기뻐할 때에는 이 땅도 함께 한다. 시편 작가는 외로움을 화려하게 치장하려 하지 않는다. 그는 외로움이 고통스럽다는 것을 안다. 하지만 거듭해서 자신의 고통을 하나님께 하소연하고 나면, 그는 희망의 자리에 한 발짝 다가선다.

시편은 영적 삶의 본보기를 제공해 준다. 그렇다. 우리가 아플 때 신음하는 것은 괜찮다. 하나님께 우리가 어떻게 느끼는지 고해야 한다. 그것은 치유되는 과정의 한 부분이다. 우리가 버려졌다고 느낄 때, 아프거나 버림받았을 때, 우리는 흐느껴 울 수 있다. 그럴 때 우리는 대화를 지속해야만 한다. 우리는 정원에 남아서 하나님과 대화를 나눌 필요가 있다. 우리가 우리의 처지에 대해 슬퍼하고 나면 우리는 성령이 아픔의 가장 깊은 골을 채워 준다는 사실을 기억해야만 한다. 고통이 사라지고 희망의 작은 새싹이 땅을 뚫고 올라올 때까지 대화를 계속해야 할 필요가 있다. 나는 얘깃거리가 없어지면 시편의 말씀을 읽는다. 때로는 크게 소리 내어 읽는다. 중요한 것은 계속 이야기하는 것이다.

_ 레슬리 윌리엄스 「한밤의 고투」

243

0708

욘 3:1-6

하나님께는 절망이란 없습니다

할렐루야 사랑하는 성도 여러분

오늘도 여러분 모두 행복한 날 되시기를 축원합니다. 하나님께서 가장 기뻐하시고, 천국에서도 가장 큰 상급은 영혼을 구원하는 일입니다. 천국은 침노하는 자의 것이라고 말씀했습니다. 여러분이 수고하고 노력하고 투자한 만큼 천국을 얻어 갈 것입니다. 그러므로 힘들고 어려운 일이 여러분 앞에 펼쳐진다고 해도 여러분은 절망하지 마시기 바랍니다. 하나님이 여러분 곁에 계시기에 절망은 없습니다. 왜냐하면 하나님께는 좌절이나 절망이 있을 수 없기 때문입니다.

그러므로 첫째, 하나님께는 결코 절망적인 실패란 없습니다.

오늘 본문에 선지자 요나에 관해 나옵니다. 요나는 성경 내용으로 본다면 대실패자입니다. 그러나 하나님은 요나를 버리지 않으시고, 다시 찾아와 용기를 주시고 사명을 주셨습니다. 사랑하는 여러분, 모든 실패의 씨앗 속에는 보다 큰 성공의 가능성이 들어 있습니다. 철저히 실패한 요나에게 다시 찾아 오셔서 다시 말씀해 주시고, 기회와 사명을 주신 하나님은 지금 오늘도 우리에게 힘과 용기를 주시고, 얼마든지 성공할 수 있는 기회를 다시 주시는 분임을 믿으시기를 축원합니다.

둘째, 하나님께는 절망적인 사람이란 없습니다.

하나님의 명령에 불순종하고 달아난 요나도 술에 취해 망가진 모습의 노아도 살인죄를 짓고 광야로 도망 간 모세도 간음죄와 살인죄를 지었던 다윗도 하나님은 버리지 않으시고 위대한 인물들로 사용하신 것처럼 하나님께 절망적인 사람은 없는 것입니다. 하나님을 믿고 의지하는 사람, 죄를 회개하고 돌아오는 사람은 귀한 사람이 될 수 있다는 것을 믿으시기를 축원합니다.

셋째, 하나님께는 결코 절망적인 환경이란 없습니다.

믿음 안에는 절망이란 없습니다. 그래서 실패하는 사람이 나쁜 것이 아니라 실패할 때, 좌절하고 절망에 빠져 있는 사람이 나쁜 것입니다. 역경과 고통을 주는 환경이 나쁜 것이 아니라 그 환경 앞에 무릎 꿇는 것이 나쁜 것입니다.

실패를 두려워하는 것이 실패의 첫째 원인이 되는 것입니다. 위대한 인물은 모두 좌절과 실패를 경험한 인물들입니다. 하나님께는 절망도 없고, 절망적인 사람도 없고, 절망적인 환경도 없는 것입니다. 그러므로 오늘 하나님을 철저히 의지하고 나아감으로 늘 승리하는 복된 성도들이 다 되시기를 주의 이름으로 축원합니다.

0709
가을의 황금률

"의인을 위하여 빛을 뿌리고 마음이 정직한 자를 위하여 기쁨을 뿌리시는 도다"(시편 97:11)

당신이 좋아하는 푸른색 색조의 하늘이 채색되어 있다면, 그때는 가을이다. 우산에서 빗방울 대신 진홍빛 낙엽이 떨어지면, 그때는 가을이다.

우리의 삶에서 가을의 색깔을 신선하고 생기 있게 만들고자 한다면 우리는 하나님의 '금빛 규율'을 알고 그것을 따라야 한다.

당신에게 편지를 보내 줄 친우들이 있다면 그들에게 오늘 편지를 써라. 친구의 전화를 기다린다면, 먼저 전화해서 기운을 북돋아 주고 유쾌한 기분을 함께 나누어보라.

당신을 신뢰할 수 있는 이들을 갖고 싶다면, 그들을 먼저 신뢰하라.

남편의 칭찬을 바란다면 그를 먼저 칭찬하라. 그렇게 말하는 것을 두려워하지 말라.

아이들의 존경을 원한다면 그들을 먼저 존중하라. 어떻게 존중할 것인가? 그들의 의견을 소중히 여기고, 진지하게 그들의 이야기에 귀 기울이고, 그들을 열린 자세로 대하는 것이다.

하나님께서 당신을 사랑하기를 원한다면 먼저 그분을 사랑하라.

_ 준 매스터스 배쳐 「여성을 위한 고요한 순간들」

Note.

진심에서 나오는 말만이 사람의 마음을 움직일 수 있고, 바른 양심에서 나오는 말만이 사람의 마음을 꿰뚫는다

0710
군중 속에서 길을 잃지 마라

"전능하신 이 여호와 하나님께서 말씀하사 해 돋는 데서부터 지는 데까지 세상을 부르셨도다"(시편 50:1)

Note.

대체로 불안은 자신을 믿지 못하고 중심이 흔들리기 때문에 생기는 것이다

일출, 일몰, 하나님이 있으라고 말씀하신 이후 지구는 지금까지 수없이 회전해 왔다. 그리고 모든 지구의 회전은 그의 명령에 의해 이루어진다. 지구상에 거하는 모든 존재들은 그의 권위 아래에 있다. 강하며 참되신 권좌의 하나님은 자신의 의지를 말씀하셨으며, 매일 그것을 실행에 옮기신다.

하나님을 이러한 우주적인 규모로 생각한다면, 우리는 하찮은 존재처럼 쉽게 무시될 지도 모른다. 이 지구에는 60억 이상의 인간들이 모여 살고 있다. 하루 동안 발생하는 삶의 경험들을 상상해 보라. 그러나 사람들 속에서 길을 잃지는 말라. 당신은 개인이다. 당신은 항상 그의 시야와 가슴 속에 머무르고 있다.

해가 뜨고 나서 질 때까지 그리고 밤 동안 내내 모든 세상만사가 전지전능하신 그분의 손에 의해 돌보아지고 있다는 사실에 위안을 가져라. 오늘 그대에게 주어진 삶을 그로부터 받은 선물로 받아들이라. 그러한 사실에서 배우고, 느끼고, 존경하며 행동하라. 어느 곳을 향하든 그를 찬양하라.

_ 피터 월러스 「시편 저자가 오늘 당신에게 하는 말」

247

0711
자투리를 잘라낸다는 것은

"아버지께서는 … 열매를 맺는 가지는 더 열매를 맺게 하려 하여 그것을 깨끗하게 하시느니라"(요한복음 15:2)

Note.

컷워크라고 알려진 정교한 서양자수에서는 비치는 디자인을 만들어내기 위해 큼직한 천 조각을 잘라내 버린다. 이 자수에서는 오로지 단추 구멍의 실뜨기가 필요하다. 이런 자수는 거의 레이스 같은 섬세한 외관을 지니고 있지만 매우 견고하다. 한 가지 자수법만 사용되기 때문에 배우기가 용이하다. 그러나 고운 자수를 만들기 위해서는 세심하게 수를 놓아야하므로 다소 지루할 수도 있다.

자수가 아름답게 보이는 것은 불필요한 나머지 천을 잘라 버리기 때문이다. 천 조각을 잘라내지 않는다면, 컷워크 자수가 아닌 단추 구멍 실뜨기 자수가 된다. 하지만 나머지 천을 잘라내 버리면 아름다운 컷워크 자수가 된다. 하나님도 우리에게 이러한 일을 하신다. 때때로 그는 우리가 떨쳐버리지 못하고 고민하는 태도들을 잘라내 버린다. 이러한 태도들이란 "나는 ~를 할 수 없어, 나는 절대로 ~를 할 수 없어, 불가능해."등과 같은 생각들이다.

우리들 삶의 나머지 부분을 잘라낸다는 것은 조물주가 우리에게 마련해 주신 성스런 특성인 우리의 아름다운 면이 드러나게 함을 의미한다.

_ 구웬 엘리스 「주님을 본받아」

하나님이 당신에게 남보다 다른 시련을 주시는 것은 당신을 남보다 다른 인물로 만들기 위한 것이다

0712
독실한 성품의 도야

"모든 지킬 만한 것 중에 더욱 네 마음을 지키라 생명의 근원이 이에서 남이니라"(잠언 4:23)

영어의 위선자(hypocrite)란 단어는 '극중의 배우'를 뜻하는 희랍어에서 유래한다. 희랍극의 배우들은 자신의 역할을 나타내기 위해 가면을 썼다. 배역을 바꿀 때에는 간단히 가면을 바꾸어 쓰기만 하면 그만이었다. 이 방식은 관객들이 배우들의 역할을 잘 알 수가 있어 혼동되지 않았다.

위선자란 가면을 쓰고 실제의 자신과는 다른 존재인 것처럼 가장하는 사람이다. 그들에게 있어서 삶은 진실이 아니며 가면을 쓰고, 실제의 자신의 모습을 감추기 위해 최선을 다하는 연극일 뿐이다.

하지만 기독교인들의 삶은 진솔하며 신중한 것이다. 삶에서 중요한 점은 우리의 평판으로 얼마나 많은 사람들의 마음을 우리가 움직일 수 있는가를 살피는 것이 아니라, 독실한 성품을 단련함으로써 주님의 마음에 드는 길을 찾는 것이다.

_ 워렌 W. 워어스비 「하나님의 자녀되기」

249

0713
영적인 흔적을 찾아서

"너는 그들 때문에 두려워하지 말라 내가 너와 함께 하여 너를 구원하리라" (예레미야 1:8)

땅거미가 서서히 지평선에 드리우면, 하늘 저편에 붉은 빛이 맴돌고, 싸늘한 바람은 힘겨운 나그네들의 등줄기를 스친다.

"여기는 모두가 낯선데" 그중 한 명이 피신처를 찾으려고 눈을 크게 뜬 채 말한다. "빨리 쉴 곳을 찾아봐야겠는데 안 그러면 여기서 얼어 죽겠어." 다른 사람이 몸을 떨면서 말한다. 그들은 헤매고 다니다가 목장과 다 쓰러져 가는 오두막집을 발견한다. 언덕을 허둥대며 내려와 다다른 곳은 낡은 헛간에 불과하다 그곳은 따스한 집이 아니라, 단지 하룻밤을 묵을 장소에 지나지 않는다.

온 세상의 사람들은 자신들을 집으로 안내해 줄 영적인 흔적을 찾아다닌다. 그들의 마음은 안전하고 따뜻한 곳을 열망하지만, 그런 곳은 오로지 그리스도만이 마련해 줄 수 있다. 그러나 그들이 발견하는 곳은 세상의 애욕 관계, 빠른 승진, 새로운 형태의 여흥과 같은 다 쓰러져 가는 거처에 불과하다.

죄악의 황야에서 길을 잃은 누군가를 알고 있는가? 바른 길을 찾기란 오랜 시일이 걸리고 어려울지도 모르지만, 예수께서 이미 오랫동안 당신과 같은 죄인을 찾아왔다는 사실을 알고 용기를 가져라. 그분은 아직도 포기하지 않고 죄인을 찾고 계신다. 사랑하는 이가 숲 속에서 아직도 길을 잃고 헤매고 있는 한, 그분은 절대 포기하지 않으신다.

_ 브라이스 클라분드 「신비한 것의 천명」

신앙은 눈에 보이지 않는 것에 대한 사랑이다. 불가능해 보이며 있을 수도 없을 것 같은 것에 대한 믿음이다

0714
단조로운 미래

"주께 피하는 모든 사람은 다 기뻐하며 주의 보호로 말미암아 영원히 기뻐 외치고 주의 이름을 사랑하는 자들은 주를 즐거워 하리이다"(시편 5:11)

때때로 예측 가능하고 계획 가능한 미래가 바로 우리가 추구하는 세계일 때가 있다. 우리가 신중하고 세심하게 계획한다면 안전할 것이라고 생각한다. 이러한 태도의 문제점은 스스로 무미건조한 미래를 계획한다는 점이다. 우리가 빡빡한 여행 일정표만 철저하게 지킨다면, 우리가 그렇게도 좋아하는 담청색 물주전자를 파는 재미난 이태리 노점상인은 못보고 말 것이다. 우리의 일상에 변화를 주지 않는다면, 결국에는 가까운 친구가 될 수 있는 사람과 함께 비를 만나 거닐어 보지도 못할 것이다.

생애의 가장 귀한 경험을 놓치는 것보다 더 슬픈 일은 우리가 계획한 안전을 하나님 사랑의 가호로 오해하는 것이다. 문제는 우리에게 있는 것이지 하나님에게 있는 것이 아니다. 우리가 우리 자신이 장치한 그릇된 안전장치를 신뢰하기 때문에, 우리는 하나님 사랑의 보다 깊은 가호의 의미를 잃어버리고 만다.

_ 레슬리 윌리엄스「한밤의 고투」

0715

살전 5:16-18

범사에 감사하라

할렐루야 사랑하는 성도 여러분!

감사가 없는 사람은 불행한 일이 계속 되지만 감사할 줄 아는 사람은 웃음 꽃이 피고 행복을 누리게 될 줄로 믿으시기 바랍니다. 오늘 이 자리에 나오신 여러분들은 건강한 신앙인이 되어 어떤 환경 속에서도 범사에 감사할 수 있으시기를 축원합니다. 그러면 우리가 범사에 감사할 이유가 무엇입니까?

첫째, 나는 빈손으로 온 자임을 알아야 감사할 수 있습니다.

사람들은 자신의 소유가 남보다 많지 않고 적다는 이유로 불평, 불만을 합니다. 그래서 자신의 소유가 적다고 생각이 되는 사람은 감사할 줄 모르는 사람이 되어버리고 맙니다. 그것은 크게 잘 못된 것입니다.

빈 손들고 이 세상에 온 것을 기억하면 일평생 감사하지 않을 수 없습니다. 그러므로 족한 줄 알고 사는 사람이 되어야합니다. 여러분 모두 감사가 넘치는 복된 성도들이 다 되시기를 축원합니다.

둘째, 내가 원래 죄인임을 알아야 감사할 수 있습니다.

인간은 원래 죄인임을 깨달아야 합니다. 그러나 엡 2:1에 허물과 죄로 죽었던 우리를 살리셨다고 말씀합니다. 주님께서 저와 여러분의 모든 죄를 짊어지시고 십자가 위에서 죄의 문제를 청산하셨습니다. 그러므로 주님을 믿을 때, 죄 값으로 죽을 수밖에 없는 영혼이 영생을 얻게 되는 것입니다. 우리는 어떤 형식에 의해서가 아니라 죄인 된 자신을 생각하고, 내게 베풀어주신 주님의 은총을 생각하고 중심에서 우러나오는 감사를 드려야 할 줄 믿으시기 바랍니다.

셋째, 하나님의 선하신 뜻을 알아야 감사할 수 있습니다.
자기의 뜻대로 되지 않으면 사람들은 불행하다고 불평합니다. 그러나 불행이 불행으로 끝나버리면 진짜 불행한 것입니다. 불행이라도 합력하여 선을 이루는 것이 하나님의 뜻입니다. 주님의 뜻을 알게 될 때 감사가 나오는 것입니다.

사랑하는 성도 여러분, 우리는 원래 빈 손들고 이 세상에 왔습니다. 그 사실을 깨달을 때, 감사하지 않을 수 없습니다. 오늘 지난 6개월을 돌이켜 보면서 나를 지켜 주시고 보호해 주신 하나님께 범사에 감사하는 복된 성도들이 다 되시기를 주의 이름으로 축원합니다.

0716
감사의 추수

"땅이 진동하며 소용돌이치나니 이는 여호와께서 바벨론을 쳐서 그 땅으로 황폐하여 주민이 없게 할 계획이 섰음이라"(예레미야 51:29)

Note.

주님이 내 생활의 원점이

되면 내 생활의 원둘레는

저절로 이루어진다

인디아나에서 수확 철이 되면 무언가를 끝마쳐야 한다는 느낌이 든다. 그것은 아마도 타작기로 밀 이삭을 거둬들인 후, 다가올 추위에 대비해 추수한 곡식을 창고에 저장하느라 수레에다 옮겨 싣는 일에서 비롯되기도 하고, 다람쥐들이 입안에 밤이나 도토리를 잔뜩 문 채로 마당을 뛰 돌아다니다가 먹이를 묻어두려고 서둘러 가는 모습에서, 추수한 사과 중 자투리로 향기로운 사과즙을 만들거나 서리가 내리기 전 흑설탕과 계피를 섞어 파이를 만드는 모습에서 느낀 기분이다.

그렇다면 우리는 마음의 계절을 어떻게 마무리하는가? 보이지 않는 영혼의 열매를 어떻게 수확하고 저장하는가? 감사함은 수확의 도구이다. 감사하는 마음은 황금빛 볏단을 풍성히 묶어 주고, 알찬 곡식 낟알들을 넉넉하게 거둬들인다. 감사하는 마음은 삶과 죽음의 관계를 식별해 주는 진홍빛 열매를 거두어들이고, 알이 밴 뿌리를 땅에서 캐낸다. 감사하는 마음을 갖자!

_ 글로리아 게이더 「주는 살아계시기에」

0717
사랑의 교실

"인자가 온 것은 섬김을 받으려 함이 아니라 도리어 섬기려 하고 자기 목숨을 많은 사람의 대속물로 주려 함이니라"(마가복음 10장 44-45절)

1945년 프레이 성경학교를 몇 주일 다니는 동안, 나는 서먹서먹하고 외로웠다. 어느 날 오후, 누군가가 방문을 두드렸다. 문밖에는 가지런한 하얀 머리에 홍조 빛을 띤 아름다운 여인이 있었다. 그녀는 스코틀랜드 특유의 매력적인 어조로 말했다. "당신은 나를 모르지요, 하지만 나는 당신을 압니다. 귀여운 베티양, 나는 당신을 위해 기도를 드려왔답니다. 나는 커닝엄 부인이예요. 차를 한잔 마시고 싶고 스코틀랜드 케이크 생각이 나면 언제든지 내 아파트로 오세요."

나는 쓸쓸한 겨울철 오후에 여러 차례 그녀의 자애로운 제의를 받아들였다. 우리는 작지만 아늑한 그녀의 지하 셋방에서 함께 앉아 있는 동안, 그녀는 나에게 차를 따라 주었고 나는 그녀에게 나의 영혼을 부어 주었다. 내가 이야기를 하는 동안 그녀의 환한 얼굴은 온정과 사랑과 이해심이 가득했다. 그녀는 가끔씩 기도를 하고, 기도 후에는 나에게 하나님의 말씀으로 격려하고 용기를 불어 넣어 주었다. 어머니 같은 커닝엄 부인이 나를 가르쳐 주신 것은 교실에서도 아니고 세미나에서도 아니며 그녀의 말씀도 아니었다. 나를 가르쳐 준 것은 바로 그녀의 덕성스런 인품이었다.

_ 엘리자베쓰 엘리엇 「고요한 마음을 유지하라」

0718
하나님의 얼굴을 바라보라

"환난은 인내를, 인내는 연단을, 연단은 소망을 이루는 줄 앎이로다"(로마서 5:4)

우리는 때때로 커다란 고민에 빠지면, 하나님의 얼굴 대신 도움의 손길에 관심이 집중된다. 즉, 하나님의 존재하심 자체보다는 하나님에 대한 원망과 소망을 토로하는 데 신경을 쓴다. 심각한 어려움에 빠져있을 때면, 종종 하나님이 우리에게 베풀어 주신 진정한 은혜를 미처 깨닫지 못할 때가 있다. 우리가 받은 하나님 은총이야말로 하나님이 어떤 분이신지를 새롭게 일깨워 주는 것이다. 우리가 문젯거리들과 우리들 자신에 중심을 두지 않고 전지전능한 우리의 하나님께로 마음을 향한다면, 찬송가의 구절처럼 우리의 문제들은 '하나님의 영광과 은총의 불빛 앞에서 희미하게 사라질 것이다.' 끈기 있게 인내하노라면 심각한 문제 때문에 생긴 우울증을 극복할 수 있다. 왜냐하면 인내야말로 우리의 희망이신 하나님을 알게 하고, 몸소 관계를 맺을 수 있는 기회를 제공해 주기 때문이다.

연민의 모임을 중단하고, 불평하기를 그만두고, 파괴적인 자기분석과 하나님의 뜻에 거스르는 조바심을 버려라. 당신의 시선을 당신 자신, 당신의 문제들, 당신의 주변 환경으로부터 돌려서 그리스도의 얼굴로 향하게 하라!

_ 앤 그레이엄 로츠 「하나님의 영광을 보며」

Note.

그리스도를 영접하는 것은 언제라도 너무 빠르지는 않지만 너무 늦을 수는 있다

0719
천국을 찾아서

"할례나 무할례가 아무 것도 아니로되 오직 새로 지으심을 받는 것만이 중요하니라" (갈라디아서 6:15)

Note.

마치 오늘이 임종의 날인 것처럼 생각하고 매일 매일을 살아야 한다

작고한 미국인 법학자 올리버 웬델 홈즈의 친구가 94세의 나이에 왜 희랍어를 공부하는지 그에게 물었다. 그는 "글쎄, 여보게, 지금이 아니면 영원히 기회가 없을 테니까."라고 대답했다.

J. C. 페니가 95세가 되었을 때, "내 시력은 점점 약해지는군, 하지만 내 안목은 점점 좋아진단 말이야."라고 확인했다. 나이를 먹을수록 우리의 시야는 넓어져야 한다. 세상을 바라보는 안목이 아닌 천국을 볼 수 있는 시야를 넓혀야 한다. 천국을 구하는 데 일생을 바친 사람은 천국의 도시가 시야에 들어오면 미련 없이 가벼운 발걸음을 옮겨 놓는다. 미켈란젤로가 죽은 후, 그의 작업실에서 종이 조각 한 장을 발견했는데 거기에는 자신의 견습생을 위한 글이 쓰여 있었다. 그 위대한 예술가는 고령의 필적으로 "그려라. 안토니오, 그려라. 시간을 헛되이 낭비하지 말아라."라고 충고했다.

미켈란젤로가 당부한 글에는 충분한 근거가 있다. 시간은 흐르고, 하루는 지나간다. 해는 저물고 삶도 종말을 고한다. 우리가 이 땅에서 해야 하는 일은 반드시 시간이 주어졌을 때 해야만 한다.

_ 맥스 루카도 「주님은 아직도 기적을 행하신다」

0720
하나님의 손에 쥐어진 도구

"나는 너희를 위하여 …선하고 의로운 길을 너희에게 가르칠 것인즉"(사무엘상 12:23)

Note.

뉴욕 주 북부 벽촌에 있는 묘지 터에는 소박하고 엄숙한 부모님 묘비가 자리잡고 있다. 하지만 나와 형제들이 부모님에 대한 우리의 사랑을 담아두고 싶었던 진정한 묘비는 우리 집안에 있었다. 어머니의 묘비는 거실에서 자랑스럽게 특별한 자리를 차지하고 있는 잘 장식된 피아노이다. 왜 피아노가 묘비일까? 어머니께서는 수산나 웨슬리의 육아 입문서를 철저히 준수하였다. 우리는 하루에 아침과 저녁 두 번 가족 기도를 드렸다. 무릎을 꿇고 드린 기도가 끝나면 어머니는 나, 필, 존을 위층으로 데리고 간 후 침대에 누이며 잘 자라는 입맞춤을 해 주셨다. 그리고 아래층으로 돌아가 곧바로 낡은 피아노 앞에 앉으셨다. 잠자리에서 우리가 하는 일은 어머니께서 피아노를 연주하는 동안 다음엔 어떤 노래를 연주해 달라고 아래층에 대고 소리를 지르는 것이었다. 그러면 어머니께서는 찬송가를 부르시면서 우리를 꿈나라로 이끌어 주셨다.

피아노는 내부 수리와 끊임없이 조율작업이 필요하지만, 매번 연주할 때마다 나는 어머니께서 지금의 나를 있도록 다듬어 만들어 주신 하나님의 도구였다는 생각을 떠올리게 된다.

_ 레너드 스위트 「영혼의 카페에서 커피 한잔」.

인생에서 "마음의 음악" 중에 가장 아름다운 음악은 "감사"이다

0721
여성이라는 훌륭한 천 조각

"내가 주께 감사하옴은 나를 지으심이 심히 기묘하심이라 주께서 하시는 일이 기이함을 내 영혼이 잘 아나이다"(시편 139:14)

Note.

환난은 당신을 무너뜨리기 위함이 아니라 당신을 세워 주기 위해 역사하는 친구다

당신이 여성됨을 즐겨 노래하는 법을 알게 된다는 것은 얼마나 기쁜 일인가. 여성의 이점을 깨닫게 되는 것은 얼마나 다행한 일인가. 여성만이 아이를 낳을 수 있지 않은가. 한 작은 영원의 생명체가 이 세상에 태어나 모성이 싹틀 때의 기쁨을 생각해 보라. 오로지 여성만이 아내가 될 수 있다. 자신들의 세대와는 다른 의미를 지닌 신성한 아이들을 양육하고 주님을 위해 헌신하는 일에 한 남자와 함께한다는 것은 얼마나 보람된 일인가. 오로지 여성만이 할머니가 될 수 있으며, 거듭해서 아이들에게 감화를 주고 본보기를 보여 주는 기회를 누린다.

우리를 이 세상에 내놓은 것은 하나님의 계획이었다. 즉, 어머니의 자궁 안에서 여성이라는 직물을 믿어지지 않을 정도로 경이롭게 짜내서 만들어 낸 하나님의 설계인 것이다. 우리는 경건하고 신비롭게 창조된 존재다. 우리는 자신이 만든 것을 놓고 보기에 좋다고 표명한 조물주 자신이 창안한 색깔과 매력과 특성으로 수놓아진 모직물과 같은 존재다!

여성이라는 이유로 부정적인 메시지의 희생자인 노예나 그보다 못한 취급을 받을 정도로 불운한 존재라면, 하나님께서 우리를 왕 중 왕의 딸, 예수님의 추모자, 그리고 가장 지고하신 하나님의 종으로 대우하시도록 애쓸 필요가 있다.

_ 질 브리스코우 「심금을 울리는 이야기」

0722 호 12:1-6
하나님만 바라보는 사람이 됩시다

할렐루야 사랑하는 성도 여러분,

지금은 온 나라가 휴가의 열풍아래 산으로 들로 나가 몸과 마음을 재충전하는 기간입니다. 여러분의 몸도 마음도 충전되고, 행복하고 즐거운 기간이 되시기를 축복합니다. 그러나 사람은 쉼의 자세가 참으로 중요합니다. 육적인 것도 충전을 받아야 겠지만 영적으로 충전 받는 복된 기간이 되시기를 주의 이름으로 축원합니다.

오늘 본문은 호세아 선지자의 아내 고멜의 방탕한 생활과 호세아 선지자의 계속되는 용서 속에 하나님과 성도와의 관계를 잘 표현해 주고 있는 내용입니다. 여기서 호세아는 하나님을, 그리고 고멜은 성도를 예표하는데 계속되는 고멜의 죄 가운데도 용서와 자비를 베푸시는 하나님을 멀리하고 우상과 쾌락을 좇는 인간들을 대신하여 예수그리스도께서 핏 값을 지불하고 성도들을 샀다고 말씀하시면서 오늘 말씀을 통해 고멜과 같은 우리를 바라보시면서 어떤 마음을 품으셨는지 말씀을 통해 은혜받으시기 바랍니다.

첫째, 계속해서 동풍을 따라갔습니다.

하나님의 백성이 하나님을 따르고 하나님과 살려 하지 않고 돌고 도는 세상 동풍을 따라 다닌다면 정처도 없고 중심도 없이 떠돌아다니는 인생이 되고 맙니다. 생각해 보십시오. 바람을 먹고 동풍을 따라 다닌다면 어떻게 되겠습니까? 사랑하는 성도 여러분, 바람을 먹으며 동풍을 따라가지 맙시다. 세상 바람에 바람 들지 맙시다.

둘째, 야곱을 떠올리셨습니다.

야곱은 꾀가 많고 약은 사람입니다. 그래서 자기 꾀를 믿고 인생을 산 사람입니다. 그러나 자기를 믿고 살다가 위기에 몰렸을 때, 하나님께 기도했습니다. 사랑하는 성도 여러분, 야곱은 기도로 문제를 풀었습니다. 하나님께 매달려 부르짖어 해결했습니다. 어떤 문제가 있습니까? 하나님께 기도하다가 해결 받으시기를 축원합니다.

셋째, 하나님께로 돌아와서 하나님을 바라보라는 것입니다.

더 이상 다른 남자를 따라 다니지도 말고, 다른 남자 바라보지도 말고, 하나님께로 돌아와 하나님만 바라보고 살라는 것입니다. 이것이 바로 최상의 행복이요 축복된 삶입니다. 사랑하는 성도 여러분, 누가 잘 삽니까? 하나님께로 돌아온 사람들입니다. 주님만 바라봅시다, 주님만 사모합시다. 그래서 주님의 사랑 속에 행복한 인생을 살 수 있기를 주의 이름으로 축원합니다.

0723
하나님의 전능하신 계획

"너희 보물 있는 곳에는 너희 마음도 있으리라" (누가복음 12:34)

내 창밖에는 조그만 턱 주머니에 겨우살이 먹을 것을 잔뜩 문 채로 이리저리 부산떨며 돌아다니는 작은 갈색 다람쥐 한 마리가 있다. 그 다람쥐는 바스락거리는 낙엽 사이를 지나, 짧은 간격으로 여러 차례 잠시 멈춰 서서 열심히 땅을 파고는 자신이 입에 물고 온 것을 하나씩 묻어버린다. 아름다운 가을날은 이 작은 동물이 자신의 여러 다람쥐 친구들과 함께 뛰어 놀기에 근사한 시간들이다. 하지만 조물주께서는 이 다람쥐에게 도토리와 나무 열매들이 없어져 버리기 전에 겨우살이 양식을 준비토록 하는 본능과 지혜를 마련해 주셨다.

이것은 하나님의 전지전능하신 계획이다. 우리도 또한 물질적인 필요에서 뿐만 아니라 영적인 필요를 위해서라도 풍요의 시기에 앞으로 다가올 결핍의 시기를 준비해야 하지 않을까?

떡갈나무에서 떨어진 황금빛 마지막 잎새는 어울리는 성경 구절이나 간단한 기도문과 함께 책갈피 사이에 끼워져 있으면 더더욱 아름답다. 그런 종류의 갈피표는 큰 수고를 하지 않아도 누군가의 하루를 밝게 해준다.

_ 쥰 매스터스 배쳐 「평온한 마음」

일을 하지 않고 기도만 하는 것은 거짓이고 기도 없이 일만 하는것은 노예 짓이다

0724
시간과 선택

"네 손으로 수고한 모든 일로 말미암아 네 하나님 여호와 앞에서 즐거워하되"(신명기 12:18)

선택, 진정한 선택을 위해서는 세심하게 대안을 살펴 볼 필요가 있다. 비록 똑같은 시간이라도 다시 사용될 수 없을 진 대, 시간이란 절대로 멈추는 법이 없다는 사실을 결코 잊지 말라. 시간은 절대 머무르지 않는다. 하루가 지나면 다음 날이 온다. 시간은 흐른다. 봄에 씨앗을 심으면 가을엔 거두어들인다. 가을에 거둬들인 채소를 저장해 놓고 젤리와 잼을 만들어 놓으면 겨울 한파에 눈발이 창문을 두들길 때 이글거리는 난롯불 앞에서 그 음식들을 먹게 된다.

이런 뻔한 이야기들도 요즘에는 찾아보기 어렵다. 씨앗을 뿌리지 않고 잡초가 우거지고 황량하게 된다면, 수확 철에는 황량한 벌판만 남게 된다. 그 사실을 망각하는 것은 오래도록 함께 하는 마음과 사랑이라는 형태로 지속되는 풍성한 성장관계가 오로지 시간과 선택을 통해서만 경험될 수 있다는 사실을 잊는 것과 같다. 만약 씨앗을 심고, 잡초를 뽑아내고, 물을 주며, 관계를 보듬어 주는 연속성을 위해 좀 더 일찌감치 삶을 활용할 선택을 하지 않았다면, 자신을 활기차고 생기 있게 해 주는 귀여운 자손들을 거느릴 가능성은 없게 된다.

_ 에디쓰 쉐퍼 「정상적인 크리스천의 삶」

0725
무엇이든 용기 있게

"사랑하는 자여 네가 무엇이든지 형제 곧 나그네 된 자들에게
행하는 것은 신실한 일이니"(요한 3서 5)

Note.

수세기전 한 어린 소년이 수많은 군중들 한 가운데에 서
있었다. 그는 그렇게 많은 사람들을 전에 한 번도 본 적이 없
었다. 그는 예수라는 사람이 가까이에 있다는 소문을 듣고
호기심에 온 것이었다.

얼마나 멀리 여행해야 하는지, 얼마나 오랫동안 자리를
비워야 하는지도 모른 채 이 소년은 자신이 먹을 점심거리
로 작은 생선 두 마리와 약간의 빵조각을 챙겼다.

어떤 사람이 소년의 어깨를 두드리며 손에 들고 있는 것
이 무엇인지 물었다. 정신을 차리고 보니 어느 틈엔가 점심
보따리로 5천명이 넘는 사람들이 식사를 하고 있었다!

예수님께서 소년의 빈약한 음식에 손을 대자 풍성한 양의
식사가 마련되었다.

굉장한 일이라고 생각이 들지 않는가? 한 주일을 무사히
마치는 일이 고작해야 그대가 할 수 있는 전부인데 반해서,
엄청난 일들을 해낼 수 있는 사람들이 그대를 둘러싸고 있
다는 생각을 갖게 되기 시작하면 어떻게 될까? 아마도 당신
은 비교라는 우물물에 빠져서 낙심해서 익사해 죽을런지도
모른다.

남의 삶에 압도당하는 기분을 느끼는 이들, 삶을 너무 비
판적으로 느끼는 이들에게 당부하노니, 용기를 가져라. 당
신이 할 수 있는 일이 무엇이든 용기 있게 해 보라.

_ 찰스 R. 스윈돌 「마무리 손질」

Note.

인생은 행동이다. 아무것
도 하지 않는 것은 곧 죽
음이다

0726
어머니의 기도에 답하시는 하나님

"적은 무리여 무서워 말라 너희 아버지께서 그 나라를 너희에게 주시기를 기뻐하시느니라"(누가복음 12:32)

Note.

너 자신을 누구에겐가 필요한 존재로 만들라 누구에게든 인생을 고되게 만들지 말라

"마가렛에게 볼로냐소시지 얘기 좀 해줘요." 집에서 맏이인 그레이스가 어머니께 '금주의 이야기'를 나에게 해 주도록 졸라댔다. 며칠 전에 어머니께서 찬장을 살펴본 후 요리 재료가 별로 없다는 것을 알았다. 그녀는 개의치 않고 자신 있는 요리인 크림감자를 만들기 위해, 감자를 자르기 시작했다. 어머니는 걸쭉한 소스를 휘저어 조미료, 양파, 파슬리로 양념을 맞춘 후, 요리해 놓은 감자를 집어넣었다. "주여, 이 감자 요리에 단지 맛만이라도 낼 수 있게 10센트어치의 볼로냐소시지가 있다면 참 좋겠어요."

그 시간, 경제 대공황과 부족한 일자리를 생각하며 방황하고 있던 바니는 바지주머니의 솔기 사이에 박혀 있던 10센트짜리 동전 한 닢을 우연히 발견했다. 갑자기 좋은 생각이 떠올랐다. '이 정도면 볼로냐소시지를 살 돈은 되겠는데.'라고 그는 생각했다. 그는 그 돈으로 소시지를 사서 어머니가 있는 부엌으로 달려갔다.

얼마나 친근한 이야기인가. 그리고 또 어머니의 기도에 하나님이 응답을 보내신 얼마나 전형적인 예인가.

_ 마가렛 젠슨 「커피 한잔의 여유」

0727
종가 씨앗

"그러므로 사랑을 받는 자녀 같이 너희는 하나님을 본받는 자가 되고" (에베소서 5:1)

Note.

할머니를 위해 일하는 우리 집 정원사가 있었다. 복스 할머니의 말씀으로는, 그녀는 '흙과 더불어 살아가는 정원사', 즉 '영혼을 흙과 씨앗'으로 버무리며 살아가는 사람이었다. "결코 너의 종자 씨앗을 없애지 말아라"라는 말은 나의 할머니께서 지금의 나를 있게 해 준 나의 가족, 친구, 믿음을 저버리거나 당연한 것으로 생각하지 말라고 나에게 일깨워 주시던 말씀이었다.

기독교인으로서 우리의 종자 씨앗은 무엇인가? 우리의 종자 씨앗은 하나님의 말씀이다. 하나님의 말씀(Word)은 그리스도이며, 하나님의 말(words)이 성서이다. 성경은 하나님의 말씀(Word)이 아니라 하나님을 담고 있는 말(words)이다. 루터가 말씀과 말의 관계를 언급했던 것처럼 "성서는 그리스도가 누워 있는 말구유이다."

그리스도는 우리의 종자 씨앗이다. 성서는 우리를 그리스도의 길로 인도한다. 성서는 그리스도의 믿음이라는 종자 씨앗을 심을 때 어떤 일이 일어나는지, 수확의 기대를 우리들에게 보여 준다.

_ 레너드 스위트 「영혼의 카페에서 커피 한잔」

사람을 불안하게 만드는 것은 사건이 아니라 그 사람의 마음이다

0728
새로운 노래를 부른다는 것

"새 노래로 여호와께 찬송하라" (시편 98:1)

새로운 노래! 사람들은 영적인, 새로운 노래를 필요로 한다. 우리들 중 일부는 노래 부르기에 지친 나머지, 독창을 꺼리거나, 합창대 속에 파묻혀 버리는 것을 싫어한다. 하나님께서는 우리에게 직접 부를 새로운 노래를 주신다. 그 노래는 우리가 하나님을 만나서 천국의 선율에 음을 맞출 때 시작된다.

하나님은 나의 아이들이 결혼했을 때, 남편이 나와 오랫동안 떨어져 있어야 했을 때, 내가 병들어 두려운 수술을 받아야 했을 때 나에게 새로운 노래를 선물해 주셨다. 나는 그런 상황에 처해 본 적이 없었다. 새로운 상황에서는 새로운 노래가 필요했기 때문에 하나님께서 마련해 주신 그 노래들은 새로운 것들이었다. 그 노래들은 항상 즐겁지는 않았다. 하지만 누가 모든 노래가 다 즐거운 것이라고 말할 수 있는가? 마이너 키는 메이저 키 못지않게 아름다울 수 있다.

중요한 것은 노래를 부르는 것이다. 길이 변하는 곳이다. 모든 역, 쉼터에서 믿음과 희망의 새 노래, 자아의 발견과 하나님의 발견의 새로운 노래를 부르는 것이다. 하나님께서는 결코 노래가 궁하지 않으시다. 새로운 노래는 성령께서 역사하시는 일이다. 그대에게 새로운 노래를 달라고 하나님께 간구하라.

_ 질 브리스코우 「하나님과 나만의 시간」

0729 시1:1-6
형통의 축복을 받자

할렐루야

여러분의 가정에도 행복과 기쁨이 넘치는 복이 임하기를 간절히 바라며 여러분의 인생 가운데 하나님의 형통의 복이 충만하게 임하시는 복된 성도가 되시기를 주의 이름으로 축원합니다.

형통하는 것은 곧 축복입니다. 그러나 불통하는 것은 불행입니다. 무슨 일에든지 계획한 대로 순조롭게 잘 풀려 나가고, 기대 이상의 성과가 나타나야하는데 자꾸만 막히고 실패만을 거듭하게 된다면 그것은 참으로 답답하고 불행한일이 아닐 수 없습니다. 여러분 모두 가정이나, 사업이나, 신앙 면에서 아무런 장애를 받지 않고 줄기차게 쭉쭉 뻗어나가며 성장하는 만사형통의 축복을 받을 수 있기를 주의 이름으로 축원합니다.

첫째, 성경에 보면 형통하지 못하고 불통하는 자가 있습니다.
· 자기 죄를 숨기는 자는 형통하지 못하고 불통합니다.
· 하나님과 싸우는 자가 불통합니다.
· 하나님을 찾지 않는 자가 불통합니다.
· 불순종 하는 습관을 버리지 못하는 자가 불통합니다.
그러므로 여러분, 죄를 숨겨 하나님과 싸우는 자가 되어, 기도하지 않고, 하나님을 찾지 아니하므로 불순종이 습관이 되어서 불통하는 자가 한 사람도 없기를 바랍니다. 여러분 모두가 만사형통하는 복된 성도들이 다 되시기를 주의 이름으로 축원합니다.

둘째, 그러면 어떻게 해야 형통하는 사람이 됩니까?

① 영혼이 잘 된 사람이 형통합니다.

② 언약의 말씀을 지키는 사람이 형통합니다.

③ 하나님을 경외하는 사람이 형통합니다.

④ 기쁜 소리를 발하는 사람이 형통합니다.

⑤ 하나님이 함께하는 사람이 형통합니다.

마지막으로 성령세례를 받은 사람이 형통합니다.

성령은 잘되게 하시는 하나님의 영이십니다. 인간의 힘으로 불가능한 것들을 극복하고 해결하려면 성령의 권능을 받아야 합니다.

사랑하는 성도 여러분

성령세례를 받고 하나님이 함께하시는 복된 성도들이 다 되어서 주께서 성경에 있는 모든 축복을 여러분 모두에게 쏟아 부어 주심으로 만사형통하는 복된 성도들이 다 되시기를 주의 이름으로 축원합니다.

0730
어디에나 계시는 하나님

"네 하나님 여호와께서 너와 네 집에 주신 모든 복으로 말미암아 너는 레위인과 너희 가운데에 거류하는 객과 함께 즐거워할지니라"(신명기 26:11)

과일 좌판대나 식료품점 앞에 놓여있는 한 무더기의 주황색 호박은 가을의 상징이다. 파이나 호박초롱을 만드는 데 가장 적합한 호박을 따려고 밭을 돌아다니는 일은 10월 한 달 동안 수많은 사람들이 즐기는 야외활동이다.

하나님은 전지전능하시고 안 계신 곳이 없다. 모든 사물이나 생명체는 그분 손길의 흔적을 지니고 있다.

우리는 때때로 하나님의 어마어마한 조화의 솜씨를 생각하게 된다. 산맥이나 성당, 또는 말기 환자의 기적적인 회복을 목격하는 것 등이 그것이다. 하나님이 존재하시는 증거는 작은 빗방울, 한줌의 눈송이, 아기 얼굴의 해맑은 미소, 그리고 눈을 뚫고 솟아오른 조그만 초록빛 새싹의 모습에서도 나타난다.

생명은 우리를 둘러싸고 있는 세상에서 우리가 듣고, 보고, 냄새 맡는, 모든 것에서 진동한다. 하나님은 모든 곳에 계신다. 태양에서부터 가장 작은 모래알에 이르기까지.

_ 캐써린 와킨쇼 「영혼 탐색」

우리 삶의 영광은 사랑받기 보다는 사랑하는 것이며, 받기보다는 주는 것이며, 봉사받기 보다는 봉사하는 것이다

0731
하나님은 알고 계신다

"내가 너를 지명하여 불렀나니 너는 내 것이라"(이사야 43:1)

Note.

당신이 생명을 사랑한다면 시간을 낭비하지 말라. 시간이야말로 생명을 만들어내는 재료이기 때문이다

하나님은 하늘에 별을 뿌려놓기 전에, 오늘을 염두에 두고 계셨다. 그는 마음속에 바로 요 일주일을 유념하고 계셨다. 실은 당신을 마음속에 품고 계셨다. 그리고 그는 자신이 해야 할 일을 정확히 알고 계셨다. 하나님은 우리의 상황에서 그분의 역할을 몰라서 결코 허둥대는 법이 없고, 우리에게 무엇이 적합한지 완벽하게 알고 계신다. 문제점은 우리가 그런 사실을 모른다는 것이다. 그리고 우리는 하나님께 묻는다. "주여, 당신이 저에게 말씀해 주신다면 저는 훌륭한 모습이 될 것입니다. 그저 저에게 드러내 보여 주십시오. 당신의 계획을 설명해 주십시오. 그러면 당신을 믿겠습니다." 하지만 그것이 신앙이 아니다. 신앙은 내일 무슨 일이 일어날지 우리가 알지 못할 때 그를 믿는 믿음이다.

하나님은 약속하신다. "네가 질문하기 전에 나는 이미 대답해 주는 일에 몰두하고 있다. 네가 말하고 있는 동안, 나는 애초부터 내가 계획해 온 바로 그것을 생성케 하는 일에 전념하고 있다."

하나님은 자신이 무엇을 할 것인지 정확히 알고 계신다. 그리고 하나님이 역사하심을 방해할 수 있는 것은 아무것도 없다.

_ 챨스 R. 스윈돌 「열정과 숙명의 사람, 다윗」

0801
삶의 지침이 될 말씀

"이는 그들로 마음에 위안을 받고 사랑 안에서 연합하여…"
(골로새서 2:2)

Note.

기도의 응답이 아니라기
도가 우리를 치유한다

　수세대에 걸쳐 여성은 바느질로 자기 가족들의 성격과 가치에 영향을 끼쳐 왔다. 믿음, 희망, 사랑의 미덕을 짜 엮어 삶이라는 천 조각을 만들었던 과거의 여성들은 가족을 위해 공들였던 바느질로써 이러한 가치들을 표현하였다. 이러한 메시지들은 종종 삶을 살아가는 지침이 되었다. 그들은 베개, 벽걸이, 침대보, 티 타월, 그릇깔개 위에 아름다운 꽃과 '친절은 친구들 만든다' 또는 우리 가정에 '신의 가호가 있기를' 등의 글귀를 수놓았다.

　골동품 상점에 가면 나는 항상 이런 좌우명이 새겨진 것들에 이끌리게 되는데, 이들 중 많은 것들은 천 조각 보다는 편지지 위에 많이 수놓아져 있다. 나는 좌우명을 찾는다. 왜냐하면 많은 좌우명들이 내 마음에 와 닿기 때문이다. 그것들은 내 집의 벽에 붙어 있으면 좋을 것 같은 '환영합니다' 라든가 '예수 그리스도, 나를 위해 죽으셨다' 등의 글로 수놓아져 있는데, 우리 집 손님들이 우리를 좀 더 잘 알게 해 주는 말들이다. 우리가 유머감각을 발휘하든지, 벽에 우리 마음을 전해 주는 글을 걸어놓든지 간에, 우리 가정은 우리들의 생각을 공유할 때 좀더 인간적이 된다. 나는 간단한 기도문이 부엌 싱크대 위에 걸려 있는 한 사랑스런 여인의 집을 한 때 방문한 적이 있었다. '주여, 저를 푸른 헌 담요처럼 포근한 사람으로 만들어 주소서.' 그녀의 가정에는 아무런 가식이 없다는 사실을 알았다. 단지 사람들을 편안케 하고 환영하고픈 소망만이 있을 뿐이었다.

　_ 샌기 리남 클러프 「사랑스런 손길의 유산」

0802
하나님을 찬양하는 선택

"너희가 섬길 자를 오늘 택하라"(여호수아 24:15)

우리는 어쩔 수 없이 수많은 선택을 해야 하는 사회 속에 살고 있다. 예를 들어, 미국만 보더라도 크리넥스는 20여 종, 타이레놀은 40여 종, 자동차는 700여 종이 넘는다는 사실을 알고 있는가? 그 어느 때보다도 예나 지금의 시간은 점차로 일정한 결정을 하는 데 있어서 단순히 선택만 하는 데 쓰여지고 있다.

나는 선택하기를 좋아한다. 하지만 사람들이 자신들을 위한 선택의 도덕성을 만들어 내어, 우리가 슈퍼마켓에서 아무거나 골라내듯 어떤 가치를 끌어내려는 태도가 걱정이 된다.

선택 못지않게 중요한 것은 선택이 신앙의 체계, 즉 종교가 되어서는 안 된다는 점이다. 하나님은 선택이 아니라 필수이다. 내가 읽어 본 바로는 성경에는 '믿음, 희망, 사랑 그리고 선택이 있으니 그 중에 제일은 선택이라.'고 쓰여 있지 않았다. 인생의 목적은 선택을 하는 것이 아니다. 삶의 목적은 하나님을 찬양하고 영원히 그분을 향유하는 것이다. 그러나 그것은 우리의 여러 차례의 선택을 거치면서 이루어지고 있다.

_ 레너드 스위트 「영혼의 카페에서 커피 한잔」

273

0803
다음 일을 하라

"여호와는 나의 목자시니 내게 부족함이 없으리로다 그가 나를 푸른 풀밭에 누이시며 쉴 만한 물 가로 인도하시는도다"(시편 23:1-2)

우리는 늘 일상적인 일을 하면서 살아간다. 그러다가 갑자기 확신하지 못하는 일이 닥친다. 우리는 안내자가 필요하다. 이럴 때면 모든 것을 멈추고 기적을 찾는 일에 마음이 끌린다. 때때로 그럴 필요도 있다. 기드온은 양털을 꺼내 놓고 하나님께 간구하였다. 이스라엘을 제 손으로 구하는 일이 하나님의 뜻이라면 첫째 날에는 이 양털에만 이슬이 내리고 땅바닥은 말라있고, 그 다음 날 밤에는 양털만 말라 있고 사방의 땅바닥은 이슬로 젖게 해 달라고 기도하였다(사사기 6:36-40). 그날밤 하나님께서 그대로 해 주었다. 그러나 이따금 하나님께서 사람들이 평상시 일상적인 일에 종사하고 있는 동안 그들을 이끄시는 모습을 보게 된다. 주님께서 사람들을 불러 제자로 삼으실 때 다윗은 양을 돌보고 있었으며, 사무엘은 성소에서 예배드리고 있었고, 마태는 세금을 징수하고 있었다.

'다음 일을 하라'는 말은 내가 받은 충고 중에서 가장 훌륭한 것이다. 이 말은 어떤 상황에서도 유용하다. 특히 우리가 무엇을 해야 할지 모를 때 도움이 된다. 그럼 우리가 '다음 일'이 도대체 무엇인지 모를 땐 어떻게 해야 할까? 우리는 무엇인가 해야 할 일을 발견할 수 있다. 이럴 때면 어떤 의무감이 우리를 다그친다. 규칙은 '다음 일을 해 보라는 것'이다. 가만히 기적만 기다리지 말고 다음 일을 행해야 또 그 다음의 것을 깨달을 수 있는 안목이 생기는 것이다.

_ 엘리자베쓰 엘리엇 「우리를 인도 하시는 하나님」

지혜는 운명의 정복자이다

0804
하나님의 도서관을 이용하라

"모든 성경은 하나님의 감동으로 된 것으로 교훈과 책망과 바르게 함과 의로 교육하기에 유익하니"(디모데후서 3:16)

성경은 도서관과 같다. 성경엔 역사서, 시가서 그리고 지혜서 등이 있다. 성경엔 일상생활을 위한 실용적인 도움을 주는 내용들이 있다. 당신이 음악적인 성향이 있다면, 성경엔 당신만을 위한 부문이 마련되어 있다. 당신이 인간미가 넘치는 읽을거리에 관심이 있다면, 성경엔 수많은 전기와 자전적 기록이 들어있다. 성경엔 심지어 여러 편에 걸쳐 미래에 대한 전망까지 담고 있다.

당신이 도서관을 찾아간다면, 당신이 원하는 내용을 빨리 찾을 수 있도록 책의 배치 순서를 알 필요가 있다. 시간을 좀 들여서 인내하고 하나님 말씀에 주목해 보라. 그리고 그 말씀의 배치에 익숙케 하라. 그런 다음, 시간이 날 때마다 두고두고 각 부문을 골라서 읽어 보도록 노력하라. 그러면 당신은 성경 전체를 균형 있게 보게 될 것이다.

성령은 도서관 사서와 같다. 사서의 일은 질문에 대답하고, 불만 사항을 처리해 주며, 교양 있는 독자가 되도록 격려해 주는 것이다. 하지만 결국에는, 당신이 직접 앉아서 책을 읽어야만 한다. 사서가 그것까지 당신을 대신해 줄 수는 없다. 도서관을 찾는 다른 이들도 그것을 대신해 줄 수는 없다.

_ 질 브리스코우 「하나님과 나만의 시간」

0805

대상 4:9-10

축복의 그릇을 넓혀라

할렐루야 사랑하는 성도 여러분, 무더위가 기승을 부리는 기간입니다. 여러분 무더위 일수록 건강 조심하시고 마음과 신앙을 잘 지켜 깨어 기도하는 아름다운 성도가 다 되시기를 주의 이름으로 축원합니다.

사람의 마음이 좁아지면 바늘구멍보다도 좁아지고, 넓어지면 온 우주라도 포용할 만큼 넓어질 수 있다고 합니다. 복 받을 그릇이 크면 하나님께서 크게 주시고, 복 받을 그릇이 적으면 어쩔 수 없이 적게 주십니다. 그러므로 우리는 어찌하든지 축복의 그릇을 넓히도록 날마다 힘써야 할 것입니다. 그러면 축복의 그릇을 넓히는 비결이 무엇입니까?

첫째, 소원의 폭이 넓어야 합니다.

현재 유엔 사무총장인 반기문 총장이 어려서 세계적이 사람이 되어 인류에 큰 공헌을 하겠다고 했는데 그대로 됐습니다. 이는 그가 고등학교 때부터 불타는 소원과 꿈을 가졌기 때문에 가능한 일입니다. 그러므로 큰 축복을 받으려면 하나님을 위해 큰 소원을 가져야 됩니다. 믿음대로 된다는 것을 믿으시고 큰 소원을 가지므로 은혜 받고 축복 받으시기를 축원합니다.

둘째, 마음의 폭을 넓혀야 합니다.

축복의 그림을 그리려면 시기, 질투심을 버려야 합니다. 감정의 지배를 당해서는 안 되는 것입니다. 내 인기는 떨어지고 경쟁 상대가 되는 사람은 흥할지라도 하나님의 일이 잘 되는 일이라면 기뻐하고 축하해 줘야 합니다. 그러므로 여러분은 넓고 큰마음을 가지고 하나님의 축복을 풍성히 받으시기를 축원합니다.

셋째, 하나님께 드리는 폭을 넓혀야 합니다.

하나님께 드리는 것은 손해가 아니고 언젠가는 넘치도록 가득히 부어주십니다. 그래서 하나님께 바치는 폭도 넓어야 하는 것입니다. 왜냐하면 하나를 하나님께 드리면 하나님께서는 30, 60, 100, 천, 만 배로 갚아 주실 것이기 때문입니다.

넷째, 기도의 폭을 넓혀야 합니다.

기도 거리가 많고 기도의 폭이 넓어지면 그 만큼 하나님의 역사가 많이 나타납니다. 사랑하는 성도 여러분, 소원의 폭도 넓히고, 마음의 폭도 넓히고, 드리는 폭도 넓히고, 기도의 폭을 넓혀서 하나님 앞에 축복의 폭을 넓히는 복된 성도가 다 되시기를 주의 이름으로 축원합니다.

0806
가을채비

"내 평생에 선하심과 인자하심이 반드시 나를 따르리니"(시편 23:6)

Note.

이제는 가을채비를 할 적절한 때이다···. 씨 뿌리고 수고한 자들에게는 수확의 기쁨을 누리게 하고, 넘치도록 축복받은 자들에게는 나무의 기쁨을 맛보게 하자. 그리고 차분히 6일간의 영성 프로그램에 최선을 다하자. 영성 훈련은 우리 모두에게 실제로 유용한 것이다.

행복한 사람이 되고 싶거든 남을 기쁘게 하는 것을 배우라

첫째 날 : 오늘 나는 보은의 마음을 영성을 위한 식사로 들겠다. 생명 주심을 하나님께 감사드리고 또 나의 '도움'의 그릇이 넉넉한지를 되뇌이면서···

둘째 날 : 오늘 나는 비관이라는 영혼의 음식을 줄이고, 대신 낙관이라는 영혼의 음식을 늘리겠다···

셋째 날 : 오늘 나는 '명랑'이라는 영혼의 유동식(流動食)을 먹을 것이다. 내가 만나는 모든 이들과 함께 기쁨이라는 영혼의 술 한잔을 나누면서···

넷째 날 : 오늘 나는 영혼의 음식을 조금씩 음미하겠다. 내가 가족과 친구들에게 좋은 점을 발견할 때까지···

다섯째 날 : 오늘 나는 용서라는 잔으로 영혼의 술을 마시겠다. 잔 바닥의 앙금이 쓰디쓸지라도···

여섯째 날 : 오늘 나는 기도에 몰두할 것이다. 나는 이 영성 프로그램을 열심히 수행했기에 쉬면서 새로운 에너지를 구해야 한다.

_ 줌 매스터스 배쳐 「여성을 위한 고요한 순간들」

0807
출발점에서 다시

"우리 주여… 너희 마음을 위로하시고 모든 선한 일과 말에 굳건하게 하시기를 원하노라"(데살로니가후서 2:16,17)

때때로 나는 다시 시작하는 일을 무척 참을 수 없어 한다. 내가 또 다른 일을 그르친 사실을 직면하고 출발점으로 되돌아가 다시 시도한다는 것은 면목이 없다. 이럴 때면 마이클 위네간에 관한 저 옛 노래를 부르고 싶은 기분이 든다. 그 노래는 마디마디마다 '다시 시작하라'로 끝이 나고, 노래 가사 전체가 처음부터 다시 시작된다. 조금 지나면, 그런 반복되는 노랫말이 신경을 거스른다.

그러나 어떤 캠페인, 즉 어떤 조직의 열띤 운동가사로 나쁜 습관과 자기 파괴적 태도가 버려질 것이라고 내가 진정으로 생각할까? 한 차례의 선한 의도나, 삼십 번의 선한 의도를 갖는다고 해서 실수하지 않을 거라고 내가 진정으로 생각할까? 그리고 깜빡 저지른 단 한번의 실수들이 내가 전에 결코 저지르지 않았던 실수들이라고 진정으로 생각할까?

내가 하나님에 관해 혹 어떤 것을 이해한다면, 그것은 하나님의 사랑과 은총은 무한하다는 것이다. 하나님은 다시 시작하는 횟수는 관심이 없고, 단지 내가 성장을 계속해 그를 따르기를 원할 뿐이다.

_ 캐써린 와킨쇼 「영혼 탐색」

0808
희망을 잃지 말라

"예수께서 이르시되 나는 부활이요 생명이니 나를 믿는 자는
죽어도 살겠고" (요한복음 11:25)

할머니는 오래 전, 한창 젊을 적에는 꼿꼿한 분이었다. 그
녀의 몸은 튤립의 줄기였고, 물결치듯 땋아 내린 긴 머리는
황금 꽃잎이었다. 그녀는 아름다운 여인이었다. 그러나 세
월이 그녀의 양 어깨 위를 무겁게 짓눌렀고, 골다공증으로
인해 뼈는 물러져서 완전히 제 기능을 못하게 되어 버렸다.
할머니를 볼 때마다 입 맞추기 위해 나는 점점 더 몸을 굽혀
야만 했다. 할머니의 아흔 번째 생일날, 그녀의 땋은 긴 머리
를 소금 빛 백발이 되어 있었고 몸은 왜소하고 굽어 있었다.
할머니는 걸을 때면 발을 질질 끄신다. 그녀 머리는 앞으로
구부려져서 나를 쳐다보려면 목을 학처럼 길게 빼야만 했
다. 예수님께 드린 소망은 예수님께서 할머니의 구부정한
조그만 몸을 어루만져서 다시 꽃피우게 해 달라는 것 이었
다…

허리가 굽은 모든 여인들, 육체적 불구의 무거운 짐을 짊
어진 모든 사람들, 예수님의 손길이 아직 닿지 않은 모든 이
들에게 이르노니 희망을 잃지 말라. 언젠가 그대들이 눈을
감고 있노라면, 예수님의 사랑의 손길을 깨닫게 될 것이다.
언젠가 그대들의 몸도 영원히 꽃피우게 될 날이 있다.

_ 브라이스 클라분드 「신비한 것의 천명」

참된 행복은 좀처럼 발견
되지 않지만 어느 곳에나
있다. 돈으로도 살 수 없
지만 언제든 구할 수는
있다

0809
일상이라는 해변을 따라 가노라면

"주린 자는 복이 있나니 너희가 배부름을 얻을 것임이요"(누가복음 6:21)

Note.

오늘 당한 문제는 당신이
최선을 다할 수 있는 기
회임을 알라

조개껍질을 주워 표면에 달라붙은 모래를 씻어내고, 손가락으로 조개껍질의 무늬를 만져보면, 나의 내면으로부터 경외감과 감탄이 저절로 우러난다. 특이한 모양, 표면의 섬세한 구조, 나선형의 유연한 흐름, 절묘한 색조, 모양의 완벽한 아름다움은 나를 사로잡아 영혼 깊숙한 곳으로부터 영롱한 감사의 마음을 이끌어낸다.

이 모든 일은 발걸음을 멈추고 몸을 숙여, 찰랑이는 조류에서 그 진귀한 것을 집어 드는 순간에 일어난다. 이런 일을 하는 데는 시간도 소요되고, 약간의 생각도 필요하다. 바다가 무엇을 베풀어 주는지를 알려면 가만히 귀 기울이고 상념에 젖어 볼 필요가 있다. 우리네 인생도 이와 마찬가지다. 어디에서든지 시간이라는 조류는 인생의 해변을 따라 여기저기 흩어져 있는 아름다운 삶의 보너스를 우리에게 던져준다. 그것들은 아마 전혀 눈에 안 뛸 수도 있고, 볼거리도 안 될 수 있다. 그러나 우리의 일상이라는 해변을 따라 흩어져 있는 신이 내린 귀중한 선물을 찾는 것은 불가능한 일이 아니다.

_ 필립 켈러 「내 영혼의 노래」

0810
양면을 다 보시는 하나님

"그러므로 형제들아 주께서 강림하시기까지 길이 참으라…"
(야고보서 5:7)

Note.

욕망을 줄이는 것이 마음
의 자유를 얻는 길이다

나는 네덜란드의 한 야외시장에서 보빈 레이스 장식으로 테를 두른 전통 네덜란드식 모자와 앞치마를 만드는 한 레이스공을 지켜보고 있었다. 그녀의 손이 날렵하게 실로 감긴 12개의 보빈 실패 사이를 움직이는 것을 지켜보면서, 나는 놀라움을 금치 못했다. 나는 그녀의 나는 듯한 손으로부터 시선을 뗄 수가 없었다.

그 레이스공은 작업 중 레이스의 뒷면을 보면서 일하고 있었다. 완성된 면은 서서히 그녀의 손을 떠나간다. 그녀는 때때로 완성된 면을 살짝 들여다 볼 수도 있지만 그 레이스를 레이스 받침대에서 떼어 의복에 붙이기 전까지는 전체적 효과를 알지 못한다. 의복에 붙이고 나서야 그녀는 전체가 만들어 내는 참된 아름다움을 보게 된다.

이 레이스공과 마찬가지로, 우리는 이면부터 우리의 삶을 꾸려나가므로 전체를 볼 수 없다. 우리 삶의 완성품은 우리가 천국에 들 때까지 밝혀지지 않는 미스테리이다. 그렇지만, 하나님은 우리 삶의 양면을 다 보시는 분이다.

언젠가 우리는 우리 인생의 우여곡절이 왜 있었는지 그 이유를 알게 될 것이다. 그리고 우리는 우주 만물의 설계사이신 하나님께서 왜 우리를 그의 길로 인도했는지를 이해하게 될 것이다.

_ 구웬 엘리스 「주님을 본받아」

0811
고독이라는 선물

"그의 앞에 마음을 토하라" (시편 62:8)

낮아지는 것은 우리의 몫이요. 우리를 일으켜 세우는 것은 하나님의 일이다

늘 북적거리는 삶의 한가운데서 태어났든, 고요하고 고독으로 메아리치는 삶에서 태어났든지 간에, 진부하게 들릴지 모르겠지만 우리는 한 가지 사실을 받아들일 필요가 있다. 사람은 홀로 태어나 홀로 죽는다는 사실이다. 때로는 아무도 모르는 순간에 홀로 인생의 위기를 경험한다. 우리가 홀로 있을 때라야, 하나님께서는 우리의 영혼을 진정으로 어루만져 변화시킨다.

그러므로 고독은 우리가 받은 선물 중 가장 큰 선물 중의 하나이다. 하나님께서는 우리를 유일무이한 존재로 창조하셨다. 그리고 하나님의 독특한 창조물이 되는 것보다 더 신나는 일은 하나님께서 우리와 같이 지내기를 원하신다는 사실이다. 우리가 그를 찾을 수 있도록 그는 우리를 고독하게 만드신다. 그리고 우리가 가져갈 수도 없는 것들로 인생의 가방을 가득 채우는 일 따위로 그를 피한다면, 그는 아마도 우리를 못내 아쉬워할는지도 모른다.

고독이라는 선물을 통해, 하나님은 우리를 껴안으시고, 우리의 관심을 환기시키고, 우리를 위로하시고, 가르치셔서 그를 알게 되도록 하신다.

우리가 홀로 하나님과 마주 대할 때, 비로소 가장 깊이, 가장 가깝게 우리의 구세주를 알게 되는 것이다.

_ 레슬리 윌리엄스 「한 밤의 고투」

0812

창 27:5-10

별미를 드려라

할렐루야 사랑하는 성도 여러분,

하나님은 여러분이 복되고 풍성한 인생을 살기를 원하고 계십니다. 오늘 하루도 여러분에게 예비된 장자의 축복이 임하고, 행복한 일이 넘치는 삶을 사시기를 주의 이름으로 축원합니다.

사랑하는 성도 여러분, 진정한 축복은 영육이 다 함께 잘되는 축복입니다. 이것은 오직 하나님만이 주실 수 있는 것입니다. 우린 무조건 축복받기만을 바라지 말고, 축복받은 사람들의 신앙과 생활에서 그 축복받는 비결을 알아내고, 그것을 내 것으로 만들 줄 아는 지혜가 필요합니다.

오늘 본문의 야곱은

첫째, 양의 고기로 별미를 드렸습니다.

야곱은 어머니가 해주신 양의 별미로 장자의 축복을 받습니다. 이와 같이 야곱은 별미를 만들어서 드림으로 놀라운 축복을 받았고, 장자의 축복을 받았습니다. 이 야곱은 그의 생애에 다시없을 이 마지막 축복의 기회를 붙잡고 놓치지 않았습니다.

둘째, 우리는 영혼의 별미를 우리 주님께 드려야 됩니다.

영혼의 별미가 무엇이냐, 자기 죄 때문에 흘리는 회개의 눈물이 있어야 합니다. 눈물에 젖어 간구하는 호소가 주님 앞에는 별미가 되는 것을 믿으시고, 주 앞에 나오셔서 부르짖고 기도하며 별미를 드림으로 하나님의 은혜와 축복을 받기를 주의 이름으로 축원합니다.

셋째, 우리는 육체의 별미를 주님께 드려야 됩니다.

하나님 말씀 앞에 순종하는 별미를 드려야 됩니다. 어린양처럼 순종하겠다는 믿음으로 섰을 때 하나님은 그를 살리시고 그 아버지로부터 우리는 그 장엄한 축복의 물줄기를 이삭의 생애 폭포수와 같이 받을 수 있게 되는 것입니다.

넷째, 우리는 물질의 별미도 드려야 됩니다.

어떤 과부가 헌금을 하는데 겨우 두 렙돈을 바쳤습니다. 그러나 예수님은 이 과부의 헌금이 가장 귀하고 많은 것이라고 칭찬해 줬습니다. 왜냐하면 이 여인은 자기의 생활비 전부를 주님께 드렸기 때문입니다. 이것이 물질의 별미입니다.

마지막으로 성도는 별미의 신앙고백이 반드시 있어야 됩니다.

성회는 별미의 성회가 되기를 바랍니다. 여러분, 최선의 별미를 드려서 건강이 회복되는 삶이 되길 바랍니다. 사업이 회복되길 바랍니다. 축복이 회복되길 바랍니다. 인생이 잘 되길 바랍니다. 자녀들의 앞길이 활짝 열리기를 주님의 이름으로 축원을 드립니다.

0813
마음속의 여유

"범사에 우리 주 예수 그리스도의 이름으로 항상 아버지 하나님께 감사하며"(에베소서 5:20)

Note.

유태인의 전통에 따르며, 연중 가장 성대한 감사절 연회인 유월절 첫날밤 축제에는 늘 변함없이 빈 의자 하나가 마련된다. 식사하는 동안 축제 테이블에 좌석을 하나 비워 놓고 앞문은 약간 열어 놓는다. 이것은 연회에 참가하는 선지자 엘리야를 환영하는 유태인의 상징적 관례다.

우리 가정을 포함해서 많은 가정에서도, 유태인의 유월절 축제와 비슷한 또 다른 전통이 일요일마다 지켜지기도 한다. 자리가 하나 비어 있어서, 누가 금방이라도 올 것 같지만, 지금 사람들이 얼마나 많든지 간에 자리와 음식이 항상 넉넉하다는 것을 사람들에게 일깨워 주는 것처럼 보이게 하는 것이다.

내빈 명부에 한 사람 이름을 더할 여백을 마련하고, 크리스마스 카드에는 한 사람 더 안부를 묻는 여유를 가지고, 다른 사람을 위해 한 시간 더 자원봉사 활동을 하고, 우리 마음속에 한 사람 더 보듬어 담아두는 여유를 갖는 데 무엇이 필요한가?

테이블에 빈자리, 우리 마음의 여유.

_ 레너드 스위트 「영혼의 카페에서 커피 한잔」

사람이 이 세상을 산다는 것은 하나님의 축복이다. 이 축복을 낭비하는 것은 하나님에 대한 무서운 반항이다

0814
기적의 공유

"나도 주의 광대하심을 선포하리이다"(시편 145:6)

Note.

기도는 일상에서 벌어지는 자잘한 사건들을 뛰어넘어 더 높은 세계에 눈길을 돌리게 한다

"마가렛, 일어나라! 도리스가 몹시 아프단다!" 어머니께서 깊은 잠에 빠진 나를 깨우자, 침대에서 벌떡 일어나 급성경련으로 고통 받는 세 살배기 도리스에게로 달려갔다. 따뜻한 겨자 물로 몸을 씻겨 주자, 경련은 가라앉았지만 열은 화씨 106도까지 올라 있었다. 아버지와 의사는 마을에서 멀리 있었고, 그레이스와 고돈은 잠자고 있었다. 어머니와 나만 도로시를 지키고 있었다.

"마가렛, 하나님의 말씀에 '나는 너를 떠나지도 버리지도 않겠노라' 라는 구절이 있다. 예수님은 우리와 함께 계시며, 그분은 위대한 의사란다. 자, 우리 함께 기도하자. 아버지여, 당신 앞에 이 아이를 들어 올립니다. 나는 내가 아는 모든 것을 했습니다. 예수님의 이름으로 아뢰오니, 도리스를 치료해 주실 것을 믿습니다. 당신의 손에 이 아이를 맡깁니다."

어머니는 찬물에 적신 스폰지로 도리스에 몸을 닦으면서 조용하게 기도를 계속 하셨다. 그녀는 몸을 가볍게 흔들면서 찬송가를 나직이 부르셨다. 새벽 동이 트고 어둠이 걷히자. 도리스는 조용히 잠들어 있었다. 열은 씻은 듯이 사라져 버렸다. 어머니께서는 주어진 시련에 담대히 맞서셨고, 나는 하나의 기적을 공유했던 것이다.

_ 마가렛 젠손 「커피 한잔의 여유」

0815
땅에 심은 뿌리 식물

"우리가 그와 같을 줄을 아는 것은 …"(요한 1서 3:2)

어느 날 오후, 분홍빛 샤워실에서 나의 삶을 예수님께 봉헌하였다. 그곳에서 나는 물이 차갑게 식을 정도로 오랫동안 울고 있었다. 그때가 바로 나 자신의 회개의 순간이었으므로, 그리스도께서 내가 이해하는 한 나의 전부를 봉헌했다. 그 즉시, 나는 그리스도와 성경에 대해 더 알고 싶은 열망을 경험했다.

20년 전 그날 이후, 나는 그때 어린 소녀에서 아주 다른 사람으로 성장하고 발전해 왔다 그러나 나는 아직도 완성되지 못하였다. 내가 영적으로 씨름할 때마다, 혹은 하나님이 내가 알아야 될 어떤 다른 것을 내게 가르치신다고 느낄 때마다, 내 안의 또 다른 부분이 성장하고 나타나서, 하나님께 다시 바쳐야 될 필요가 생긴다.

우리라는 존재, 즉 우리의 본질은 마치 뿌리식물과 같다. 이 뿌리식물은 땅속에 심겨져 우리의 일생동안 꽃을 피우고 또 피운다. 새 꽃이 필 때마다, 우리는 그것을 우리의 창조주께 되돌려드린다.

공교롭게도 자신만을 위한 삶을 부둥켜 잡으려고 애쓸 때 일어나는 일은 성장이 멈추고 꽃들은 점점 줄어드는 것이다. 우리가 우리 자신의 존재에 더 연연할수록, 우리 안에서 그리고 우리를 통해서 나타나는 하나님의 역사는 점점 더 줄어든다.

_ 레슬리 윌리엄스 「보다 저급한 신들의 유혹」

> 사랑이란 상실이며 단념이다. 자기의 모든 것을 남에게 주어버렸을 때 사랑은 더욱 풍부해진다

0816
소박한 믿음을 요구하시는 하나님

"정의를 행하며 인자를 사랑하며 겸손하게 네 하나님과 함께 행하는 것이 아니냐" (미가 6:8)

Note.

인내하는 사람은 정복되
지 않는다

하나님은 단순한 것을 좋아하신다. 하나님은 최고의 외적인 겉치레를 구하지 않는다. 하나님은 매끄러운 소문내는 일을 요구하지 않는다. 하나님은 사실 희생적인 엄청난 영웅적 행위를 기대하지 않는다. 소모적인 활동들로 가득한 일정표, 계속되는 수많은 교회 모임들, 가장 미개하고 원시적인 부족들에게나 있음직한 대규모의 성전, 헌당식들.

이제 그만두자!

신앙이라는 게시판 위에 세 칸을 잘 살펴보라. 하나님이 단순하게 말씀하신 것을 얼마나 당신이 복잡하게 만들었는지 반추해보라. 무엇이 필요한가? 천천히 다음의 글을 큰소리로 읽어보라:

공의를 행하며,

사랑을 실천하며,

겸손히 그대의 하나님과 동행하라.

이상.

_ 챨스 R. 스윈돌 「단순한 믿음」

0817
순응의 비결

"그리스도인으로 고난을 받으면 부끄러워하지 말고 도리어 그 이름으로 하나님께 영광을 돌리라"(베드로전서 4:16)

로마시대의 십자가는 단 한 가지 목적, 즉 죽음을 위해 고안되었다. 다른 용도는 전혀 없었다. 오늘날에도 큰 차이는 없다. 십자가는 우리의 자만심과 오만함을 죽이고, 하나님의 전능한 손길 아래에서 우리 자신을 조용히 낮추는 곳이다. "내 뜻이 아니라 당신 뜻대로 이루어지소서."

십자가를 짊어진다는 것은 굴욕을 수용하는 곳이요, 때를 기다리는 동안 굴욕을 참으며 산다는 뜻이다. 로마의 죄수들은 그들의 사형집행인들과 싸우고 투쟁했다. 그들은 채찍으로 맞아 복종할 때까지 십자가를 짊어지기를 거부했다. 우리는 이런 행동을 하지 않는다. 우리가 사지를 뻗어 죽을 그 십자가를 조용하고 겸손하게 수용해야만 한다. "수용하는데 평화가 있나니."

비결은 수용이다. 하나님이 우리에게 겸손함을 가르쳐 주신 여러 사건들을 알게 해 준 것처럼, 우리는 하나님께 "예"라고 답해야 한다. 우리가 힘든 자리에 있는 것조차 바로 그분의 뜻이다. 우리는 그분의 뜻에 의지해야 한다. 우리는 그분이 허락한 것을 수용해야 하며, 그가 뜻한 바를 우리 안에서 이루어지도록 해야 한다.

_ 데이빗 로우퍼 「큰 산과 어울리는 분」

0818
온전히 순수하신 하나님

"내가 돌이켜 전심으로 지혜와 명철을 살피고"(전도서 7:25)

두려움은 지금까지 아무 것도 이루어놓지 못했으나 자신감은 기적을 창조하였다

우리가 하나님의 뜻 안에서 거할 때… 하나님은 그대를 그리스도처럼 만들기 위하여 그가 당신의 삶 안에 허락한 모든 것을 사용하신다. 당신에게 일어나는 나쁜 일들이, 하나님께서 당신을 벌주시는 것이라고 생각하는가? 혹 하나님이 당신을 좋아하지 않기 때문이라고 생각하는가? 당신의 하늘에 계신 아버지 온전히 순수하신 분이다.

그의 동기에서,

그의 방법에서,

그의 태도에서.

그는 온전히 순수하신 분이다.

그의 생각에서,

그의 말씀에서,

그의 행동에서.

그는 온전히 순수하신 분이다.

그의 감정에서,

그의 태도에서,

그의 계획에서.

비열하거나 보복적인 것, 기학적이거나 잔인함, 인색하거나 이기적인 것은 그분의 본성 안에 없다. 그는 '시종일관 거룩'하신, 영원하신 아버지이시다.

_ 앤 그레이엄 로츠 「하나님의 영광을 보며」

0819

눅 1:26-30

은혜 받아야 잘 됩니다

할렐루야 사랑하는 성도 여러분!

오늘 하루도 여러분에게 기쁘고 행복한 일들이 넘쳐나시기를 주의 이름으로 축원합니다.

성도가 힘을 얻고, 위로를 받고, 평안을 누리고, 건강하고, 복을 받으며 사는 길은 먼 데 있는 것이 아닙니다. 에디슨의 숱한 발명들이나, 만유인력의 발견이 가까이에서 이뤄진 것처럼 우리가 은혜 받고 잘 사는 일이 멀리 있지 않고 가까이 있다는 것입니다.

그렇다면 과연 어떻게 해야 할까요?

첫째, 먼저 은혜부터 받아야 합니다.

오늘 본문의 내용은 어느 날 천사가 마리아를 찾아와 아기를 낳을 것이라는 메시지를 전해줍니다. 이 때 마리아는 처녀의 몸으로 그와 같은 계시를 받는다는 것이 충격적일 수밖에 없었을 것입니다. 그러나 마리아는 평안했고 침착했습니다. 사랑하는 성도 여러분, 사람은 하나님의 은혜를 받아야 좋은 일이 생기고, 평안하고, 축복을 받습니다. 그러므로 여러분, 은혜의 보좌 앞으로 나와야 합니다.

둘째, 기도해야 문제가 해결됩니다.

야곱은 인생의 위기 상황에서 기도로 문제를 해결했습니다. 모세는 기도로 아말렉과의 전쟁에서 승리했고, 다니엘은 기도로 사자 굴에서 살아나왔습니다. 사랑하는 성도 여러분, 의심을 버리고 기도합시다. 도마는 의심했을 때, 부활하신 주님도 믿지 못했습니다. 기도해야 합니다. 기도해야 길이 보입니다. 여러분, 어떤 문제가 있습니까? 주님 앞에 오셔서 기도함으로 문제 해결 받고, 응답받고, 축복 받고, 승리하시기를 축원합니다.

셋째, 먼저 드려야 풍성히 받는 것입니다.

제가 깨달은 것은 로마서 11:35과 누가복음 6:38에 보듯 한마디로 주님께 드릴 때 은혜 받고, 기적을 체험하고, 축복받는다는 것입니다.

0820
하나님의 리듬 있는 솜씨

"여호와를 의지하는 자는 복이 있느니라" (잠언 16:20)

주여, 저는 황금색 사시나무 포플러가 돋보이는 작은 마을에 서있습니다. 당신의 계획에 방해되지 않도록 가만히 있습니다. 제가 발자국을 떼어놓으면, 마지막 남은 도토리를 찾는 반짝이는 눈의 생쥐와 비행을 다시 하려는 외로운 울새에게 방해가 될 것입니다. 저를 가만히 있게 하소서, 주여. 야생의 동물들을 귀찮게 하거나, 서둘러 당신의 계절에 작별인사를 하러 온 것이 아닙니다.

주여, 아직은 때가 아닙니다. 지금은 깊이 침묵하고, 더 생각을 해야 할 때입니다. 지금은 당신의 손길이 가져다 준 영광을 내 마음속에 새기면서, 당신이 이루어낸 훌륭한 리듬이 내 마음속에 젖어 들도록 해야 할 때입니다. 지금 내 자신의 존재를 뛰어넘어서, 나뭇잎이 하나씩 떨어져 쌓일수록 하루하루 시야를 더 넓혀서 낙엽이 지는 이유를 알아야 할 때입니다.

주여, 당신의 거대한 시계가 돌고 돌아 나에게 이런 휴식의 한때를 주시다니 참으로 고맙습니다. 이런 휴식 시간은 달콤한 속삭임을 주고받을 때요, 여름의 팽팽한 긴장감을 풀어줄 때며, 자신이 아골 골짜기를 떠나 높이 올라가 당신의 영원한 사랑으로 가을 하늘에 수놓은 총총한 별자리를 보아야 할 때입니다.

_ 쥰 매스터스 배쳐 「여성을 위한 고요한 순간들」

Note.
고생 없이 얻을 수 있는 것 중 진실로 귀중한 것은 하나도 없다

0821
우리에게 진정 필요한 것은

"너희는 그 은혜에 의하여 믿음으로 말미암아 구원을 받았으니"(에베소서 2:8)

Note.

성공과 실패를 결정하는 것은 우리가 처한 조건이 아니라 우리가 가지고 있는 생각이다

빚지지 않고 살고, 스스로의 힘으로 살고, 열심히 일하며 사는 것에 익숙한 우리들에게 은총은 현실상 먹기 힘든 쓴 약과 같을 수 있다. 은총을 인정한다는 것은 내가 혼자 힘으로 살 수 없음을 깨닫는 것을 의미한다. 또한 영적 방향과 인생의 의미와 중요성에 대해 인식함을 의미하며, 자신이 추구하는 것이 무엇인지, 어떻게 하는지조차 알 수 없는 무력함을 인정한다는 것을 뜻한다. 은총을 받는다는 것은 내가 노력한 대가로써 얻지 못한 것을 받는다는 것을 의미하고 더구나, 나에겐 없다는 것을 알지조차 못했던 어떤 것을 맞이하는 것을 의미한다.

나의 어머니의 심술궂은 유머감각 덕분에 나는 은혜에 대한 중요한 교훈을 배웠다. 매년 크리스마스가 되면, 이런 꼬리표가 붙은 소포가 적어도 하나는 배달된다.

"너는 이것을 필요로 한다는 사실조차 모르지만, 너에게는 이것이 필요하다."

은혜도 이와 마찬가지고, 우리 삶 속에 하나님의 지시도 이와 같다. 환경은 바뀌는데, 우리는 그러한 변화를 거부한다. 삶은 계속 변천하는데 우리는 편안한 장소에서 머물기를 원한다. 하나님께서 부드럽게 미소 지으면서 말씀하신다. "나를 따르라, 나오라. 네가 보지 못한 많은 것이 있노라. 너는 이것이 필요하다는 사실조차 모르나, 너에겐 이것이 필요하노라."

_ 페넬로피 J. 스토욱스 「믿음: 보이지 않는 것들의 실상」

295

0822
어둠 속에서 부르는 노래

"너희의 하나님이 이르시되 너희는 위로하라 내 백성을 위로하라"(이사야 40:1)

Note.

기쁨을 잃은 것이 있는가? 주님께서 그대의 내밀한 심금을 어루만져준 지가 오래 되었다고 느끼는가?

이스라엘 민족은 그렇게 느꼈다. 그들은 바벨론에서 포로 생활을 했으며, 잔인한 주인의 노예였다. 그들은 동료들에 대한 나쁜 기억만을 간직한 채 고향을 떠나 멀리 있었다. 이스라엘 백성의 생활에서 바벨론 사람들은 거칠고 냉소적이었다. "계속해서 시온의 노래 중 한 곡을 불러 보라"고 그들은 이스라엘인들을 비웃었다. 이스라엘인들이 "우리가 어찌 타향에서 주님의 노래를 부르리오?"라고 씁쓸하게 대답했을 때, 바벨론 사람들은 조금도 놀라지 않았다. 한때 시온의 노래를 연주했던 그들의 하프는 포로들이 수용된 강가의 나무에 조용히 걸려 있었다.

물론 바벨론 사람들은, 부모가 살해되고, 집들이 강탈되고, 어린애의 머리가 터진 채로 자갈길 위에 놓여 있는 것을 이스라엘 백성들이 보았던 터라 그들이 노래하고 싶지 않다는 사실을 알고 있었다. 누군들 그와 같은 처지에서 노래를 부르겠는가?

그러나 그때 이스라엘 백성들은 노랫소리를 들었다. 하프 소리도 들었다. 눈에 광채가 빛나는 한 노인이 노래를 부르고 있었다! 그는 시온의 노래 중 한 곡을 부르고 있었다!

너희 하나님이 가라사대, 내 백성에게 평안을 주노라.

_ 질 브리스코우 「심금을 울리는 이야기」

많은 사람들이 게으른 시간과 계획 없는 시간, 목적 없는 시간을 가지고 있기 때문에 쉽게 잘못된 욕구 충동에 빠져든다

0823
하나님을 믿는 돈독한 신앙

"우리가 믿음으로 행하고 보는 것으로 행하지 아니함이로라"
(고린도후서 5:7)

Note.

우리가 할 수 있는 일을 하면 하나님께서는 우리가 할 수 없는 일을 해주신다

믿음에 대해 비웃는 사람은 믿음이 일상사에서 얼마나 큰 비중을 차지하는지 깨닫지 못한다. 결혼의 서약은 근본적인 약속이기 때문에 결혼하는 데에는 믿음이 필요하다. 아이들을 학교에 보내는 것도 믿음이 있어야 한다. 처방전을 받고 약을 먹을 때에도 믿음이 필요하다(약사와 의사도 실수할 수가 있다). 식당에서의 식사, 예금, 계약서의 서명, 고속도로에서의 운전, 비행기나 엘리베이터를 탈 때조차 믿음이 바탕이 되어야 한다. 믿음이란 선택된 자들을 위한 어떤 종류의 종교적 경험이 아니다. 믿음은 어머니의 젖을 먹는 아기로부터 연금수표를 기다리는 노인에 이르기까지 사람들의 삶을 지탱하도록 돕는 접착제와 같다.

그러나 명심할 것은 믿음이란 그 대상 못지않게 유익하다는 것이다. 사람들을 신뢰하면, 우리는 사람들이 할 수 있는 것을 얻는다. 돈을 신뢰하면, 돈으로 할 수 있는 것을 얻는다. 우리 자신을 신뢰하면, 우리가 할 수 있는 것을 얻는다. 그러므로 우리가 하나님을 신뢰하면, 우리는 하나님이 할 수 있는 것을 얻게 된다.

_ 워렌 W. 위어스비 「하나님의 자녀되기」

0824
진귀하고 아름다운 울림

"너희는 이 세대를 본받지 말고 오직 마음을 새롭게 함으로 변화를 받아" (로마서 12:2)

한겨울 바람과 진눈깨비와 푹 쌓인 눈이 흔들리고 비틀거리면서 받는 압력과 긴장으로 인해 나무에는 송진이란 특별한 유출물이 생긴다. 이 송진은 나무의 섬유질에 아주 단단한 결을 생기게 할 뿐 아니라 절묘한 향기를 내뿜는다.

명공으로 알려진 어떤 바이올린 제조 전문가가 나에게 일러주기를, 자신은 매년 여름 몇 주씩을 높은 산의 수목 한계선 위에서 특별한 나무들을 찾으면서 보낸다는 것이다.

그는 가장 고운 음질과 가장 아름다운 음색을 지닌 악기를 만들기 위해 엄선된 재료를 이 나무들에게서 취한다.

보통 나무가 자라는 지역보다 높은 거친 지역에서 나온 목재는 다른 목재들에서는 도저히 찾아볼 수 없는 진귀한 음질과 아름다운 공명을 지니고 있다. 사나운 폭풍, 짧은 성장기간, 모든 것을 뒤틀어버리는 듯한 바람, 이런 엄격한 환경에서 살아남는 긴장 이 모든 것들이 결합하여 전 세계에서 가장 튼튼하고 정성스럽고 가장 경이로운 악기가 만들어진다.

주여, 우리를 당신이 사용할 수 있는 재목으로 만드소서!

_ 필립 켈러 「내 영혼의 노래」

밝은 마음을 가진 사람은 즐거운 인생을 보내고 불만투성인 사람은 비참한 인생을 보낸다

0825
아침에 찾는 하나님

"네가 만일 그를 찾으면 만날 것이요 만일 네가 그를 버리면 그가 너를 영원히 버리시리라"(역대상 28:9)

주님하고만 보내는 하루 중 가장 중요한 시간에 대한 몇 마디 충고의 말.

- 어쩌다하는 것이 아닌 일상적인 시간이 되게 하라. 최소한 일주일에 5일은 고독과 침묵을 위한 특별한 시간을 마련하라.
- 당신의 기도에 예배, 감사, 죄의 고백, 간청(당신의 고요한 시간 중 하나님께서 말씀하실 것을 기원하는 간청을 포함하여), 간구(다른 이들을 위한 기도)를 포함하라.
- 배운 교훈과 특별한 필요에 적용되는 성경 구절, 응답받은 기도를 기록하는 영적일기를 써 보라.
- 어떤 순서에 따라 성경의 일정부분을 읽어보라. 평일에는 세 장(章), 일요일에는 다섯 장씩 읽으면 일 년에 성경 전부를 다 읽을 수 있다.

대부분의 사람들에게 가장 좋은 시간은 이른 아침이다. 우리 대부분이 잠자리에서 나오는 것을 좋아해서가 아니고, 바로 하루 중 이때가 우리가 정말로 훼방 받지 않는 때요, 당신이 사람들과 만나기 전에 하나님과 친교하기에 가장 적합한 때이기 때문이다.

_ 엘리자베쓰 엘리엇 「훈련, 그 즐거운 포기」

0826 히 3:12-19

가나안에 들어가려면

할렐루야 사랑하는 성도 여러분!

천국에 가는 길은 험난하고 고난을 이겨야하는 길이지만 우리가 하나님 아버지를 뵐 때의 영광은 하나님을 모르는 사람들은 경험할 수 없는 축복이요, 시간적으로는 영원한 안식을 누리는 것입니다. 그러므로 오늘 예배하는 여러분 모두는 영원한 축복의 땅 가나안에 들어가시는 축복을 누리시기를 주의 이름으로 축원합니다.

몇 년 전 어떤 사람이 미국을 가기 위해 인천공항을 갔다가 되돌아 왔습니다. 그 이유는 비자기간이 지난 걸 몰랐기 때문입니다. 얼마나 당황스럽고 기분이 나빴겠습니까? 여러분 미국은 언제든지 비자를 다시 받으면 갈 수 있지만 천국은 가고 싶다고 아무 때나 갈 수 있는 곳이 아닙니다. 한 번 기회를 놓치면 다시 가기 어려운 곳이 바로 천국입니다.

그러므로 첫째, 예배의 성공자가 되시기 바랍니다.

인생의 성공자가 되고 신앙의 성공자가 되려면 예배에 성공해야 됩니다. 그래서 예배는 최선을 다해 준비된 예배를 드려야 합니다. 가나안 땅은 하나님이 주시겠다고 약속한 땅입니다. 그러면 왜 믿는 사람들은 가나안 땅에 들어가야 합니까? 하나님의 백성은 하나님이 주신 땅에서 살아야하기 때문에 애굽 땅, 세상 땅에서 그들을 이끌어 내신 것입니다. 그러나 문제는 애굽에서는 모두가 탈출했지만 가나안 땅에는 모두가 들어간 것이 아니란 것입니다.

둘째, 가나안 땅에 들어가지 못한 사람들은 반드시 그 원인이 있습니다. 오늘 본문을 보면 가나안 땅에 들어가지 못한 사람이 많았고 들어가지 못한 이유는 무엇인지 잘 말해주고 있습니다.

① 마음이 강퍅한 사람은 못 들어갑니다.

② 하나님을 시험했던 사람들은 못 들어갑니다.

③ 유혹에 넘어가면 못 들어갑니다.

④ 믿지 않으면 못 들어갑니다.

⑤ 불순종하면 못 들어갑니다.

셋째, 그러므로 누가 들어갑니까?

오늘 본문은 견고히 잡으라고 말씀하고 있습니다. 믿음이 견고하면 비바람이 불어도 시험이 닥쳐와도 흔들리지 않습니다. 우리가 예수를 믿는 것은 잘 먹고, 잘 입고, 잘 살기 위해서가 아닙니다. 영원한 가나안인 천국에 들어가려면 흔들리면 안 됩니다. 힘들고 어려워도 믿음을 잘 지키시기 바랍니다. 오늘 여러분 모두 영원한 가나안 땅에 들어가기까지 믿음을 잘 지키고 예수님만 의지하고 사시는 복된 성도들이 다 되시기를 주의 이름으로 축원합니다.

0827
하나님께 영광을

"아버지여, 아버지의 이름을 영광스럽게 하옵소서"(요한복음 12:28)

요한 세바스찬 바하는 완성된 작품에 'AMDG'라는 머리글자를 썼다. 이 머리글자는 Ad Majorem Dei Gloria 라는 라틴어의 약자인데, 풀이하면 '오직 하나님 한 분의 크신 영광을 위해'라는 뜻이다.

마더 테레사는 우리가 원하는 것이 아닌 하나님께서 원하시는 것으로 우리의 기도가 바뀌어야 한다고 자주 말하였다. 요한복음 12장에는 예수님께서 기도의 방향을 더 자세히 가르치고 있다. 하나님께 '이 문제에서 나를 구원하옵기를' 혹은 '이 혼동/걱정/불안에서 나를 건져 주옵기를' 요청하는 대신에, 예수님은 이런 상황에 빠졌을 때 '당신의 이름을 영광스럽게 하옵소서'라고 하나님께 간구하라고 가르치신다. 하나님의 목소리가 하늘로부터 울려 퍼지고 하나님이 실제로 영광 받으시겠다는 것을 약속했을 때, 어떤 이들은 천둥소리를 들었고, 어떤 이들은 천사의 음성을 들었다. 그대의 인생에서 예기치 못한 변화가 생기고 그대가 책임감으로 압박 받으면, 그대는 그대 귀에서 시끄러운 천둥소리가 울리는 소리를 듣는가? 아니면 그대에게 하나님을 찬양할 기회를 마련해 주는 천사의 목소리를 듣는가?

_ 레너드 스위트 「영혼의 카페에서 커피 한잔」

"다음부터는..." 이라고 말하는 사람은 성공할 수 없다

0828
잘 가꿔진 정원

"네 이웃 사랑하기를 네 자신 같이하라" (갈라디아서 5:14)

커피를 함께 마실 친구를 초대하라

· 좋은 책(성경)을 읽음으로써 우울함을 없애보라.
· 그대를 불행하게 만드는 것의 목록을 적어보라. 그리고
  그것을 하나님께 기도해 보라.
· 그대가 행복해 하는 것들의 목록을 만들어 보라. 그리
  고 하나님을 찬양하라.
· 딱 이번 한번만이라는 생각으로, 사정이 허락하는 한도
  를 넘어 돈과 시간을 써보라. 다른 사람을 위해서.
· 그대 일생의 특별한 두 사람을 초청하라. 그리고 그대
  의 사랑을 표현하라.
· 최소한 한 가지 선행을 베풀어라. 익명으로.
· 싫은 일 한 가지를 완성해 보라. 다른 사람을 위해서.
· 스스로를 용서하라. 그리고 다른 사람들도.
· 커피를 함께 마실 친구를 초대하라. 그리고 함께 기도
  하라.
· 미소를 지어라. 낯선 이에게.
· 그대의 옷장을 정리하라. 그리고 그대의 우선권의 순서
  로 정리해 보라. 하나님 우선으로.

이러한 사고와 행동은 더욱 풍요롭게 인생길을 걸어가기
위한 디딤돌이다. 이것은 황금률(주: Golden Rule : 마태복
음 7:12의 산상수훈 중 1절)을 확장한 것이다. 하나님은 그
대의 곁에 계신다.

_ 쥰 매스터스 배쳐 「평온한 마음」

303

0829
마음의 우선순위

"너희 중 누구든지 으뜸이 되고자 하는 자는 모든 사람의 종이 되어야 하리라"(마가복음 10:44)

소비를 지향하는 사회의 시끄러운 요구에 반해, 하나님 말씀이 오히려 가끔 불합리하게 보일 때가 있다. 세상은 우리에게 "받아라, 받아라, 받아라"라고 부추긴다. 그리스도는 오셔서 "주라, 주라, 주라"고 말씀하신다. 세상은, 행복이란 섹스에서 스파게티에 이르기까지 모든 사물에 있다고 말한다. 그리스도는 오셔서 하나님을 알아야 우리가 평온을 얻는다고 말씀하신다. 세상은, 큰 명성과 재산으로 성공했음을 보여 주고, 사람들을 감동시키라고 말한다. 그리스도는 오셔서 우리들 중 가장 큰 자는 기꺼이 종이 되려고 하는 자, 그리고 종이 될 준비가 된 자라고 말씀하신다.

어느 쪽이 참일까? 정답은 어디에 있을까? 우리에게 주어진 모든 고난의 한가운데에서, 우리가 진정 하나님을 위해 결실과 열매를 맺을 수 있을까?

우리의 마음은 어디에 있는가? 물질인가 아니며 그리스도에 있는가? 우리의 애정은 어디에 있는가? 재산인가 아니면 하나님께 있는가?

우리의 우선권은 어디에 있는가? 탐욕일까 아니면 하나님의 은혜로운 성령이 이끄시는 대로 따르겠는가?

_ 필립 켈러 「큰 정원사이신 하나님은 영혼의 열매를 보신다」

Note.

강한 믿음은 외적 격려가 없어도 하나님의 말씀에 대해 계속 반응하는 믿음이다

0830
단순한 삶

"어떠한 형편에든지 나는 자족하기를 배웠나니" (빌립보서 4:11)

Note.

행복은 하나님처럼 사랑하는 것이요 하나님처럼 주는 것이다

당신이 하나님을 기쁘게 하고 건강한 내면의 세계를 유지하기 위한 삶을 영위하면, 당신은 삶이 점점 더 통합되는 것을 발견하게 된다. 무슨 일이나 다하고 모든 사람들의 비위를 맞추려고 하면서 이리저리 뛰어 다니는 대신에, 분리된다는 느낌을 갖지 말고 하루하루의 도전을 차분히 직시해 보라. 그러면 결정을 내리기가 훨씬 더 쉽다는 것을 깨닫게 된다. 왜냐하면 삶의 중심은 한가지 일, 즉 먼저 '하나님의 나라와 그의 의' (마태복음 6:33)를 구하는 것에 있기 때문이다.

동시에 삶은 단순화된다. 단순화된 삶은 이 바쁘고 복잡한 세상을 살아가는 데 반드시 필요한 것이다. 한때 매우 중요하게 느껴졌던 활동들도 사소하게 보인다. 그리고 우리가 어리석게도 소유해야만 했던 재산조차 정말 필요한 것이 아님을 알게 된다. 내면의 세계를 고양시키고 그리스도를 찬미하는 삶을 영위하면, 당신의 가치관은 변하며, 당신의 우선권 역시 변화된다.

_ 워렌 W. 위어스비 「하나님의 자녀되기」

0831
새로운 시작

"범사에 기한이 있고 천하 만사가 다 때가 있나니"(전도서 3:1)

'끝'은 바로 우리가 출발하는 그 장소다. 60년대 말에 '오늘은 우리 남은 인생의 첫날이다'라는 문구가 씌어진 어떤 유명한 포스터가 있었다. 우리들 중 냉소가들은 '어제는 당신 인생의 전반부의 끝이다'라고 그 문구를 수정해서 읽기도 했다.

모든 것은 당신의 시각에 달려 있다. 그러나 당신이 변화를 가망성이나 위협으로 보든지 간에, 실상 삶은 늘 변화한다는 것이다. 다른 사람과의 관계가 더 가깝게 되던가, 아니면 아예 끊어져 버리기도 한다. 몇 주 혹 몇 달간의 달콤한 신혼여행은, 결혼생활이 요구하는 희로애락이 얽힌 언약의 세월에 자리를 내 주어야 한다. 자식들은 자라고, 반항하고, 나름대로의 인격을 형성한다. 새끼 고양이는 커서 어미 고양이가 된다. 차고에 칠해진 페인트는 벗겨지기 시작한다.

세상만사는 변한다. 그리고 영적인 삶에서도, 우리가 하나님과 친교를 이루면서 지혜로운 성장을 계속하기를 원한다면 우리는 변화를 수용할 자세를 가져야 한다. 우리는 끝을 새로운 시작이라고 보는 법을 알아야 할 필요가 있다.

_ 페넬로피 J. 스토욱스 「믿음, 보이지 않는 것들의 실상」

할 수 있는 한 가장 훌륭한 인생을 만들어라. 인생은 짧고 곧 지나가기 때문이다

0901
우리의 행복을 위한 하나님의 계획

"우리 구원의 하나님이시여 … 주께서 의를 따라 엄위하신 일로 우리에게 응답하시리이다"(시편65:5)

Note.

짧은 인생은 시간의 낭비로 인해 더 짧아진다

당신은 하나님의 사랑을 위해 모든 것을 포기할 수 있는가? 우리 자신을 모두 내주라는 요구가 과중하다고 생각된다면 그것은 하나님, 그분에 대한 우리의 생각이 깊지 못하기 때문이다. 우리는 진정 그분을 본 적이 없다. 우리는 그를 시험해 본 적도 없으며 그가 얼마나 선한지도 모른다.

이런 무지함 때문에 우리는 머뭇거리며 의구심을 떨쳐버리지 못한 채 그에게 접근한다. 그가 얼마나 우리의 재미거리를 망쳐 놓을 작정을 할지, 그가 얼마나 많은 것을 우리에게서 요구할지, 그와 화해하기까지 우리가 얼마나 많은 대가를 치러야 할지 우리는 모른다.

만약 그의 자애와 온화한 자비와 부성애, 그리고 관용과 우리를 위한 아름다운 계획에 대해 조금이라도 생각해 본다면, 그리고 우리가 돌아보기를 그가 얼마나 참고 기다리는지, 얼마나 온화하게 우리를 푸른 초원과 조용한 물가로 인도하려고 하는지, 얼마나 배려 깊게 우리를 위한 터전을 준비하고 있는지, 얼마나 끊임없이 우리의 행복을 위한 원대한 계획을 세우고 정하고 실행하고 있는지를 우리가 안다면, 그리고 우리가 이 모든 것을 어렴풋이나마 알고 있다면, 우리가 망가진 민들레꽃이든 아니면, 땀이 밴 아기의 작은 손안에 꼭 움켜쥔 것들이라도 그냥 지나쳐 버릴 수 있겠는가?

_ 엘리자베쓰 엘리엇 「외로운 길」

0902 잠 17:22
마음에 즐거움을 갖고 사는 사람

할렐루야 사랑하는 성도 여러분!

여러분은 매 순간 주님과 동행하며 행복하게 사십니까? 여러분이 행복한 삶을 영위하는 복된 성도들이 다 되시기 바랍니다. 성도는 마음에 즐거움을 가지고 사는 것이 중요합니다. 여러분 주위에 인생을 즐겁게 사는 사람들이 몇 명이나 있습니까? 이 세상에는 마음에 즐거움이 가득차서 즐겁게 사는 사람이 그렇게 많지 않습니다. 그러나 하나님은 우리에게 참된 기쁨과 즐거움과 축복을 주십니다.

여러분, 인생을 즐겁게 사십시오. 주님을 만남으로 즐겁고 복된 인생을 살아가시기를 축원합니다. 그러면 마음에 즐거움을 가지고 사는 인생에게 어떠한 축복이 주어집니까?

첫째, 마음의 즐거움은 고독을 치료하는 양약입니다.

세상 사람들은 불안해하고, 두려워하지만 하나님을 믿고 의지하는 사람들에게는 기쁨이 넘쳐납니다. 하나님은 위로의 하나님이시며, 사랑과 축복을 베푸시는 하나님이십니다. 그러므로 외롭고 고독한 사람, 형통하고, 성공하고, 번영하기를 원하는 사람은 하나님께 나아오시기 바랍니다. 하나님께서 우리에게 구원의 손길을 베푸시고, 위로자가 되어 주실 것입니다. 그러므로 빨리 문제와 어려운 환경 속에서 벗어나시기 바랍니다.

둘째, 마음의 즐거움은 근심을 치료하는 양약입니다.

근심에서 벗어나 마음에 즐거움이 넘치면 인생을 행복하게 살 수 있습니다. 근심에서 벗어나 마음에 즐거움이 넘치면 행복한 인생을 살 수 있습니다.

그러면 근심이 많은 이유는 무엇입니까? 별로 큰 일이 없어서, 사람들이 너무 편안해서, 결단력이 없어서입니다.

그러면 이 근심을 이기는 방법이 뭡니까? 하나님께 기도할 때, 말씀을 읽고 묵상할 때, 하나님의 일을 감당할 때입니다.

셋째, 마음의 즐거움은 시련과 고난을 치료하는 양약입니다.

성도들은 항상 예수님의 십자가 고난을 생각하며 살아가야 합니다. 아무리 힘들고 어려운 일이 있다 해도 주님이 십자가에서 당하신 고난만큼이야 힘들겠습니까? 주님의 십자가를 바라보며 인내하고 용기를 갖고 나아갈 때 오히려 시련이 큰 축복이 될 수 있습니다. 그러므로 하나님을 믿고 기도하여 기적을 체험하는 복된 성도들이 다 되시기 바랍니다.

사랑하는 성도 여러분, 마음에 즐거움을 가져서 고독과 근심과 고난에서 치료되고 축복 받는 성도들이 다 되시기를 주의 이름으로 축원합니다.

0903
매일 매일을 주님과 함께

"무슨 일을 하든지 마음을 다하여 주께 하듯 하고"(골로새서 3:23)

내 시어머님은 평생을 열심히 일하셨다. 그녀는 참으로 영리하고 재능 있는 여성이었다. 그녀는 간호사가 되기를 원했으나, 아버지의 말씀대로 가족들을 위해 가사를 돌보았다. 여성의 위치는 가정에 있는 것이라는 아버지의 충고를 따랐던 것이다. 자신이 갖고 있던 많은 재능을 제대로 발휘할 기회를 결코 가질 수 없었지만, 그녀는 하루하루를 마치 인생에 있어서 제일 중요한 날처럼 살았고 그녀에게 부과된 모든 일들을 이루어 나갔다. 그녀의 주님은 진실로 가사일을 중히 여기시는 '그릇과 냄비의 주님'이었다!

그녀가 마치 예수님이 신으려고 하는 것인 양 구두를 닦고, 예수님이 머무르러 오시는 양 잠자리를 만들고, 구주께서 잠시 휴식을 취하려고 장미 옆 작은 벤치에 앉아 계시려는 양 예쁜 영국식 정원을 손질하시던 모습을 기억하고 있다. 그녀는 전시 식량 배급소라는 딱지가 붙은 그 영국식 빵집도 예수님이 오후 차를 드시려고 오시는 양 마련했으며, 자동차를 몰 때도 주님이 명예로운 승객인 양 운전했다. 시어머니 자신을 위한 날은 하루도 없었다. 오로지 신의 날만이 있었던 것이다.

_ 질 브리스코우「심금을 울리는 이야기」

자연은 절대로 우리를 속이지 않는다. 우리를 속이는 것은 언제나 우리 자신이다

0904
우리 생각들의 모양새

"모든 지각에 뛰어난 하나님의 평강이 그리스도 예수 안에서
너희 마음과 생각을 지키시리라"(빌립보서 4:7)

검정 수공 자수품은 흰 린넨 위에 검정 비단 실을 사용해서 그 이름이 생겼다. 이 자수는 일정한 형태가 계속 반복되어서, 완성품은 마치 철을 단련해서 만든 화려한 대문의 모양을 닮기도 한다. 이 실 자수는 오래 전부터 시작된 것이지만, 검정색과 흰색을 기하학적 형태로 사용하기 때문에 그 모습은 아주 현대적으로 보인다. 이중 뜸(홀바인 뜸)으로 자수가 완성되면, 양면을 다 쓸 수 있는 자수품이 된다.

당신도 알다시피, 우리 마음은 검정 자수에 사용되는 배경 면과 같다. 그것은 어떤 식으로든지 채워져야 한다. 우리에게는 매일 선택이 주어진다. 우리 마음을 다가오는 부정적인 메시지 위에 거하게 할 것인가, 또는 사랑스럽고, 순수하고, 명예롭고, 훌륭하고, 찬양할 만한 유익한 것을 생각할 것인가?

_ 구웬 엘리스「주님을 본받아」

0905
마음속에 희망 심기

"소망이 더디 이루어지면 그것이 마음을 상하게 하거니와 소원이 이루어지는 것은 곧 생명나무니라"(잠언 13:12)

Note.

봉사하는 손이 기도하는
입술보다 더 성스럽다

예수님이 시몬에게 바위를 뜻하는 '베드로' 라는 이름을 주셨을 때, 그 분은 베드로의 가치만을 보여 주는 단어를 사용하신 것이 아니었다. 그분은 당신의 제자를 위해 놀랄 만한 미래를 예견하시기도 한 것이었다. 우리도 사랑하는 사람들에게 밝은 내일을 기약해 줌으로써 이와 같은 일을 행할 수 있다.

"하나님은 너에게 대단히 다정다감한 심성을 주셨다. 나는 네가 자라서 많은 사람들을 돕는다 해도 놀라지 않겠다."

"너는 대단한 상상력을 갖고 있단다. 너는 위대한 예술가나 작가가 될 수 있을 거야."

"당신의 작업과 사람을 다루는 기술에 감탄했습니다. 당신이 원한다면, 언젠가 이 조직의 최고가 될 수 있을 거예요."

어린이든 어른이든 그들을 위한 특별한 미래를 보여 주는 이런 말들을 들으면, 그들은 바로 그러한 미래를 향해서 나아가기 시작한다. 사랑하는 사람을 위해 특별한 미래를 보여 주는 것이 그들의 삶을 형성하는 데, 왜 그렇게 대단한 힘을 발휘하는가?

한 가지 이유는 인간은 희망 없이 살도록 만들어진 존재가 아니기 때문이다. 특별한 미래를 그려 보는 것은 사람의 마음 속 깊이 희망을 심어 주는 한 가지 방법이다.

_ 게리 스몰리 & 존 트렌트 「축복의 말」

0906

변화하는 삶

"두려워하지 말며 놀라지 말라 네가 어디로 가든지 네 하나님 여호와가 너와 함께 하느니라"(여호수아 1:9)

Note.

친절한 말은 상대를 아름 답고, 부드럽고, 침착하 게 그리고 편안하게 만든 다

그 날 밤 제자들은 아무것도 잡지 못했다. 그들은 물고기 한 마리도 잡지 못했지만, 그 이유를 알지 못했다. 그들이 피 곤하고, 낙담한 모습으로 해변으로 향하는 것을 지켜보며, 예수님은 해변에 서 계셨다.

예수께서 계속 바라보다가, 질문을 던졌다. "무엇 좀 잡았 소?". 그들은 그가 예수님인지 몰랐다. 투덜거리는 사람들 에게 다른 곳에서 그물을 던져보라고 권하셨다. 무슨 이유 때문인지, 너무 지쳐 있어서 따지고 싶지 않았던지, 또는 너 무 자포자기해서 무언가 다른 일을 바래서인지 그들은 이 낯선 사람의 충고를 받아들였다. 결과는? 누구도 상상할 수 없는 일이 벌어졌다. 성공은 베드로와 다른 제자들이 예수 님의 말씀을 따랐을 때 찾아왔던 것이다. 그들은 예전보다 많은 고기를 잡았으며, 더욱이 그물이 그렇게 많은 고기를 지탱한 것을 알고 놀라워했다.

제자들이 그물이 고기로 가득 차서 배 위로 끌어당길 수 없을 정도가 되었을 때야 비로소 예수님을 알아 본 사실을 주목해보라. 마침내, 한 제자가 베드로에게 말했다. "주님이 시다!" 예수님은 당신의 말씀이나 당신의 모습, 당신의 목소 리에 의해서 인식되지 않으셨다. 예수님은 다른 사람들의 삶에 미친 당신의 영향력에 의해 인정 받으셨다.

_ 레너드 스위트 「영혼의 카페에서 커피 한잔」

313

0907
만족의 자유

"소망을…오직 우리에게 모든 것을 후히 주사 누리게 하시는 하나님께 두며"(디모데전서 6:17)

우리는 우리를 억누르는 많은 의무들을 이행하려고 필사적으로 애쓰면서 이곳저곳 정신없이 뛰어다닌다. 우리는 사업상 약속과 가족에 대한 의무 사이에서 갈팡질팡 한다. 자식과 배우자의 욕구에 부응하려고 바쁠 때에는, 직장의 요구를 경시하고 죄의식을 느낀다. 분망한 직장의 일을 따를 때에는 가족을 실망시킬까봐 두려워한다. 드문 경우지만 가정과 직장의 일들이 원만히 처리되고 있을 때에는, 국가와 세계의 더 큰 문제들이 도움을 달라고 괴롭게 속삭인다.

단순한 삶을 꼭 필요로 하는 사람이 있다면, 그건 다름 아닌 우리들이다. 무엇이 우리에게 떠맡겨진 이런 변함없는 소용돌이로부터 자유롭게 해 줄 수 있는가? 대답은 크리스천의 단순한 삶이라는 은혜 속에서 발견된다. 이 미덕은, 우리 생활 속에 일단 제대로 뿌리를 내리면, 우리 삶의 요구들을 통합해 준다. 그런 미덕은 큰 소리를 내지 않고 적재적소에 불필요한 것을 없애주고 잘 다듬어 준다.

단순함이 놀라운 이유는 우리에게 만족을 줄 수 있다는 것이다. 당신은 이것이 진정한 자유라는 것을 이해하는가? 만족 속에서 산다는 것은 우리가 지위 경쟁과 그에 필연적으로 이어지는 미칠 듯한 속도에서 벗어날 수 있음을 의미한다. 우리는 "좀 더 좀 더 좀 더"라고 외치는 광기에 대해 "아니오!"라고 외칠 수 있는 것이다.

_ 리처드 J. 포스터 「단순한 삶의 자유」

Note.

햇빛을 많이 받을수록, 그리고 그것에 견딜수록 단풍은 아름답게 물들어 간다

0908
사랑과 믿음 배우기

"너는 범사에 그를 인정하라 그리하면 네 길을 지도하시리라"
(잠언 3:6)

Note.

최고의 불행은 실패한 것
이 아니라 하려고 하지
않는 것이다

   예수님의 일생에 걸친 모든 사건은 순종의 길이었다. 그러한 자세는 사랑과 믿음으로부터 생겨났다. 그는 예루살렘으로 향하기를 굳게 결심했다. 그는 자신의 의지로 십자가를 지셨다. 아무도 그분으로부터 그분의 목숨을 가져갈 수는 없었다. 그분 스스로 자신의 목숨을 내놓으셨다. 그분은 우리에게 우리의 십자가를 지라고 요구하신다. 그것은 항복이나 포기와는 다른 것이다. 그것은 그분과 함께 하는 여정에서 우리가 직면하는 상황에 기꺼이 자발적으로 순종함을 뜻한다. 왜냐하면 그런 상황은 예수님이 우리와 공유하고 싶어하시는 것이기 때문이다. 예수님의 사건들은 하나님 의지의 성사(聖事), 즉 눈에 보이지 않는 진실을 보여 주는 징표들이다. 예수님의 성서의 사건들은 우리가 사랑하고 믿는 법을 배울 수 있는 터전을 제공해 준다.

   궁극적인 해답이 없는 상황 속에서, 우리는 두 가지 선택을 한다" 그 첫 번째는 그런 상황을 하나님이 우리를 축복하기 위한 현명하신 사랑의 선택으로 받아들인다(믿음). 또 다른 하나는 하나님의 무관심이나 소홀함, 하나님의 부재의 증거로 원망해 버리고 마는 것이다.

   _ 엘리자베쓰 엘리엇 「외로운 길」

0909

히6:19

영혼의 닻 같아서

할렐루야 사랑하는 성도 여러분!

항구에 정박한 배가 닻에 연결된 힘으로 비바람에 휩쓸려 가지 않고 평안하게 쉼을 얻을 수 있는 것처럼 여러분도 인생의 닻을 주님께 내려 소망의 인생을 살기를 주의 이름으로 축원합니다.

첫째, 우리가 이 소망을 가지고 있는 것은?

바다는 언제 어디서 거센 풍랑이 불어닥칠지 모르고, 잔잔하였던 파도가 거센 파도로 돌변할지 모릅니다. 항해에는 항상 위험이 따르고, 위기를 맞게 마련입니다. 이 세상 역시 바다와 같습니다. 우리는 무엇 하나 확실한 게 없는 불확실한 시대에 살고 있습니다. 그러나 하나님의 약속의 말씀을 절대적으로 신뢰하며 살아가야 합니다.

하나님께서 아브라함에게 약속하신 축복을 내려 주신 것처럼 여러분도 믿음으로 확신의 소망을 가지고 살다가 축복을 받으시기 바랍니다. 하나님을 믿고 신뢰하면 하나님이 책임져 주십니다. 하나님께 소망을 두어 모든 일에 형통하시기를 주의 이름으로 축원합니다.

둘째, 우리의 삶에 소망이 필요한 것은 영혼의 닻과 같기 때문입니다. 불확실한 시대에 우리가 굳건히 붙잡아야 할 영혼의 닻은 희망입니다. 왜냐하면 우리의 희망은 하나님의 약속에 근거하기 때문입니다. 이 닻만 있으면 안전을 걱정할 필요가 없습니다. 소망의 닻을 주님께 내리십시오. 주님께서 여러분의 인생의 배를 붙들어 주시므로 어떠한 환란과 풍파 속에서도 파선 되지 않도록 지키시고, 보호하시고, 붙들어 주실 것입니다.

셋째, 닻은 배가 요동치지 않게 하지만 목적지까지 안전하게 운행하는 역할은 하지 못합니다. 단지 태풍이나 위험을 피하기 위한 소극적인 역할을 할 뿐입니다. 그러나 인생의 항로에서 희망은 영혼의 안전한 정박에 기여할 뿐 아니라 우리의 영혼을 휘장 안으로 인도하여 들어가게 하는 역할을 합니다.

사랑하는 성도 여러분, 폭풍 가운데 배가 닻을 붙잡고 있는 것이 아니라 닻이 배를 붙잡고 있는 것입니다. 다시 말해서 주님이 내 영혼을 붙잡고 있는 것입니다. 그러기에 여러분은 안전을 염려할 필요가 없습니다. 인생의 닻을 하나님께 던져 맵시다. 사업의 닻, 가정의 닻, 직장의 닻을 튼튼하고 견고한 주님께 내리므로 하나님이 계시는 휘장 안으로 넉넉히 들어갈 수 있기를 주의 이름으로 축원합니다.

0910
사랑을 필요로 하는 우리들

"그 때에 이리가 어린 양과 함께 살며 표범이 어린 염소와 함께 누우며 송아지와 어린 사자와 살진 짐승이 함께 있어 어린 아이에게 끌리며"(이사야 11:6)

왜 나뭇잎들은 색깔이 변할까? 매해 9월, 풍성한 가을 정취로 교실이 출렁일 때면 어린이들이 던지는 질문이다.

사실, 나는 눈부신 나뭇잎이 간직한 신비로움을 발견했을 때 애들 못지않게 놀랐다. 그렇게 아무도 흉내 낼 수 없는 색깔이 줄곧, 심지어 나뭇잎들이 6월의 녹색이었을 때에도 나뭇잎에 내재해 있었다는 것은 믿기 어려웠다. 색깔이 변하는 이유는 가을의 짧아진 일광 시간 때문이라고들 한다.

때로는 천천히, 때로는 극적으로, 엽록체가 사라지면서 가을의 색조가 보이기 시작한다. 내게 아름다운 마음의 눈을 뜨게 해 준 한 아이의 말을 결코 잊지 못할 것이다. "나무들도 우리와 같은가 봐요. 나무들이 변하기 위해서는 빛이 필요해요. 우리는 사랑이 필요하고요."

세상에! 나는 이 어린아이의 말을 잊지 말아야 한다고 생각했다. 얼마나 많은, 정말로 얼마나 많은 색깔이 다른 사람들의 내면에 묻혀 있을까—하나님이 내게 행하도록 하신 것처럼 내가 다른 사람에게 사랑을 베풀지 않으면 결코 보지 못할 아름다움이.

_ 준 매스터스 배쳐 「여성을 위한 고요한 순간들」

Note.

회란 포착하면 눈부신 열매를 맺고 소홀히 여기면 사라져 버리는 것이다

0911
한 땀 한 땀이 다 중요하다

"대대로 주께서 행하시는 일을 크게 찬양하며 주의 능한 일을 선포하리로다"(시편 145:4)

Note.

오늘 주어진 상황을 어떻게 처리하느냐에 따라 그 사람의 운명은 결정되어 간다

뜨개질의 역사는 오래 되었다. 9세기에 아일랜드 여성들은 아랑 스웨터—'어부들의 스웨터'를 떴었다. 그 당시 어부들의 스웨터는 조악하고 무겁지만, 거의 방수가 되는 옷이었다. 오늘날의 아랑 스웨터는(아일랜드에서는 '겨시'라고 함) 훨씬 더 부드러운데, 이는 빗속에서 입을 게 아니라 따뜻함을 위해 입혀지기 때문이다. 이 옷의 모든 밧줄무늬와 격자무늬에는 다 이유가 있다. 모든 땀은 무엇인가를 상징하고 아일랜드 생활의 다음 일면을 묘사하고 있다. 밧줄무늬는 어부들의 로프를 나타내고, 격자무늬는 아일랜드의 마을과 집의 돌벽을 나타낸다. 마을마다 특유의 무늬가 있었다. 그래서 옛날에는 바다에서 실종되었다가 발견된 어부들은 그 무늬 때문에 쉽게 신원이 확인되었다.

기독교인으로서, 우리는 예수님의 지체로서 '강력한 사랑의 끈'으로 '함께 짜여져' 있다(골로새서 2:2). 지체의 모든 요소들은 한 땀 한 땀이 모두 뜨개질의 통일성에 필수적이듯, 꼭 필요한 것들이다. 하나님이 보시기에, 모든 연결 고리들은 다 소중한 것이다.

_ 구웬 엘리스 「주님을 본받아」

0912
모험의 속삭임

"여호와는 나의 빛이요 나의 구원이시니 내가 누구를 두려워하리요"(시편 27:1)

Note.

인생에는 자연 그대로의 것과 경이로운 것이 있다. 그것을 추구하라. 그것을 찾아 나서라. 그것을 얻기 위해서는 다른 것을 버릴 수 있어야 한다. 안일한 삶을 위해 정착해 있고, 죄책감을 느끼지 않기 위해 동류의식을 갖게 하는 자들의 한심한 소리에 귀를 기울이지 말아라. 당신의 목표는 오래 사는 것이 아니라, 참다운 삶을 사는 것이다.

예수님은 선택은 분명하다고 말씀하신다. 한쪽에는 안전의 속삭임이 있다. 당신은 난로에 불을 지피고, 실내에 머물며, 따뜻하고 무미건조하게 있으면서 당신이 시도하지 않은 일을 간구하고 있다. 그렇지 않은가? 당신은 서지 않으면 결코 넘어질 수 없다. 그렇지 않은가? 당신이 오르지 않으면 결코 균형을 잃을 리 없다. 그렇지 않은가? 그러니, 시도하지 않고 안전한 길을 가려는 무사 안일한 삶의 방식이 있다.

간혹 당신은 모험의 속삭임을 들을 수 있다. 하나님의 모험, 난로에 불을 지피는 대신, 당신의 마음속에 불을 지펴라. 하나님의 격려를 따르라. 어린이를 입양하라. 해외로 나가라. 남들을 가르쳐라. 직업을 바꿔보라. 공직에 출마하라. 안일한 현실에 안주하지 마라. 분명 이런 것들은 위험성이 뒤따르기는 한다. 그러면 진정 무엇이 참된 삶이란 말인가?

_ 맥쓰 루카도 「주님은 아직도 기적을 행하신다」

당신 스스로가 문제해결에 참여하지 않으면 당신 자신은 문제의 일부가 되고 말 것이다

0913
하나님께 전달되는 자애로운 행동

"너희가 여기 내 형제 중에 지극히 작은 자 하나에게 한 것이 곧 내게 한 것이니라" (마태복음 25:40)

Note.

한 줄기의 샘물이 깊고
굳은 땅을 굽이굽이 헤치
고서 땅 위로 솟아나오듯
어려움을 참고 견디는 힘
이야말로 우리의 생활을
더욱 빛나게 한다

"우리가 선을 행하되 낙심하지 말지니 포기하지 아니하면 때가 이르매 거두리라" (갈라디아서 6:9)라는 간청을 단지 선교사업이나 홍수 때 여러 생명을 구하는 훌륭한 행동만을 가리키는 것은 아니다. 이것은 다른 사람에게 봉사한다는 사실감을 주는 작은 일들을 하는 순간순간에 우리를 지치거나 피곤하지 않게 해 달라는 뜻이다.

우리는 목마른 어린이에게 물 한잔을 주거나, 나이 드신 할머니께 죽 한 공기를 드리거나, 양로원의 어떤 이에게 장미꽃을 보내거나, 사무실을 청소하는 지친 잡역부에게 위로의 말을 건네는 것에 싫증을 느끼면 안 된다. 죄악에 가득 찬 일에 몰두하는 데 자유롭지 말라는 말은 단지 난잡한 성적인 죄악을 일컫는 것이 아니라, 같은 집 또는 같은 거리에 살고 있는 타인을 무시하고 자신만의 방종한 삶에 빠지지 말라는 뜻이다.

매일 우리는 사랑하는 마음으로 정말로 봉사할 누군가를 찾아야 한다. 이런 식으로 살아야만 우리들의 자애로운 행동이 바로 주님께 전달될 수 있는 것을 기억해야 한다.

_ 에디쓰 쉐퍼 「정상적인 크리스천의 삶」

0914
이타적인 사랑의 행위

"자녀들아 우리가 말과 혀로만 사랑하지 말고 행함과 진실함
으로 하자"(요한일서 3:18)

Note.

한 마디의 친절한 말이
한 겨울을 따뜻하게 할
수 있다

사랑은 의지의 행위이다. 지루해도 다른 사람의 이야기를
잘 들어주는 일, 심하게 표현된 불평을 듣고도 묵묵히 참고
삭이는 자세, 연로하신 할머니가 사사로운 논쟁에서 이기도
록 해드리는 너그러움, 배우자가 늘 하던 이야기를 또다시
꺼내는 것을 끝까지 들어 주는 배려심…. 사랑은 이러저런
이타적인 행위를 시작하기에 앞서서 좋은 느낌이 들 때를
기다리는 것이 아니라, 우리가 설사 불평이 있다 하더라도
어떤 식으로 행동하겠다는 결정이다.

만약 예수님께서 우리에게 일러주신대로 사람들을 사랑
해야 한다면, 그러면 우리는 기꺼이… 장벽을 넘어서서 세
상을 다른 관점에서 보면 어떤지를 알아야 한다. 다른 사람
들의 경우를 이해한다면 원한이 증발해버리고 증오가 맥없
이 사라지는 경우가 허다하다. 누군가를 사랑한다는 것은
자기 자신의 시점에서가 아니라, 상대방의 관점에서 복잡하
게 뒤엉킨 개인적인 문제의 실타래를 풀어주는 과정과 같
다. 누군가를 사랑한다는 것은 우리 자신의 욕구를 미결의
상태로 두는 것을 뜻한다. 이러한 일은 끈기, 친절, 희망, 참
을성을 무엇보다 필요로 한다. 고린도전서 13장을 참조해
보라.

_ 레슬리 윌리엄스 「보다 저급한 신들의 유혹」

0915
잘 가꿔진 정원

"하나님의 떡은 하늘에서 내려 세상에 생명을 주는 것이니라"
(요한 6:33)

Note.

용서를 모르는 사람은 자
신이 건너가야 할 다리를
파괴하는 사람과 같다

예수 그리스도의 죽음은 우리에게 생명을 주었다. 하나님의 아들이 자신을 기꺼이 죄인들의 손에 맡김으로써 인류에게 보내 주신 선물이 되었다. 자비가 깨져버린 이 세상을 구원하는 양식이 되신 것이다. 이렇게 사상 유례없이 벌어진 가장 잘못된 일이 사상 가장 훌륭한 일이 되었다.

이런 일은 우리들에게도 일어날 수 있다. 예수님의 십자가에서는 우리들의 십자가가 하나님의 선물로 변한다. 우리를 창조하시고, 우리에게 구애하시어, 우리를 그분의 신부로 만드시고, 우리를 위해 그분 생명을 버리시고, 자비와 온정으로 매일 우리에게 보답하시는 그 크신 사랑은, 어떤 모습으로 보이든 간에, 결코, 우리를 버리지 않을 것이다. '나는 결코(그리스어는 다섯 개의 서로 다른 부정어를 갖고 있다.), 결코, 결코, 결코, 결코 너희를 떠나지 않을 것이며 저버리지도 않을 것이다.' [히브리서 13:5] 그분은 사람들에게 몹쓸 병을 주시지 않으시며, 어린 아이가 기형으로 태어나게 하지 않으시고, 또 남편과 아내가 이혼하도록 방치하지 않으신다.

이런 것들은 인간들의 불복종에서 생긴 악인 것이다. 우리에게는 언제나 선택의 자유가 있으며, 그로 인한 결과는 선택의 자유 못지않게 냉혹하다. 그러나 하나님의 사랑은 여하한 상황에서도 그대로이다.

_ 엘리자베쓰 엘리엇 「외로운 길」

323

0916 왕하 2:19-22
인생의 근원을 고치시는 하나님

할렐루야 사랑하는 성도 여러분!

여러분의 가정과 삶이 날마다 평안하고, 축복이 넘치기를 바랍니다. 이제 날씨도 제법 쌀쌀해졌습니다. 하나님 앞에 여러분의 신앙을 점검해 보시고 주님과의 관계가 영적으로 더 뜨거워지는 복된 성도들이 다 되시기를 주의 이름으로 축원합니다.

모든 일에는 원인이 있고 근원이 있습니다. 그냥 까닭 없이 일이 생겨나지 않습니다. 오늘 본문에 엘리사가 여리고 지방에 갔을 때 지역주민들이 엘리사를 찾아와 "이 땅은 경치도 좋고 살기도 좋지만 물이 나빠서 열매가 결실을 맺지 못하고 떨어진다"고 하소연 합니다. 그 말을 들은 엘리사는 새 그릇에 소금을 담아오라고 합니다. 그리고 주민들이 가지고 온 소금을 여리고 샘의 근원이 되는 곳에 뿌렸습니다. 그러자 모든 문제가 해결 되고 농사도 잘 되는 역사가 일어납니다. 오늘 본문을 통해 우리에게 주시는 하나님의 말씀은 무엇인지 말씀을 깊이 묵상하므로 승리하여 축복받고 쓰임 받는 복된 성도들이 다 되시기를 축원합니다.

첫째, 문제를 발견해야 한다는 것입니다. 사람이 밥은 40일이나 금식을 해도 살 수 있지만 물은 마시지 않으면 죽고 맙니다. 여리고는 물의 근원에 문제가 있었고 그것을 발견하였기에 해결의 길을 찾을 수 있었습니다. 물이라고 다 마실 수 있는 생수가 아닌 것입니다. 우리의 영원한 생수는 예수 그리스도십니다. 생명수인 예수가 있어야 해결 받는 삶을 살 수 있는 것입니다.

둘째, 엘리사는 세 가지 처방을 내렸습니다. 새 그릇에 소금을 담아 오라고 합니다. 소금을 물의 근원에 던졌습니다. 그러자 하나님이 고치셨습니다. 우리는 치료받아야 할 사람이지 치료자가 아닙니다. 하나님만이 고치고 치료할 수 있는 것입니다.

셋째는 좋은 결과를 얻었다는 것입니다. 근원인 물을 고치니까 토질이 좋아졌고, 토질이 좋아지니까 좋은 열매를 거둘 수 있게 된 것입니다. 세상이 주는 축복은 수명이 짧습니다. 그러나 하나님이 주시는 축복은 수명이 영원한 것입니다. 하나님은 지금도 우리의 질병을 치료하시고, 삐걱거리는 가정도, 병든 정치도, 삭막해진 인간관계도, 상한 심령도 고치시고, 병든 영혼도 치료하십니다.

여리고의 절망적인 물 근원을 고치신 주님이 우리의 잘못된 근원들도 고쳐 주십니다. 삶의 근원과 근본을 고쳐 주십니다. 그러므로 살아계신 하나님께 모든 것을 맡겨서 문제 해결 받고, 고침 받는 복된 성도 들이 다 되시기를 주의 이름으로 축원합니다.

0917
엉겅퀴 홀씨 쫓아가기

"입을 지키는 자는 자기의 생명을 보존한다" (잠언 13:3)

당신은 바람에 날아가는 엉겅퀴 홀씨를 쫓아가 본 적이 있는가? 물론, 어렸을 때는 그랬겠지만, 내 말뜻은 당신이 어른이 되고 나서의 일을 얘기하는 것이다. 우리들 중에는 아직도 엉겅퀴 홀씨를 많은 시간 쫓아 다녀야만 하는 사람들이 있다. 사실인지는 확실히 모르지만, 너무 유익해서 기꺼이 말하고 싶은 옛날이야기가 있다.

옛날 한 여성이 남의 험담을 해왔다고 사제에서 고해성사를 했다. 그러나 놀랍게도 그 사제는 그녀에게 씨앗을 맺은 엉겅퀴 머리 부분을 가져다 그 씨앗을 바람에 날려버리고, 자신에게 돌아오라고 지시했다. 그녀는 이상한 지시를 의아해 하면서도 사제의 말대로 하였다. 그러나 그녀의 고행은 단지 시작에 불과했다. 왜냐하면 그녀가 사제에서 돌아왔을 때, 사제는 그녀의 잘못을 용서하기는커녕, 이렇게 말했던 것이다. "엉겅퀴 홀씨들이 당신의 쓸데없는 말들처럼 흩어져 있소. 딸이여, 가서 그 홀씨를 다시 주워 모아 보시오!"

_ 로라 잉걸스 와일더 「구원의 은총」

Note.

자기를 돕는 자가 하나님 이라는 사실을 깨닫는 사람은 절대로 실망하지 않는다

0918
하나님의 세계에 속하는 여성

"능력과 존귀로 옷을 삼고 후일을 웃으며"(잠언 31:25)

Note.

비장한 생각을 하기 때문
에 참된 용기가 생기고,
남을 앞지르지 않기 때문
에 존경을 받게 된다

　　구약 성서의 잠언 편에 묘사된 것을 갖춘 여성은, 세속의 세상에서 실제적인 일에 종사한 인물이다. 그녀가 하나님을 사랑하고 경배하면서도 실을 짜서 아름다운 천을 만든 여인임은 의심의 여지가 없다. 세속의 용구를 만드는 것이 영혼과 무슨 관계가 있을까? 그러나 그녀는 여성의 직분을 수행했으므로 찬미 받는다.

　　누구나 실을 짜거나, 실을 잣거나, 뜨개질하거나, 바느질하는 법을 알고 있는 것은 아니다. 어떤 이들은 직접 곡물을 갈아서 만든 가루로 빵을 만든다. 이렇게 빵을 만드는 것은 영적인 행위다. 그것은 세속의 음식으로 사람들을 배부르게 먹이기 위해 행해지는 일이다!

　　가족에게 양식과 보금자리, 옷을 제공하고, 다른 이들과 함께 나누기 위한 일들은 모두 결국 주님께 순종하는 것이다. 그것은 주님을 찬양하는 것과 별개의 일이 아니라, 종신토록 하나님을 찬양하는 중요한 일면일 것이다.

_ 에디쓰 쉐퍼 「정상적인 크리스천의 삶」

0919
황금률을 따르는 생활방식

"그가 내 안에, 내가 그 안에 거하면 사람이 열매를 많이 맺나니"(요한 15:5)

당신은 당신의 가족, 교회, 지역사회, 일터에 영향을 끼치고 싶은가? 당신은 당신의 배우자, 가족 친구(크리스천이든 아니든), 직장의 누군가의 삶에 영향을 주고 싶은가? 주님의 특성을 나타내 보여라.

낮게 나는 비행기에서 복음 책자들을 떨어뜨리거나, 집 위에 밝게 빛나는 빨간색 20평방 피트짜리 '예수님이 구원하신다' 라는 깃발을 게양할 필요는 없다. 당신의 자동차에 물고기 모양의 상징물을 붙이고 다니거나, 시청에 가서 사회의 모든 악행에 대해 꾸짖고 사납게 말할 필요도 없다.

단지 그리스도의 산상수훈 중 황금률(무엇이든지 남에게 대접을 받고자 하는 대로 너희도 남을 대접하라)의 말씀에 포함된 주님 메시지의 정수를 취해서 그것을 지키며 살아라. 아침부터 밤까지, 날이면 날마다, 매주, 달이 오고 달이 가고, 봄, 여름, 가을, 그리고 겨울. 예언자 미카가 말한 바대로 정의롭게 행동하라. 자비를 사랑하고, 겸손하게 살아라. 당신은 이런 단순한 믿음의 생활양식이 끼치게 될 변화와 결과에 놀라게 될 것이다.

_ 챨스 R. 스윈돌 「단순한 믿음」

사랑한다는 것은 둘이 서로 마주보는 것이 아니고 함께 같은 방향을 쳐다보는 것이다

0920
하나님 안에서 제일 가는 기쁨 찾기

"너는 여호와를 기다릴지어다 강하고 담대하며 여호와를 기다릴지어다"(시편 27:14)

한나에 대해 이야기해 보자. 그녀에게는 신앙심 깊은 남편 엘카나가 있었는데, 둘째 부인 페니아보다 그녀를 더 사랑했다. 그러나 한나는 그런 남편의 사랑보다도 모성애 속에서 기쁨을 찾으려고 했다. 안타깝게도 그녀가 이룰 수 없는 모성애….

한나가 자신의 갈망을 하나님의 손길에 맡기고 나서야 비로소 그녀의 영혼은 자유로이 춤추기 시작했다. 성경에 이르기를, '그녀의 얼굴은 더 이상 낙심한 얼굴이 아니었다.'(사무엘상1:18). 하나님께 모든 것을 맡긴 후에, 한나는 자신이 소망하는 바의 응답을 받았고, 어린 사무엘이 태어났다. 그때 한나는 영혼으로 음악을 작곡했었다!

그녀가 그 보배로운 아이를 성전으로 데려가서, 그 아이를 제사장의 가르침 하에서 성장케 할 것이라는 자신의 맹세를 하나님과 엘리에게 드리면서 불렀던 노래의 기록이 있다. '내 가슴은 주님 안에서 행복하도다.' (사무엘상 2:11) 그리고 그녀는 아마도 이렇게 덧붙였으리라, "내가 처한 상황 속에서가 아니라!" 여성의 기쁨은 주님 안에, 주님과의 관계 안에 있는 것이다.

_ 질 브리스코우 「심금을 울리는 이야기」

0921
하나님께 드리는 향기

"너희가 그가 의로우신 줄을 알면 의를 행하는 자마다 그에게서 난 줄을 알리라" (요한일서 2:29)

내가 십대였을 때, 누군가가 녹색 바탕에 금박이 입혀진 플로렌스 접시를 주었는데, 나는 향수병들을 그 위에 모으기 시작했다. 지금의 그 접시는 꼭대기에 온갖 형태의 모양, 크기, 향기를 지닌 병들로 채워진 채로 내 찻장을 장식하고 있다. 나는 이것을 내 기억의 접시라고 부른다. 왜냐하면 아무 향수나 향기를 맡아 보면 거기에 관한 시절이 되살아나기 때문이다. 예를 들면, 폴로향을 살짝 한번 뿌리기만 해도 비가 너무 많이 와서 곰팡이가 벽에 끼기 시작했던 오스틴에서의 여름이 생각나고 야들리향은 웨일즈의 성들과 우리가 들렀던 작은 카페를 떠올려 준다.

우리들 각자는, 확인할 수 있는 독특한 자신만의 어떤 것, 즉— '당신다운 것'과 '나만의 것'—다시 말하면, 자신만의 본질을 갖고 있다. 좀체 사라지지 않는 특별한 내음처럼, 우리들의 본질은, 예를 들면, 울적할 때 훈훈한 정감을 담긴 편지를 보내오는 친구에게서 빛을 발한다. "그런 모습은 정말 메리 답지 않아."라는 우리들의 이야기 속에서 우리들의 본질이 빛을 발하는 것이다.

본질과 존재는 수태(受胎)의 순간에 하나님께서 우리에게 주시는 것이다. 첫 울음소리와 더불어 우리에게 존재가 부여된다. 이 본질은 우리가 그분을 주님으로 따르기를 결정할 때, 그 분께 되돌려 드리는 것이다.

_ 레슬리 윌리엄스 「보다 저급한 신들의 유혹」

사람은 생각이나 행동을 통하여서 삶을 만들어가는 것이다

0922
믿음이 있는 순응

"여호와를 신뢰하는 자에게는 인자하심이 두르리로다"(시편 32:10)

Note.

아버지의 권위는 자녀들
의 정신적 기둥이 된다

주님은 나의 목자이시다. 그분은 우리가 기꺼이 모든 것을 맡기면(장비나 행로조차도) 모든 것을 보살필 수 있지만, 우리가 그분 말씀의 뜻한 바를 믿지 않으면, 모든 것을 그분께 맡기려고 하지 않는다. 이런 질문들을 수긍하는 것은 믿음이 있다는 증거다. 그것은 순종의 시작이다. 양떼는 목자를 믿으며, 그의 발자취를 따라간다.

그러나 헐거운 긴 옷과 지팡이, 양떼들, 작은 산골짜기로 난 바위 길, 어두운 계곡, 조용한 못이 있는 풀밭과 어우러진 동방 목자의 모습은 우리의 삶으로부터 너무나 멀리 떨어져 있어 보인다. 그런 이유로 다른 나라나 다른 시대의 낭만처럼 보이는 것이다. 우리는 시골, 도시와 교외에 살고 있다. 우리들의 하루하루는 숫양, 암양, 새끼 양을 괴롭히는 것들과는 동떨어진 곤란한 일들로 가득 차 있다. 우리는 일상적인 하루의 수많은 결정들을 그럭저럭 해 나가고 있는 것이다.

그러나 풀밭의 하나님은 만방의 하나님인 것을 잊지 말라. 그분은 교외나 도심지에 대해서도 환히 알고 계신다. 우리가 어디에 있든, 우리가 무엇에 대해 걱정하든, 그분은 우리와 관련된 그 무엇을 몰라 허둥대는 일이 없다. 그분은 지금 우리 머릿속의 모든 것을 작은 부분까지도 알고 계신다.

_ 엘리자베쓰 엘리엇 「우리를 인도하시는 하나님」

0923 시50:14-15
감사로 제사를 드려라

할렐루야 사랑하는 성도 여러분.

여러분은 매사에 감사하는 신앙인의 본 모습을 가지고 살아가시기 바랍니다. 감사하는 사람은 모든 것을 긍정적으로 생각하기에 얼굴 표정이 밝고, 마음속에 기쁨이 넘치고, 만족이 있습니다. 그래서 성공적인 인생을 살아갑니다. 감사는 우리 인생의 방향을 결정할 만큼 중요한 부분을 차지합니다. 그러므로 어린 자녀들에게도 어려서부터 감사를 배우며 살아가도록 잘 가르쳐야 합니다.

첫째, 하나님께 감사로 제사를 드리라고 말씀하십니다.

오늘 본문 시편 50:14에서 말씀하고 있는 것처럼 예배드리는 이 시간도 감사함으로 드려야 하나님이 받으시고 구원해 주시는 것입니다. 다니엘 16:10과 살전 5:18에 감사야말로 흑자 인생을 살게 한다고 말씀하고 있습니다. 하나님은 감사하는 사람에게 은혜를 베푸시고 축복을 베푸신 다는 것을 믿으시기 바랍니다.

둘째, 지극히 높으신 자에게 네 서원을 갚으라고 했습니다.

인생을 살면서 어떤 위기와 고난에 처해 있을 때, 하나님의 구원과 보호, 성공과 축복을 바라고 간구하면서 기도에 응답해 주시면 감사

의 예물을 드리겠다고 약속하며 서원하는 것입니다. 그래서 하나님
은 서원 예물을 받으신다고 성경은 말하고 있습니다. 바로 오늘이
여러분이 서원한 것을 하나님께 드리는 날이 되어서 하나님의 더 큰
축복과 은혜를 받을 수 있기를 축원합니다.

셋째, 환난 날에 부르면 건져주시겠다고 말씀하셨습니다.
하나님께 도움을 구하는 사람은 구하는 대로 다 받을 수 있습니다.
주의 약속의 말씀을 기억하며 하나님을 찾는 성도들이 다 되어서 건
짐받는 축복의 사람들이 다 되시기를 축복합니다.

넷째, 하나님을 영화롭게 한다고 했습니다.
우리가 감사할 때 하나님은 영광을 받으십니다. 하나님을 영화롭
게 하는 자는 자녀가 번성하고, 모든 어려움과 문제에서 구원을 받
고, 성령과 함께 거하는 축복을 받습니다. 그러므로 하나님 앞에 최
선을 다하여 힘껏 드릴 때, 하나님은 차고 넘치는 축복으로 우리에
게 부어 주실 것입니다. 최선을 다하여 몸과 마음과 물질을 드려서
감사하는 복된 절기가 되시기를 주의 이름으로 축원합니다.

0924
상처를 치유하시는 하나님

"내가 그들에게 한 마음을 주고 그 속에 새 영을 주며"(에스겔 11:19)

나의 할머니께서는 한 필의 천으로 스커트나 드레스를 만드실 때, 천을 자르기 전에 항상 작은 조각을 잘라 내셨다. 이런 조각들은 반드시 필요한 것이라고, 내게 말씀하셨다.

"왜요, 할머니?"

"왜냐하면," 하나님는 말씀하시곤 하셨다. "그것들은 눈물을 치유해 주지, 색상을 배치하는 것을 도와주고, 아플리케(자수의 일종)를 밝게 해 주고, 그리고는 누비이불을 만들 때 쓰여진단다."

나는 할머니의 대답을 조금은 이해할 수 있었다. 그녀가 눈물(tears)과 찢어진 틈(tears)을 똑같이 발음했기 때문에, 눈물이라는 말이 나를 당황스럽게 했다. 나중에 할머니께서 양쪽 다 의미했음을 알게 되었다. 사랑은 찢어진 틈새(tears)를 고칠 수도 있으며, 누비이불과 더불어 전해져 내려오는 슬프고, 기쁜 추억들을 치유할 수도 있다.

하나님도 비슷한 계획을 활용하시는 것 같다. 항상… 하나님은 그분 백성의 생존자를 지켜 주셨다. 그리고 당신이 선택하신 소수에게 성소를 마련해 주셨다. 결국, 하나님의 계획은 살아남은 작은 자투리를 이어 모아 잘못을 고치고, 상처를 치유하고, 마침내 당신의 관대함과 자비로 엮어진 덮개로 만드는 것이었다.

_ 쥰 매스터스 배쳐 「평온한 마음」

0925
하나님의 의지에 순종하기

"뒤에 있는 것은 잊어버리고 앞에 있는 것을 잡으려고… 달려가노라"(빌립보서 3:13-14)

Note.

우리가 어둠의 깊은 골짜기를 지날 때 비로소 신앙의 본질을 발견하게 된다

좋아요, 아빠. 만약 이것이 하나님의 의지라면, 그분이 나에게 말씀해 주셔야만 해요. '엄마'는 구약 성서의 사사기에 나오는 인물 기드온이 양털 가죽을 주님 앞에 내놓고 약속했듯이, 하나님 뜻을 따르겠다고 결심하셨다. "만약 누군가가 아무런 표시나 광고 없이도 이 집을 사러 온다면, 그리고 바로 그 사람이 내가 1달러를 주고 산 빨간색 리놀륨 마루깔개를 사고 싶어 한다면, 그것이 당신의 뜻인지 알겠나이다. 틀림없이 그렇게 하겠나이다."

집의 매매가 거의 없던 터라, 엄마는 아무도 그 작은 집을 보러 오지 않을 것이라고 확신하셨다. 그녀는 조바심을 내지 않았다.

"실례합니다" 인상이 좋아 보이는 숙녀가 꽃을 보며 엄마에게 말을 걸면서 현관에 서 있었다. "저는 이 집을 막 지나가던 참이었어요. 파실 생각은 있으신가요?"

"아니, 아니오." 엄마가 대답했다. "나는 결코 이 집을 팔 수 없어요." "참 아름다운 리놀륨 깔개네요." 미소 짓고 있는 숙녀가 연이어서 말했다. "저 리놀륨을 내게 파실래요? 저는 항상 빨간 것을 원했거든요!"

엄마는 양손을 풀을 먹여 빳빳한 앞치마 위에다 조용히 포갰다. 그녀가 결심할 때인 것이었다. "그래요, 이 집과 빨간 리놀륨을 팔겠어요."

엄마는 미소 짓고 있는 숙녀에게 그러겠다고 말했다. 마음속으로 엄마는 하나님의 뜻에 순종했던 것이었다.

_ 마가렛 젠슨 「커피 한잔의 여유」

0926
부드럽게 결실을 맺는

"나 여호와는 포도원지기가 됨이여 때때로 물을 주며 밤낮으로 간수하여 아무든지 이를 해치지 못하게 하리로다"(이사야 27:3)

크리스천의 경험에 의하면, 과수원이나 정원의 과일 생산은, 요란한 팡파르와 소음이나 허풍을 계속 늘어놓는 것과는 다르다. 봄 햇살의 자극으로 조그만 새싹이 틀 때부터, 늦가을의 봄날 같은 화창한 하늘 아래, 완전한 성장을 한 과실이 될 때까지, 전 과정은 조용하고, 평온하고, 착실하게 진행된다. 내면에 계시면서 그리스도에게로 성장과 순종을 보장해 주는 것은 바로 하나님의 성령이다.

그렇게 부드럽고, 그렇게 차근차근히 훌륭한 정원사이신 하나님의 작업이 행해지기 때문에 우리 자신은 우리의 인격과 우리의 대화, 우리의 행위 속에서 일어나는 변화를 알지 못한다. 그러나 우리 주위의 다른 사람들은 알고 있다. 그들은 변화를 주목할 것이고, 우리 삶 속에서 여무는 성령의 숙성한 과실을 알게 될 것이다. 그리고 이런 사실로 그들은 이 땅의 정원이 예수님의 지배를 받는다는 것을 알게 된다.

_ 필립 켈러 「큰 정원사이신 하나님은 영혼의 열매를 보신다」

Note.

당신의 팔 안에 하나님이 계시다고 느낄 수 없을 때, 당신이 하나님의 팔 안에 있음을 믿으라

0927
고운 마음씨냐, 일회용 당근이냐?

"그에게 감사하며 그의 이름을 송축할지어다"(시편 100:4)

Note.

하나님이 영원 전부터 우리를 사랑하셨다면, 앞으로 영원히 우리를 사랑하실 것이다

만점짜리 노르만식 록웰 추수 감사절 정찬을 준비할 수 있을까? 개인적으로 나는 이 일이 불가능하다고 생각한다. 그럼에도 불구하고 매년, 수백만 명이 완벽을 기하려고 시장에 우글거린다. 우리는 칠면조가 생고기인지 냉동인지를 자세히 살핀다. 고구마 냄새를 맡아 보기도하고 콩을 꺾어 보기도 한다.

'추수감사절'이 오면, 우리는 동트기 전에 일어난다. 할일이 태산같다. 기름으로 볶아 끓이고, 버터나 양념 즙 바르기, 짓이기고 잘게 다지기, 껍데기 벗기고 부수기, 부엌에서 어슬렁거리는 사람들은 조심해야 한다!

오븐과 스토브를 달구어서, 모든 요리가 적당하게, 따끈따끈하게 나올 수 있도록 신중하게 움직인다. 가장 훌륭한 도기그릇을 펼쳐 놓으면, 우리는 수수한 식당의 식탁을 금방이라도 진수성찬을 맞이할 듯한 예술 작품으로 변화시킨다. 그리고 나면 필연적인 일이 발생한다. 30분만 지나면, 여러 날 걸려 마련한 걸작품이 찌꺼기와 더러운 접시 더미로 변해 버린다. 갑자기 그 날이 지나가 버렸다는 생각이 떠오르고, 우리가 서로에게 하는 말은 고작 "저것 건드리지 마세요." 그리고 "이제 부엌에서 나가세요, 모두 다!"정도이다. 이런 광경을 지켜 보면서 우리는 생각한다. 완벽한 식사가 오늘 가장 중요한 일은 아니었을지도 모른다고….

_ 브라이스 클라분드 「신비한 것의 천명」

0928
나란히 걷기

"사람이 친구를 위하여 자기 목숨을 버리면 이보다 더 큰 사랑이 없나니"(요한복음 15:13)

복음서에 의하면, 예수님은 도시와 마을, 주변 시골에서 그의 청중이 되기 위해 모인 사람들을 육체적으로 만나셨고, 정신적으로도 그들과 만나셨다. 그분은 울고 있는 여성이 연고와 눈물로 자신의 발을 닦게 하셨고 설교를 하시기 전 대중을 치료하셨고 그들의 불안한 영혼을 위로하셨다. 그분은 그들에게 육체적 자양분을 주셨다. 그분은 측은히 여기셔서 죽은 자를 일으키셨다. 예수님은 끊임없이 시종일관 다른 이들을 슬픔, 죄악, 질병과 절망의 수렁 속에서 들어 올리셨다. 그분은 결코 격식을 차린 적이 없었으며, 사람들과 함께, 그들 발길 가는 대로 어디든지 나란히 걸으셨다. 다시 말하자면, 그분은 그들을 사랑하셨던 것이다.

성경이 하나님을 '사랑'으로, 그리고 우리를 하나님의 형상대로 창조된 존재로 정의할 때, 이것은 우리에게 대단히 중요한 어떤 것을 일깨워 준다. 사랑은 관계를 의미한다. 하나님은 우리를 관계 속에 있도록 만드셨다. 예수님이 남자와 여자를 그의 제자라고 부르셨을 때, 그분은 그들에게 똑같은 과업, 즉 주변 세상과 고립되어 있지 말 것을 요구하셨다.

예수 그리스도의 제자로 태어남은 대항도, 단절도, 폐쇄도 아니라, 그분과 함께 나란히 걷는 삶을 말한다.

— 레너드 스위트 「영혼의 카페에서 커피 한잔」

Note.

우리는 인생의 모든 일에서 하나님의 손안에 거하며 그분의 발걸음에 우리 자신을 맞춰야 한다

0929
인생의 계절

"여호와의 진실하심이 영원함이로다"(시편 117:2)

하나님은 절대로 고통을
낭비하시지 않는다

인생은 계절을 갖고 있다. 봄은 시작이다―유아시절, 어린 시절, 청소년기, 우리는 보다 성숙한 발걸음으로 걸어가기까지는 손을 잡아 주어야만 한다. 여름이 뒤따른다―우리들의 20대와 30대, 그리고 중년이 오고, 덜 반가운 친구인 가을이 도착해 버린다. 마지막으로 새하얀 겨울 세계가 온다―우리 노년이 고향 집(죽음)까지 동반한다. 각 계절은 나름대로 특별한 축복과 문제들을 갖고 있다.

봄은 재미있고 자유로우며, 새롭고 흥미진진하다. 밝고 신선하며, 우리를 약간 들뜨게 만든다. 여름은 우리가 견실해지도록 도와준다. 우리의 실수들이 더 나은 선택을 하도록 도움을 준다. 가을에는 여름을 회상하고, 이따금씩 봄을 그리워한다. 봄과 여름에 형성된 인격의 색상들이 가을 낙엽처럼 우리가 사랑하는 사람들의 오솔길에 나부낀다.

그러면 겨울이 다가온다. 때때로, 노년은 따뜻하고 안락하다. 우리는 밖으로 나가기를 원치 않는다. 우리는 따뜻하고 오래된 스웨터처럼 우리의 남은 세월을 감싸고 마침내 편안함을 느낀다. 또 어떤 때는, 밖으로 뛰어나가 철모르는 어린아이처럼 눈 속에서 유쾌하게 뛰놀기도 한다. '모든 것을 위한 때'가 있는 법이다.

_ 질 브리스코우 「하나님과 나만의 시간」

0930
요6:1-11

감사의 기적

할렐루야 사랑하는 성도 여러분!

사람이 자신의 힘과 노력으로 자신의 인생을 엮어가는 것 같지만, 하나님의 도우심이 없이는 인생을 성공할 수 없습니다. 하나님 없이 결정짓는 모든 삶은 후회하기 마련입니다. 그래서 우리는 먼저 하나님을 만나고, 사람을 만나고, 그 다음 사업을 만나는 인생을 살아가야 합니다. 하나님을 만나는 인생, 그 인생이 인생 광야에서 기적을 만나고, 성공할 수 있는 것입니다.

첫째, 광야의 기적은 현재 있는 것을 주님께 드릴 때 일어납니다.

우리는 흔히 기적은 하늘에서 떨어지는 것으로 착각하며 살지만 모두 우리 자신의 손으로부터 이뤄진다는 사실입니다. 한 어린아이가 가지고 있던 보리떡 다섯 개와 물고기 두 마리가 광야의 기적을 일으킨 것처럼, 하나님께서는 먼저 네 손에 있는 것을 가지고 나오라고 말씀하십니다. 다시 말해 네 손에 있는 것이 믿음이라는 것입니다. 그러므로 현재 있는 것을 감사함으로 주님 손에 맡기는 것에서부터 광야의 기적은 시작 되는 것입니다.

둘째, 광야의 기적은 감사함으로 일어나는 것입니다.

하나님 앞에 감사하십시오. 기적이 일어날 것입니다. 감사는 또 다른 감사를 낳습니다. 지금 여러분에게 작은 것이라도 감사하는 믿음이 있다면 그 감사 위에 기적적인 축복이 임할 것입니다.

셋째, 광야의 기적은 내 것을 감사함으로 나눠줄 때 일어났습니다.

세상 사람들은 모든 것을 쌓아 두려고 합니다. 거기에 심령도 썩고, 물질도 썩고, 부패가 일어나는 것입니다. 하나님의 나라는 그렇지 않습니다. 자연의 원리도 세포가 분열을 일으켜 엄청난 속도로 성장을 하고, 그 수가 기하급수적으로 불어나듯이 기적은 나누는 자에게 임하시는 하나님의 기적입니다. 여러분의 인생에도 나눌 때 더큰 기적의 역사가 일어날 것입니다.

넷째, 광야의 기적은 낭비하지 않는 데서 이루어진다는 것입니다.

낭비는 악한 것입니다. 넘치는 축복을 주셨을지라도 낭비하는 자에게는 거둬 가시는 하나님이십니다. 낭비는 하나님의 뜻이 아닙니다. 낭비하지 마십시오. 낭비의 결과는 인생을 비참하게 만듭니다. 이 시간 주님의 음성을 경고로 받아들이십시오. 여러분에게 남아있는 것을 값지게 쓸 수 있기를 축원합니다.

사랑하는 성도 여러분, 오병이어의 기적은 우리의 삶 속에서 감사할 때 일어난다는 것을 믿으시고 늘 깨어서 감사하여 복된 성도들이 다 되시기를 주의 이름으로 축원합니다.

"여호와께서 너를 지켜

모든 환난을 면하게 하시며

또 네 영혼을 지키시리로다"

(시편 121:7)

성·스·러·운
겨·울

우리 자신의 수면처럼
겨울은 삶을 새로이 자신에게 충전시킨다.
서둘러 행동하는 대신 평온한 안식을 취하는 것이다.
겨울의 평온은 또한 영적인 삶에 부합되는 특징들과 조건들을 불러낸다.
거기엔 '고요함'이 있다.

1001
성스러운 겨울

"여호와께서 너를 지켜 모든 환난을 면하게 하시며 또 네 영혼을 지키시리로다"(시편 121:7)

Note.

추위와 진눈깨비가 신을 찬양한다고 생각하기는 어렵다. 겨울은 우리들에겐 아무런 일도 일어나지 않는 죽어있는 시간처럼 보인다. 우리는 코끝조차 창밖으로 내밀기 싫다. 코를 내민다해도 '삭막한 한겨울'만이 덩그러니 놓여 있음을 느끼게 된다.

이 세상의 창조물들은, 죽음의 겨울로부터 모든 것들을 부활시키기 위해 생명의 원기를 불어 넣어주는 봄의 손길을 갈망한다. 하지만 우리에게 죽음처럼 보이는 것은 단지 깨어남을 전제로 한 수면에 불과하다. 가을의 넉넉함을 만들기 위해 여름철을 수고로이 보낸 땅은 필요한 휴식을 취하고 있다.

우리 자신의 수면처럼 겨울은 삶을 새로이 자신에게 충전시킨다. 서둘러 행동하는 대신 평온한 안식을 취하는 것이다. 겨울의 평온은 또한 영적인 삶에 부합되는 특징들과 조건들을 불러낸다. 거기엔 '고요함'이 있다.

우리가 관심만 보인다면 우리가 이미 알고 있다고 생각하는 것들의 새로운 면을 들추어내고 친근한 것들을 알게 하는 새로운 면이 있다. 그것을 추구하는 이들에겐 '고독'이 함께 한다.

― 데이빗 랜스버거, 「성스러운 겨울」

> 하나님의 평화는 하나님을 향한 마음속 깊은 신뢰다

1002
중심 있는 삶

"주께서 생명의 길을 내게 보이시리니 주의 앞에는 충만한 기쁨이 있고 주의 오른쪽에는 영원한 즐거움이 있나이다"(시편 16:11)

Note.

삶은 생명의 근원이시고
빛이신 하나님과 끊임없
이 나누는 사랑의 친교다

목적을 가지고 사는 것이 한 잔의 커피를 음미하는 한가로운 여유나 자발성을 손상시키지는 않는다. 목적이 있는 삶은, 항상 배불리 먹고자 하는 쥐처럼 험악스럽게 가능한 많은 것을 채워 넣으려고 하는 삶이 아니다. 더욱이 목적 있는 삶을 사는 것은, 하나님이라 할지라도 따를 수밖에 없는 그런 완벽한 글을 쓰는 일과는 다르다.

아무리 세심한 노력을 기울여도 그것은 인간적 한계를 지니는 것이기에 어떤 목표라도 다 실현할 수는 없다. 하나님은 우리가 일을 계획할 때 그에게 의지하고 유연하게 대처하게 하는 자신만의 방법을 가지고 계신다.

결국 '사람이 마음으로 자기의 길을 계획할지라도 그 걸음을 인도하는 자는 여호와시니라(잠언 16:9).' 목적 있는 삶을 사는 것은 소명과 뚜렷한 방향 의식을 가지고 예수님의 삶처럼 사는 것이다. 예수님은 그를 기꺼이 우상적 존재로 만들려고 하는 수많은 추종자들로부터 자신을 구해냈다. 그의 가장 친한 친구들도 그의 사명을 방해할 수 없었다. 그는 이 세상의 한가운데에서 의미로운 삶을 살았다. 그의 눈동자는 십자가에 고정되어 있었다.

_ 스테이시 & 폴라 라인하트, 「영원한 빛 속에 사는 삶」

1003
연민에서 우러나오는 행동

"공의의 열매는 화평이요 공의의 결과는 영원한 평안과 안전이라"(이사야 32:17)

지난 여름 어느 날, 조지아 주의 북쪽 언덕을 따라 두 아이와 하이킹을 하던 중, 나는 바위 언덕에 있는 작은 오두막집에 닿게 되었다. 말뚝 담장 뒤편에서 백발의 산중 여인이 정원에서 일하고 있었다. 우리가 정원의 꽃을 감상하려고 멈추었을 때, 그녀는 그곳에서 내내 혼자 살았다고 말했다.

도시에서만 자란 나의 두 아이는 놀라운 듯이 그녀를 바라보았다. 그중 한 녀석이 '그럼 어떻게 외로움을 달래시나요?'라고 묻자 그녀는 "아, 외로운 기분이 여름철에 찾아들면 나는 한 다발의 꽃을 들고 외딴 곳에 홀로 떨어져 사는 병약한 노인을 찾아가지. 그리고 겨울에는 밖에 나가서 새에게 먹이를 주지." 동정심에서 우러나오는 행동—이것이 외로움을 녹여주는 그녀의 본능적 해독제였다. 그리고 그런 행동은 그녀의 외로움을 삭혀주는 면역제였다.

_ 아써 고든, 「경의로운 손길」

나의 부족함 때문에 하나님의 약속이 무효화되는 일은 결코 없다

1004
생명의 양식

"네 광주리와 떡 반죽 그릇이 복을 받을 것이며 네가 들어와도
복을 받고 나가도 복을 받을 것 이니라"(신명기 28:5-6)

Note.

우리의 문제는 하나님을
향해 우리가 너무 약한
것이 아니라 너무 강하다
는 것이다

　오븐에서 갓 구워낸 빵 냄새 보다 더 절실하게 '가정'이
란 말을 떠올리게 하는 것은 없다. 농부가 밭에서 집으로 돌
아오면 기대감은 열린 문 사이로 퍼져나간다. 증권거래사가
저녁 무렵 높이 솟은 자신의 콘도로 돌아오면 이내 그곳이
옛날 집의 향수를 불러일으키는 변함없는 기적으로 바뀌어
있음을 발견한다… 빵의 향내는 안식처와 성역의 정서를 불
러 일으킨다… 음식의 경이로움은 유태인의 식사기도문인
축복기도문(berakoth)에 잘 나타나 있다: "은총의 야훼, 우
리의 하나님, 온 우주의 왕, 이 땅에 빵을 내려주신 이여."

　이런 식사 전 기도는 예수께서 이 땅위에 생존해 계셨던
당시부터 행해지던 기도였다. 그것은 아마도 그가 매일 규
칙적으로 행했던 축복의 기도일 것이다. 가만히 귀 기울여
보면, 우리는 그의 기도 소리를 들을 수 있다… 빵은 한 세
대에서 다음세대로 전해지는 것이므로 우리는 그가 축복하
는 바로 그 빵의 냄새를 지금도 맡고 있다.

_ 그레고리 포우스트 & 챨스 터너, 「성찬」

1005
무욕의 자유로움

"여호와는 너를 지키시는 이시라 여호와께서 네 오른쪽에서 네 그늘이 되시나니"(시편 121:5)

Note.

우리의 인생은 최고의 가치를 어디에 두느냐에 따라 그 성패가 좌우된다

오늘날 우리는 모든 것들을 하나의 문제로 규정짓도록 길들여져 있다. 한 어린 소녀가 TV 광고에서 말한다. "제 머리카락이 전에는 형편없이 엉겼거든요. 하지만 엄마가 사주신 '엉킴 끝'을 쓰고 부터는 이렇게 더 이상 머리가 엉키지 않게 됐어요!"

삶은 어찌 할 수 없는 일들로 가득하지만, 우리는 그것에 대해 무언가 조치를 취하도록 되어 있다. "예수께서 십자가 고통을 감내하시고 기쁨으로 인해 십자가를 전혀 수치스럽게 여기지 않으셨다." 만약 예수께서 현재 우리의 시대정신에 의해 강요당했다면 누군가 전혀 다른 이야기를 전파했을지도 모른다. "십자가의 고통을 감내하지 마라—그것에 대해 생각하지도, 말하지도 나누지도, 너의 용기를 드러내지도, 너 자신을 직시하지도, 네가 누군지 알아내지도, 문제를 규명하지도, 분석하지도, 조언을 구하지도, 전문가들의 의견을 수렴하지도, 해결점을 논의하지도, 노력하여 문제를 풀려고도 하지 마라." 예수님은 감내하셨다. 그는 모멸감 따위는 전혀 생각하지도 않았다. 그 용기 있는 무욕의 자유, 그리고 신선함은 강한 바람과 같다. 우리의 케케묵은 편견을 휩쓸어 가버릴 그런 바람이 얼마나 절실한가!

_ 엘리자베쓰 엘리엇, 「사랑의 정가표」

1006
세파를 막아라

"여호와여 주께서 우리를 위하여 평강을 베푸시오리니 주께서 우리의 모든 일도 우리를 위하여 이루심이니이다"(이사야 26:12)

Note.

하나님의 은혜와 우리의 평화를 잇는 필수적인 고리는 그분의 자비다

그대는 발목까지 차오르는 바닷물에 서 본 적이 있는가? 파도가 서서히 연이어 밀려와 그대의 발목주변을 씻겨내면서 모래 바닥은 새로운 형태를 이룬다. 그렇게 오래도록 서 있노라면 모래는 그대의 발뿐만 아니라 이내 다리마저도 덮어 버릴 것이다. 그대는 아무것도 할 필요가 없다. 그저 서 있기만 하면 그렇게 된다.

크리스천의 삶도 이와 마찬가지다. 사고하고 생활하는 세속적 규범 속으로 젖어 들어가는 데 있어서 특별히 무언가를 해야 할 필요는 없다. 우리가 살고 있는 세상의 체계란 파도가 밀려오듯이 밀려드는 법이다. 일상의 주변 환경들은 우리 내면의 크리스천적인 삶을 꼬드기고, 조롱하며 삿대질을 한다. 영적인 삶을 풍요롭게 하기 위해 노력을 기울이고 신중하게 처신하지 않으면, 세파는 우리의 신념을 공고히 받쳐주는 기반을 서서히 마모시켜 버린다.

세파의 흐름을 막고, 그 물결의 침식을 이겨내려면 크리스천들은 옷자락을 추커드는 것 이상의 일을 해야만 한다. 우리는 각자 하나님과 함께 하는 시간을 보내야 한다. 하나님과 동떨어진 성스러운 성숙이란 있을 수 없다.

_ 진 플레밍, 「세파의 소용돌이에서 중심찾기」

1007

시18:1-6

다윗의 힘

할렐루야 사랑하는 성도 여러분!

사람들은 이 세상을 살아갈 때, 모두 순탄하고 편안하게 살아가기를 원합니다. 그러나 인생이 내 뜻대로 되지는 않습니다. 살다보면 어려움도 있고 환란과 역경도 있습니다. 그러나 인생이 여러 가지 어려움을 겪게 되면 그 어려움을 통해 성숙한 신앙인격이 형성되는 것입니다. 아름드리 나무가 여름철에 무성하게 자라지만 나무를 단단하고, 튼튼하게 만드는 것은 찬바람이 불고 눈보라가 치는 혹독한 겨울입니다. 마찬가지로 우리 인생도 연단과 시련을 통해서 강한 신앙인으로 성장하는 것입니다. 오늘 본문의 다윗은 파란만장한 그리고 위대한 일생을 살았습니다. 오늘 다윗의 위대한 신앙고백을 통해 은혜 받으시기 바랍니다.

첫째, 다윗은 여호와 하나님이 나의 힘이라고 했습니다.

그는 체구가 작은 사람이었습니다. 그래서 육체적 풍체가 없고, 능력도 재주도 없는 무능한 사람이었습니다. 그러나 인생의 위기를 만날 때마다 나의 힘이 되신 여호와를 믿고 의지하고 기도하면 하나님께서 응답하시고 역사하시는 줄 믿으시기 바랍니다.

둘째, 다윗은 주님을 사랑할 때 힘을 얻었습니다.

이 세상에서 가장 강력한 힘이 있다면 그것은 바로 사랑의 힘입니다. 하나님을 사랑하는 마음을 잃지 마십시오. 하나님이 힘이 되어 주실 때 모든 것이 잘 되고 축복이 됩니다. 여러분 모두 주님을 뜨겁게 사랑함으로 여러분 인생에 힘과 능력이 되시기를 축원합니다.

셋째, 다윗은 하나님을 찬송할 때 힘을 얻었습니다.

하나님은 삶의 목적을 하나님께 두고, 그분께 감사하고 찬송하는 사람에게 힘을 주십니다. 감사와 찬송은 죽음을 생명으로 바꾸는 힘이 있습니다. 감사의 조건을 찾으십시오. 모든 삶의 힘은 감사로부터 나옵니다. 그러므로 감사함으로 힘 있고 능력 있는 성도들이 다 되시기를 축원합니다.

넷째, 다윗은 하나님께 기도할 때 힘을 얻었습니다.

어려운 일이 있을 때, 낙심하지 않고 하나님께 기도하시면 하나님께서 위기를 복 주시는 기회로 바꿔주십니다. 사랑하는 여러분, 여호와를 앙망하는 자가 누굽니까? 하나님을 바라보며, 기도하는 자입니다. 오늘 이 시간 하나님을 의지함으로 문제가 해결 되고, 마음의 소원이 이뤄지며, 병마가 떠나고, 문제가 해결되어 승리하는 복된 성도들이 다 되시기를 축원합니다.

1008
망가진 장난감

"여호와로 인하여 기뻐하는 것이 너희의 힘이니라"(느헤미야 8:10)

Note.

하나님의 칭찬은 이름도 없이, 빛도 없이 섬기는 사람들의 것이다

기다림이란 확실히 인간과 하나님의 관계를 풀어주는 데 엄청난 역할을 한다. 기다림이란 하나님의 권능이 허상이 아니며, 하나님이 간섭도 조작도 하심이 없이, 우리의 기도에 응답해 주신다는 것을 가르쳐 주시는 흔한 방법이다.

그러나 우리는 우리의 의지와 시간표를 접어두는 데 많은 어려움을 겪는다. 우리는 대부분의 시간을 망가진 장남감을 아버지에게 고쳐달라는 아이처럼 행동한다. 아버지는 기꺼이 자식의 장남감을 고치시는 분이다. 그러나 잠시 시간이 지나면 아이의 조바심이 발동한다. 왜 이렇게 오래 걸리지? 결국에는 자포자기가 되어버린 아이는 아버지에게서 장남감을 뺏어들고는 "아버지가 정말로 장남감을 고쳐줄 수 있으리라고 기대하진 않았어."라는 씁쓸한 아픈 말을 남기며 사라져 버린다…

반면 '망가진 장남감'을 '아버지'에게 맡길 수 있을 만큼 그를 신뢰한다면, 우리는 궁극적으로 훌륭하게 고쳐진 것을 돌려 받게 될 뿐만 아니라 놀랄만한 덤의 선물까지 받게 된다. 자기 노력이 중지되어버린 기다림의 기간 동안, 우리의 내면은 경이로운 영적 성장의 불꽃으로 자리 잡는다.

_ 캐써린 마샬, 「기도라는 모험」

1009
믿음의 선물

"여호와를 구하는 자들은 마음이 즐거울지로다" (시편 105:3)

Note.

믿음은 하나님이 우리를 그분께로 이끄시고 우리를 구원하시는 필수 과정이다

믿음은 하나님의 선물이다. 믿음이 없다면 삶 역시, 없는 것이다. 열매를 맺고, 오로지 하나님에게 귀의하며, 가치 있기 위해선 삶 자체가 믿음이어야 한다. 예수께서 말씀하시기를,

"내가 주릴 때에 너희가 먹을 것을 주었고 목마를 때에 마시게 하였고 나그네가 되었을 때 영접하였고 헐벗었을 때에 옷을 입혔고 병들었을 때에 돌보았고 옥에 갇혔을 때에 와서 보았느니라" (마태복음 25:35-36).

모든 우리의 삶은 이러한 말씀에 준한 믿음에서 나와야 하며, 믿음이 부족하다면 그것은 지나친 이기심과 사사로운 탐욕 때문이다. 진실한 믿음을 지니기 위해서는 관용과 사랑을 필요로 한다. 사랑과 믿음은 항상 서로의 부족한 점을 채워준다. 언젠가 어떤 호주 사람이 상당한 액수의 헌금을 내려고 찾아왔다. 헌금을 낸 후 그가 말했다: "이것은 내가 물질적인 것을 내놓는 것입니다. 이제는 내면에 나를 내놓고 싶습니다." 그 후로 그는 언제나 임종하는 이들을 위한 요양원을 찾아가 병자를 씻겨주고 이야기를 나누며 지낸다. 그는 자기의 재산 뿐만 아니라 자신의 시간까지 헌신적으로 사용하고 있는 것이다. 그는 자신만을 위해 여생을 보낼 수 있었음에도 그보다는 남을 위해 자신을 봉헌하는 데 뜻을 둔 것이다.

_ 마더 테레사, 「그리스도의 사랑」

1010
충만하신 하나님 사랑

"의에 주리고 목마른 자는 복이 있나니 그들이 배부를 것임이요"(마태복음 5:6)

Note.

아무리 강한 믿음을 갖더라도 믿음의 대상이 잘못 설정되면 무가치하다

일전에 들은 레오나르도 다빈치에 관한 어떤 일화를 나는 좋아한다. 일화에 따르자면, 아이들이 그를 방문한 날이었다. 그들 중 한 명이 쌓아놓은 캔버스 위에 넘어졌다. 다빈치는 매우 조용하고 예민한 환경에서 그림을 그리고 있었기 때문에 기분이 상했다. 그는 결국 화를 내며 붓을 내던지고는 당황하여 울고 있는 아이에게 심한 욕설을 퍼부었다. 잠시 후에 혼자 남아 다시 예수님의 얼굴을 그리려고 했지만 그릴 수가 없었다. 그의 창의성은 끝나버렸던 것이다. 그때서야 레오나르도 다빈치는 붓을 내려놓고 마을에서 그 작은 아이를 찾으려고 온 길거리와 골목을 헤매었다. 마침내 아이를 만나게 된 다빈치는 "미안하다. 내가 그렇게 심한 말을 하는게 아니었어."

그는 아이를 자신의 화실로 데려왔다. 다빈치의 붓 끝을 따라 예수님의 얼굴이 저절로 형상화되는 모습을 보면서 그들은 미소를 지었다. 그 후로 그 예수님의 얼굴은 수많은 사람들에게 영감을 주게 되었다.

_로벗 슐러, 「행복한 마음가짐」

1011
하나님의 택하심

"여호와는 나의 산업과 나의 잔의 소득이시니 나의 분깃을 지키시나이다"(시편 16:5)

Note.

사랑은 순종의 샘이다. 순종은 사랑의 확실한 소산이요, 열매다

1809년은 행운의 해였다. 물론 당신의 사람들은 그 사실을 알지 못했다. 오로지 역사만이 사실을 알려줄 뿐이다. 1809년을 살았던 사람들은 모두 나폴레옹이 관심이었다. 똑같은 시기에 수많은 아기들이 영국과 미국에서 태어났다. 그런데 나폴레옹이 오스트리아에서 활약하고 있는 동안 그 누가 아기들과 젖병 그리고 아기침대 등에 신경을 썼겠는가?

그렇지만 누군가는 관심을 가졌어야 했다. 왜냐하면 1809년에 리버풀에서 윌리엄 글래드스톤이 태어났기 때문이다. 알프레드 테니슨은 린컨셔에서 자신의 삶을 시작했으며, 올리버 웬델 홈스는 매사츄세츠 주의 캠브리지에서 탄생의 울음소리를 알렸다. 보스톤에서 몇마일 떨어진 곳에서는 에드가 알렌 포우가 짧고 비극적인 삶의 첫발을 내디뎠다. 같은 해에 찰스 로벗 다윈과 로벗 찰스 윈드롭이 태어났으며, 켄터키 주의 한 카운티의 어느 작은 오두막집에서 글을 잘 모르는 목수 부부 사이에서 아브라함 링컨이 탄생하였다. 하나님은 그대의 마을, 도시, 그대의 이웃들을 굽어보시며 자신의 말씀을 전해줄 자녀들을 찾고 계신다. "너희들은 나로 인함이라. 나는 너희가 세상에서 잘 살기를 간구한다. 너희들은 그곳에서 너희 믿음을 드러냈기 때문이니라."

_ 찰스 스윈돌, 「열정과 숙명의 사람, 다윗」

355

1012
아름다운 그대

"여호와께서는 자기 백성을 기뻐하시며 겸손한 자를 구원으로 아름답게 하심이로다"(시편 149:4)

Note.

여인들이 열린 마음으로 주님을 영접한다면 그들의 그늘진 주름살이 펴지고, 근심에 찌든 잔주름들은 사라지게 된다. 그들의 눈동자에는 생기가 감돌고 그들의 표정에는 언제나 환한 빛이 드리워 질 것이다.

주님의 무한하신 사랑으로 그대의 마음을 채울 수 있도록 한다면, 그런 징표는 외모에 드러난다. 그러한 아름다움은 성형수술이나 화장한 얼굴과는 아무런 상관이 없다. 오히려 그것은 겉과 속의 조화를 의미한다. 사랑이 듬뿍 담긴 마음은 기쁨으로 충만한 얼굴을 만들어낸다. 내가 성인이 된 후, 처음으로 교회의 문턱에 발을 내디뎠을 때 나는 기도석을 꽉 채우고 있는 매력적인 여인들의 모습에 놀라움을 금치 못했다. '교인이 되기 위해선 미모가 출중해야 되는가 보다. 아니면 모두들 화장품 회사의 상담원들인가 보다' 라고 나는 생각했다. 얼마 안 되어서 나는 기분 좋은 사실을 알게 되었다.: 내가 보았던 아름다움은 하나님의 선물이라는 사실이다. 몇 시간도 효과가 지속되지 않는 마스카라나 립스틱과는 달리 영적인 아름다움은 영원히 지속되는 것이다.

영적인 아름다움이란, 사실 그대의 내면에서 솟아 나와 호감이 가도록 그대의 겉모습을 변화시킨다. 사람들은 당신이 성형수술을 한 것이라 생각하겠지만, 그대는 단지 믿음의 수술을 한 것일 뿐이다.

_ 리즈 커티스 히그스, 「하나님의 형상을 나타내며」

하나님이 마침표를 찍으신 것을 당신이 물음표로 바꾸지 말라

1013
안식일을 위한 기도

"여호와께서는 모든 넘어지는 자들을 붙드시며 비굴한 자들을 일으키시는도다"(시편145:14)

나는 한밤중에 올리는 기도가 가장 정직하고 진심으로 우러나오는 기도라고 생각한다. 그런 기도는 아주 용감하거나 고귀하고 성스럽지 않아도 마음에서 하나님 귓전으로 곧장 전달된다. 늦은 밤, 지친 몸과 불안한 마음으로 잠자리에 들 때면 우리 일상의 거추장스런 사회적 방어물들도 잠이 든다. 이 고요한 순간에 우리의 가장 은밀한 꿈과 가슴 속 깊숙한 생각까지 알고 계시는 창조주 하나님과 자유로이 교류할 수 있게 된다. 한밤중에 두려움과 근심의 불안한 쳇바퀴 일상을 떨쳐버릴 수가 없을 때, 우리의 입가에서 흘러나오는 '주여 도와주소서' 라는 절박한 한마디는 그 즉시 날개를 달고 어둠 속을 뚫으며 하늘로 날아오른다.

기도는 안식이다. 기도의 실제 내용이 어떠한 것이든 간에 기도 안에서 하나님은 우리에게 자신을 신뢰하고, 자신 안에서 머무를 수 있도록 우리를 평안하게 한다. 기도할 때 우리는 은총의 권좌 앞에 우리의 힘겨운 짐을 거리낌 없이 내려놓게 된다. 우리 자신을 위해 기도하든, 타인을 위해 기도하든 우리는 하나님의 품 안에서 쉴 수 있도록 우리 자신과 타인을 맡겨 놓는다. 우리가 침실에 들어와 문을 닫으면 비로소 우리는 안식의 길로 접어들게 된다.

_해리엇 크로스비, 「가정이랑 불리는 곳」

1014

마 21:18-22; 막 11:11-14

열매 맺는 인생이 됩시다

할렐루야 사랑하는 성도 여러분!

하나님은 우리들에게서 열매를 찾고 계십니다. 하나님의 백성들이 합당한 열매를 맺지 않으면 하나님의 심판이 있을 것이라고 경고하고 계십니다. 하나님이 원하시는 열매는 회개의 열매요, 행위의 열매입니다. 주님은 우리가 열매 있는 그리스도인이 되기를 원하고 계십니다.

주님은 먼저 우리들에게 열매를 원하십니다.

오늘 본문에 나무의 잎은 자신을 위한 것이요, 나무의 열매는 다른 사람을 위한 것인데, 곧 주인, 다시 말해 예수그리스도를 말하는 것입니다. 열매 없는 나무가 저주를 받은 것처럼, 열매 없는 삶도 무서운 저주를 받게 될 것입니다. 신앙의 사람들은 한 때 무성했다가 낙엽처럼 떨어져버리는 인생으로 살아서는 안 됩니다. 아무런 열매가 없는 삶은 죽은 것입니다. 아무리 많은 물질을, 세상 명예를, 권세를 가지고 있어도 주님을 위해 아무것도 하지 않는 것이 저주인 것입니다. 그래서 열매 없는 나무는 존재할 가치가 없는 것입니다.

잎은 열매를 위해 있는 것입니다.

사랑하는 성도 여러분, 잎이 무성하십니까? 무성하다는 것은 다른 사람에 비해 눈에 띈다는 것입니다. 다른 사람보다 높고, 특별한 것을 가졌다 할지라도, 하나님이 원하시는 것은 열매입니다. 하나님께서 여러분에게 잎을 주신 목적은 열매를 맺게 하기 위함입니다. 왜냐하면 잎은 열매를 위해 있는 것이기 때문입니다.

열매 없는 나무는 생명이 없는 것입니다.

요한복음 15:4~5의 말씀은 바로 그것을 증명해 주시는 말씀입니다. 산 믿음과 죽은 믿음이 무엇입니까? 매 순간 회개하고, 열매 맺는 인생을 사는 것이 산 믿음이요, 교회만 왔다 갔다 하는 믿음, 행함도 없고, 열매도 없는 믿음이 죽은 믿음인 것입니다.

인생의 여름이 있습니다. 그러나 인생의 겨울이 오면 아무리 무성한 잎이라도 낙엽처럼 다 떨어지게 되어 있습니다. 여러분은 낙엽 같은 인생을 살지 마십시오. 그러나 열매는 주인이 정성스럽게 거두어 주인의 창고에 들어갑니다. 열매 안에는 씨가 있습니다. 이 씨는 생명을 말하는데, 여러분의 인생도 생명력 있는 열매 맺는 인생이 다 되시기를 주의 이름으로 축원합니다. 주님께서는 열매 없는 나무를 더욱 저주하십니다. 여러분 모두는 저주 받은 성도들이 되시지 마시고, 주님이 기뻐하시는 열매 맺는 복된 성도들이 다 되시기를 주의 이름으로 축원합니다.

1015
나의 신령한 의도를 축복해 주소서

"옛적에 여호와께서 나에게 나타나사 내가 영원한 사랑으로 너를 사랑하기에 인자함으로 너를 이끌었다"(예레미야 31:3)

Note.

주여, 부디 저의 선량한 의도를 축복해 주소서. 저는 제가 해야 할 모든 선한 일들에 대해서 내 자신에게 수많은 약속을 해왔습니다. 손님맞이, 전화걸기, 책 선물, 안부카드와 꽃을 보내는 일 등등….

주께서는 제 가슴이 사랑으로 가득하지만, 한편으로 저의 일상이 얼마나 다른 일들로 복잡한지를 아실 겁니다. 의무, 요구사항, 문제 거리등등. 그래서 이런 저런 일들은 저의 마음에 자리도 잡지 못합니다. 마음 문에 들어선다 하더라도 그것들은 진로가 막히거나 되돌아 나오게 된답니다.

제가 산 안부카드는 없어지거나, 주소가 정확치 않아 제대로 전달되지도 못한답니다. 제가 전화로 용기를 북돋아 주려고 하는 사람들은 통화 중이거나 부재중이지요 외로운 병자를 위해 만든 케이크는 떨어뜨려 부서져 버리거나, 차가 고장나 그의 집까지 가져다 줄 수도 없게 되지요. 주님, 지옥에는 길은 겉만 포장된 성의로 깔려져 있다고들 하지요 하지만 저는 천국에의 길은 진실이 담긴 선의로 깔려 있다고 생각한답니다.

_ 마조리 호움즈, 「주님, 사랑하게 하소서」

성경 말씀은 굳은 마음을 깨고, 부서진 마음을 아물게 한다

1016
하나님이 안 된다고 말씀하실 때

"내 영혼이 주를 찬양하며 내 마음이 하나님 내 구주를 기뻐하였음은"(누가복음 1:46-47)

그대 원하는 것이 결코 이루어지지 않는 경우가 있다. 그대가 원하는 것이 열린 문, 여분의 시간 또는 기도의 응답으로 이루어지면 그대는 고마워 할 것이다.

그대는 기도하고 기다린다.

응답은 없다.

기도하고 기다린다.

그래도 대답은 없다….

내가 아주 중요한 질문을 해보겠다. 만약 하나님이 안 된다라고 응답하신다면 어떡하겠는가? 그대의 요청이 지연되거나 거절된다면?

하나님이 그대에게 안 된다고 응답하신다면 어떻게 응답하겠는가?

이러한 질문을 가지고 그대 자신에게 자문해 보라. 만약 하나님이 그대에게 주신 선물이 그대를 구원하기 위한 그의 은총뿐이라면 그래도 만족하겠는가? 그대는 자식의 생명을 구해 달라고 기도한다. 그대의 사업이 번창하게 해 달라고 애원한다. 암을 그대 몸에서 없애 달라고 간구한다. 그런데 하나님의 답변이 "나의 은총으로 충분하다."라면 그대는 그것으로 정말 만족하겠는가? 하지만 천국의 관점에서 본다면 그대는 은총만으로도 충분하다는 사실을 알게 된다.

_ 맥쓰 루카도 「은총에 사로잡혀」

1017
모든 것을 봉헌하는 삶

"나의 구원과 영광이 하나님께 있음이여 내 힘의 반석과 피난처도 하나님께 있도다"(시편 62:7)

스코틀랜드의 한 시골 마을에서 작은 교회의 목사가 은퇴 요청을 받았다. 교구 집행부는 목회의 성과를 이미 평가한 바, 특별히 눈에 띄는 사항을 발견하지는 못했다. 그 전해에 세례식은 한 번도 없었으며 새로 들어온 신자도 없었다. 그리고 설교에 대한 단 하나의 응답만이 전해질 뿐이었다.

그 응답이란 일요일에 헌금함이 전달될 때 일어났다. 한 작은 아이가 헌금함을 바닥에 내려놓은 뒤, 그 안에 자신의 발을 집어넣었다. 왜 그랬냐고 묻자, 그 아이는 자기는 하나님께 헌금할 돈이 없어서 자기 자신을 봉헌하고 싶다는 것이었다.

헌금함에 자신을 넣으려고 했던 이 아이는 남아프리카의 여러 나라, 부족, 개개인의 삶을 변화시킨 훌륭한 개척 선교사가 된 모비 모홰트였다. 그는 주 그리스도에 충실하면서 자기 자신의 전부를 하나님께 받침으로써 자신의 보잘 것 없는 삶을 뛰어 넘은 인물이었다.

_ 앤 그레이엄 로츠, 「하나님의 영광을 바라보며」

Note.

죄 없는 그리스도도 기도하시는데, 죄인은 얼마나 더 많이 기도해야 하는가

1018
선함의 대가

"자기 목숨을 얻는 자는 잃을 것이요 나를 위하여 자기 목숨을 잃는 자는 얻으리라"(마태복음 10:39)

Note.

예수 그리스도는 인간존 재의 중심이고 역사의 중심이다. 그리고 지금은 만물의 중심이다

인간의 주된 사고의 흐름이 역류하고 있는 세계에서는 관대하고 자비로우며 선량하기 위해 많은 것이 요구된다. 선량함의 한 부분인 관용은 한 사람이 갖고 있는 것을 다른 사람과 기꺼이 나누려는 마음가짐을 말한다. 이것은 나의 재산만이 아니라 나의 모든 삶의 영역까지 이른다. 관용이란 그저 자선단체에 상당한 액수의 수표를 전달해 주는 것보다 훨씬 더 큰 의미를 지닌다. 그것은 나의 풍족함과 잉여물을 타인들에게 나누어 주는 것 이상의 의미를 지닌다.

하나님의 은총의 성령으로 내 영혼의 토양 깊숙한 곳을 파내시면 진실로 자신을 내 주고, 진실로 관대해질 수 있는 새롭고 성스런 충동을 그곳에 심어 주신다.

이기심이 소멸된 이런 나눔은 나의 돈만으로는 불가능하다. 하나님은 타인의 삶을 풍요롭게 할 수 있는 나의 능력, 에너지, 힘, 관심, 재능, 시간 들을 정확히 알고 계신다. 주님은 타인을 위해 나의 이기심을 버리도록 요청하신다.

_ 필립 켈러, 「필립 켈러 영감록」

1019
평범함 속에 숨겨진 하나님 손길

"그가 우리에게 약속하신 것은 이것이니 곧 영원한 생명이니라"(요한1서 2:25)

"하나님이 실재하고 있다는 사실보다 지극히 평범한 일도 없다."라고 작가 프레드릭 뷔히너는 밝히고 있다. 어떠한 일도 그처럼 평범할 수 없다. 숨어 계시는 하나님. 초겨울 길목에 내린 첫 눈처럼 우리의 삶에 살며시 스며들어와 현존해 계시는 하나님. 삶의 전환점이 되는 중요한 순간들은 매우 적다. 졸업식 날 졸업장을 받고, 결혼식 날 백년해로할 상대를 향해 행진하는 일, 아이를 낳고 고통에서 환희로 바뀌는 순간, 사랑하는 이가 수술실에서 끝내 나오지 못할 때 눈물 흘리는 순간 등은 흔치 않다. 이러한 순간들은 우리를 평범한 일상에서 벗어나게 하는 투명한 추억으로 남는 중요한 일들이다. 그러한 순간들은 우리네 삶에서 다섯 손가락 안에 꼽을 만큼 많지 않다. 만약 하나님이 중요한 순간에만 자신의 존재를 드러낸다면 성스러운 세계로 통하는 은총의 창문이 달린 우리네 삶이 얼마나 삭막할 것인가.

우리네 일상적인 삶이란 자고 깨고, 눈이 오고 비가 오는 평범한 일들로 점철되어 있다. 평범한 일상의 세계 안에서 숨겨진 하나님의 존재를 마주하게 된다. 평범한 어느 저녁 마굿간 건초더미 한 가운데에서 아기 모습으로 우리에게 오신 분, 평범 속에서 탄생하신 특별하신 분, 우리 주 구세주의 탄생, 우리네 평범한 삶 속에는 이 같은 은총이 내재해 있다.

_ 데브라 크링스폰, 「영혼 탐색」

> 사랑이란 구하고 찾고 두드려 발견한 그것을 신실하게 지키는 일이다

1020
하나님의 속마음

"주의 법을 사랑하는 자에게는 큰 평안이 있으니 그들에게 장애물이 없으리이다" (시편 119:165)

하나님의 주권을 인정하는 것은 "하나님은 하나님이시다" 라고 선포하는 일이다

칼 바스가 말했듯이 우리는 하나님의 말씀을 단순히 읽는 것이 아니라 '말씀에 배어있는 진실'을 추구해야 한다. 우리는 하나님 말씀을 단순히 아는 것에 그치지 않고 하나님을 느끼고, 진실의 세계로 다가서야 한다.

성경에 있는 한 행, 한 구절, 한 편 아무 것이나 선택해서 그것을 읽고 또 읽어보라. 하나님이 나타나서 그대에게 말씀하시며 그의 마음과 감정 그리고 의지를 드러내 보여주심을 상상하라. 하나님은 보여 주신다고 생각해 보라. 하나님 말씀은 모호하지 않다. 하나님은 항상 말씀을 통해 우리에게 자신을 나타내신다. 하나님의 마음이 그대의 마음 안에서 형상화 될 때까지 그의 말씀을 묵상하라.

하나님의 말씀을 읽으면 우리는 그의 마음, 그가 알고 있는 것, 느끼고 원하는 것, 즐기고 갈망하는 것, 사랑하는 것과 혐오하는 것이 무엇인지 알게 된다.

_ 데이빗 로우퍼, 「시편 23」

1021 출 14:26-31

하나님이 홍해 바다에도 길을 내셨습니다

할렐루야 사랑하는 성도 여러분!

성경에 보면 문제에 얽히고 설켜서 실패한 사람들의 이야기가 있는가 하면, 도저히 헤어나기 어려운 문제를 풀고 승리한 사람들의 이야기가 기록되어 있습니다. 하나님이 홍해 바다를 가르신 사건 역시 불가능을 넘어선 기적의 사건이었습니다. 오늘 우리는 이 사건이 주는 교훈을 찾고 함께 은혜나누기를 원합니다.

첫째, 여호와 하나님이 하신 일이었다는 것입니다.

사람들의 인도는 불완전하고 허약하지만 하나님의 인도는 너무나 확실하고 안전합니다. 오늘도 하나님은 우리를 인도하셨습니다. 여러분 모두 하나님의 인도를 받는 복된 성도들이 다 되시기를 축원합니다.

둘째는 부르짖어야 한다는 것입니다.

여기 부르짖었다는 것은 소리쳐 기도했다는 것입니다. 절박한 위기에서 기도했다는 것입니다. 부르짖으려면 입을 열어야 합니다. 소리를 내야 합니다. 힘을 써야 합니다. 부르짖는 기도는 하나님이 들으시고, 고통을 물리쳐 주시는 줄 믿으시기 바랍니다.

셋째, 하나님이 역사할 때까지 기다리라는 것입니다.

이스라엘이 사면초가의 상황에서 가만히 서 있는다는 것은 어려운 일이었을 것입니다. 그러나 하나님이 하신다는 믿음만 있으면 가능한 일인 줄 믿습니다. 힘쓰고 애써도 안 되는 일이 있을 때, 하나님의 능력을 믿고 기도하면 하나님의 기적을 보고 체험할 때가 올 것입니다. 그러므로 믿고 맡기고 기다리면 하나님이 반드시 역사한다는 것을 믿으시기 바랍니다.

넷째, 하나님은 새벽에 응답하셨습니다.

성경에 보면 곳곳에 예수님께서 새벽에 한적한 곳을 찾아 기도하셨습니다. 새벽을 깨우는 사람이 됩시다. 힘들고 고통스럽더라도 참고 노력하면 신앙도 건강도 성장할 것입니다.

다섯째, 하나님을 믿고 순종했습니다.

홍해 앞에 이스라엘은 매우 절박했을 것입니다. 그런데 모세가 지팡이를 들고 바다 위로 내밀 때, 홍해는 갈라졌습니다. 이는 순종의 역사입니다. 순종할 때 역사는 일어납니다.

앞에 가로놓인 홍해 같은 고통을 극복하려면 부르짖고 하나님을 믿고 순종해야 합니다. 그리하면 반드시 하나님이 홍해 바다에도 길을 내시고, 건너가게 하실 것입니다. 여러분 인생의 모든 홍해를 가르고 승리의 노래를 부르면서 육지 같이 걸어가는 복된 성도들이 다 되시기를 주의 이름으로 축원합니다.

1022
순백한 마음의 비결

"마음이 청결한 자는 복이 있나니 그들이 하나님을 볼 것임이요"(마태복음 5:8)

젊은 목사가 탄광촌을 방문했을 때, 어느 탄광에 안내되었다. 어둡고 지저분한 길을 걷다가 그는 시커먼 석탄더미 위에 자라고 있는 아름다운 하얀 꽃을 발견했다. "이렇게 지저분한 석탄더미에서 어쩌면 이렇게도 아름답고 순결한 꽃이 피어날 수 있지요?"라고 목사가 광부가 대답했다. 목사가 석탄 가루를 순백의 꽃봉오리에 뿌리자, 가루는 이내 땅바닥으로 떨어져 버리고 꽃은 예전처럼 여전히 아름다운 모습을 하고 있기에 목사는 놀라움을 금치 못했다. 꽃이 너무나 매끄러워 석탄가루조차 달라붙을 수가 없었던 것이다.

우리의 마음도 이와 같을 수 있다. 꽃이 자신이 자라고 있는 장소를 바꿀 수 없듯이, 우리가 죄악으로 가득 찬 세상 속에서 살아가야 함은 어쩔 수 없는 일이다. 그러나 성령은 악이 우리에게 묻어나지 않도록 순결하고 깨끗하게 지켜 주신다. 순백의 꽃이 그렇듯이 우리도 죄악의 한 가운데에서도 꿋꿋이 자신을 지켜낼 수 있다. 순결의 비결은 하나님이다!

_ 빌리 그레이엄, 「행복의 비결」

1023
반복되는 기쁨의 노래

"눈물을 흘리며 씨를 뿌리는 자는 기쁨으로 거두리로다"(시편 126:5)

Note.

십자가를 일종의 순교로 생각하지 말라. 그것은 지옥의 권세를 뒤흔든 최고의 승리였다

칭찬을 하지 않으면 종종 훌륭한 것을 못 보고 지나친다. 겸손한 사람은 심술궂은 사람보다 칭찬을 많이 한다. 낙천적인 사람이 비관적인 사람보다 더 많이 선한 것을 찬양한다. 불평하고 투덜대는 사람의 입 안은 칭찬의 감미롭고 신선한 입김이 아니라 돌과 벌레와 두꺼비로 가득 차 있다.

칭찬은 감사의 마음을 표현하는 것이다. 우리가 폭넓은 경험의 세계를 이해하면 우리는 홀연히 행복해지며, 자신도 모르게 칭찬을 하게 된다. 그럴 때면 우리는 다른 사람들을 다음과 같은 칭찬의 말로 동참 시킨다.

"훌륭한 식사 이였지요?" "그 여자 정말 예쁘지 않아요?" "정말 훌륭한 책이네요. 그렇지요?"

우리는 함께 웃고 노래 부르고 연주하도록 기쁨이라는 우리의 교향악단 속에 다른 이들이 악기를 갖고 동참하도록 권유한다. 우리는 칭찬이 빚어내는 유쾌함을 신봉하고 있기 때문이다. 환희의 찬미가는 천지를 공명케 하여 기쁨의 메아리를 만들어 낸다.

_ 테리 린드벌, 「웃음의 메아리」

369

1024
마음의 빚

"우리가 우리에게 죄지은 자를 사하여 준 것 같이 우리 죄를 사하여 주시옵고"(마태복음 6:12)

누가 그대에게 빚진 사람은 없는가? 사과의 말 한마디 못 들은 일, 새 출발에 대한 무관심, 감사의 인사를 못들은 일, 어린 시절 서운했던 일, 결혼으로 인해 그대에게 빚진 이들은 없는가? 하던 일을 잠시 멈추고 생각해 보라. 그대는 그대에게 빚을 지고 있는 이들의 수많은 사람들을 생각나게 한다. 그대의 부모는 그대를 더 소중히 보호했어야 했으며, 자녀들은 그대에게 감사한 마음을 더 보였어야 했으며, 당신의 배우자는 그대에게 더 다정다감하게 대했어야 했다.

그대에게 보상하여야 할 사람들 그대는 어떻게 하겠는가? 그대의 과거 속에 있던 이들은 그대의 지갑에 손을 넣어 그대의 것을 가져가 버렸다. 그대는 어떻게 처신하겠는가? 이런 질문보다 더 중요한 질문은 별로 없다. 빚을 어떻게 다루는가의 문제는 그대 행복의 중심에 있다.

예수님은 그대가 당한 고통의 실상에 대해서는 전혀 묻지 않으신다. 그분은 그대가 범한 죄에 대해 궁금해 하지도 않으신다. 문제는 고통 그 자체가 아니라, 고통의 치유다. 그대가 남들에게 갚아야 할 자신의 빚은 어떻게 할 것인가?

_ 맥스 루카도, 「위대한 하나님의 집」

십자가는 천국 문턱에 이르기에 충분할 만큼 높을 뿐 아니라 그곳에 이르는 유일한 사다리다

1025
하나님은 우리의 종착역

"네 짐을 여호와께 맡기어라 그가 너를 붙드시고 의인의 요동함을 영원히 허락하지 아니하시리로다"(시편 55:22)

Note.

십자가는 호두와 같다.
고통과 핍박으로 껍질을
쓴 듯 하지만 그 속에 단
맛이 있다

때때로 우리는 미로 속을 헤매며 살고 있는 것처럼 혼란스럽지만, 사실 우리는 우리 자신도 모르는 강력한 힘에 인도되고 있다. 처음의 미로에서 길을 잃지 않고 헤어 나올 수 있는 방법은 출구로 연결된 끈을 이용하는 것이다. 크리스천들에게 있어서 복잡스런 삶의 미로를 이끌어주는 끈은 오로지 성령이다.

삶 속에서 우리가 행하는 선택 한 가지 한 가지를 뒷받침해 주시면서 하나님은 우리를 이끌어 주신다. 우리는 무지 또는 헛된 욕망들에 미혹되어 '그릇된' 선택을 할 때도 있다. 하지만 십자가에서 보여 주신 하나님의 구원의 역사로 인하여 궁극적인 '그릇된' 선택이란 존재하지 않는다. 하나님은 우리의 모든 실수와 어리석음을 구원해 주신다. 중요한 선택은 하나님을 선택하지 않는 것보다는 하나님을 선택하는 일이다. 우리가 할 일은 그러한 선택의 끈을 단단히 부여잡는 것이다.

만약 하나님이 우리의 영적인 여행의 종착역이라면, 우리는 적당하지 않은 선택을 할지 모르는 두려움으로부터 자유롭다. 현재의 순간이 가장 중요하다. 미래는 바로 현재 가까이에서 우리에게 마음의 평화를 안겨 준다.

_ 레슬리 윌리엄스, 「한 밤의 고루」

1026
우리의 안식처이신 하나님

"예수께서 대답하여 이르시되 사람이 나를 사랑하면 내 말을 지키리니 내 아버지께서 그를 사랑하실 것이요 우리가 그에게 가서 거처를 그와 함께 하리라"(요한복음 14:23)

그대의 집은 그대에게 편안하다. 누가 그대에게 그대의 침실이 어디에 있는지 알려 줄 필요가 없으며, 부엌까지의 안내 따위는 필요치 않다. 혼란스러운 바깥 세상에서 힘든 일과를 보낸 후 친근한 집으로 돌아온다는 건 참으로 다행스러운 일이다. 하나님도 이와 똑같이 그대에게 친근할 수 있다. 시간이 지나면서 그대는 양식을 구하기 위해 어디로 가야 하는지, 자신을 보호하기 위해 어디에 숨어야 하는지, 길잡이가 되기 위해 어디로 향해야 하는지를 알 수 있게 된다.

하나님은 그대의 안식처가 되기를 원하신다. 하나님은 주말여행을 떠나거나 일요일마다 붐비는 방갈로는 여름용 별장이 되는 것을 원하지 않는다. 하나님을 양로원이나 휴가철 별장으로 이용하려는 생각은 접어두라. 하나님은 그대가 오늘, 그리고 항상 자신과 함께 한 지붕 밑에 늘 있기를 바란다.

그대는 하나님을 생각하지 않고 여러 날을 보낼 수 있지만, 하나님께서는 단 한순간도 그대를 잊지 않고 계신다.

_ 맥쓰 루카도, 「위대한 하나님의 집」

인간의 지난 역사는 십자가와 함께 끝나고, 새로운 역사는 부활과 함께 시작된다

1027
안식을 위한 하루

"하나님이 모든 것을 지으시되 때를 따라 아름답게 하셨고…"
(전도서 3:11)

Note.

나는 수많은 책을 읽었지만, 나를 읽어 낸 책은 오직 성경뿐이었다

일출, 정오, 일몰, 자정, 일요일, 월요일, 화요일, 그리고 수요일. 1월, 5월, 9월. 봄, 여름, 가을, 겨울. 부활절, 추수감사절, 크리스마스. 이는 시간의 구두점들이다. 그리고 하나님이 빛과 어둠을 구분하여 저녁과 아침이 첫날이 되게 하심은 얼마나 자애로우신 일인가. '천하에 범사가 기한이 있고 모든 목적이 이룰 때가 있다'라고 복음서의 전도사 코흐렛은 기술했다.

날 때가 있으면 죽을 때가 있고, 심을 때가 있으면 거둘 때가 있으며, 죽일 때가 있고 치료할 때가 있으며, 헐 때가 있고 세울 때가 있으며, 울 때가 있고 웃을 때가 있으며, 슬퍼할 때가 있고 춤출 때가 있으며, 돌을 던지거나 돌을 거둘 때가 있으며, 안을 때가 있고 그렇지 않을 때가 있으며, 찾을 때가 있고 잃을 때가 있으며, 지킬 때가 있고 버릴 때가 있으며, 찢을 때가 있고 꿰맬 때가 있다. 침묵해야 할 때가 있으면 말할 때가 있고, 사랑할 때가 있고 미워할 때가 있으며, 전쟁할 때가 있고 평화할 때가 있는 법이다.

크리스천들에게 시간은 모든 창조물을 주관하시고, 모든 것에 앞서 존재하셨고, 모든 것을 결합시키고, 예수 그리스도에 의해 구현되신 하나님의 사랑 안에서 안식될 때 성화된다.

_ 엘리자베쓰 엘리엇, 「훈련: 그 즐거운 포기」

1028 눅 12:13-21
어리석은 부자가 주는 교훈

할렐루야 사랑하는 성도 여러분
한 주간 동안 여러분은 행복하셨습니까? 오늘 하나님의 말씀으로 행복을 찾으시기 바랍니다.

1. 어리석은 부자는 종말을 생각하지 않습니다.

사람의 인생에는 반드시 끝이 있습니다. 건강해도 병들어 죽을 날이 있고, 성공해도 넘어질 날이 있고, 높은 자리에 올라도 떨어질 날이 있습니다. 아무리 재산을 많이 모아 손에 쥐어도 내어 놓을 날이 있습니다. 한 해가 시작하면 오늘처럼 또 결산할 날이 있습니다. 사람이 자신에게 종말이 있다는 사실을 알고 사는 것이 지혜입니다.

2. 어리석은 부자는 자기 사는 목적을 모르고 살다가 죽었습니다.

사람이 무엇을 위해 사는 것인지 자기 인생의 목적을 알고 살아야 합니다. 이 부자는 사는 목적을 먹고 마시고, 즐거워하는 것으로만 생각했습니다 그래서 그는 동물적인 가치관을 벗어나지 못했습니다. 오로지 자기 자신만 생각하고 사는 부자였습니다. 성경은 말합니다. 어리석은 자는 모든 것을 다 자기 것으로 알고 사는 사람이라고. 그러나 자기만 생각하고 사는 자는 종말이 더욱 비참하다고 성경은 경고합니다. 사랑하는 성도 여러분, 몸보다 영혼이 더욱 중하다는 사실을 내 영혼 보다 하나님은 더욱 더 귀중하다는 것을 기억하십시오. 이것을 아는 것이 지혜입니다.

3. 어리석은 부자는 할 일 없이 죽었습니다.

그는 부끄럽게 죽었습니다. 억만금을 소유한 사람이라도 죽으면 자기 것이 아니라 반드시 돌아갈 존재라는 것을 명심하십시오. 주님은 언제나 돌아갈 날을 아시고 하나님의 뜻을 받들었습니다. 어차피 가야 할 인생이고 재산은 다른 사람의 손에 넘어 갈 것입니다. 그런데 그 재산이 죽어서 남의 것이 되면 어리석은 사람이 되고, 지혜로운 사람은 살아있을 때 남에게 베풀어 준 사람입니다.

사랑하는 성도 여러분, 우리는 언젠간 죽을 존재요, 반드시 종말이 있습니다. 지금 우리가 여기 살아 있는 것은 주를 위해, 이웃을 위해 살아가라고 주신 시간입니다. 헛되이 시간을 낭비하고, 정력을 위해 낭비하고, 물질을 낭비하지 말고 주님을 위해 값지게 쓸 수 있는 복된 성도들이 다 되시기를 주의 이름으로 축원합니다.

1029
영혼의 보물 상자

"주의 증거들은 나의 즐거움이요 나의 충고자니이다" (시편 119:24)

만약 당신이 양말 서랍에 돈 다발을 안전하게 숨겨둔 채 잊고 지내다가 그것을 발견한다면 기분이 어떻겠는가? 아니면 당신의 약혼반지에서 떨어져 잃어버린 다이아몬드를 찾게 될 때 기분은 어떻겠는가? 아니면 시장에서 사라진 아이를 다시 찾게 될 때 기분은 어떻겠는가?

당신은 기뻐할 것이다. 왜냐하면 모두가 귀중한 보물이며, 그것이 기쁨을 불러일으킨다는 사실을 알고 있기 때문이다. 그러나 하나님의 말씀은 그보다 더한 것을 준다.

다른 보물들과는 달리 하나님의 말씀은 그 말씀을 사랑하고 추구하는 자에게만 마음의 평화를 준다. 다른 귀중품들과는 달리, 하나님의 말씀은 지치고 두려워도 휘청거리지 않도록 힘과 활력과 에너지를 준다. 오늘 그대의 영적인 보물 상자의 덮개를 열고 깊이 파들어 가 보라.

_ 피터 윌러스, 「시편 저자가 오늘 당신에게 하는 말」

기독교가 진실하다는 확실한 증거 중에 하나가 하나님의 자녀들이 영광스럽게 죽는다는 것이다

1030
크리스천의 삶

"세상을 이기는 승리는 이것이니 우리의 믿음이니라"(요한1서 5:4)

가장 어려운 승리는 자기
자신에 대한 승리이다

나는 지복의 관점에서 미국의 광고를 본다면 흥미롭다고 생각한다. 미국의 제조회사들은 자신들의 물건을 사는 사람들에게 공공연히 혹은 은연 중에 수많은 기적을 제공한다고 주장한다. 아스피린을 사라, 그러면 두통을 없애줄 것이다. 체중 감량제를 사라, 그러면 보기 좋은 몸매를 갖게 될 것이다. 음료수를 사라, 그러면 친구가 생기고 인기도 올라갈 것이다. 광고 속에 묘사되어 있는 이상적인 미국인의 삶은 스스로 선택한 자아상(自我像)을 지니고 편안하게 사는 삶이다. 그렇지만 이런 삶은 외부세계만 중히 여기고 인기와 젊음, 그리고 섹스어필을 강조하고 있다. 이것들은 모두 돈으로 살 수 있는 물건들을 통해서만 얻어질 수 있다.

그렇다면 영적인 삶은 어떤 것일까? 만일 예수님이 오늘날 TV광고에 출연해 자신이 제공할 수 있는 것을 광고한다면, 이상적인 영적 삶을 위한 광고는 어떤 것이 될까?

누가복음 6장에 예수님은 다음과 같은 덕목들을 권장하신다. 타인을 배려하는 가난, 굶주림, 눈물, 사람의 아들 때문에 받는 미움. 또 마태복음 5장에는 다음의 덕목들이 추가되어 있다. 슬퍼하기, 온유함, 자비, 순결한 마음, 평화를 위한 노력, 옳은 일을 하다가 받는 박해.

그대들은 이러한 특성들을 광고에 어떻게 표현할 지 상상이 가는가? 예수님께서 우리에게 원하시는 것은 외부세계를 중히 여기는 아메리칸 드림이 아니다.

_ 레슬리 윌리엄스, 「한밤의 고루」

1031
필요조건

"그러나 이 모든 일에 우리를 사랑하시는 이로 말미암아 우리가 넉넉히 이기느니라" (로마서 8:37)

내가 다녔던 학교 기숙사의 여자 사감이 하던 말이 생각난다. "여러분의 침대 밑을 청소하지 않는다면, 성경을 여러분의 팔에 낀 채 돌아다닌다는 건 생각지도 마시오." 그녀는 진실한 믿음을 원했으며 그것은 항상 실천하는 믿음이었다. 그녀는 지저분한 방안에서 이루어지는 영적인 대화를 원치 않았다.

예수께서 3년 동안 유랑하는 랍비시절을 보낼 때 지치고, 배고프고, 머물 곳이 없다는 것이 어떤지 알았다. 보통 백성들은 그의 말씀을 기꺼이 경청했지만 원로 종교인들은 그를 곱게 보지 않았다. 예수님 말씀을 곡해하고, 잘못 인식하였다. 이런 이유로 예수님은 세상에서 충분히 외로움을 느꼈음직 하지만, 그 보다는 그가 받은 고통스런 일들을 통해 복종의 의미를 배워 우리에게 일깨워 준 것이다.

예수님과 함께하는 삶은 십자가의 길을 걷는 것이다. 만약 우리가 짊어져야 할 십자가가 우리에게 순교라는 형태나 용과 미로의 이야기 같은 영웅적인 행동 아니면 최소한 영적인 '목회'의 형태로 주어지지 않는다면, 예수께서 믿음의 필요조건을 포기해 버린 것으로 판단해야 할까?

그는 결코 믿음의 필요조건을 소홀히 넘겨 버리시지 않는다.

_ 엘리자베쓰 엘리엇, 「외로운 길」

1101
침묵 속의 기다림

"공의의 열매는 화평이요 공의의 결과는 영원한 평안과 안전이라" (이사야 32:17)

Note.

기도는 하나님을 변화시키는 것이 아니라 기도자를 변화시킨다

눈이 내리는 겨울 아침에 가장 먼저 인식하는 것은 고요함이다. 도시에도 색다른 고요함이 있다. 소음은 줄어들고 평상시에는 정상적으로 움직이던 것들이 눈이 오면 다르게 보인다. 움직이는 것들은 모두 느려진다. 눈이 내림은 삶의 속도를 늦추어 주고, 시간에 거스르는 것이 아니라 시간에 순응하며 살고, 긴장을 풀고 주위를 둘러보라는 명령이다.

겨울의 눈과 얼음은 우리를 멈추게 하여 우리가 우선적으로 해야 할 일이 무엇인지 되돌아보게 하고 시간의 여유를 갖게끔 한다. 시골이나 숲 속이건 겨울의 고요함은 심원함으로 변한다. 시냇물과 연못, 호수는 움직임을 멈춘다. 동물들은 겨울잠에 들어간다. 우리가 걷고 있을 때 발밑에서 들리는 눈 밟히는 소리가 유일한 소리이다. 가만히 서 있으면 고요함이 아주 멀리까지 울려 퍼진다. 고요함 속에서 기다리며, 소리의 정적을 느끼는 순간 곧 그것은 하나님의 소리를 마주하고 있다는 사실을 알게 된다. 완전한 침묵은 창조주의 가장 처음이자 원초적인 은총의 설법이다. 그런 침묵은 좋은 것이다.

_ 데이빗 랜스버거, 「성스러운 겨울」

1102
진정한 성공이란

"하나님을 가까이 하라 그리하면 너희를 가까이하시리라"(야고보서 4:8)

Note.

아마도 성공이라는 일념으로부터 우리의 관심을 돌릴 수 있는 것 없을 것 같다. 출판물들은 우리가 모든 자동차, 사업장, 점심, 바디랭귀지 등으로 힘을 전달하는 것을 알려준다. 우리는 '성공을 위한 치장'을 한다. 사회는 성공이라는 이미지에 몰입되어 있을 뿐만 아니라, 대부분의 관심은 성공이 무엇인지 정의할 수 있는 누군가에게 쏠려 있다.

예수님은 성공한 분이었는가? 그는 자신이 거처할 집도 없었다. 그 시대의 성공한 사람들은 예수님을 적개심으로 대하지는 않았을지라도 적어도 의심스럽게는 바라보았을 것이다. 예수님의 추종자들은 사회적, 정치적 영향력과는 거리 먼 하층민들이었다. 하지만 이들조차도 그가 십자가를 지려할 때 그로부터 멀어졌으며, 그의 제자들 중 아무도 그가 가장 고통스런 시간을 보낼 때 함께하지 않았다. 그는 부나 정치적 권력이나 출중한 외모를 지니지는 못했다.

예수님은 단 하나의 기준으로 자신의 성공을 평가하셨다. "내가 하늘에서 내려온 것은 내 뜻을 행하려 함이 아니요 나를 보내신 이의 뜻을 행하려 함이니라(요한복음 6:38). 예수께서 …이르시되 다 이루었다…"(요한복음19:30)

_ 진 플레밍, 「세파의 소용돌이에서 중심찾기」

우리가 개인으로서만 구원받고 공동체로서 새롭게 빚어지지 않는다면 은혜는 은혜가 아니다

1103
아름다운 권좌

"내가 항상 주와 함께 하니 주께서 내 오른손을 붙드셨나이다"(시편 73:23)

Note.

알려지지 않은 미래를 잘
알려진 하나님께 맡기기
를 두려워하지 말라

구약성서 시절에는 제사장이 성소에 나와 죄의 사함을 구할 때, 1년에 한 번씩 속죄소에 양의 피가 뿌려지면, 대제사장은 가슴을 감싸는 갑옷을 착용하였다. 그의 갑옷은 12개의 보석으로 장식되어 있었고, 그 보석에는 이스라엘 부족의 이름이 아로새겨져 있었다. 이런 갑옷을 입은 것은 대제사장이 하나님 앞에 다가갈 때, 자신의 가슴에 하나님 자녀들의 이름을 달고 있다는 사실을 의미했다. 그 중 첫 번째 보석은 홍보석였고 마지막 보석은 벽옥이었다.

요한은 하나님을 묘사할 때 다음과 같이 말했다.

"앉으신 이의 모양이 벽옥과 홍보석 같고 또 무지개가 있어 보좌에 둘렸는데 그 모양이 녹보석 같더라"(요한계시록 4:3).

벽옥은 다이아몬드처럼 깨끗한 보석이었고, 홍옥은 루비 같은 색조를 띠었다. 그것은 마치 요한이, 하나님이 띠고 있는 색깔로, 하나님께서 "나는 너를 사랑한다, 사랑한다, 사랑한다. 내 가슴 속에 영원히 너의 이름을 간직하마."라고 말씀하시는 모습을 묘사하고 있는 것 같다. 하나님께서 우주 중심 권좌에 올라 이 세상을 심판하시기 위해 준비하는 동안, 예수님은 그대와 나에게, 우리가 그분의 마음속에 머무르고 있다는 증거를 보여 주신다!

_ 앤 그레이엄 로츠, 「하나님의 영광을 보며」

1104

단 2:27-30

살아계신 하늘의 하나님만 바라봅시다

바벨론의 느부갓네살왕이 어느 날 밤 특별한 꿈을 꾸었는데 그 꿈을 기억할 수가 없고 그 꿈의 뜻도 알 수가 없었습니다. 그래서 나라의 모든 것을 동원하여 그것을 알아보려 했으나 끝내 실패하고 말았습니다. 그러나 다니엘은 그 꿈과 그 꿈의 뜻을 왕에게 해석해 주었습니다. 이에 왕은 크게 기뻐하면서 다니엘에게 귀한 선물을 많이 주고 바벨론 전체를 다스리게 했습니다.

우리의 삶 가운데 어떤 어려운 상황이 생긴다고 할지라도 살아계신 하나님이 모든 것에 좋은 결과를 가져오게 하시고 하나님의 영광을 나타내실 것을 믿으시기를 축원합니다.

1. 사드락, 메삭, 아벳느고는 풀무불에서 하나님을 바라보았습니다. 느부갓네살 왕이 치리하던 때에 그는 큰 금신상을 세워놓고 모든 백성들은 그 신상 앞에서 머리를 숙여 경배하라고 명을 내리고 만일 불복하면 풀무불에 집어 넣겠다고 했습니다. 그러나 사드락과 메삭과 아벳느고는 우상 앞에 절하기를 거절했습니다. 왕은 더욱 화가 나서 "풀무불을 평상시보다 칠배나 더 뜨겁게하고 이 청년들을 묶어 집어 던지라"고 했습니다. 그러나 풀무에 던져지는 그들은 털끝 하나도 상하지 않았습니다.

2. 다니엘은 사자굴 속에서 하나님을 바라보았습니다.

다리오 왕때 왕 외에 어느 누구에게도 경배하거나 기도하지 못한다는 법령이 포고되었습니다. 그러나 하나님의 사람인 다니엘은 변함없는 믿음으로 창문을 열고 하루 세 번씩 무릎꿇고 전에 하던 대로 하나님께 기도했습니다. 그러나 이일로 사자굴에 들어간 다니엘은 아무런 상함도 없이 살아 돌아올 수 있었습니다.

3. 인생의 끝 날에는 더욱 하나님을 바라보아야 합니다.

어느날 죽음이 우리의 문을 두드릴 때가 옵니다. 언젠가 한 의사와 식사를 하는 중에 "우리 인생은 다 사형선고를 받은 사람들입니다. 제 친구 의사가 한국의 권위 있는 암전문의인데 그가 며칠전 암으로 죽었습니다."라고 말하면서 "우리 모두는 살았다고는 하지만 다 죽은 자나 마찬가지입니다."라는 말을 들었습니다. 영원하신 하나님께 소망을 두고 살다가 주님의 부르심이 있을 복된 천국에 들어가는 성도가 되기를 축원합니다.

1105
올바른 길의 추구

"주는 나의 반석과 산성이시니 그러므로 주의 이름을 생각하셔서 나를 인도하시고 지도하소서"(시편 31:3)

하나님은 원래 우리를 자신의 형상대로 지으셨다. 인류가 고의적으로 그분에 대한 불복종의 나락으로 빠져들면서 우리는 무언가를 상실하게 되었다. 언제부터인가 우리는 우리의 영적인 특징을 이루는 확연한 하나님의 본래의 모습을 잃어버렸다. 우리는 하나님을 찬미하려는 열망을 잃어버렸다. 하나님은 우리의 삶 안에 자신의 원래 모습을 되찾고 싶어 하신다.

나의 어머니는 오래된 것들을 좋아하신다. 어머니는 오래된 잡동사니들을 고치시느라고 늘 분주하셨다. 그러나 어머니께서 일을 다 마치시면 그동안 숨겨져 있던 본래의 모습들이 드러나서 감탄과 찬사가 절로 일어났다. 좌절을 통해 참 삶의 의미를 깨닫는 것은 하나님이 자신의 명예를 위하여 우리의 삶을 원래대로 회복시키도록 마음의 문을 열도록 결심함을 뜻한다. 그의 뜻을 따르는 데 실패하고, 거듭거듭 시도하다 결국엔 참 삶의 의미를 알게 된다는 것은 우리의 삶이 하나님에 대한 감사와 찬양을 드려야 하는 것임을 뜻한다. 결국 인간의 모든 의무는 하나님에게 영광을 돌리는 것이다.

_ 질 브리스코우, 「선한 목자 그리스도를 따르는 법」

성경읽기, 기도하기와 함께 신앙의 증진에 꼭 필요한 것은 고난체험이다

1106

무력할 때의 기도

"우리가 이 소망을 가지고 있는 것은 영혼의 닻 같아서 튼튼하고 견고하여 휘장 안에 들어가나니"(히브리서 6:19)

Note.

성령충만이 영혼의 갈증을 해결할 수 있는 유일한 비결이다

나의 기도에 대한 가장 극적인 응답은 내가 무력해서 나 스스로는 전혀 아무것도 할 수 없을 만큼 힘겨울 때 찾아왔다. 하나님은 왜 무력함을 기도에 응답해 주시기 위한 선행 조건으로 삼는 것일까? 이에 대한 가장 확실한 답은 우리 인간이 무력하다는 것은 변함없는 사실이라는 점이다. 하나님은 진실주의자이므로 우리 또한 진실주의자 되기를 요구한다. 우리가 자기 자신에 현혹되어, 인간의 힘만으로 자신이 원하는 것을 충족시킬 수 있다고 믿는 한 우리는 거짓을 믿고 있는 것이다.

예수께서는 이런 것들에 대해 말씀하신 적이 있었을까? 그렇다. 그분은 항상 자신의 손가락으로 바로 그런 문제의 핵심을 집어내셨다.

"나를 떠나서는 너희가 아무 것도 할 수 없음이라"(요한복음 15:5)

예수님은 우리가 무력한 존재라는 진실을 강조하셨고, 당신 자신도 인간의 육체를 빌리고 있는 동안에는 우리와 똑같은 인간의 무력함에 지배될 수밖에 없다고 말씀하심으로써 인간 존재의 무력함을 역설하셨다.

"이들이 아버지께서 하시는 일을 보지 않고는 아무 것도 스스로 할 수 없나니 아버지께서 행하시는 그것을 아들도 그와 같이 행하느니라"(요한복음 5:19)

다른 것과 마찬가지로 여기에서도 예수님은 불완전한 인류를 위하여 모범을 보여 주고 계셨음을 알 수 있다.

_ 캐서린 마샬, 「기도라는 모험」

1107
아낌없이 주는 삶

"자기 두루마기를 빠는 자들은 복이 있으니 이는 그들이 생명 나무에 나아가며 문들을 통하여 성에 들어갈 권세를 받으려 함이로다"(요한계시록 22:14)

예수께서 사람들이 성전 헌금함에다 헌금하는 것을 바라보고 있을 때, 가난한 과부의 희생적인 헌금에 감동받으셨다. 어떤 헌금이었기에, 그가 감동한 것일까? 그 소박한 행동을 보고 예수님은 말씀하셨다.

"그들은 다 그 풍족한 중에서 넣었거니와 이 과부는 그 가난한 중에서 자기의 모든 소유 곧 생활비 전부를 넣었느니라 하시니라"(마가복음 12:44).

그녀의 헌금은 믿음으로 기꺼이 내어놓는 행위였다. 그녀는 온 정성으로 하나님을 사랑하라는 계율을 지키는 한결같은 헌신을 증거했다. 마가복음에 나오는 이 이야기는 십계명 중 첫 두 계명의 주석처럼 바로 그 다음에 나온다. 단순한 행동이지만 크리스천의 증거됨을 구현 시킨 행동이었다. 바로 여기에 욕심과 탐욕이 없고, 물질 숭배로부터 자유로운 여인이 있었다. 그리고 아낌없이 내놓는 마음이 타산적인 마음보다 앞서는 여인이 있었다. 여기에 힘없고 미력하지만 자신이 절실히 필요로 하는 하늘에 계신 아버지를 신뢰하게 된 과부가 있었다. 그녀야말로 맨 처음 하나님의 왕국과 하나님의 의로움을 구한 여인이었다. 그리고 하나님의 정의로움과 왕국을 가장 먼저 구하고자 하는 여인이었다. 우리도 이 여인의 길을 따라야 하지 않을까?

_ 리쳐드 J. 포스터, 「단순한 삶의 자유」

1108
하나님의 형상을 닮은 우리

"우리는 그(그리스도) 몸의 지체임이라"(에베소서 5:30)

구원은 거룩함에 이르는 유일한 뿌리이자 근거이다

회개란 귀향과 같은 것이다. 회개함은 하나님으로부터 떨어져 나와 방황하기를 중지하고 회귀하여 예수 그리스도의 자비와 은총으로 정화됨을 말한다. 그러나 우리는 빈손으로 귀향하지 않는다. 하나님께 그리스도의 형상을 닮은 우리의 인간애라는 선물을 갖고 간다. 하나님은 자신의 형상대로 창조하셨기에 우리를 사랑하신다.

우리가 인간답다는 이유 때문에 하나님이 우리를 사랑하지만 세상은 우리의 그런 인간됨을 조롱한다. 우리의 문화는 단순히 인간답다는 것만으로는 부족하다는 메시지로 우리를 공격한다. 광고는 계속적으로 우리가 아직 덜 아름답고, 섹시하지 않으며, 건강하지 않고, 깨끗하지 않으며, 행복하지도 않고, 젊지도 않으며, 충분히 성공하지도 못했고, 힘도 없으며, 옷도 잘 입지 못한다고 주장한다.

이 세상에서 인간들은 기계적으로 비인간화된다. 하지만 예수님께서는 우리 모두를 일일이 이름으로 불러 주신다. "새들보다 너희들은 얼마나 더 소중한 존재들이냐!"

하나님께서는 우리에게서 무엇을 보시는 걸까? 하나님은 우리 안에서 우리 인간됨을 보시며, 십자가를 보시고, 예수 그리스도의 모습을 보신다.

_ 해리엇 크로스비, 「가정이라 불리는 곳」

1109
고통이라는 삶의 의복

"내게 능력 주시는 자 안에서 내가 모든 것을 할 수 있느니라"
(빌립보서 4:13)

Note.

우리의 외모는 각기 다르다. 우리는 서로 다르게 행동하며, 다르게 옷을 입는다. 우리는 음식, 책, 자동차 그리고 즐겨 듣는 음악의 취향이 모두 다르다. 그대는 오페라를 좋아하지만 나는 컨트리 음악을 좋아한다. 우리는 서로 다른 배경과 목표, 동기를 가지고 있다. 우리는 서로 다른 직업과 취미를 가지고 있다. 우리는 자녀의 교육과 양육에 대한 자기만의 신념을 가지고 있다. 우리들의 몸무게, 키는 서로 다르며 피부 색깔 역시 다르다. 하지만 모든 이가 지니고 있는 공통된 점이 있다. 그것은 고통에 대해 느끼는 감정이다.

우상숭배는 항상 괴로움을 자아내고, 믿음은 마음의 웅대함을 일으킨다

고통이란 세계 공통어이다. 눈물이란 유태인이나 이슬람교도 또는 크리스천, 백인, 흑인, 또는 동양인, 남녀노소 모두에게 똑같은 의미로 다가온다. 삶에는 고통이 따르고, 우리의 꿈들이 시들어 갈 때면 우리는 여러 가지 방법으로 고뇌를 표현할 수 있지만 우리 모두는 각자 바늘로 찌르는 듯한 고통과, 슬픔, 질병과 재난, 시련과 괴로움이 어떤 것인지 잘 알고 있다.

하나님께서는 그럼에도 불구하고 우리가 계속 살아가야 할 이유인 우리 존재의 목적을 부여해 주신다. 비록 우리의 존재가 시련의 시간을 감내해야 함에도 말이다. 고통을 감내함으로써 우리는 성스러워지고, 하나님의 영광을 위한 존재가 된다. 우리는 멀리 내다보는 통찰력을 얻는다. 우리는 내적으로 깊이 성장한다. 우리는 진정으로 성숙한다!

_ 챨스 스윈돌, 「또 다시 희망을」

1110
내 안의 불꽃

"여호와를 경외하는 자에게는 견고한 의뢰가 있나니 그 자녀들에게 피난처가 있으리라"(잠언 14:26)

Note.

그리스도와 함께하는 인생은 한낮이 다가오는 아침의 여명과 같다

하나님께서는 그대의 영혼에 햇불을 밝힘으로써 그대의 의지를 보여 주신다. 그는 예레미야에게 강인한 용기의 불꽃을 주셨고, 느헤미야에겐 잊혀진 도시의 불꽃을, 아브라함에겐 그가 이전에 한 번도 본 적이 없었던 땅의 불꽃을 붙여 주셨다.

그러한 불꽃은 그대의 내면에는 없는가? 그대의 삶을 위한 하나님의 뜻을 알고 싶은가? 그렇다면 다음의 질문들에 대답해 보라. 무엇이 그대의 가슴에 불꽃을 일으키는가? 잊혀진 고아인가? 외부의 손길이 닿지 않는 나라인가? 내면의 도시인가? 변방의 경계선인가?

내면의 불꽃에 주의를 기울여라. 그대는 노래 부를 열정이 있는가? 그렇다면 노래를 부르라! 그대는 일을 잘하고 싶은가? 그렇다면 일하라. 그대는 환자들 때문에 마음이 쓰이는가? 그렇다면 돌보아 주라! 그대는 방황하는 자들로 인해 마음이 아픈가? 그러면 그들에게 길을 가르쳐 주라! 다음을 명심하라. 예수님은 그대에게 불꽃을 심어 주기 위해 이 땅에 오셨다! 그는 잿속에서 불꽃을 일으키고 얼어붙은 마음을 녹이고 차가운 마음을 덥혀 주는 햇불의 모습을 하고 이 마음 저 마음으로 옮겨 다니신다. 그는 갈릴리의 등불이자 고마우신 촛불이다. 그는 병균을 몰아내고 그대의 발길을 비추기 위해 오신다.

그대 마음의 불꽃은 그대 인생길의 등불이다.

— 맥스 루카도, 「위대한 하나님의 집」

1111 창 13:8-18

우리가 믿음을 앞세울 때

우리가 이 세상을 살아갈 때 삶의 순서가 있습니다. 먼저 할 일이 있고, 나중 할 일이 있습니다. 빨리 해야 할 일이 있는가 하면 천천히 해도 되는 일이 있습니다. 신앙생활도 마찬가지입니다. 무슨 일을 하든지 먼저 할 일이 무엇인가를 정해야 합니다. 성경은 그것을 믿음이라고 말합니다. 우리가 믿음을 앞세울 때 하나님이 지혜를 주시고 가는 길에 축복을 주십니다.

첫째, 아브라함이 복받은 비결은 모든 일을 믿음으로 선택했기 때문입니다. 오늘 본문에 보면 아브라함과 롯이 선택하는 내용이 나옵니다. 아브라함의 목자들과 롯의 목자들이 자꾸 싸웁니다. 서로 좋은 자리를 차지하려고 싸울 때 아브라함은 조카 롯에게 좋은 땅을 양보합니다. 그러나 롯의 선택은 하나님을 떠난 선택이요. 육신의 욕심에 이끌린 선택이었습니다. 훗날 롯이 선택한 소돔과 고모라 땅에는 하나님의 불심판이 떨어지는 불행한 땅이 되고 말았습니다. 믿음을 앞세운 선택은 반드시 하나님이 책임져 주십니다. 선택이 분명한 사람을 하나님은 이렇게 축복하신다는 사실을 기억하시기 바랍니다. 인생을 살아가면서 믿음을 앞세우고 하나님 편에서 선택하며 사는 신앙인들이 다 되시기를 축원합니다.

둘째, 아브라함은 믿음의 눈으로 하나님의 역사를 바라보았습니다. 오늘 본문 14-15절에 보면, 하나님은 아브라함을 향하여 눈을 들어 동서남북을 바라보라고 하셨습니다. 보이는 것만큼 너와 네 자손에게 주겠다고 약속하셨습니다. 하나님은 바라보는 비전을 주시는 분이십니다. 하나님은 아브라함에게 믿음의 눈으로 바라보는 만큼 주시겠다고 축복을 약속하셨습니다. 믿는대로 되는 것이 성경의 법칙입니다. 믿음을 앞세우고 하나님의 역사를 믿음의 눈으로 바라보고 나가야 합니다. 여러분도 믿음의 눈을 가지고 축복의 땅을 바라보는 복된 성도들이 다 되시기를 축원합니다.

셋째, 아브라함은 믿음으로 하나님의 약속의 말씀을 붙들고 일어섰습니다. 오늘 본문 17절에 "너는 일어나 그 땅을 종과 횡으로 행하여 보라 내가 그것을 네게 주리라"라고 말씀하십니다. 하나님은 아브라함에게 두 가지 요구했습니다. 하나는 일어나라는 것이요. 또 하나는 행하여 보라는 것이다. 아브라함은 하나님이 말씀하신대로 종과 횡으로 행했습니다. 신앙은 믿음이 행동으로 옮겨질 때 그때 하나님의 역사가 시작됩니다. 믿음을 앞세우고 낙심한 자리에서 일어나고, 절망과 실패, 넘어진 자리에서 일어나게 됩니다. 그러므로 아브라함처럼 믿음으로 하나님의 약속과 말씀을 붙들고 일어나 승리하는 복된 성도들이 다 되시기를 축원합니다.

1112
그대 이웃의 후광을 밝히라

"내게 주신 영광을 내가 그들에게 주었사오니 이는 우리가 하나가 된 것 같이 그들도 하나가 되게 하려 함이니라"(요한복음 17:22)

어느 일요일 아침, 나는 작은 시골 교회의 뒷 자석에서 꾸벅 꾸벅 졸다가, 노목사가 신도들에게 당부하는─'그대들 자신의 후광에 대한 걱정을 그만하고 그대 이웃의 후광을 밝혀 줄 일에 신경쓰시오'─라는 말을 희미하게 들었다. 그 말은 나의 잠을 일시에 달아나게 하였다. 왜냐하면 그가 한 말은 내가 들어본 말 중에서 제일 인상적이었다. 사람들과 사이좋게 지내기 위한 가장 훌륭한 압축된 공식으로써 다가왔기 때문이다.

나는 삶의 어떤 영역에서나 누구나 타인에게 인정받고 관심 가져 줄 만한 각자의 후광을 지니고 있다는 그 말의 함축된 의미를 좋아한다. 나는 모든 사람들이 서로의 신성한 후광을 열심히 닦아 주고 있는 거룩한 천상의 그림이 자아내는 그 말의 해학스러움을 좋아한다. 나는 자기 자신으로부터 타인에 대한 염려와 관심으로 삶의 중심을 옮기라는 그 말이 지닌 확고한 철학을 좋아한다. 마지막으로 내가 그 말을 좋아하는 이유는 그 말이 심오한 심리적인 진실을 말해주고 있기 때문이다. 사람들은 그대가 자신들에게 기대하는 그런 존재가 되고 싶어 하는 성향을 가지고 있다.

_ 아써 고든, 「경이로운 손길」

Note.

고난의 배후에는 하나님의 사랑의 추적이 있다

1113
하나님과 동행하며 나누는 이야기

"내가 여호와를 항상 내 앞에 모심이여 그가 나의 오른쪽에 계시므로 내가 흔들리지 아니 하리로다"(시편 16:8)

Note.

삶이란 사랑을 의미한다.
사랑이 있는 곳에 삶이
있고 사랑이 없는 곳에
삶도 없다

어린 시절, 상하이에 있었을 때 나는 지극히 자연스럽고 양심적인 기도를 맨 처음 접하게 되었다. 어느 날 아침 나는 당시 중국선교 사업단의 단장이었던 호스테 박사 옆에서 종종걸음으로 뛰어가고 있었다. 그는 나를 떨쳐버리지 않고 단지 "에디스야, 나는 지금 기도 중이란다. 하지만 네가 따라오고 싶으면 따라오려므나"라고 말했다.

나는 여러 차례 그의 손을 잡고 매우 조용히 걸었던 기억이 난다. 그가 크게 소리 내어 기도할 때는 깊은 인상을 받았다. 기도하면서 걷는 것은 그의 습관이었으며, 하루에도 4시간 씩이나 기도를 하는 것은 선교를 위해 자신이 해야 할 첫 번째 임무라고 여겼다. 그는 중국 선교단의 모든 선교자들 하나하나를 위해 기도했으며, 그들의 모든 자식들을 위해 한 명씩 기도했다.

"좋다. 나와 함께 걸으면서 기도하자." 라고 그는 특유의 높은 음성으로 말하곤 했다. 내 기억 속에 깊이 아로새겨져 있는 인상은 기도의 효험에 대해 내가 받았던 존경심이었다. 그 이후에 들었던 일련의 어떤 강연보다도 그분의 기도는 더 큰 의미가 있었다는 사실을 나는 알고 있다.

— 에디스 쉐퍼, 「정상적인 크리스천의 삶」

1114
기쁨이 남긴 자취

"주 우리 하나님의 은총을 우리에게 내리게 하사 우리의 손이 행한 일을 우리에게 견고하게 하소서"(시편 90:17)

언젠가 아시아 지역에서 용무가 있던 두 친구가 일정 도중에 우리 집에서 며칠을 머물렀다. 그들은 나에게 동행하자고 했다. 여행 도중 한 친구가 자기 모자를 잃어버렸다. 그 친구는 우리 집에 모자를 두고 왔을 거라고 확신했다. 그는 나더러 내 아내에게 편지를 써서 이곳으로 모자를 보내 준다면 정말 고맙겠다고 말했다.

아내의 답장은 내가 절대로 잊지 못할 내용을 담고 있었다. 편지의 내용 중 한 구절은 특히 나에게 큰 감명을 주었다. "집안 온 구석을 다 뒤져보았지만 모자는 찾을 수가 없었어요. 그 분들이 우리 집안에 남겨 놓고 간 건 커다란 축복 이외에는 없는 것 같네요!"

다른 사람들도 나를 그렇게 느낄까? 나는 슬픈 자취를 남길까 아니면 기쁜 자취를 남길까…? "나는 용서의 마음을 남길까 아니면 원한의 자취를 남겨 놓을까? 나는 만족감을 남길까 아니면 갈등을 남길까?" "나는 기쁨의 꽃을 남길까 아니면 좌절의 꽃을 남겨 놓을까?" "나는 사랑을 남길까 아니면 원한을 남길까?"

_ 필립 켈러, 「필립 켈러 영감록」

1115
하나님 안에서 충만한 삶

"너희가 복이 되게 하리니 두려워하지 말지니라 손을 견고히 할지니라"(스가랴 8:13)

Note.

하나님의 가르침을 따라 사는 사람들에게 신앙의 물결은 항상 신선하고 깨끗하다

열대의 이글거리는 석양의 노을이나 대양의 파도 위에 아른거리는 은빛 달빛을 보았을 때, 갓 태어난 아기의 우렁찬 첫 울음소리를 들었을 때, 새들이 둥지에서 알을 까고 새끼를 먹이는 모습을 보았을 때, 하이힐을 신은 여인의 뒷 굽이 숲속 돌 틈 사이에 끼어버린 모습을 보았을 때, 휘파람새가 하늘을 날고 기러기 떼가 V자를 그리며 북쪽으로 날아가는 모습을 보았을 때, 눈부시게 어둠을 가르는 한줄기 날카로운 번개의 내리침을 보았을 때 그대는 무엇을 느끼는가?

주변에서 일어나는 일들을 세심히 생각해 보면 우리의 주변 환경이 우연히 발생하는 우주적 사건들이 아니라 거룩한 창조주의 작품이라는 사실을 직감적으로 알게 된다. 우리가 딛고 있는 지구라는 행성이 그렇듯이, 우리의 삶도 우연히 발생한 우주적 사건이 아니라, 본시 우리네 삶도 하나님 안에서 아름다운 사랑과 기쁨, 평화와 의미로 채워지도록 신중하게 계획된 것이다.

_ 앤 그레이엄 로츠, 「하나님 이야기의 영광스런 새벽」

1116
하나님 은총으로 아롱진 하루

"여호와의 말씀이니라 너희를 향한 나의 생각을 내가 아나니 평안이요 재앙이 아니니라 너희에게 미래와 희망을 주는 것이니라"(예레미야 29:11)

우리가 단련만 한다면 단조로운 하루 동안이라도 매일 마주하는 사람과 사물에서 하나님이 존재하심을 감지할 수 있다. 물방울에서 생기는 거품의 모습을 보고, 물방울을 창조하고 재미있게 거품까지 만드신 하나님을 섬기는 것이다.

이상적으로 하나님과 함께하는 날도 여느 날과 같이 자명종이 우리를 단꿈에서 깨어나게 할 때부터 시작된다. 지각 있는 크리스천이라면 불평하고 한숨을 내쉬며 아늑한 담요 안에서 힘겹게 몸을 끌어내는 대신에, 잠에서 깨어나 들을 수 있는 감각을 주시고 나에게 또 하루가 주어졌음을 알려 주는 자명종 소리에 몸을 설레도록 해 주시는 하나님께 감사하여야 한다.

다른 스포츠의 훈련처럼 육체 이상의 것을 느낄 수 있기 위해서는 규율이 필요하다. 매일 하루가 끝날 무렵에는, 하나님께 나의 세계 안에 들어오셔서 일상의 빛을 던져 달라고 기도하면서 하루 일과를 정리하려고 한다. 우리가 훈련과 지각 있는 노력만 한다면, 의외의 장소에서 누구나 하나님을 발견할 수 있다. 하나님께서는 나무껍질의 무늬나, 석양이 고층건물을 비추는 모습 그리고 뜨거운 커피에서 피어오르는 김의 형태로 존재하고 계신다.

_ 레슬리 윌리엄스, 「한밤의 고투」

Note.

우리는 그리스도를 만나고 그분의 영광을 체험함으로써 그분의 형상으로 변모한다

1117
사랑을 위한 휴식

"넘어지는 자를 말로 붙들어 주었고 무릎이 약한 자를 강하게
하였거늘"(욥기 4:4)

주여, 제가 사랑할 수 없을 만큼 너무 바쁘지 않게 해 주십
시오…. 아이가 방금 물구나무 서는 법을 배워 안기고 싶고
칭찬 듣고 싶어 달려올 때, 비록 제가 생선 찜 요리를 하고
있을 지라도 바쁘다고 핑계대어 아이를 돌려보내지 않게 해
주십시오.

주여, 제가 사랑할 수 있도록 너무 바쁘지 않게 해 주십시
오…. 남편과 다툰 이웃집 여인은 기대어 눈물 흘릴 수 있는
누군가의 어깨가 필요합니다. 주여, 저의 남편이 지치고 낙
담했을 때나 회사에서 큰 계약을 이루어 기분이 좋을 때, 아
니면 그저 저의 관심을 필요로 할 때, 제가 그를 사랑할 수
있도록 너무 바쁘지 않게 해 주십시오.

그리고 주여, 저에게 이렇게 많은 사람을 만나게 해 주시
고 사랑할 수 있는 기회를 주심을 감사드립니다. 제가 그들
을 실망시키면 저를 용서해 주십시오. 그들이 저를 용서하
고 또한 제가 제 자신을 용서할 수 있도록 허락해 주십시오.
당신께서 저를 인간답게 만드셔서 제가 고루 사랑할 수 있
는 것이 많습니다.

_ 마조리 호움즈, 「주님 사랑하게 하소서」

397

1118 고후 9:10-12

심는 자에게 풍성케 하시는 하나님

사도바울은 심고 거두는 법칙, 부유의 법칙을 고린도 교회 성도들에게 설명했습니다. 하나님께 심고자 하는 사람이 하나님의 이름으로 교회와 이웃을 돕고 보살피면 하나님께서 반드시 충족하게 축복하십니다.

첫째, 심는 자에게 씨와 먹을 양식을 주시는 하나님이 풍성한 축복을 주십니다. 여러분 우리에게 씨를 주시고 열매를 맺게 하시는 분이 누구십니까? 바로 하나님이십니다. 그런데 하나님은 열매를 심는 자에게만 주십니다. 심는 자가 열매를 맺지 심지 않는 자는 열매를 맺지 못합니다. 그러나 아침 일찍 일어나 씨를 뿌린 사람은 수고의 땀을 흘린 사람에게는 기쁨이 있습니다.

둘째, 모든 일에 부요하여 너그럽게 연보함으로 하나님께 감사하게 하십니다. 하나님께 인정 받는 사람은 모든 일에 다 부요케 하십니다. 그러므로 부요한 축복을 받은 사람은 먼저 부요케 하신 하나님께 감사를 드려야 합니다. 그리고 그 축복을 이웃과 나눌 수 있어야 합니다. 사랑하는 성도 여러분, 하나님은 우리를 부요케 하시는 하나님이십니다. 그 하나님께 감사드리시기 바랍니다. 다윗은 하나님의 축복을 받고 나의 부귀가 다 하나님께로부터 왔다고 고백하며 하나님께 모든 영광을 돌리고 감사를 드렸습니다.

셋째, 봉사의 직무를 감당하게 하십니다.

고후 9:12 "이 봉사의 직무가 성도들의 부족한 것만 보충할 뿐 아니라 사람들의 하나님께 드리는 감사를 인하여 넘쳤느니라." 하나님께 축복받은 후 우리는 봉사의 직무를 다해야 합니다. 봉사의 직무는 몸이나 그 무엇으로든 하나님께 보답하는 것입니다. 그 봉사의 직무를 통해서 사람들을 도와줌으로 하나님께 영광 돌려야 합니다. 또한 교회에서도 충성으로 봉사의 직무를 감당해야 합니다. 심는자에게 풍성케 하시는 하나님이 씨를 주시고 열매를 풍족하게 하심으로 봉사의 직무를 감당케 하시고 또 더 많은 것을 우리에게 허락해 주시는 하나님이십니다.

사랑하는 성도여러분, 하나님은 당신의 아들 딸들을 그냥 내버려 두지 않으시고 심는 자에게 축복주시고 축복 받을만한 사람에게는 은혜를 베풀어 주실 하나님은 살아계셔서 반드시 그 신앙과 믿음위에 보상해 주시는 하나님이신 것을 믿으시기를 축원합니다.

1119
그를 찬미하게 하소서

"진실로 의인들이 주의 이름에 감사하며 정직한 자들이 주의 앞에서 살리이다"(시편 140:13)

찬미함의 명확한 의미는 경외하고 숭배하는 것이다. 하지만 그보다는 더 심오한 의미가 있다. 1952년 사순절 날, 레슬리 웨더헤드 박사가 런던의 시티교회에서 한 설교는 보다 귀중한 의미를 더해 주었다. "나는 신의 찬미를 저절로 우리의 찬사를 불러일으키는 사물이나 사람의 성격에 대한 표현이라고 정의하고자 합니다."

일출의 찬란한 아름다움은 틀림없이 해가 떠오르기 바로 전 하늘에 비친 섬세한 오렌지색과 핑크빛 아름다움에 있다. 예수 그리스도의 '영광'은 예수님을 숭배하게 만드는 그의 성격의 특징에 있다. 그러한 특징들은 왕권을 상징하는 장식물이나 중세 화가들이 그린 그리스도의 머리를 둘러싼 후광만이 아니다. 어림도 없는 소리이다! 남녀 공히 예수님의 절절한 연민, 온화함, 이해심… 그리고 십자가 위에서 보여 주신 궁극적인 자기희생과 같은 인류애에서 예수님의 영광을 보았던 것이다.

― 캐써린 마샬, 「캐써린 마샬 명문선집」

그분이 능력 있는 구원자임을 알고자 한다면, 그분이 얼마나 위대한 창조주임을 기억해야 한다

1120
신묘한 향수처럼

"다닐 때에 네 걸음이 곤란하지 아니하겠고 달려갈 때에 실족하지 아니하리라"(잠언 4:12)

하나님의 재목인 사람들에게는 매력적이면서 놀라우리만큼 사람들의 마음을 끄는 무언가가 있다. 그들과는 사이좋게 지내기가 보다 용이하며, 함께 일하며 살아가기가 보다 편안하며, 보다 온화하고 온순하다. 그들의 훌륭함은 감미롭고 향긋한 오래된 포도주와 같다. 그들은 다른 사람들에게 심오하면서 현혹스러운 영향을 가져다준다. 그들의 행동은 계속적으로 하나님의 존재를 연상케 한다.

그러한 종류의 영향력은 자연스럽게 표출되는 것이다. 그것은 여성미나 남성다움과 관련된 문제도 아니며 자기 확신, 지능, 카리스마, 매력 또는 뻔뻔스러움의 기능들과도 관계가 없다. 그것은 공교롭게도 우리와 하나님과의 친교에서 생기는 열매이다.

우리가 영향력을 행사하려고 하면 공격적이거나 강제적이 되고 만다. 우리는 사람들에게 강요만을 내세우며, 그들의 진실과는 먼 곳으로 내몰아 버린다.

그러나 하나님의 의로운 이들은 강렬한 설득력을 지니고 있다. 그들은 신묘한 향수 같은 향기를 풍긴다. 그들이 어디를 가거나, 방금 떠난 자리에는 잊혀 지지 않는 주님의 향기가 배어있다(고린도 후서 2:14-17).

_ 데이빗 로우퍼, 「시편 23」

401

1121
후회하지 않는 삶

"주께서 너희 마음을 인도하여 하나님의 사랑과 그리스도의
인내에 들어가게 하시기를 원하노라"(데살로니가 후서 3:5)

Note.

크리스천은 영생이라는 틀 안에서 사고하고 행동한다. 크
리스천은 자신이 계획한 대로 일이 되지 않아도 실망하지
않는다. 그들은 현세의 고통이 내세에 드리워질 영광에 비
하면 아무것도 아니라는 사실을 알고 있다. 그러니 항상 기
뻐하고 기꺼워할 밖에!

재력 있는 보든 가의 아들인 빌 보든이 선교사가 되어 중
국으로 떠날 때, 그의 많은 친구들은 그가 어리석게도 소수
의 중국인 이교도를 개종시키느라 '괜한 시간낭비'만 할 뿐
이라고 생각했다. 그러나 그는 그리스도를 사랑했으며 인간
을 또한 사랑했다. 하지만 중국으로 가던 도중 그는 병에 걸
려 세상을 떠나고 말았다. 침상 옆에는 그가 죽어 가면서 남
긴 쪽지가 있었다. 그의 친구들이 그 글을 보았다. "미루지
말고, 물러나지 말며, 후회하지 말라."

보든은 대부분의 사람들이 평생 동안 얻는 것보다 더 큰
행복을 불과 몇 년 동안의 희생적인 봉사를 통해서 구할 수
있었다.

_ 빌리 그레이어, 「행복의 비결」

하나님의 말씀은 삶을 인
도하는 확실한 지침이자
모든 결정의 토대이다

1122
메마른 땅 위의 은총

"하나님의 사랑 안에서 자기를 지키며 영생에 이르도록 우리
주 예수 그리스도의 긍휼을 기다리라"(유다서 21)

우리는 흔히 발레 무용수를 가리켜 은총을 받은 사람으로
비유한다. 우리는 식전 식후에 감사 기도를 드린다. 우리는
모든 행사 때마다 우아한 품위를 자아내는 기품 있는 영국
여왕에 대해 이야기한다. 은총은 행위의 조화이다. 은총은
기도를 의미하며 위엄과 지고함을 나타낸다.

무엇보다도 중요한 건 은총은 조건 없는 은혜라는 점이
다. 은총은 그것을 받을 만한 자격이 없는 사람이나, 아무런
대가 없이 그것을 받고 보답할 방법도 없는 사람에게도 내
리는 특별한 은혜다.

그대는 마약 중독에 빠져 있을 때, 공허한 삶의 한 가운데
에 있으면서 여기저기에서 사소한 싸움만을 찾아다니며 방
황하고 있던 때를 돌아보라. 그대는 하나님께 아무것도 드
리지 못했다. 그대는 진솔하게 정의로운 일이라고 단정 짓
는 일말의 선한 일도 하나님께 선사하지 못했다. 그럼에도
우리의 하나님께서는 당신의 마음을 우리에게 쓰신다. 얼마
나 훌륭한 일인가! 은총에는 구속을 없애주는 무언가가 있
다. 은총은 우리의 모든 필요를 없애준다. 하나님께서는 우
리에게 내려와, "너희는 나의 자녀들이다. 나는 너희를 있는
그대로 받아들이겠다. 너의 번민이나 의무감 그 모든 것까
지 나의 몫이다." 라고 말씀하실 때, 은총은 모든 응답을 하
나님께 돌린다.

_ 찰스 스윈돌, 「열정과 숙명의 사람, 다윗」

1123
소중한 그대

"서로 돌아 보사 사랑과 선행을 격려하며"(히브리서 10:24)

Note.

삶은 하나님의 높은 소명을 향해 계속 나아가는 과정이다

그대는 그대의 가치를 어떻게 평가하는가? 은행에 예금한 돈으로? 가지고 있는 자동차로? 그대의 직함으로?

대공황 기간 동안 그대의 뼈에 살점이라도 조금 붙어 있었다면, 그대는 특별한 존재이다. 즉 그대는 그래도 넉넉한 형편이어서 그대의 집에서 굶주리는 사람이 없다는 것을 의미하기 때문이다. 사람들은 그대가 훌륭한 보살핌을 받고 그 때문에 사람들의 관심의 대상이 되고 있다고 생각할 것이다.

하늘을 날고 있는 새를 보라. 그대는 뼈만 남아있는 새를 본 적이 있는가? 아마도 그런 새는 병들어서 먹이를 구하기 위해 날아오르기조차 힘겨운 새일 것이다. 반면 하늘을 높이 날고 있는 새는 건강하며 살이 토실토실하게 쪄있다. 비록 새들은 내일까지 먹을 양식이 없다 하더라도 하늘에 계신 아버지께서 주시는 오늘의 양식으로 행복해 보인다. 예수님은 하나님이 보시기에, 배불러 흡족한 새들보다 우리의 존재가 훨씬 가치 있는 존재라고 말씀하신다. 그분은 우리의 모든 부족함을 돌보아 주신다. 물질적인 것뿐만 아니라 영적인 부족함 까지도.

_ 리즈 커티스 히그스, 「하나님의 영상을 나타내며」

1124
행복한 습관

"여호와께서는 자기에게 간구하는 모든 자 곧 진실하게 간구하는 모든 자에게 가까이 하시는도다"(시편 145:18)

주어지지 않는 것에 대해 불평하는 것보다 주어진 것에 대해 감사하는 것이 현명하다. 이 두 가지 중 한 가지가 사람들에게 삶의 습관이 된다. 많은 여성들은 한 때 나의 책에 인용한 내 남편의 충고가 그들의 눈을 뜨게 해 준 귀한 이야기였다고 내게 말해준 적이 있다. 내 남편은 관대한 아내라면 자기 남편이 아내의 기대치 80% 정도만 충족시키며 사는 것을 용인할 수 있을 거라고 말했다. 아내가 변화시키려고 하는 나머지 20%는 늘 있게 마련이다. 아내는 부족한 부분을 크게 줄이지 않고 여생을 두고 조금씩 조금씩만 줄여 나가도 된다. 아니면 반대로 아내가 남편의 좋은 면 80%에 만족하며 살 결심을 하기만 하면 부부는 행복해지기 마련이다. 행복에 이르는 현실적인 원칙의 도식이 있다. 주어진 것을 적극적이고 과감하게 받아들여라. 하나님에 대한 감사의 기도를 삶의 습관이 되게 하라.

그러한 순응은 하나님의 지고한 사랑에 대한 깊고 변함없는 믿음 없이는 불가능하다. 하나님은 우리를 떠맡을 수도, 아닐 수도 있으며, 우리를 사랑할 수도 있고 그렇지 않을 수도 있다. 만약 하나님께서 우리를 떠맡고 사랑하신다면 우리에게 주어진 것은 모두 그의 손에 맡겨진 것이며, 궁극적으로는 우리의 기쁨을 의미한다.

_ 엘리자베쓰 엘리엇, 「사랑의 정가표」

405

1125

막 9:23 / 민 13:25-33

성공의 자화상을 그려라

사람은 어떤 자화상을 그리고 사느냐가 중요합니다. 인생의 성공과 실패는 어떤 자화상을 가졌느냐에 따라 결정됩니다. 미국의 수필가 에머슨은 "사람이란 종일 자기가 생각하는 바로 그것이다." 라고 했습니다. 성공은 환경에 있는 것이 아니라 마음에 있습니다.

그러므로 적극적인 믿음으로 생각하고 믿음으로 성공의 자화상을 그리며 전진해야 합니다. 그러면 어떤 사람이 성공하는가? 성공의 자화상을 그린 사람입니다.

성공적인 삶을 살려면 5가지 긍정적인 사람이 되어야 합니다.

첫째, 긍정적인 생각을 가지고 살아야 합니다.
인생의 성공과 실패는 개인의 능력이 아닌 긍정적인 생각에 따라 달라집니다.

둘째, 긍정적인 말을 해야 합니다.
우리의 말 속에는 성공이 들어있습니다.
성공적인 인생이 되려면 말(언어)을 바꿔야 합니다.
유명한 카네기가 성공하려면 3가지 말을 하지 말라고 했습니다.
할 수 없다. 안 된다. 못한다.
성공하는 사람은 반드시 긍정적인 말을 합니다.

셋째, 긍정적인 마음(그림, 자화상)을 그려야 합니다.

사람이 자기 자화상을 어떻게 그리느냐하는 것은 대단히 중요합니다. 자기 마음에 긍적적인 그림을 그려야 성공합니다.

넷째, 긍정적인 믿음의 눈을 갖고 살아야 합니다.

긍정적인 생각(마음, 말)에 가장 큰 영향을 끼치는 것은 긍정적인 눈입니다. 긍정적으로 보는 눈의 차이는 인생을 180도 바꿀 수 있습니다. 인생을 멋지게 성공적으로 살수도 있고 인생을 비참하게 실패자로 살 수도 있습니다. 그러므로 늘 긍정적인 눈을 갖고 사는 지도자가 되시기를 바랍니다.

다섯째, 긍정적인 기도를 드려야 성공합니다. 고난의 순간에도 낙심하지말고 좌절하지 말고 긍정적인 기도로 마치 이루어진 것처럼 기도해야 합니다. 성공하는 사람을 하나님에 대한 기대를 잃지 않습니다. 믿음의 기대를 갖고 살아야 합니다.

좋은 것을 준비하고 계신 하나님을 믿고 확신하고 나가면 이루어집니다. 그러므로 우리는 날마다 할 수 있다는 믿음으로 출발해야 합니다. 하나님을 믿고 긍정적인 삶(생각, 마음, 입, 눈, 기도)을 드릴 때 성공의 문이 활짝 열릴 줄 믿으시기 바랍니다.

1126
그저 감사한 마음만으로도

"만군의 여호와께 감사하라, 여호와는 선하시니 그 인자하심이 영원하다"(예레미야 33:11)

감사한 마음을 지님은 불안할 때에 나타나는 허황된 낙천적인 반응과는 거리가 멀다. 우리들 대부분에게 있어서 일상적인 감사의 마음을 표현하는 일은 특히 식사시간 때 이루어진다. 많은 가정에서 감사의 마음을 전하는 식사시간이 하루 중 반드시 제일 조용하고 평온한 때는 아니다. 하루 종일 일하느라 지친 어머니는 30분도 안되어 풍성하고 영양가 있는 음식을 내놓아야 한다. 아버지는 직장에서 받은 스트레스로 몸은 별로 좋지 않지만, 배고파하며 법석을 떠는 아이들을 질서 있게 만들어야 한다. 이윽고 식구 모두가 저녁 식탁에 앉을 때면 누이는 뾰루퉁해져 있고, 아기는 울어대며, 남동생은 학교에서 있었던 일을 얘기하고 싶어 안달하며 우는 아기보다 두 배나 큰 목소리로 떠들어댄다. 이럴 즈음에 감사의 기도를 올리게 된다. 이것이 현실이다.

하지만 바로 그러한 장소에서 참된 감사의 기도가 시작된다. 평온하며 고요한 삶이 아닌 모든 것들이 불안정할 때, 그리고 그로 인한 초조감이 그대의 눈동자에 드리워질 때 감사의 기도가 시작되는 것이다. 초조한 사람들에게 하나님에 대한 감사의 마음은 기적으로 다가온다. 우리는 그저 감사하는 마음만으로도 매일, 매순간 역사하시는 하나님을 체험한다.

_ 해리엇 크로스비, 「가정이라 불리는 곳」

Note.

순종하는 수고 없이 주님과 동행하는 즐거움을 느낄 수 없다

1127
즐거움을 주는 다채로움

"우리는 그가 만드신 바라 그리스도 예수 안에서 선한 일을 위하여 지으심을 받은 자입니다"(에베소서 2:10)

Note.

하나님이 우리에게 자주
듣기를 원하시는 다섯 글
자는 "도와주세요"이다

영국 내셔널 콜렉션에는 대략 2,500여 종류의 사과가 진열되어 있으며 뉴욕 주 콜렉션에도 이와 비슷한 종류의 사과들이 있다. 이곳의 사과들은 각기 다양한 특성, 색깔, 향, 당도를 지니고 있다. 어떤 사과는 아름다운 이름만으로도 재배하고 싶어진다. 영국 사과 이름은 Reinette, Orange Pipin, Beauty of Bath, D'Ary Spice, 그리고 북미 사과 이름에 Maiden's Blush, Northern Spy, Winesap, Wolf River 등이 있다.

사도 바울은 코린슨의 형제자매들에게 그들이 지닌 재능의 다양성으로 서로를 귀히 여기도록 일렀다. 그러한 재능의 다양성은 다채로운 창조를 즐거움으로 삼으시는 하나님에게서 나온다. 다양함은 매우 소중하다. 타인에게 획일적인 것을 강요하지 말아야 한다. 그들은 모두 하나님으로부터 다양한 특성과 재능을 부여받았고, 하나님이 보시기에 귀한 존재들이기 때문이다. 더욱이, 그대가 부러워하는 타인의 재능을 자신에게서 기대하지 마라. 다양성이란 저마다 그 자체로서 가치가 있는 것이다. 우리는 같은 종류의 사과에서도 완전히 똑같은 것을 기대하지 않는다. 그러므로 상대방의 재능을 우리 자신에게서 기대해서는 안 된다. 그렇지 않다면 남는 것은 실망뿐이다.

_ 피어나 맥매쓰, 「사과 과수원에서 배운 영적 교훈」

1128

역설의 하나님

"자족하는 마음이 있으면 경건은 큰 이익이 되느니라"(디모데 전서 6:6)

Note.

인간에 대한 공포심으로 부터 우리를 구할 수 있는 것은 하나님께 대한 두려움뿐이다

구원. 프레드릭 뷔히너는 이 말을 다음과 같이 정의한다. "그것은 과정이지 빅 이벤트가 아니다." 나는 이 말이 당혹스럽다. 나는 이를테면 크리스마스 같은 이벤트를 원한다. 나는 한번으로도 멋진, 웅대한, 기억에 남는 이벤트를 원한다.

계절과 여정, 삶과 죽음, 추위와 더위의 하나님; 대조와 패러독스의 하나님; 이러한 하나님은 간단히 설명되거나 손쉽게 확신할 수 있는 분이 아니다. 나는 궁극적이고 분명한 하나님을 원한다. 그대는 한번 경험한 것을 다시 되풀이 할 필요가 없다. 그대가 슬픔에 겨워 흘린 쓰린 눈물을 일단 경험하면 그대는 눈물을 닦아내고 기운을 내어 말한다, "그래요, 하나님. 이제 한번 겪었으니까 다시는 되풀이 하지 않을 겁니다." 나는 한번 겪고, 알고 나면 다시는 힘겹게 씨름할 필요가 없는 그런 신앙을 원한다. 나는 일단 "그래요. 하나님, 당신께 내 삶을 봉헌하겠습니다."라고 말하고 나면 그 의미를 계속해서 배울 필요가 없는 그런 종류의 신앙을 원한다.

구원이나 믿음 또는 궁극적이고 분명하신 하나님이 있다면, 아마도 내일이면 그런 구원이나 믿음 또는 하나님의 존재를 모두 잊어버릴지도 모른다. 나는 오늘 하루의 바로 지금 이 순간에도 하나님의 구원의 은총을 체험할 수 있다.

— 데브라 크링스폰, 「영혼 탐색」

1129
다양한 체험으로 가득 담긴 접시

"예수께서 이르시되 나의 양식은 나를 보내신 이의 뜻을 행하며 그의 일을 온전히 이루는 이것 이니라"(요한복음 4:34)

지난밤 가족 기도를 드렸다. 나는 식탁 앞에 딸들을 앉게 한 후 접시를 놓았다. 나는 식탁 한가운데에 과일과 신선한 야채, 과자들로 풍성하게 음식을 차려 놓았다 "매일 마다 하나님은 우리에게 체험이라는 접시를 마련해 주신단다. 너희들이 가장 좋아하는 음식은 어떤 것이지?" 하고 물었다.

대답은 간단했다. 사라는 자기 접시에 과자 3개를 놓았다. 어떤 날은 과자만 먹는 날도 있을 것이다. "과자 3개 먹는 날"처럼. 하지만 그런 날은 많지 않다. 때로는 우리의 접시에 야채만 있는 날도 있다. 샐러리, 스쿼시, 당근만으로 된 24시간이 하루의 접시 위에 놓여 있을 때도 있다. 물론 하나님께서는 우리에겐 기운이 필요함을 아신다. 그리고 그가 주신 음식이 맛이 없어 먹기엔 힘들지 몰라도 그것은 우리에겐 필요한 것이다. 거의 매일 우리는 조금씩이라도 야채를 먹는다. 야채는 건강에 좋지만 맛은 없다. 과일은 이보다는 맛있어서 즐겨 먹는다. 심지어 영양가와는 무관한 과자는 우리의 관심을 끌게 족하다.

다음 번에 그대의 접시에 애플파이보다는 브로콜리가 더 많이 놓여 있을 때, 누가 그 음식을 준비했는지 명심해야 한다. 그리고 다음 번에 그대의 접시에 맛이 없어 먹기 힘든 음식이 놓여 있으면, 하나님께 그 음식에 관해 말해보라. 예수께서 하셨듯이.

_ 맥쓰 루카도, 「위대한 하나님의 집」

1130
값비싼 말들

"그들이 부르기 전에 내가 응답 하겠고 그들이 말을 마치기 전에 내가 들을 것이라"(이사야 65:24)

나는 내 자식들에게 어렸을 때부터 끊임없이 반복해 가르친 교훈이 하나 있었다. 그것은 아무리 심한 논쟁을 했더라도, 무척 화가 났을 지라도, 굉장히 감정이 상했을 지라도 "네가 내 말에 상처 받았든 안 받았든 신경 쓰지 않아"라는 투의 말은 절대로 하지 말라는 것이었다. 어떤 말은 입 밖에 내기에는 너무 '사치스러운' 것들도 있다. 어떤 말은 상대방을 깎아 내리는 일시적인 만족감 때문에 값비싼 대가를 치루기도 한다. 어떤 말은 논쟁에서 우월한 인상을 주기 위해 값비싼 그림에 지울 수 없는 잉크를 뿌려놓거나 귀중한 조각품을 내던지는 것과 같다. 어떤 말을 내뱉는다는 건 어떠한 경우라도 그 대가를 치루게 된다. 이것은 남녀노소 모두에게 해당된다. 잠언서에는 어머니, 아버지, 할아버지, 할머니, 숙모 삼촌, 또는 서로 형제자매이며 사촌인 아이들이 대화를 나눌 때 적용될 수 있는 구절이 있다.

"지혜로운 여인은 자기 집을 세우되 미련한 여인은 자기 손으로 그것을 허느니라…미련한 자는 교만하여 입으로 매를 자청하고 지혜로운 자의 입술은 자기를 보전하느니라"(잠언서 14:1,3)"

_ 에디쓰 쉐퍼, 「가족이란 무엇인가?」

하나님이 베푸시는 기적을 사모하는 자는 많지만, 십자가의 견책을 따르는 자는 적다

1201
숨겨진 곳의 성스러움

"하나님의 입김이 얼음을 얼게하고 물의 너비를 줄어들게 하느니라"(욥기 37:10)

Note.

영혼들을 회심시키는 사람은 하늘에 그의 강단을 갖고 있다

세상이 단조로와 지는 겨울에는 미미하고 하찮아 보이는 아름다움이 우리를 찾아온다. 흰 눈과 겨울 초목의 칙칙한 회색과 갈색의 색조는 여타의 색깔을 보다 선명하게 만든다. 붉은 호랑가시나무 열매, 말라버린 들장미 줄기에 달려 있는 열매나 소나무의 변함없는 초록빛은 우리들 눈에 확연히 들어온다. 심지어 큰 파란 어치 새도 눈에 띤다. 단조롭고 휑뎅그렁한 겨울 풍경은 다른 계절에 우리가 무심하게 지나치던 생물들을 새롭게 보게 만든다. 그렇게 작고 보잘 것 없어 보이던 것들의 아름다움은 항상 겉모습과 크기에만 쉽게 고무되는 우리들에겐 특별히 성스러운 면을 보여 준다.

우리는 때때로 예기치 않은 곳에서 새로운 사실들을 목격한다. 어느 날 꽁꽁 얼어붙은 작은 강의 얼음 구멍 옆에서 얼음 밑바닥을 보니, 고드름이 물밑 쪽에 매달려 있었다. 그것은 작은 것이었지만 유리처럼 투명했으며 아름다운 나선형 모습을 하고 있었다. 얼음장 밑에 그 무엇이라도 있으리라고는 전혀 생각지도 못했었는데… 사계절 중 겨울의 성스러움은 그렇게 감추어진 곳에 있다. 하나님께서는 좀처럼 우리 인간의 눈에 띠지 않는 곳에 아름다운 손길을 남겨 두셨다.

_ 데이빗 랜스버거, 「성스런 겨울」

413

1202 엡 5:15-21

감사로 예배 드리자

오늘 본문에 보면, 지혜자와 지혜 없는 자를 구분했습니다. 지혜 없는 사람은 어떻게 살아야 되는지 모르는 사람, 세월을 아끼지 않는 사람, 주의 뜻이 무엇인지를 모르는 사람입니다. 지혜로운 사람은 세월을 아끼고, 주의 뜻을 분별하고 주의 뜻대로 사는 사람입니다. 성령의 충만함과 하나님의 뜻에 합당하게 사는 사람입니다.

첫째, 감사하는 사람은 그 삶이 푸르고 싱그러우며 감사할 때 건강해집니다. 시 119:7에 보면, "내가 주의 의로운 판단을 배울 때에는 정직한 마음으로 주께 감사하리이다"고 했습니다. 이 말씀은 마음 깊은 곳으로부터 진심으로 감사하라는 말씀입니다. 하나님께 감사한 마음이 생길 때 비로소 행복을 알게 됩니다. 진심으로 감사할 때 하나님은 버리지 않습니다. 하나님은 축복하십니다.

둘째, 감사하는 것은 하나님을 영화롭게 하는 것이고 황소를 드리는 것보다 여호와를 더욱 기쁘시게 한다고 하였습니다. 구약시대 하나님께 드리는 제물 중에 가장 큰 제물이 황소입니다. 감사하는 것은 황소를 드림보다 더 하나님을 기쁘게 합니다. 반면에 사람이 감사하지 못하면 죄라고 했습니다. 바울은 감사하는 것이 하나님이 우리를 향하신 뜻이라고 했습니다. 그러므로 감사함으로 하나님을 영화롭게 하고 기쁘시게 하는 복된 성도들이 다 되시기를 축원합니다.

셋째, 감사하면 하나님은 더 주십니다. 누가복음 17장에 보면 예수님께서 10명의 문둥병자를 만납니다. 당시에 문둥병으로 진단되면 성 밖으로 쫓겨나가야 했습니다. 예수님을 만난 문둥병자는 "예수 선생이여! 우리를 긍휼히 여기소서."라고 하며, 일그러진 입으로 피를 토하듯이 부르짖었습니다. 예수님은 그들에게 긍휼을 베풀며 "가서 제사장에게 너희 몸을 보이라."고 했습니다. 그들은 제사장에게 가는 도중에 다 깨끗이 나았습니다. 얼마 후에 그들 중 한 사람이 예수님께 달려와 땅에 엎드려 감사를 드렸습니다. 그러나 예수님은 "열 명의 사람이 다 깨끗함을 받지 아니했느냐? 그 아홉은 어디 있느냐 이방인 외에는 하나님께 영광을 돌리러 돌아온 자가 없느냐?"라고 말씀하셨습니다. 이 때 감사한 이 사람은 병도 고치고 믿음으로 영혼도 구원받았습니다. 하나님은 감사하는 자에게 더 주십니다.

사랑하는 성도여러분, 오늘의 감사가 남은 우리의 생애 가운데 더 풍성한 감사로 넘치게 되시기를 축원합니다.

1203
십자가로 이르는 길

"그가 우리의 체질을 아시며 우리가 단지 먼지뿐임을 기억하심이로다"(시편 103:14)

오늘날 관광객들이 방문하는 나사렛의 촌락 가옥이 아기 예수가 살았던 집이었다면, 그가 떠나오신 하늘의 상아빛 궁전과 비교해서는 거론할 바가 못 된다. 말씀에 따라 창조의 문을 여시는 어린 예수님은 어머니 마리아의 말씀에 순종했다. 온갖 삼라만상을 창조하는 손을 지닌 예수님은 어린 시절 먼지 낀 목공소에서 순종을 익혔다.

요셉이 예수께 도구 사용법을 가리킬 때면, 요셉은 예수의 손을 잡고 "이렇게 쥐는 거란다. 알겠니?"라고 자상하게 알려 주었다. 소년 예수는 배워야 했다. 그는 신성을 이용해 임의대로 탁자와 의자를 만들지 않았다. 그는 신의 손이 아닌 인간의 손에 들려진 공구를 이용해 물건을 만들었다.

그는 기술을 배워야했고, 자상하고, 신뢰할 수 있으며, 신속하고, 충실해지는 법을 배워야 했다. 그가 안일하게 일하는 유혹을 받았을지라도 전혀 그 유혹에 굴하지 않았다. 그는 손님들에게 상냥했고, 인간뿐만 아니라 하나님의 총애를 받게 되었다.

그가 미천한 일을 기꺼이 한 것이나 소년기에 가정생활에서 겪은 작은 시험들은 성인이 되어 바깥 세상에서 보낸 기간의 크나큰 시험을 준비하기 위한 중요한 일면이자, 그를 십자가의 길로 이끄는 밑거름이었다.

_ 엘리자뻬쓰 엘리엇, 「외로운 길」

그리스도인은 그리스도인이라는 이유만으로 마귀의 표적이 될 수 있다

1204
달콤한 향기

"우리가 선을 행하되 낙심하지 말지니 포기하지 아니하면 때가 이르매 거두리라"(갈라디아서 6:9)

옛날의 향 제조공들은 향내를 발산하고 냄새를 없애기 위해 잘 알려진 오일과 지방의 효능을 이용했다. 예를 들면 출애굽기(30:23-25)에 언급된 올리브기름은 신전에서 머리에 기름 붓는 종교의식에 사용됐던 향유의 주성분이었다. 당시 향유성분에서는 몰약, 향기로운 계피, 종려나무, 달콤한 계수나무의 향기가 났다.

제사장들이 만들어 사용한 이러한 향료는 제사장이 제단에 자신과 제물을 봉헌할 때, 하나님 백성의 자기희생적 사랑을 상징했다. 전도서에 사람의 명예는 값진 향유 같은 것이라는 이야기가 나온다. 향유에는 향기를 발산하거나 흡수하는 효능이 있다. 이것은 예수님을 믿는 사람들뿐만 아니라 모든 사람들에게도 해당한다. 하나님은 이 땅위에 살고 있는 모든 사람들에게 명예를 주셨다. 사람의 냄새나 향기는 자신의 인격이라는 향유에 어떤 약초를 넣는가에 따라 크게 좌우된다.

그대는 그대의 인격에 가장 훌륭하고 신선하며 가장 향기로운 약초인 그리스도를 넣을 수 있다는 사실을 이미 알고 있는가? 그리스도께서 그대의 삶 속에 머무르면 다른 사람들은 그대 가까이에 있는 것만으로 그분의 존재를 감지할 것이다.

_ 질 브리스코우, 「선한 목자 그리스도를 따르는 법」

1205
삶의 중심

"주께서 나를 모든 악한 일에서 건져내시고 또 그의 천국에 들어가도록 구원하시리니"(디모데 후서 4:18)

수년 전 누이 루시가 내가 지금 소중히 간직하고 있는 책 한 권을 주었다. 책의 겉장에는 루시가 적어놓은 옛 시 한 구절이 있다. 나는 그 시구를 본 즉시 외워버렸고, 아직까지 잊지 않고 있다.

"영혼의 목마름을 해소시켜 주시는 분은 주님 말고 또 누가 있습니까? 당신은 마르지 않는 샘물, 누구나 반겨 주시니, 그 밖의 모든 강물은 메말라 있음이라."

크리스천들은 그분이 우리의 유일한 희망이자 보호자, 불빛이자 힘이라는 사실을 믿는 데 주저하는 모습을 종종 본 적이 있다. 그 이유는 우리가 모든 다른 것들을 다 이루려고 하는 성향이 있기 때문이다. 우리는 자동적으로 주님만 빼놓고 모든 것에 의존하려고 한다. 그래도 그분은 자신의 강건함을 보여 주기 위해 항상 저만치서 인내하며 우리를 기다리신다.

그분은 우리의 연약함 안에서 자신의 강건함을 증거하신다. 그 분은 우리의 어둠 속에서 빛을 밝혀 주신다. 그분은 불확실성 안에서 희망이 되시며 혼란 속에서 방패가 되신다. 그분은 우리 삶의 중심이다.

_ 찰스 스윈돌, 「열정과 숙명의 사람, 다윗」

1206
끊임없는 사랑

"여호와는 위대하시니 극진히 찬양할 것이요 모든 신보다 경외할 것임이여"(역대기상 16:25)

Note.

반복해 듣고 묵상하는 것은 결국 믿게 된다

"그 무엇이 너를 향한 나의 사랑을 방해할 수 있는가?"라고 하나님께서는 질문하신다. 내가 너의 언어로 이야기하며, 네가 있는 땅에서 잠을 청하고, 너의 고통을 내가 같이 하는 것을 지켜보라. 재채기하고, 기침하고, 코를 풀 때의 그분의 모습과 소리를 지켜보라. 그대는 그대의 느낌을 내가 어찌 이해할 수 있는지 의아해 할지도 모른다. 나사렛 어린이의 초롱초롱한 눈망울을 상상해 보라. 그것은 학교에 가고 있는 하나님의 모습이다. 마리아의 식탁에 앉아 있는 겨우 걸음마를 익힌 꼬마 아이를 깊이 생각해 보라. 그것은 우유를 쏟는 하나님의 모습이다.

"너는 나의 사랑이 얼마나 오랫동안 지속될지 궁금해 하느냐? 부서진 십자가 위에서, 험한 언덕길 위에서 그 답을 구하라. 그곳에서 네가 보는 자, 못에 찔려 피 흘리고 있는 자, 그가 너의 조물주, 너의 하나님이다. 네가 더러운 침으로 뒤덮히고 죄악으로 물들어 있을 때는 나는 너의 죄를 함께 아파한다. 너의 죽음은 곧 나의 죽음이며 너의 부활로 나는 삶을 얻으리니, 이는 내가 너를 얼마나 사랑하는지를 보여주는 것이다."

_맥쓰 루카도, 「은총에 사로잡혀」

419

1207
하나님의 소유물

"그리스도께서 너희를 사랑하신 것 같이 너희도 사랑 가운데서 행하라 그는 우리를 위하여 자신을 버리사 향기로운 제물과 희생제물로 하나님께 드리셨느니라"(에베소서 5:2)

권력과 재력, 유명세를 탄 이들의 소유물은 아무리 평범한 것이라도 상당한 값어치를 지닌다. 나폴레옹의 칫솔은 21,000$에 팔렸다. 낡아빠진 칫솔 하나에 많은 돈을 지불한다는 게 상상이 가는가? 히틀러의 자동차는 150,000$가 넘었다. 윈스턴 처칠의 탁자, C.S. 루이스의 담배 파이프, 베토벤이 손으로 쓴 낱장 악보, 헤밍웨이가 한때 살았던 집 등이 모두 비슷하다. 소더비 경매장선 재키 케네디 오나시스의 소유물 중 모조진주가 211,500$, 존.F. 케네디의 골프클럽은 772,500$까지 치솟았다. 그들이 가지고 있던 물건 자체가 값어치가 있기 때문이 아니라, 한때 유명인사의 소유였다는 사실 때문에 고가로 팔려나간다.

놀랄 준비가 되었는가? 우리 자신도 그만한 값어치가 나간다. 하나님의 소유한 물건의 값어치를 생각해 보라. 우리에게 얼마나 큰 값어치를 부여해 주셨으며, 얼마나 말로 표현할 수 없을 정도의 귀중함을 선물하셨는가? 우리는 하나님의 것이다. 우리는 '하나님이 소유하신 백성'들이다(베드로 전서 2:9).

_ 찰스 스윈돌, 「또 다시 희망을」

1208
하나님을 위하는 일

"영원부터 영원까지 하나님의 이름을 찬송할 것은 지혜와 능력이 그에게 있음이로다"(다니엘 2:20)

선함은 하나님을 향한 일이다. 우리는 하나님이 하시는 일에 주제넘게 간섭하기를 중지하고 대신 우리의 변화를 위해 기도드려야 한다. 하나님께서 말씀하시길, "공의에서 멀리 떠난 너희여 내게 들으라 내가 나의 공의를 가깝게 할 것이다"(이사야 46:12–13).

신실한 마음을 지니기 위해선 규율이 필요하다. 하지만 그 규율은 결코 엄격한 기술로만 알아서는 안 된다. 그리스도를 따름은 노력이 필요하다. 그 노력이란 그분 곁에 머물고 그분의 목소리를 듣기 위한 노력이다. 하나님의 요구에 응하고 그에게 집중하기 위해서는 상당한 노력이 필요하다.

우리가 하나님께 가까이 다가갈 때—그와 함께 걷고, 말하고, 그의 말씀을 들으며, 의지하고, 도움을 요청할 때—하나님의 특성이 우리 안에서 서서히 표시되어 나타난다. 조용하고 강요하지 않는 가운데 하나님의 입김은 우리의 욕망을 누그러뜨리고, 의로움에 갈증을 느끼게 하고, 하나님의 기쁨을 추구하고, 우리의 욕망을 자제시키며, 악으로부터 멀리 할 수 있도록 해 준다. 하나님의 조용한 사랑 안에서 우리 안에 있는 모든 가치 없는 것들을 거두어 들인 후, 다시 자신을 위하여 무언가 가치 있는 것으로 바꾸어 놓는다.

_데이빗 로우퍼, 「시편 23」

1209

마 13:1-12

심어야 거둔다

하나님은 우리들이 가난하고 탄식하며 불행하게 사는 것을 원치 않습니다. 이 땅에서 성도들이 기름지고 윤택하여 여유 있게 살기를 원하십니다. 하나님께서 이 세상을 창조하실 때 우리 인간에게 생육하여 번성하고 땅에 충만하라고 축복하셨습니다. 하나님은 우리가 풍성하고 복되게 살기를 원하고 계신 것입니다. 오늘 우리가 읽은 본문의 말씀은 씨 뿌리는 비유이면서 풍성한 삶의 축복을 받는 비결을 가르쳐주고 있습니다. 우리는 세 가지 면에서 씨를 뿌려야 합니다. 밭은 마음의 밭이라고 했는데 좋은 씨를 뿌릴 때 30배, 60배, 100배의 결실을 맺게 될 것입니다.

그러기 위해 우리는

첫째, 내 마음 밭에 믿음을 심어야 합니다. 믿음은 더 있게 하는 운동입니다. 하나님은 없는 것을 있게 만드시고 있는 것을 더하게 하십니다. 그래서 믿음은 생산적인 것입니다. 믿음은 기적을 가져오며 위대한 일을 성취하게 만드는 것입니다. 믿음은 할 수 있다는 긍정적이며 창조적인 생각을 가지게 만들며, 생각은 무한한 가능성을 창조해 냅니다. 그러므로 무엇보다 내 마음밭에 좋은 생각을 심어야 합니다.

둘째, 성도들이 하나님 마음 밭에 심어야 할 3가지가 있습니다.

① 기도를 심어야 합니다. 기도는 하나님 마음 밭에 우리 인간이 뿌려야 할 씨앗입니다. 우리는 끊임없이 기도로 종자 씨를 심어야 합니다. 반드시 응답의 결실이 있습니다.

② 우리는 하나님의 마음 밭에 시간을 많이 심어야 합니다. 하나님께서 성도들에게 영원한 생명을 유업으로 받게 하시려고 시간을 심게 해 주셨는데 그것이 바로 주일 성수입니다.

③ 우리는 하나님 마음 밭에 물질로 심어야 합니다. 우리는 하늘 농장에 물질을 심어야 합니다. 바로 십일조를 말합니다. 말라기 3:10-12에 보면 하나님께서 우리에게 축복의 씨앗으로 십일조를 주셨는데 이것을 먹는 자가 있고 심는 자가 있습니다. 성경은 심고 거두는 법칙을 잘 말해 주고 있습니다.

사랑하는 성도 여러분, 지혜로운 사람은 잃어버린 것을 생각하며 슬퍼하는 자가 아니고 현재 남아있는 것들을 헤아리며 감사하는 사람입니다. 어떤 환경과 조건 속에서도 겨자씨 만한 믿음만 있다면 결코 망하지 않습니다. 성도의 삶은 과거에 사는 것이 아닙니다. 미래를 향하여 긍정적이고 창조적인 삶을 사는 것입니다.

1210
하나님을 철저히 신뢰하라

"여호와께 피하는 모든 사람은 다 복이 있도다" (시편 2:12)

예수님은 새들의 부지런함을 보시고 우리도 근면해야 한다고 말씀하셨다. 새들은 아침 일찍 일어나 하나님이 마련하여 주신 양식을 구하러 날아간다. 꽃들은 만발하고 아름답게 치장되어 있지만, 그 뿌리는 하나님이 꽃들의 성장을 위해 마련해 놓으신 양분을 빨아들이기 위해 땅속 깊숙이 뻗어 있다.

새들은 우리의 주된 관심사가 먹을 것이 아니라는 것을, 백합은 외모에 대한 걱정이 우리를 아름답게 만들어 주는 것이 아니라는 사실을 가르쳐 주고 있다.

인간의 마음속에는 반대되는 두 가지 힘이 존재할 수는 없다. 의심이 자리 잡고 있을 때, 믿음은 자리를 내놓는다. 증오가 군림할 때, 사랑은 유배당한다. 이기심이 지배할 때, 사랑은 머무를 수 없다. 걱정 근심이 자리 잡고 있을 때, 믿음이 밀치고 들어갈 자리는 없다.

근심을 없앨 수 있는 가장 좋은 처방은 시편(37:5)에서 찾을 수 있다. "주님께 앞날을 맡기고 그를 믿어라. 몸소 당신께서 행해 주시리라." '맡기라' 는 말은 완전히 신뢰하도록 자신을 내놓는 것을 의미한다.

_ 빌리 그레이엄, 「동산에 이르기까지」

1211
영원한 불빛 안에서 살며

"여호와가 너를 항상 인도하여 메마른 곳에서도 네 영혼을 만족하게 하리라"(이사야 58:11)

클리블랜드 교향악단이 모차르트의 매직 플롯을 연주할 때였다. 갑자기 천둥번개가 치면서 잠시 정전이 되었다. 정전 중에도 교향악단 단원들은 자신들이 연주하는 음악을 잘 알고 있었음으로 태연히 어둠 속에서 연주를 마쳤다. 연주가 끝나자 청중들은 우레 같은 박수를 보냈으며 조명기사가 단원들과 지휘자에게 조명을 비추자 그들은 청중들에게 고개 숙여 답례의 인사를 보냈다.

영적인 영역도 이와 똑같은 것이다. 그대가 하나님을 안다면 그대는 암흑에서도 그의 음악을 연주할 수 있다. 그대는 성스럽지 않은 영역에 머무르면서도 성스러운 삶을 살 수 있다. 두 세계 사이에 놓여 우왕좌왕하고 있을 때, 이를 극복할 수 있는 비결은 현세의 틀을 벗어나 내세의 본질을 바라볼 수 있는 마음가짐을 다지는 것이다.

_ 스테이시 & 폴라 라인하트, 「영원한 빛 속에 사는 삶」

425

1212
'지금'을 소홀히 하지 마라

"너희 안에서 착한 일을 시작하신 이가 그리스도 예수의 날까지 이루실 줄을 우리는 확신하노라"(빌립보서 1:6)

"기저귀는 정말 차기 싫어, 아유! 빨리 커서 기저귀를 안 찬다면 얼마나 좋을까!"

"유치원은 정말 싫어. 지금이 지나야 하루 종일 놀 수 있을 텐데, 10대 생활이 빨리 끝났으면, 그래야 모든 것이 다 끝나고 빨리 새로운 인생을 시작할 수 있는데…!"

인생은 매단계마다 너무 빨리 지나가버려서, 삶은 그렇게 순식간에 사라지고 만다. 탄식하고, 말다툼하고, 화내다가 얼마 안 있어 없어져 버릴 귀중한 것들을 무시해 버리기 때문에 '지금' 순간을 허비하는 위험은 시소가 중요한 균형점을 잃고 한쪽으로 쏠려 내려가는 위험과 같다.

삶은 정체되어 있지 않다. 우리들 서로에겐 발견해야 할 것들이 있다. 우리들 안에서, 숨겨진 재능과 새로운 관심거리, 지금 당장 이룰 수 없는 것들을 하려는 자유스러움 안에서 서로 발견해야 할 것이 있다. '지금'에 대한 우리의 관심은 우리 앞에 새로운 것들을 싣고 있는 미래가 있다는 내적 자각과 균형을 이뤄야 한다. '지금'은 그리 오래 지속되지는 않는다. 그리고 우리가 겪을 변화들은 은밀한 내용물을 담은 포장지에 싸인 선물을 바라보는 것과 같다.

_ 에디쓰 쉐퍼, 「가족이란 무엇인가?」

용서는 복수하고 보복할 권리를 포기하는 것이다

1213
단지 필요한 불빛만으로도

"여호와여 주는 나의 등불이시니 여호와께서 나의 어둠을 밝히시리이다"(사무엘하 22:29)

어렸을 때 나는 아버지와 멕시코 해안에서 가자미를 잡으며 여가를 즐기곤 했다. 한 손에는 랜턴을 다른 손에는 두 가닥짜리 뾰족한 창을 들고 무릎 높이까지 차는 바닷속을 거닐었다. 그러는 동안 새우나 숭어를 잡아먹기 위해 저녁 무렵 해안근처까지 헤엄쳐 온 넙치를 찾아 랜턴을 휘저으며 부드러운 물속 모래바닥을 샅샅이 뒤졌다. 랜턴 불빛은 바닷물 바로 아래 모래 위의 물고기를 겨우 비출 수 있는 정도여서… 물속을 걷는 동안 몇 발자국 앞의 물속만 보였다. 사실 우리가 필요한 불빛은 그 정도면 충분한 것이었다. 그 불빛은 어둠을 가르며 우리의 바로 앞길을 비추어 줄 정도라서 그 너머까지는 비추지 못했다.

우리가 하나님으로부터 받는 불빛도 이와 같다. 때때로 우리는 멀리 어둠 저편까지 보려고 애쓰면서 허둥대며 나아간다. 그러나 하나님은 우리가 다음 발을 내디딜 수 있는 정도의 빛만 비추어 주신다. 주님께서 보내주시는 불빛은 그것이 전부이며 우리는 그것만으로도 충만하다.

_ 찰스 스윈돌, 「열정과 숙명의 사람, 다윗」

1214
인내의 모습

"우가 알거니와 하나님을 사랑하는 자 곧 그의 뜻대로 부르심을 입은 자들에게는 모든 것이 합력하여 선을 이루느니라"(로마서 8:28)

신약 성경에 나와 있는 '인내'라는 단어와 동일한 의미를 지닌 영어 단어는 없다. 그것은 많은 사람들이 생각하는 단순한 잔잔함과 냉정함만을 의미하지는 않는다.

인내란 역경 속에서 오랫동안 견딜 수 있는 이기심 없는 사랑을 담은 튼튼한 그릇이다. 인내는 좌절하지 않고 고통스런 상황이나 자신에게 적대적인 사람들조차 참아낼 수 있는 고귀한 힘이다.

인내는 고통과 적대적인 상황에서도 긍정적인 결과를 창출할 수 있는 강인한 불굴의 정신이다. 인내는 타인을 향한 은혜로움이 있기 때문에 우아하고, 자기를 내 주며, 포기하지 않고, 역경을 참아낼 수 있는 사랑이다.

신약 성경에서 뜻하는 인내란 주인을 위해 자신의 등에 곡식자루와 무거운 땔감을 잔뜩 지고 가는 작은 당나귀의 인내와 마찬가지다. 날이 가고 해가 가도 당나귀는 주인이 원하는 대로 묵묵히 이곳저곳으로 주인의 물건들을 정확하게, 꾸준히 안전하게 운반한다.

_ 필립 켈러, 「필립 켈러 영감집」

1215
영혼의 창문

"겸손과 여호와를 경외함의 보상은 재물과 영광과 생명이니라"(잠언 22:4)

Note.

범사에 하나님을 경외하라, 그러면 하나님도 당신을 존중해 주신다

하나님께서는 하늘을 펼쳐놓고 어둠을 밝혀주는 화려한 별들로 총총히 수를 놓으셨다. 주님은 태양은 하루의 리듬에, 달은 한 달의 리듬에, 그리고 계절은 1년의 리듬에 맞도록 창조하셨다. 그는 흙으로 자신의 형상을 닮은 것을 만들어 생명의 입김을 불어 넣으셨다. 그는 그것의 짝을 만들고 두 개의 반쪽을 결합시켜 창조의 중심 위치에 놓으셨다. 그러나 유혹과 타락, 엄청난 상실과 은신이 뒤따랐다. 하나님은 숨어있던 그들을 찾아내시어 손을 뻗어 그들을 끌어 올리고, 묻은 먼지를 털어내어 자신에게 가까이 오게 했음이니….

우리는 여러 가지 방법으로 하나님께 다가가려 한다. 우리의 조각품과 경전, 우리의 그림과 기도, 우리의 글과 경배를 통해 그에게 다가간다. 그리고 그것들을 통하여 하나님께서는 우리에게 다가오신다.

하나님의 다가오심은 말씀으로 시작하시며 우리의 다가감은 듣기로 시작한다. 하나님의 다가오심은 보여 주심으로 시작하며 우리의 다가감은 보기에서 시작한다. 우리의 다가감과 하나님의 다가오심은 매일의 경험 안에서 창문을 사이에 두고 만난다.

그러나 우리는 눈에 보이는 것 이상의 것을 보는 법을 배워야 하며, 귀에 들리는 것 이상의 것을 듣는 법을 배워야 한다. 때때로 그분의 음성은 너무 희미하며 모습은 저 멀리에 있기 때문이다.

_ 켄 가이어, 「영혼의 창문」

1216 골 4:2-4

4가지 문을 여는 기도

부흥에 필요한 문이 열리도록 기도할 때 부흥이 되는 것입니다. 오늘 본문에 보면 사도 바울은 성도들에게 기도해 줄 것을 부탁하면서 기도의 제목을 주었습니다.

첫째, 감사의 문이 열리기 위해 기도해야 합니다.

오늘 본문에 기도에 감사하며 깨어 있으라고 하심 같이 감사가 넘치는 사람의 기도는 응답도 빠르고 행복한 사람입니다. 그러나 감사의 문이 닫힌 사람은 항상 원망과 불평불만 뿐입니다. 이런 사람은 기도해도 응답도 없고 되는 일이 없습니다. 이스라엘 백성들이 광야에서 떼죽음을 당한 것은 원망 때문입니다. 항상 감사의 문이 활짝 열려 감사하는 사람이 되기를 축원합니다.

둘째, 전도의 문이 열리도록 기도해야 합니다.

오늘 본문에 보니 사도 바울이 자기들을 위해 기도하되 전도의 문을 열어주시도록 기도해 달라고 지원을 요청하고 있습니다. 능력이 충만한 사도바울도 기도 요청을 한 것으로 성도들의 기도 뒷받침이 얼마나 중요한가 알 수 있습니다. 사도 바울은 데살로니가 교회 성도들에게도 우리를 위하여 기도하라고 부탁했습니다. 전도도 문이 열려야지 전도의 문이 닫혀 버리면 아무런 생명이 없기 때문입니다.

셋째, 말씀의 문이 열리도록 기도해야 합니다.

오늘 본문에 "그리스도의 비밀을 말하게 하시기를 구하라 내가 이 것을 인하여 매임을 당하였노라 그리하면 내가 마땅히 할 말로써 이 비밀을 나타내리라"고 했듯이 주의 종은 비밀의 말씀을 증거해야 하기 때문에 이를 위해 기도를 부탁했습니다. 주의 종을 위하여 기도하되 말씀이 쏟아져 내리고 그 말씀을 통해서 은혜 받고 치료 받고 고침 받고 변화되도록 축복받는 역사가 일어나도록 항상 기도해야 합니다.

넷째, 기도의 문이 열리도록 기도해야 합니다.

성령받기 전의 제자들은 기도의 문이 꽉 막혀 있어서 전혀 기도하지 못했습니다. 오순절날 성령충만을 받고 나서부터는 누가 기도하라고 하지 않아도 시간을 정해놓고 매일 기도했던 것은 기도의 문이 열렸기 때문입니다. 이렇게 기도의 문이 열리려면 먼저 성령을 받아야 하고 그렇게 되려면 간절히 기도해야 합니다.

1217
낙담하지 말라

"만민이 각각 자기의 신의 이름을 의지하여 행하되 오직 우리는 우리 하나님 여호와의 이름을 의지하여 영원히 행하리로다"(미가 4:5)

나는 한때 그동안 '꿈에 그리던 직장'에서 면접을 받게 되었다. 면접은 까다로웠으며 면접관이 결정내리는 과정은 길었고 또 지지부진 했다. 그리고 결과가 발표될 때까지 고문 같은 기다림의 시간이 있었다. 마침내 나대신 다른 지원자가 합격했다는 사실을 알게 되자, 그 후 며칠 동안 자포자기 상태에 있었다.

그리고 시골 친구들이 아름다운 파란 수국을 선물했을 때, 나는 정신적 전환점을 맞게 되었다. 거기에는 "용기를 잃지 말게!"라는 글이 쓰여 있었다. 나는 커다란 삼나무 통 속에 기쁜 마음으로 수국을 심었다.

친구들의 사랑과 도움으로 직장이란 것이 내가 생각하여 왔던 것처럼 그렇게 중요한 것만은 아니라는 사실을 알게 되었다. 나의 식견과 감정은 변하기 시작했다.

용기를 잃지 말라. 모든 것은 변한다. 하나님께서는 계절이 바뀌듯이 우리를 변할 수 있도록 만드셨다. 하나님 백성의 우정과 하나님의 사랑은 우리에게 곤란을 헤치고 나아가게 하는 용기를 주신다.

_ 해리엇 크로스비, 「잘 가꿔진 정원」

Note.

예수님은 사탄이 우리를 참소할 때 우리를 변호하시는 가장 훌륭한 변호사다

1218
파란 리본의 사랑

"오직 선을 행함과 서로 나누어 주기를 잊지 말라 하나님은 이 같은 제사를 기뻐하시느니라"(히브리서 13:16)

어느 날 루스라는 여인이 시골길을 운전하며 가다가 "침대 덮개 팝니다"라는 표지가 붙은 자그만 통나무집을 보게 되었다. 그녀가 내려서 그 집 문을 두드리자, 이윽고 색이 바랜 깅엄 드레스를 입은 마사라는 몸집이 작은 할머니가 그녀를 맞이했다. 마사는 루스를 커다란 벽장으로 안내해 온갖 형형색색의 아름다운 침대 덮개를 보여 주었다. 각 침대 덮개에는 파란 리본이 꽂혀져 있었다.

"나도 침대 덮개를 만들어요. 하지만 파란 리본을 만들어 붙일 생각을 해 본 적이 없어요."라고 루스가 말했다. 그러자 마사는 "내 말을 들어봐요. 아마도 당신의 침대 덮개에는 사랑이 담겨 있지 않나보죠. 당신은 오로지 파란 리본만을 원하나요? 내가 만든 모든 침대 덮개에는 소중한 분을 마음에 담아 만든 것이랍니다."

우리는 허울 좋은 천박한 일류 중시의 삶을 살고 있다. 연예인과 운동선수는 세상 사람들이 '최고'라고 환호하는 위업들을 이루려고 노력한다. 그러나 진실로 위대한 인간적 노력이란 어려운 처지의 이웃을 생각하며 예수님을 대신하는 일들이다. 그리고 그런 노력들이라야 영원히 위대한 징표를 지니는 것이다.

_데니스 J. 드한, 「나날의 양식」

1219
그대를 응원하시는 하나님

"내가 너희를 고아와 같이 버려두지 아니하고 너희에게로 오리라"(요한복음 14:18)

Note.

믿는 자에게는 설명이 필요 없고, 믿지 않는 자에게는 설명이 불가능하다

하나님은 그대를 위해 존재한다. 부모가 그대 존재를 잊어버렸을 수도 있고, 선생님이 그대를 소홀히 했을 수도 있으며, 형제자매가 그대를 창피하게 생각할지도 모른다. 그러나 그대의 기도가 닿는 곳에는 넓은 바다의 창조자, 하나님이 계신다. 하나님은 그대를 위해 존재한다.

하나님은 '혹시 계실지도', '계셨는지', '앞으로 계실' 그런 존재가 아니다. 하나님은 확실히 지금도 계신다. 그대를 위해 바로 오늘, 지금, 이 시간, 지금 이 글을 읽고 있는 이 순간에 존재하고 계신다. 그를 만나기 위해 줄을 서서 기다리거나 내일 다시 올 필요가 없다. 그는 이미 당신과 함께 계신다. 하나님은 지금 이 순간보다 그대에게 더 가까이 있을 수는 없다. 하나님의 충절함은 그대의 훌륭함으로 인해 더해지는 것이 아니며, 그대의 비천함으로 덜해지는 것도 아니다. 그분은 그대를 위해 존재하신다.

하나님은 그대를 위해 존재하신다. 주변을 바라보라. 하나님은 그대의 달리기 시합을 응원하고 계신다. 결승선을 통과하고 바라보라. 하나님은 그대가 내딛는 발걸음 마다마다 박수를 보내시는 분이다. 관람석에서 그대의 이름을 외치는 그의 목소리에 귀 기울여 보라. 더 이상 달릴 수가 없는가? 그가 이끌어 줄 것이다. 너무 낙심하여 싸울 수가 없는가? 그가 일으켜 줄 것이다. 하나님께서는 그대를 위해 존재하신다.

_ 맥스 루카도, 「은총에 사로잡혀서」

1220
미련의 문을 닫아라

"너희가 그리스도 예수를 주로 받았으니 그 안에서 행하되"
(골로새서 2:6)

"문 좀 닫고 들어와라" 우리가 쾅쾅대며 들어올 때 어머니께서 늘 하시던 말씀이었다. 문틈으로 들어오는 바람, 찬 기운을 막는 것 - 그렇다. 문을 닫는 이유는 이런 것 때문이다. 그러나 좀 더 확대 시켜보면 그 말은 보다 중요한 의미를 지닌다. 들어온 뒤 방문을 닫는 우리의 습관은 행복을 위해서 소중한 것이다. 우리는 과거의 잘못이라 불리는 무의미한 바람을 막기 위해 삶의 문을 적절히 닫는 법을 배워야 한다.

그대가 결혼할 수 없었던 사람들, 그대가 사지 못한 집, 그대가 얻지 못한 직장, 빨리 잊어버릴수록 좋은 오래 전의 기억, 그 상실감, 그 처절한 슬픔, 그 실패 등등.

잊어 버려라. 굳은 마음으로 멀리 던져 버려라. 기억이라 불리는 방문을 조금이라도 열어놓는 순간, 끔찍스러운 적의 무리들인 후회, 자책감, 슬픔의 통로를 제공하고야 만다.

그대가 들어온 뒤 문을 닫도록 하라. 문을 잠그고 열쇠를 저 멀리 던져 버려라. 그대가 신경 써야 할 문은 오직 그대가 바로 오늘 열어야 할 문뿐이다.

_ 마조리 호움즈, 「사랑과 웃음」

1221
최상의 것을 추구하라

"주는 가장 자비하시고 긍휼히 여기시는 이시니라"(야고보서 5:11)

Note.

내 옆에 누군가의 묘비에 "나의 사랑하는 아내, 1863년 열병으로 영면함"이라는 글이 새겨져 있었다. 그녀의 이름 밑에는 거의 알아보기 힘든 글귀가 쓰여 있었다. 나는 상심에 빠진 죽은 이의 자녀들이 성경의 어떤 구절을 새겨 넣었을지 궁금해 자세히 들여다보았다. 하지만 그것은 성서의 인용이 아닌 어떤 글귀였다.

"항상 그녀는 최선의 것을 추구하려 했고 늘 얻고자 한 것을 얻었도다."

여덟 단어였다. 나는 그곳에 서서 차가운 비석에 손을 갖다 대자 우리가 시간이라 부르는 환상의 그늘에서 현재가 퇴색하고 과거가 살아남을 느꼈다. 지금부터 한 세기 전 이 여인은 끔찍한 전쟁을 겪으면서 남편과 어쩌면 아들까지도 잃었을지도 모른다. 전쟁이 끝나자 나라는 피폐해지고, 황폐하며 굶주림에 시달렸을 것이다. 틀림없이 그녀는 수모를 겪고 쓰디쓴 절망을 맛보았을 것이다. 하지만 그녀를 알고 있던 누군가가 그녀는 항상 최선의 것을 구하려 노력했으며 항상 그것을 구할 수 있었다고 적었을 것이다.

묘비의 글 속에는 용기와 존엄과 의미가 담겨 있었다. 그 비문에는 신비로운 소중한 가치가 있어서 일종의 승리감을 자아냈다. 그대가 삶에서 구하려는 것은 반드시 구하게 될 것이라고 비문은 말하고 있는 듯했다. 하지만 그대가 선택하려는 방향은 오로지 그대에게 달려있다.

_ 아써 고든, 「경이로운 손길」

사탄은 당신 안에 있는 그리스도의 능력을 당신이 사용하는 것을 원치 않는다

1222
도대체 '기다림'이란

"내가 노래로 하나님의 이름을 찬송하며 감사함으로 하나님을 위대하시다 하리니"(시편 69:30)

하나님은 여러 번 내 인생길에서 내가 앞으로 나아가고자 할 때 기다릴 것을 주문했으며, 내가 빛을 달라고 간청했을 땐 그대로 어둠 속에 놓아두셨다. 내가 방향을 알려 달라고 간청했을 때, 그의 응답은 흔히 "나의 딸아, 참고 기다려라." 였다. 나는 진전되는 모습을 보기를 원하며, 하나님이 적어도 무언가를 하고 계신다는 증거를 찾는다. 우리가 '많은 물'에 대한 간절한 열망을 보이고 있을 때, 선한 목자이신 그리스도가 그 즉시 우리를 고요한 물가로 인도 하신다면, 정말로 중요한 어떤 일이 우리 주변에서 벌어지고 있다고는 믿기 어렵다. 하나님은 침묵하신다. 집은 조용하다. 전화벨도 울리지 않는다. 우편함은 텅 비어 있다…. 물론 우리들 대부분이 이러한 기다림의 시험을 조용하고 텅 빈 집안에서가 아니라 일상적인 일과 약속, 세금 납부와 식료품 구입, 자동차 수리와 덧문을 들어 올리는 따위의 일들을 하는 과정 속에서 맞게 되는 것이다. 매일매일 해야 할 일들이 계속해서 결정되어야 하고, 책임 맡은 일이 이루어져야 하고, 가족을 부양해야 하며, 고용주의 마음에 들도록 해야 한다. 이런 바쁜 삶의 한가운데 있으면서 우리는 어떻게 하나님을 섬긴다고 말할 수 있겠는가? 어떻게 가만히만 계신다고 말할 수 있겠는가?

크리스천들은 눈에 띄지 않는 곳에서 살아간다. 그곳은 바로 전능하신 하나님이 드리우는 그림자이다. 거기에서 일어나는 모든 일들은 오로지 하나님께서만 알고 계신다.

― 엘리자베쓰 엘리엇, 「외로운 길」

1223 눅 5:1-7
다가온 불황을 극복하는 비결

사랑하는 성도 여러분!

오늘 본문의 이야기를 통해 오늘 불황을 만나 염려와 근심과 불안, 초조 가운데 있는 우리들이 어떤 마음의 자세와 태도를 가져야 이 다가온 불황을 극복할 수 있는지 하나님의 말씀을 통해서 생각해 보고자 합니다.

첫째, 환경적인 불황은 마음의 불황을 유발시킵니다.

환경적인 불황은 마음의 불황을 유발함으로 이것은 사람들을 파멸시킵니다. 환경에 아무리 바람이 불고 파도가 치고 눈보라가 쳐도 마음속에 불황이 다가오지 않는 사람은 결코 파멸되지 않습니다. 성경 잠언 18:14에도 "사람의 심령은 그 병을 능히 이기려니와 심령이 상하면 그것을 누가 일으키겠느냐"라고 했습니다. 우리에게 어떤 어려움이 다가온다 할지라도 마음속에 불황이 다가오지 않는 이상 우리는 그 시련을 믿음으로 능히 이겨낼 수 있다는 것을 믿으시기 바랍니다.

둘째, 우리가 다가온 불황을 극복하려면 베드로가 불황을 이긴 방법을 배워야 합니다. 베드로는 단 한 마리의 고기도 잡지 못했습니다. 고기를 못 잡은 베드로는 굶게 되었지만 예수님을 모시고 배안에서 부흥회를 하게 되었습니다. 이것이 바로 오늘의 문제 해결책인 것입니다. 여러분의 사업이 잘 안되고 직장을 잃고 모든 것이 끝장 난 것 같아 두 손 들었을 때, 그때는 온 가족이 전 사원이 다 하나님 앞에 나와 베드로식으로 부흥회를 열 때입니다. 이럴 때 내 가족과 내 이웃과 사업체를 사랑하는 마음이 생겨나면 어떤 불황이라도 능히 이길 수 있습니다.

셋째, 여러분의 마음속에 불황이 사라지고 부흥이 일어나면 하나님께서 위대한 축복을 하늘 문을 열고 쏟아 부어 주십니다.

하나님께서 마음속에 불황이 사라지고 믿음과 소망과 사랑이 솟아나기 시작하면 하나님께서 환경적인 불황을 이겨나갈 수 있도록 위대한 아이디어를 허락해 주십니다. 빌 4:19에 보면, "나의 하나님이 그리스도 예수 안에서 영광 가운데 그 풍성한 대로 너희 모든 쓸 것을 채우시리라"고 말씀하고 있습니다. 그러므로 진작 문제가 되는 것은 아이디어의 빈곤이며 환경이나 생활의 불황은 그리 문제가 되지 않습니다. 우리가 말씀을 읽고 기도할 때 성령님께서 아이디어를 주십니다.

주님께서 여러분에게 다가온 환경적인 불황을 능히 극복할 수 있도록 능력과 축복을 내려주실 줄 믿으시기를 축원합니다.

1224
화이트 크리스마스

"천사가 이르되…내가 온 백성에게 미칠 큰 기쁨의 좋은 소식
을 너희에게 전하노라"(누가복음 2:6)

Note.

나는 눈 내리는 크리스마스를 좋아한다. 비록 예수님이
아기의 모습으로 이 땅에 오셔서 눈이 내렸는지 아닌지를
모르셨다고 해도 눈은 이 세상에서 왕 중의 왕이 오심을 환
영하기 위한 것으로는 가장 적합해 보인다. 그런데 나는 눈
이 없는 크리스마스는 상상할 수가 없다. 언젠가 우리 교회
에 초빙 연사가 와서 예수님이 탄생하셨던 날 밤, 베들레헴
에 눈이 내렸을 가능성이 거의 없었을 것이라고 말했을 때,
나는 그 사람이 틀렸다고 반박하고 싶었다. 눈이 없는 크리
스마스를 상상해 보라. 아기 예수를 맞이함에 있어서 더럽
고, 휑뎅그런, 지저분한 세상이란 정말 어울리지 않는다.

정말이지 나는 매년 크리스마스 때마다 눈이 내리기를 고
대했다. 눈은 나에겐 성스런 성찬식 같은 것이었다. 단조로
운 황토색의 추한 세상을 하나님은 몸소 자신의 손으로 빚
어 만든 깨끗하고 신선한 눈으로 덮어 주신다. 헐벗은 나무
들, 지저분하게 발자국이 난 앞뜰 텅 빈 마당들은 모두 순식
간에 은빛 찬란한 온화한 형상으로 바뀌어 버린다. 이러한
광경들은 무언가 정말로 기적 같은 일이 내 눈 앞에서 벌어
지고 있다는 생각을 늘 불러일으킨다.

_ 재닛 오우크, 「사랑의 아버지」

> 인간의 어설픈 철학은 무
> 신론을 이끌지만, 깊은
> 철학은 종교로 이끈다

1225
어머니의 가슴

"홀로 기이한 일들을 행하시는 여호와 하나님 곧 이스라엘의 하나님을 찬송하며"(시편 72:18)

성모 마리아께서는 작은 것까지도 간직하시고, 소중한 추억으로 가슴에 담고 사신 분이셨다. 어머니들은 얼마나 많은 것들을 챙기시는지 그대의 주변을 살펴보라. 낡아서 떨어진 작은 오래된 책들, 아기 신발, 기념품과 그림들로 가득 찬 스크랩 북, 딸이 첫 무도회 때 입었던 드레스. 이런 사소한 것들은 오로지 어머니만이 갖는 애착이다. 과거에도 미래에도 어머니들은 성모 마리아처럼 크신 분들이다. 그대의 작은 것까지도 귀하게 여기시는 어린 소녀 같은 어머니에게서 새삼 따스함을 느낀다. 그대는 예수님의 어린 시절 무엇이 마리아의 가슴 속에 담겨있을까 궁금해 할 것이다. 예수님의 배냇저고리일까? 아니면 걸음마를 배우기 시작할 때 신었던 신발일까? 아버지 요셉이 목공소에서 아들을 위해 만들어준 작은 나무 장난감 이었을까? 그렇다면 이런 것들이 훗날 어머니 마리아의 가슴 속에 간직되어 어떤 기억들을 불러일으켰을까?

크리스마스란 영원토록 간직되는 것이다. 크리스마스는 매년마다, 그리고 영원히 찾아온다. 크리스마스는 소중한 추억을 위해 간직하는 유물이자 관습 같은 것이라고 할 수 있다. 어머니들은 성모 마리아처럼 그렇게 보잘 것 없어 보이는 일상의 것들을 은밀한 곳에 소중히 담고 계시는 분이다.

— 마조리 호움즈, 「주님, 사랑하게 하소서」

1226
유심히 귀 기울이고 들어보라

"나를 간절히 찾는 자가 나를 만날 것이니라"(잠언 8:17)

이삼년 전에 나는 플로리다의 멕시코 만에서 대서양 해안을 따라 여행을 하였다. 나는 플로리다를 가로지르는 리본 띠 모양의 곧은 도로인 '악어의 길목'이라 불리는 길을 따라갔다. 지루함을 달래기 위해 몇 번이고 라디오 주파수의 다이얼을 돌려봤지만, 두세 개의 방송국 채널 이외에 다른 방송은 잡히지 않았다. 다른 방송국 주파수는 잡히지가 않아서 그 두세 개의 채널에서 방송되는 프로그램은 크고 선명하게 흘러나오는 것 같았다. 나는 선택의 여지가 없었으므로 생전 처음 듣는 방송을 청취할 수밖에 없었다. 목적지인 휫트 로더데일 시에 가까워지자, 라디오에서는 많은 방송국 전파들로 인해 혼잡한 잡음이 흘러나왔다. 깨끗하게 제대로 들을 수 있는 방송이 하나도 없었다. 매우 혼란스러워서 내가 들으려는 프로그램을 찾으려고 했지만, 몇 마일 더 안가서 다른 전파의 목소리들이 끼어들어 더 이상 들리지 않게 되었다.

우리의 삶도 라디오의 주파수와 마찬가지다. 우리가 하나님의 음성 주파수를 맞추었을 때조차도 사방에서 흘러나오는 다른 전파들로 인해 방해를 받는다. 하나님의 목소리는 밀려드는 다른 잡음들 속에 묻혀 사라져 버리고 만다. 우리가 그의 목소리를 크고 선명하게 듣고자 한다면, 우리의 일상생활 안에 고요한 시간을 마련해야만 한다.

_ 앤 그레이엄 로츠, 「하나님의 영광을 보며」

Note.

도전에 직면했을 때 빠져나갈 길을 찾지 말고 뻗어나갈 길을 찾으라

1227
세상을 헤쳐 나가는 평범한 지혜

"여호와의 눈은 의인을 향하시고 그의 귀는 그들의 부르짖음에 기울이시는도다"(시편 34:15)

Note.

기도는 하나님을 찾는 것
이고, 말씀은 하나님을
드러내는 것이다

하나님이 "안 된다"라고 말씀하실 때 그것이 반드시 징계나 거절을 의미하지는 않는다. 그것은 단지 그대의 행로를 수정해 주시는 것일 수도 있다. 그대는 하나님의 뜻을 추구해 왔으며 그의 뜻을 따르기를 원해 왔다. 그대는 나뭇단을 불속에 던져 넣고 그 속에서 그대의 이기적 욕망이 한줄기 연기로 피어오름을 보았다. 그대는 모든 성심을 다해 하나님의 은총으로 이것을 추구해야 한다고 되뇌었다. 그리고 나서 30년, 40년 후, 어쩌면 5년 만에도 공염불이 될지도 모른다.

하나님과 함께 걷는 동안 우리가 해야 할 일은 매일매일 신중히 그의 말씀에 귀 기울이는 것이다. 어떤 결심을 되돌아보고는 "그건 물 건너갔어, 생각할 필요도 없어."라고 말하지 말아야 한다. 우리는 기도하는 그 순간에도 그 결심을 매일 돌아보고, 새로이 가다듬고, 불꽃이 꺼지지 않고 지탱되도록 하여야 한다. "주여, 이것은 당신의 의도이십니까? 당신의 계획이십니까? 그것이 아니라면 내가 이 약속에 무뎌지지 않게 하소서. 당신은 내 삶을 바로잡아 주시는 분이십니다."

하나님은 우리를 사용하기 위한 온갖 창조적 방법들을 갖고 계신다. 그 방법들은 우리가 상상조차 할 수도 없거니와, 굴곡진 도로의 뒤편을 바라보지 못함과 마찬가지다.

_ 찰스 스윈돌, 「열정과 숙명의 사람, 다윗」

1228
더 할 나위 없는 선물을 주시는 하나님

"너희는 이미 나를 사랑하고 또 내가 아버지께로부터 왔다는
것을 믿고 있다. 그래서 아버지께서는 친히 너희를 사랑하시
는 것이다"(요한복음 16:27)

나는 동트기 직전 남빛 하늘에서 반짝이는 샛별을 자주
본다. 황혼녘의 바다는 이따금씩 낙조의 엷은 장밋빛과 수
선화 빛깔을 반사시킨다. 문득 밤에 잠에서 깨어보면, 온 방
안은 달빛이 바다와 창가 내 책상 윗면 깔개 유리와, 그리고
화장대에 반사되어 비추고 있다. 나는 3만 피트 상공에서
찬란한 빛이 탑 모양과 성 모양의 적란운 위에 비치는 장관
을 본 적이 있다. 이러한 하늘의 빛은 얼마나 귀한 선물인
가! 그런 빛을 주시는 하나님 아버지는 우리들에게 그 이외
에도 모든 유익하고 온전한 것들을 베풀어 주신다.

고통은 나를 비워 낮아지
는 기쁨이다

베풂은 하나님의 본질이다. 그분은 사랑하지 않을 수 없
는 존재인 것처럼 베풀지 않을 수 없는 조재이다. 우리는 그
분이 우리에게 좋은 것이라면 이 세상의 그 무엇이라도 다
주실 수 있다는 사실을 굳게 믿을 수 있다. 즉 그분은 자신이
원하는 대로 우리가 행동하고 존재할 수 있도록 모든 일을
도와주신다. 그가 어떻게 그러지 않을 수 있는가?

_ 엘리자베쓰 엘리엇, 「훈련, 그 즐거운 포기」

1229
하나님을 의지하라

"여호와는 그를 경외하는 자 곧 그의 인자하심을 바라는 자를
살피사"(시편 33:18)

Note.

찬송은 신앙인이 가질 수
있는 최고 절정의 열매다

오늘날 휴식을 제대로 취할 줄 아는 사람들은 거의 없다.
휴가철만 보더라도 그렇다. 많은 사람들이 직장으로 되돌아
오기 전까지 휴가를 꽉 짜인 일정으로 짜느라고 바쁘다. 일
터로 돌아온 후에는 휴가동안 밀린 일과 산더미처럼 쌓인
우편물을 정리하느라고 전보다 두 배의 에너지를 소모한다.
그리고 휴가를 다녀온 후유증 때문에 또 진정한 휴식을 위
해 또 다른 휴가를 필요로 한다. 아마도 우린 엉뚱한 장소에
서 휴식을 취하려 해 왔는지도 모른다.

예수께서 말씀하셨다. "나에게로 오라. 내가 너희에게 안
식을 줄 것이니." 평화처럼, 안식은 오로지 한 장소에만 있
으며 한곳으로 부터만 나오는 것이니 그것은 바로 주 예수
그리스도이다.

신문의 헤드라인이나 TV 장면이 어떠하든, 우리는 모든
것이 하나님의 계획과 선견지명에 따라 진행된다는 사실을
알고 있다. 예수님은 우리에게 궁극적인 안식과 우리 주변
의 혼돈과 좌절로부터 헤어날 수 있는 신념을 주신다. 그분
을 의지하고 따르며 앞에 놓인 것에 대해 걱정하지 말라. 예
수 그리스도께서 이미 내일 일까지 떠맡으셨으니.

— 빌리 그레이엄, 「동산에 이기까지」

1230

히 11:13-16

나그네 인생

할렐루야 사랑하는 성도 여러분.

이제는 바람도 차갑고 날씨 또한 매우 쌀쌀하여 하루 밖에 남지 않는 달력이 우리의 마음까지 슬프게 만듭니다. 여러분, 인간의 강한 본능 중에 하나는 고향에 대한 향수입니다. 고국을 떠난 사람들은 향수에 젖어 눈물로 살아가다 향수병에 든 사람도 있습니다.

우리가 하늘나라를 사모하고 그리워하는 마음이 있는 것은 우리가 하늘나라를 고향으로 삼는 사람이기 때문입니다. 아브라함은 더 나은 본향을 사모한다고 했습니다. 그리고 이땅에서의 삶은 타국인이나 나그네의 삶이라고 했습니다.

첫째, 아브라함은 자기의 고향은 돌아가야 할 하늘나라라고 고백했습니다. 하나님은 아브라함에게 이세상은 영원히 안주할 땅이 아니라 잠시 쉬었다 가는 나그네요 타향살이라고 말씀하셨습니다. 사랑하는 성도 여러분, 우리는 어디서 왔습니까? 하늘로부터 왔습니다. 우리가 사는 세상은 객지입니다. 이 땅에 무엇하러 왔습니까? 하나님의 뜻대로 살려고 오지 않았습니까? 우리는 어디로 갑니까? 하늘나라 아버지 집으로 가야 합니다. 우리가 사모할 하늘나라를 사모하는 복된 성도들이 다 되시기를 축원합니다.

둘째, 하늘 아버지의 집을 사모하는 사람들은 이 세상에 투자하지 않습니다. 사랑하는 성도 여러분, 우리는 이 세상에서 돈을 벌어도 나그네요, 출세해도 나그네일 뿐입니다. 믿음의 선진들은 모두가 믿음으로 살다가 갔습니다. 믿음이 무엇입니까? 오직 예수 그리스도를 바라보며 살아가는 것입니다. 내 본향 천국에 투자하는 지혜로운 성도들이 다 되시기를 축원 합니다.

셋째, 교회는 인생의 나그네들이 모인 곳입니다. 교회는 하늘을 고향삼은 사람들이 모인 곳입니다. 주일이면 교회서 낯설고, 고달픈 타국의 삶을 서로 위로하고 고국의 소식을 듣고 살아갑니다. 우리는 주일이 되면 교회를 찾아오고, 하늘의 소식을 서로 나눕니다. 그래서 강단의 설교는 하늘나라 고향의 소식을 듣는 것입니다. 낯선 타향에서 객지 생활을 어떻게 했는지 알아보고, 격려하며, 하늘 고향 아버지의 소식을 듣는 시간인 것입니다.

사랑하는 성도 여러분, 나그네 인생을 살다가 돌아가는 날 그리스도인답게 살다가 신앙을 유산으로 남기는 하나님의 사람이 모두 되시기를 축원합니다.